미래 일자리와 먹거리

채영택·김도상·이대영 지음

미래 일자리와 먹거리

인류의 발자취 속에서
미래 일자리의 길을 찾다

생각나눔

미래는 단지
수치로 스케치 될 뿐인데

BC 6세기를 살았던 피타고라스(Pythagoras, BC 580~500)는 "만물의 근원은 수(數)다."라고 외쳤고, 수학을 통해 영혼의 구원이 가능하다고 믿었다. 동양에선 BC 10세기부터 「하도낙서(河圖洛書, 8×8)」에서 주역(周易)이, 『천부경(天符經, 9×9)』에서는 수치로 만물의 번창 혹은 조화를 풀이하고자 했다. 즉 미래를 수치로 그렸다.

중세 서양 철학자 르네 데카르트(René Descartes, 1596~1650) "나는 생각한다. 고로 존재한다(Cogito, ergo sum)". 그는 자신의 존재를 수치로 표시하고자 세칭 데카르트 좌표계(Cartesian coordinate system)를 만들어 수치적 판단을 하고자 했다. 오늘날 평면좌표(XY 좌표) 혹은 입체좌표(XYZ 좌표)에서 위상기하학(位相幾何學, topology)으로 연장했다.

이보다 앞서 동양에서는 BC 600년 석가모니가 "미래의 삶을 알고 싶다면 오늘 생을 위해서 뭘 하고 있는지(今生作者是)에 결정된다."라고 했다. 우리나라 고려 말 추적(秋適, 1246~1317)은 『명심보감(明心寶鑑)』에서 "미래는 과거와 오늘의 연장선 위에 있다(欲知未來者, 先察己然)."라고 데카르트보다 300년이 앞서 좌표 개념을 말했다. 미래는 화려했거나 암울했던 과거 속에서 언제나 둥지를 튼다(The future always nests in the past, whether glorious or dark).

최근 우크라이나와 러시아의 전쟁에 대하여 우크라이나(Ukraine)의 미래 전망을 하버드 대학교 스티븐 월트(Stephen Martin Walt, 1955년생) 교수는 기고문에서 "우크라이나의 운명은 우크라이나에서 무슨 일이 일어나는지에 따라 결정될 것이지, 이번 (크루스, Krus) 작전에 따라 결정되지 아니한다(Ukraine's fate will be determined by what happen in Ukraine, and not by this operation)." 이를 바꿔 말하면 대구의 미래는 대구시장이 무슨 정책을 시행하느냐에 좌우되는 게 아니고, 대구에서 오늘날 무슨 일이 일어나고 있는지에 따라 대구 미래가 결정된다.

오늘날 첨단과학은 미지의 세계를 대부분 수치로 표시하고자 한다. 아직 이해도 못하는 고차방정식으로 혹은 통계수치로 보이지 않는 대상 (something invisible)을 가시적이고 계량적으로 표시하고자 수치로, 표현하고 있다. 미래도 수치로 때로는 그래프 위에 좌표로 혹은 통계수치로 그려진다. 옛 선인들도 미래를 예측하고자 서죽(筮竹)으로 2진법의 팔괘(八卦)로 미래를 판단(점)했듯이, 오늘날 과학에서는 매트릭스(matrix), 알고리즘(Alogorithm) 혹은 판단모델을 통해서 미래를 그려보고 있다.

현재 지구촌 인류의 고민인 '미래 일자리와 먹거리'라는 고차원의 난제를 과학자들처럼 수치로 풀어보고자 마음을 먹고 있었다. 우리나라의 많은 지방자치단체에서 i) 저출산·고령화에 따른 인구 감소의 변곡점을 맞았으며, ii) 일자리를 찾아 청년들이 수도권과 해외로 떠나고 있다. iii) 반도체와 디지털의 기적(Miracle of Semiconductors and Digital)이 왕성한 만큼 국가 전반의 산업구조는 변화의 가속화를 더하고 있다. 이런 상황을 종합적·계량적으로 분석하고자 한다. 단순한 통계적 분석보다 문화·역사·철학(文史哲)의 통섭적인 접근 방법(approach method)으로 깊은 맛과 화학적 흥미(케미)를 자아내고자 한다.

2025. 2. 28.

채영택, 김도상 및 이대영 씀

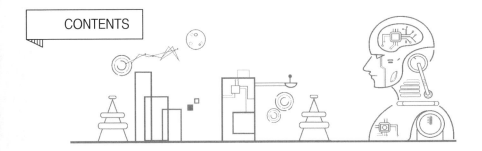

CONTENTS

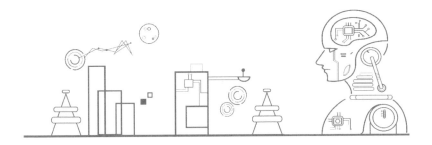

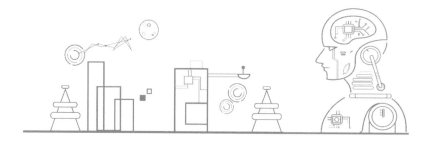

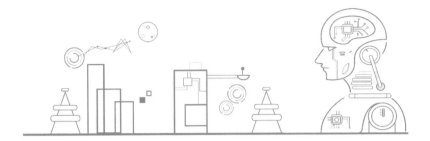

제1장

지구촌 인류에게
일자리 사냥이 시작되었다.

1. 대구, 청룡의 한 해, '청년 일자리'가 넘쳐나기를!

대한민국의 노른자위, 대구에 청룡의 비상이 있기를!
· · · · ·

동양 고대 천문학에서는 농경을 관장하는 별인 목성(木星)을 '천상의 수레바퀴[天輪]'로 하고, 『천상열차(天上列次)』라는 농경책력(農耕冊曆)을 만들었다. 하늘(우주)을 떠받고 있는 10개의 기둥을 십간(十干)으로, 12종 수호 동물(신)을 하늘 기둥(天柱)을 지지(支持)하는 12개 버팀목(十二支)으로 생각해 내었다. 물론 서양 고대 천문학에서도 태양이 지나가는 황도 12궁이 있다. 이런 60개 세상의 톱니바퀴를 '육십갑자(六十甲子)'라고 했고, 십간십이지(十干十二支)를 줄여서 '십이간지(干支)'라고도 했다.

2024년은 갑진(甲辰)에 해당하고, 방향으로는 동쪽의 수호신인 청룡(靑龍)이다. 갑진청룡(甲辰靑龍)은 대구 달구벌에서는 특별한 의미를 던지는 새해다. 왜냐하면, 이중환(李重煥, 1690~1752)은 『택리지(擇里志)』에서 '사방산들이 성처럼 둘러져(四周山城)' 감싸 돌아가는 금호강이 '계란 노른자위(egg's yolk)'로 달구벌을 보호하고 있다고 했다. 오늘날 젊은이들의 표현으로는 '에로스 심장에 큐피드 화살(Cupid's arrow hits Eros' heart)'이 명중하듯이 금호강은 승천하려는 듯이 용트림을 하고 있다. 그래서 '물을 얻으면 언제든지 승천하려는 금호잠용(得水昇天之龍)'이다. 올해는 금호잠용(琴湖潛龍)들이 천둥·벼락이 요란할 때 구름과 바람을 타고 날아오를 것이다.

금호강 섶 용(龍)들이 우글거리고 있다. 동구(東區) 상매동 능천산(368.9m)엔 용골(龍▨), 동촌 야양루(峨洋樓)에는 선녀처럼 내려앉아 있는 구룡산(九龍山, 65m), 금호강물과 달서천

물이 '흐르는 물은 서로 앞을 다투지 않는다(流水不爭先)'[1,2]라는 말을 보여주듯 뱅글뱅글 돌아가는 가르뱅이(江邊堰)[3]를 지켜보는 와룡산(臥龍山, 300m), 인근 달서구엔 제2호 지하철 용산역(龍山驛), 금호강 서호(河濱面) 무릉리에서는 승천하는 용이 꼬리를 끌고 갔던 용재산(龍在山, 253.8m)이 있다. 가창천(嘉昌川) 거미 마을(蛛里)에는 육용소(六龍沼)로 쏟아지는 물과 용지봉(龍池峰, 634m) 골짜기 물이 감돌아 신천(新川)으로 흘러 든다. 물돌이(水口)엔 용두산성(龍頭山城)이 지켜보는 용두방천(龍頭防川)이 있다. 또한 제3호 지상철의 출발점 용지역(龍池驛)을 빼놓을 수 없다. 비슬산(毗瑟山) 산기슭 유가면 용리(龍里)에는 용알 모양 바위(龍卵巖)들이 즐비하고, 용소(龍沼)와 용 비늘 무덤[龍鱗塚]까지 있다.[4] 눈앞 옥포에서는 신라 신덕왕(神德王) 3(914)년 보양대사(寶壤大師)가 창건했던 용연사(龍淵寺)가 있다. 이는 임진왜란(壬辰倭亂) 때 소실(消失)되었다가 선조 36(1603)년 사명대사(四溟大師)에 의해 중창되었다.

한편, 2024년은 지구촌에 있어 '51%의 종합예술(51% Comprehensive Arts)'[5]이라는 선거가 있는 '빅뱅의 해(The Year of the Political Big Bang)'다. 우리나라는 2024년 4월 10일이 국회의원 총선거의 날이다. 이렇게 지구

촌엔 세계 정치를 갈아엎을 선거가 올해에 몰려있다. 한반도 주변부터 살펴보면 우리나라, 북한, 일본, 몽골리아, 대만(臺灣, 1월 13일)에 선거가 있다. 남·북한이 같은 해 선거를 치르는 건 1967년 이후 57년 만이다. '가깝고도 먼 이웃 나라(不可近不可遠的隣國)' 일본은 교토(京都)시장 선거(2월 4일), 도쿄(東京)도지사 선거(7월) 및 제50회 중의원 총선거(7월)가 있다.

2022년 2월 24일 전쟁이 시작되었던 우크라이나(Ukraine, 3월 31일)와 러시아(Russia, 3월 17일)가 2주 간격으로 선거를 추진하게 되어 세계인의 이목이 쏠릴 것이다. 지구촌 최강국 미국에선 2024년 8월 19일부터 22일까지 4일간 민주당(民主黨, Democratic Party) 전당대회에서 5천~7천여 인 선거인단을 포함해 5만 인이 시카고(Chicago)를 찾아 대통령 후보자 캠페인을 시작할 것이다. 또한 11월 5일에 당선자의 윤곽이 드러난다. 이외에도 유럽의회 선거(5월)가 있고, 영국 총선(5월)과 이란(Iran)도 총선이 있다. 동남아시아엔 인도네시아(Indonesia) 대선과 총선(2월 14일), 2023년 5월 말 기준 약 14억2천8백만 인으로 세계 최대 인구를 가진 인디아(India, 印度)에서도 총선이 있다. 그와 적대 관계인 파키스탄(Pakistan)에도 총선(1월)이 예정되어 있다. 크로아티아(Croatia)의 사보르(Sabor) 선거(7월 24일 이전), 우루과이(Uruguay) 의회 선거(10월 27일), 루마니아(Romania) 대통령 선거(11월)와 지방선거(9월), 남아프리카 공화국(South Africa Republic) 의회 선거(5월) 그리고 포르투갈(Portugal) 의회 총선거(3월 10일)가 있어 세계 정치에 빅뱅이 발생할 것이다.

청룡도시 대구, 청년 일자리가 넘쳐나기를!

우리나라는 유구한 반만년역사(long half-thousand-year history)와 단일민족(homogenous country)을 자랑스럽게 여겨왔다. 물론 단일민족이란 인종적 단일성(ethnic homogeneity)에  서가 아닌 한민족이라는 민족적 정체성(national identity)에서 단군 조상의 단일민족임을 긍지로 삼았다.[6] 자세하게 내부를 들여다보면 인종적 단일성에서는 삼국시대에서 선우(單于), 을지(乙支), 연개(延蓋), 부여(扶餘), 흑치(黑齒), 이사부(異斯夫), 거칠부(居柒夫) 등의 복성(複姓)으로 된 한반도에서 고려 이후는 i) 중국 성씨처럼 단성화(單姓化)가 되었고, ii) 왕사단성(王賜單姓)에다가, iii) 사대모화사상(事大慕華思想)에 따라 중국인을 시조로 하는 족보(族譜)를 만들어 놓고도, 겉만 보고 단일민족임을 지나치게 강조하는 바람에 '혼혈 한국인(mixed-race Koreans)' 혹은 한쪽 부모가 한국인인 '다문화가족(multicultural families)'을 거리낌 없이 차별했다.[7] 외침에 의한 혼혈을 따져본다고 해도 900여 회나 외침(전쟁)을 당했으면서도 순수혈통임을 장담하고 있다.[8]

사실, 이미 다문화사회의 도래를 예상했으며[9], 2008년에 「다문화가족지원법」을 제정하였고, 현시점에 국내 230개소의 다문화가족지원센터를 만들었다. 2014년에는 「문화 다양성 보호 및 증진에 관한 법률」도 제정했다. 그해 5월 21일을 '문화 다양성의 날(cultural diversity day)'로 제정했다. 그러는 가운데 2021년 코비드(COVID-19) 대환란으로 각자도생(各自圖生)

한다고 차별과 혐오는 더욱 심해졌다. 이때 다양한 문화가 함께 모여 더욱 창의적인 문화 형태로 해결하고자 '문화 다양성 보호 및 증진 기본계획'까지 마련했다.

2024년부터 우리나라가 총인구수에 외국인 비율이 5%를 초과하여 인구통계학 및 국제기구의 기준에 따라 다인종·다문화 국가(multiracial and multicultural state)로 들어서게 된다. 아시아에서 OECD 국가 가운데 최초의 다문화 국가가 된다. 우리가 '국제화 선진국(internationalized developed state)'으로 생각하는 일본(日本)은 외국인 비율이 2.38%에 지나지 않는다.[10] 물론 세계에서 가장 다문화 국가(multicultural country)는 파푸아뉴기니(Papua New Guinea)로 5,000여 씨족(clans)과 850여 개의 언어(languages)를 비롯하여 관습, 가치관, 전통 등이 참으로 다양하다. 세계 '10대 다문화 국가'로는 라이베리아(Liberia), 우간다(Uganda), 토고(Togo), 네팔(Nepal), 남아프리카 공화국(South Africa), 차드(Chad), 케냐(Kenya), 말리(Mali), 나이지리아(Nigeria), 그리고 기니비사우(Guinea-Bissau)다. 다인종 국가(multiracial country)로는 라이베리아(Liberia)가 88.9%의 인종 다양성(racial diversity)을, 우간다(Uganda)가 다음으로 88.3%를 갖고 있다.

이와 같은 다인종·다문화 국가(multiracial and multicultural state)로의 전환점에서 우리가 사는 대구를 생각해 봐야 할 시점이다. 작은 씨앗이 되어서 미래의 거대한 나무로 성장할 수도 있으나 작은 불씨가 온 누리의 숲을 다 태울 수도 있다. 군웅할거(群雄割據)로 변화가 무쌍했던 전국시대 한비자(韓非子, BC 280~BC 233)가 쓴 『한비자(韓非子)』에 "천길 대천 둑이 개미구멍으로 무너지고, 백 척 보물도 틈새에 피어오른 연기(불)로 사라진다(千丈之堤, 以螻蟻之穴潰;百尺之宝, 以突隙之烟焚)."[11]라고 했다. 즉 하찮고 사소한 변화요인으로 무관심했다가는 뒷감당이 어렵게 된다. 대구광역시의 현시점에서, 일자리를 찾아서 매년 청년 유출이 심각하다는데 2024년 다문화 국가의 전환점에서 "둑 터뜨리는 개미구멍(堤潰蟻穴)"이 되지 않기를 바란다.[12]

왜냐하면, 대구시의 산업구조는 일제식민지 때는 대동아공영전쟁(大東亞共榮戰爭)을 위한 병참기지(兵站基地)의 군수산업(軍需産業) 기반에서, 해방 이후 섬유경공업(纖維輕工業)에 집중해 왔고, 1980년대에는 첨단산업(high technology industry)으로 '구조 개선과 변혁(structural improvement and transformation)'의 당면과제를 구두선(口頭禪, lip service)으로만 생각했다. 지금까지 친환경·미래 먹거리 분야에도 '하는 척함(pretending to do)'에 줄곧 후한 평가를 받았다. 이로 인해 기존 산업체마저 노후화 혹은 3D(danger, dirty, difficulty)로 밀려남으로써 대구 청년들은 외면했고, 지역을 떠나버렸다. 지역정치인들이나 지도자들은 요란하게 자기 목소리만 내었고, 행동이나 대안에는 남 탓만으로 허송세월(虛送歲月)했다. 결국 나토(NATO, No Action Talking Only) 현상만 요란했었다. 그렇게 하는 바람에 2019년 말 현재 법무부 통계에서 대구시 산업체 외국인 근로자 비율이 20.2%로 타지보다 월등히 높다. 그러나 올해 2024년에는 다문화 국가의 전환점을 맞아 청년 일자리가 넘쳐나고, 타 도시 청년들까지도 '대구로! 대구로!' 모여들게 만들어야 할 당면과제가 부여되었다.

1949년 미국의 소설가 조지 오웰(George Orwell, 1903~1950)이 쓴 소설 『1984(Nineteen Eighty-Four)』에서 "과거를 정복했던 자는 미래를 정복하고, 오늘을 정복한 자는 과거를 정복한다(Who controls the past controls the future; who controls the present controls the past)."[13]라고 했던 의미를 되새겨 봐야 한다. 이전에도 "지난날 일들을 적어보며, 미래 먹거리를 생각하겠다면 지난 일들을 잊지 않는 게 나중엔 반면교사가 된다(述往事思

來者, 前事之不忘, 後事之師)."[14]라고 했던『전국책(戰國策)』의 구절을 명심해야 한다. 곧바로 미래 먹거리 준비를 위해 지금부터 잘해도, '권력 위에 잠자는(sleeping on power)' 혹은 '살찐 고양이(fat cat)'로 자족하는, 대구광역시는 미래 정복과 과거 지배를 위해 두 마리 토끼를 다 잡을 수 있다는 희망의 신호탄을 반드시 쏴 올려야 한다.

2. 인류 최초의 직업은 산파(産婆, Midwife)였다!

인류의 진화는 '흐르는 강물처럼(A River Runs Through It)'
. . . . .

최근 분자생물학이 발전하여 유전자, m-DNA, 게놈(Genome) 등의 첨단학문 덕분에 인류의 조상을 규명하는데 '미토콘드리아 이브(Mitochondrial Eve)'라는 오스트랄로피테쿠스 아파렌시스(Australopithecus Afarensis) 여자 애칭 루시(Lucy)까지 소급하여 유전자계통과 가계도의 조상으로 보고 있고, 아프리카 기원설(Out-of-Africa Theory)이 통설이 되었다. 심지어 '인류 진화 계통도(human evolution tree)'까지 작성하여 아프리카 동부초원에서 살다가 지구촌으로 이동

했다는 '대륙이동설(大陸移動說, continental drift theory)'이 유력하게 들리고 있다.

그러나 1992년 상영했던 영화 「흐르는 강물처럼」[15]에서 "완전한 이해는 할 수 없어도, 오롯이 좋아할 순 있을 것 같아(We can love completely, without complete understanding)."라는 명대사를 모두 기억한다. "나를 향해 나부끼는 꽃이 아무리 초라할지라도 눈물이 날 정도로 깊은 생각에 잠기게 한다(To me the meanest flower that blows, Can give thoughts that do often lies too deep for tears)."라는 대사(臺詞)가 가슴에 와닿았다. 인류 기원에 대해서도 과학의 시대적 상황, 학제 간 연구(interlocking study)의 관점 및 연구 분석의 방법론 등에 따라서 「흐르는 강물처럼(A River Runs Through It, 1992)」이란 영화 제목마냥, '아프리카 기원설(Out-of-Africa theory)' 혹은 '촛대형 모델(candelabra model)'만이 맞고, '다지역 기원설(multiregional continuity model)'이 틀렸다고 할 순 없다. "우리(현생인류)가 큰 뇌를 획득하기 훨씬 전에 직립보행(直立步行)을 했다. 과학자들이 이전에는 결코 생명 나무(인류 진화의 덤불)를 해독할 수 있게 해주는 분자의 새로운 증거를 제시한다." 미국의 고인류학자 도널드 프로세로(Donald Ross Prothero, 1954년생)[16]는 2007년에 그의 논문을 통해서 '잠정적 가설(tentative hypothesis)'을 제시했다.[17, 18]

그가 제시한 인류 진화(human evolution)를 간략하게 요약하면, BP(Before Present, 지금부터) 600만 년에 동아프리카에 인류가 출현, 즉 원숭이, 침팬지 혹은 오랑우탄(monkey, chimpanzee or orangutan)과 같은 조상을 갖고 있는 인류라는 새로운 종류가 출현

했다. BP 300만 년에 오스트랄로피테쿠스(Australopithecus)가 나뭇가지에서 초원지대에 내려와서 살았다. BP 200만 년경에 이족보행 혹은 직립보행(bipedal or upright walking)을 하는 진화를 거듭했다. 아마도 사막을 타조(駝鳥, ostrich)가 앞발인 날개를 퍼덕거리면서 뒷발 2개로 멋지게 달리는 것을 보고, 선인들은 사족보행(四足步行)보다 이족보행(二足步行)이 편리하다고 생각했다. 그렇게 이족보행(bipedal walking)을 하는 바람에 i) 골반이 좁아졌으며, ii) 두뇌활동이 활발해지자 두뇌의 용량이 커졌다. iii) 보행에 적합하게 피부에도 땀샘이 발달해 오래 달릴 수 있게 되었다. vi) 따라서 다른 동물보다 장거리 달리기에 유리해 추격과 사냥(persistence hunting)을 하였다. v) 그런데 두개골 저장용량이 확장되는 바람에 출산에 있어 산도(産道, birth canal)보다 머리가 큰 태아를 낳아야 했다. 다른 동물과 달리 산파(midwife)가 필요하게 되었다. vi) 동물 사냥에도 두뇌를 써서 새로운 돌도구를 만들었다. BP 100만 년경에는 석기 제작자(stone tool maker)라는 직업이 생겨났다. BP 70만 년경에는 호모 에렉투스(homo erectus)가 최고 포식자로 등장했다. BP 40만 년경 유럽에는 네안데르탈인이 등장했다. BP 10만 년경에 호모 사피엔스(Homo Sapience)가 지구촌에 주인공으로 대두되었다.

인류가 사용했던 도구를 중심으로 시대 구분을 한다면, 대체로 BP 200만~3만 년까지를 구석기시대, BP 1만 년까지 신석기시대 및 농경 [19]정착사회로 보고 있다. 지질시대로는 BP 5~1만 년 대빙하기가 플라이스토세(Pleistocene)이고, BP 1만 년 이후 오늘날까지를 홀로세(Holocene)로 분류한다. 한반도 고대 인류를 단군을 시조(始祖)로 단일민족(single-blood people with the progenitor Dangun)이라고 생각하고 있으나, 당시는 민족(국가)이란 개념 따위는 없었다. 오히려 국경이 없었던 지구촌 시기, 즉 한반도의 서해와 남해가 땅이었던 시기라 한반도에 살았던 고대 인류는 한민족이라기보다는 '그냥 지구촌 인류(Just humanity in the global village)'였다.

진화는 산통 속에 혼자서는 출산도 못 하게!

고고학(archeology)에서는 두뇌 확장(brain expansion)은 도구 발명, 기술 발전과 매우 밀접했다. 문화인류학(cultural anthropology)에서도 사회적 복잡성, 수렵의 전략, 상징적 의사소통 등으로 뇌의 용량이 증가했다. 출토된 고대 인류의 화석을 통해서 두뇌 용량을 측정한 결과, 오스트랄로피테쿠스(Australopithecus) 440cc, 파란트로푸스(Paranthropus) 519cc, 호모 하빌리스(Homo habilis) 640cc, 자바인 호모 에렉투스(Javanese Homo erectus) 930cc, 북경인 호모 에렉투스(Chinese Homo erectus) 1,029cc, 호모 사피엔스(Homo sapiens)는 1,350cc로 늘어났다.[20] 오늘날 현생 인류 호모 사피엔스(Homo sapience)의 평균적 두뇌 용량은 1,350cc(14.0cm×16.7cm×9.3cm)이고 무게는 1.3kg이며, 두뇌의 완성 시기는 대략 25.20세다. 대부분 포유류의 '생물학적 수명=성장기×5배(biological lifespan=growth period×5 times)'라는 방정식에다가 인간의 수명을 산출하면 25.2세×5=126세가 산출된다.[21]

이렇게 두뇌 용량이 줄곧 확장(증가)만 된 것은 아니다. 사실은 3번이나 확장되었다가 축소되는 과정을 겪었다. 인류가 영구적인 정착지로 이주해 농경생활(農耕生活, farming life)을 함으로써 두뇌 용량이 줄어들어 현재 용량인 1,300~1,400cc로 쪼그라들었다. 인류는 3천 년 전부터, 동굴벽화, 암각화, 점토판 쐐기문자, 갑골문자 등을 통한 '정보의 외부 저장(external storage of information)'를 하게 됨으로써 두뇌 저장 용량이 줄어들었다.[22] 오늘날 우리를 보면 스마트폰(smart-phone) 하나로 모든 걸 해결하기에 과거처럼 많이 기억하지 않는다. 심지어 젊은이 대학생들은 친구의 집 전화번호도 기억하지 못한다. 고령자들은 자택 전화번호도 기억하지 않는 세칭 '디지털 건망증(digital amnesia)'[23]을 앓고 있다. 디지털 선진국 한국만이 아니라 미국에서도 디지털 건망증이 심각해지고 있다[24]. 지금 이 순간에도 인간의 두뇌 용량은 다시 축소되고 있다.[25]

미국 과학저널『사이언스(Science)』에 호모 에렉투스의 여성 골반(pelvic of female Homo erectus)에 대한 논문이 다수 발표되었다. 그 가운데 에티오피아(Ethiopia) 고나(Gona) 유적지에서 발굴된 화석인류 여성의 골반은 현생인류 여자의 골반과도 아주 같았다. 그러나 이전에 살았던 친척인 오스트랄로피테쿠스 아파렌시스(Australopithecus Afarensis) 여자 애칭 루시(Lucy)의 골반과는 확연하게 달랐다. 호모 에렉투스(Homo erectus)부터 골반에 산도가 좁아졌으며, 이에 반해 큰 머리 태아(신생아)가 태어날 확률이 높았다.[26, 27, 28, 29, 30] 화석 분석에서 밝혀진 사실에도 네안데르탈인, 호모 하빌리스, 호모 에렉투스 등이 두뇌 용량이 커져 산도(産道, birth canal)보다 더 큰 머리 태아를 가졌다.

인간 이외의 동물들은 새로 태어날 동물(새끼)의 머리 크기가 출산모(出産母)의 산도(産道, birth canal)[31]보다 작다. 인간만이 산도(産道)가 최대치 5~6cm 내외인데, 최대 10cm까지 확장되어야 하므로 i) 산통(出産陣痛)이 따르고, ii) 골반의 뼈와 뼈 사이가 물렁물렁(軟弱化)해져 골격 전체에 관절이 벌어진다.[32] iii) 태아는 얼굴을 엄마와 같이(앞쪽을 향)하고 산도(産道)를 따라 내려오는데, 산도(産道)가 5cm 내외로 열려 이에 맞추고자 몸을 1회 비틀어야 한다. 그리고 다시 조금 밀고 나오다가 산도(産

道)의 허용 공간(allowed space)에 따라 다시 2회째 몸을 한 번 더 비틀어야 한다. 결국은 갓난아이(newborn baby)의 얼굴은 엄마의 등 쪽을 향하고 있어서 태아(胎兒)는 생전 처음으로 생사의 갈림길에서 헤어나야 하는 '충격의 순간(moment of shock)'을 갖는다.[33] iv) 출산진통으로 혼비백산(魂飛魄散)한 산모는 혼자서 출산을 할 수 없게 된다. 따라서 인간만이 출산 도우미(birth assistant)를 필요로 하게 되었다. 따라서 인류 최초의 직업이[34] 바로 출산 도우미(birth assistant)다. 옛날엔 삼신할미(birth grandmother), 산파(産婆) 혹은 출산 바라지(birth care)라고 했다. 최근엔 조산원(midwife), 조리원(birth-care center), 산부인과 의사(gynecologist), 출산 간호조무사(birth attendant), 출산 간호사(delivery nursing) 등 다양한 이름의 직종이 생겼다. 오늘날 지식인들은 대화를 통해 진리를 탐구하는 기법을 '소크라테스(BC 470~BC 399)의 산파술(Socrates' midwifery)'[35]이라고 알고 있다. 어떤 의미에서는 산파는 오늘날 과학의 비조인 철학을 출산시켰다(midwives gave birth to the 1st grandfather philosophy of today's science).

인류 최초(고) 직업에 대해 인류문화학자들은 1위는 석기 제작자(tool-maker)로, BP 260만 년경에 가나(Ghana), 에티오피아(Ethiopia)에서 시작했다고 한다. 2위는 사냥꾼(hunter)과 도축업자(butcher)로, BP 180만 년경에 탄자니아(Tanzania)에서 기원을 두고 있다. 3위는 의복제작업(cloth-maker or tailer)으로 BP 50만 년~BP[36] 10만 년경으로 아프리카 어딘가에서 생겼다고 전문가들은 주장하고 있다. 한편 성경학자(Bible scholar)의 주장은 '청지기(廳直, steward)'가 최고 직업이라고 한다. 즉 창세기(1장 28절)의 "인간들에게 명하시길 생식하고 번성해 이 땅(지구촌)을 가득 채워라. 땅을 정복하라. 바다의 고기와 공중의 새와 땅에 움직이는 모든 생물체를 통치하도록 하라."37라는 명령을 받아서 이행했던 게 인류 최초 집사(dea-con)였다.38 여기서 청지기(steward)는 창세기(43장 16절)에서 "주인(권력자)이 맡긴 것을 주인의 뜻에 따라 관리하는 위탁관리인을 말한다."39라고 규정한 의미로 봐서는 오늘날 공무원 혹은 회사원 등의 월급쟁이가 여기에 속한다. 물론 하인(下人), 노예(奴婢) 등도 있었으나 조선 시대 종9품에 해당하는 참봉(參奉)이란 직종이 원(園), 능전(陵殿), 사용원(司饔院), 내의원(內醫院), 예빈시(禮賓寺), 군기시(軍器寺), 군자감(軍資監), 소격서(昭署) 등 많은 관서에 배치되었다.

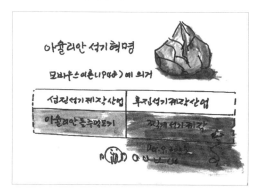

석기 제작업에 대해 혁신기법 발전은 1859년 프랑스 생 아슐(St. Acheul, France) 지역에서 발굴된 주먹도끼(hand-ax)로 알 수 있다. 이 제작기법을 잣대로 동아시아 지역의 석기제작 문화가 아프리카 및 유럽에 뒤처졌으며, 인종적으로도 후진적이었다고 판단했다. 왜냐하면, '아슐리안 주먹도끼(Acheulean hand-ax)' 제작기법은 모든 면을 타격하여 제작했기에 한쪽은 둥글게, 반대쪽은 뾰족하게, 양쪽날을 좌우대칭 모양으로 당시는 획기적인 '뗀 돌 도구(end-cut stony tool)'였다. 그러나 동아시아로 이주해 정착한 선인들도 손도끼 제작기법(hand-ax making skill)을 알고 있었지만 제작할 적합한 재료가 부족했다는 '기술적 병목현상(technological bottleneck)'을 겪었다. 따라서 기술이 잊혀졌거나, 만들 거리(재료)에 따른 고립으로 지식이 다시 전달되지 않았다.40 서양 고고학자들은 단순한 제작기법에만 단순하게 국한을 시키지 않았고, 아예 '아슐리안 산업(Acheulean industries)' 혹은 '찍개 도구산업(chopper chopping-tool industry)'이라고까지 호칭했다.[41, 42]

한편 문화인류학(cultural anthropology) 혹은 고고·사회학자(Archaeologist and sociologist)들은 인류 최초직업을 점잖지 않게 '엽색(獵色, girl-hunting)'이라고 한다. 인류가 농경을 시작하면서 소유(사유재산), 계급(신분) 분화와 동시에 매춘(賣春, prostitute)이 생겨났다고. "매춘(성매매)은 인류가 탄생한 순간부터, 아니 호모 사피엔스 이전부터 추정한다. 인류 최초 서사시 「길가메쉬(Gilgamesh)」에서도 그리스 신전에서 여사제(priestesses in Greek temples)의 매춘, 수메르 우르크(Sumerian Uruk)의 여사제의 매춘업소 운영 등에서 성(聖, sacredness)과 성(性, sex)을 구분하지 못했다. 당시는 생식능력을 곧 신의 주술력으로 믿었다(Fertility was believed to be a magical power of God)."[43]

3. 달빛에 물든 지구촌의 신화를 찾아서[44]

달이 지구촌에 끼쳤던 영향력을 먼저 생각하면

지구촌에 최초로 출현했던 인류는 오늘날 개나 늑대처럼 달이 밝다고 혹은 무슨 말이라도 하고 싶었다며, 멍멍 짖어대었다(dog looking at the moon). 보름달은 처음 보면 천연두(天然痘)를 앓은 곰보딱지처럼 상처투성이다. 거대한 보름달이지만, 월식(月蝕) 땐 '검은 날개를 가진 괴물(monster with black wings)'에게 먹히고 있는 모습이다. 흉터는 마치 괴물의 송곳니로 물었던 자국으로 보인다. 그리고 난 뒤에 다 먹었던(月蝕) 달을 조금씩 토해내고 있는 걸 보면 누구에게나 신비감(神祕感)을 자아낸다. 초승달에서 보름달 그리고 그믐달의 변모를 두 눈으로 보기에 앞서, 동서고금을 막론하고 달의 중력에 대한 신비함을 몸소 느껴왔다. 즉 i) 달의 중력(moon gravity)으로 해양 생명체에게 조수간만(ebb and flow)을 초래하여 생식(산란)에 직접적인 영향을 끼쳤다. ii) 육지의 동·식물에게 생리 현상(달거리, 해거리 등)을 작동시켰다. iii) 특히 인간 여성에겐 생리(menstruation) 현상은 생식에까지 직접적인 영향력을 끼쳤다.

이런 신비감에서 나라마다 각양각색의 '달에 대한 신화(myth about the moon)'가 생겨났다. i) 세르비아(Serbia)에서는 늑대가 여우를 잡아먹고자 쫓아오는데, 여우는 "아주 맛있는 간식을 연못에 떨어뜨렸다."라고 하자 늑대는, 달빛에 비친 늑대가 물을 마시겠다고 덤벼드는 자신의 모습을 경쟁자로 알고 먼저 치즈를 먹겠다는 욕심만으로 연못 물을 마시다가 배 터져 죽었다. ii) 뉴질랜드(New Zealand) 마오리족의 신화는 달(Marama)을 바다의 신(god of sea) 탕가로아(Tangaroa)의 두 딸을 아내로 맞아둔 남자로 봤으며, 여성에게 영향을 끼치는 생리 현상은 생식 주기를 조정하기 위한 것으로 봤다.[45] iii) 북미 인디언들은 달을 인질(人質, hostage)로 봤다. 적대적인 부족에게 포획 당한 인질이지만 매일 밤 영양 한 쌍씩을 구출하여 좋은 부족에게 넘겨주는 일을 맡고 있다고 여겼다. 그런데 코요테(coyote, prairie wolf)가 먼저 그곳에 도착해서 맛있는 영양을 다 먹고자 달을 강물에다가 던져버렸다. iv) 중국의 신화는 봉몽(逢夢)이 훔치려는 불사약을 상아(嫦娥 혹은 姮娥)는 빼앗기지 않고자 자신이 먹고 달로 날아가서 신선이 되었다.[46] 지상에 있던 남편이 그녀를 그리워하자 상아(嫦娥)는 달 속에 그림자를 보이게 했다.[47, 48] v) 그린란드(Greenland) 이누이트(Inuit) 원주민들은 달에 대한 신화를 가졌는데, 달(Anningan)이 그의 여동생 태양을 강간했고, 매일 밤 그녀를 다시 차지하고자 쫓아오는데, 천천히 자신의 모습으로 돌아오기 전에 달리다가 굶어서 매일 밤 작아지다가 먹혀버려 사라진다고 믿고 있다.[49]

이어, vi) 아프리카(Africa)에선 몇몇 원주민들이 태양의 여신 리자(Liza)의 동반자(同伴者)로 달의 신을 마우(Mawu)라고 부른다. 그들이 만나서 사랑을 나누는 한몸이 된 모습을 일식(日蝕, solar eclipse)이라고 생각했다.[50] vii) 인도의 불경에 나오는 내용이 일본의 신화(古事記)로 전해지는데, 어느 보름달이 뜨는 날, 여우, 원숭이와 토끼가 늙고 배고픈 거지를 위해서 뭔가를 하자고 약속을 했다. 원숭이는 나무에서 잣을 따고, 여우는 우유(牛乳)를 훔쳤는데, 토끼는 풀밖에 몰랐기에 거지에게 줄 것이 없어 난로에 자신의 몸을 던져 뛰어들었다. 그런데도 화상 하나 입지 않았고, 거지는 신(神)으로 본모습을 드러낸 뒤 달에다가 토끼 모습을 새겨 '희생의 본보기(model of sacrifice)'로 삼아 지구촌 모두가 본받도록 했다[51]. 그러나 일본『고사기(古事記)』는 인도의『본생경(本生經, Jataka)』[52, 53]을 윤색해 옮겨놓았다[54].

달의 순환 과정은 '상현달(朔月, crescent moon 혹은 new moon) ▷ 보름달(滿月, full moon) ▷ 하현달(下弦月, decrescendo moon) ▷ 그믐달(舊月,

old moon)'로 변화 과정을 갖는다. 이를 사람의 생사에 비유하면 i) 출생(Birth) → 성장(Growth) → 노화(Aging) → 사망(Death) 과정과도 같다. ii)

우리의 선인들은 달처럼 초승달로 되살아난다는 데서 환생(還生)을 생각해내었다. 바로 자연 섭리(natural providence)에서 '수레바퀴처럼 돌고 돈다(輪)'는 믿음까지 확장했다. 윤회(輪迴)는 산스크리트어로 삼사라(संसार), 영어로는 재생(rebirth) 혹은 윤회(reincarnation)로 표현했다. 달과 인간과의 연관성에 대해 인간은 다양한 형태(의인화)의 신화를 창조했다. 이런 과정을 그리스인들은 "달빛에 물들면 신화가 된다(Αν σβήσει στο φως του φεγγαριού, γίνεται μύθος)."라고 했다. 오늘날에는 고고학적 유적지에서 출토된 별 모양 도끼(星象斧), 반달돌칼(半月刀), 청룡언월도(青龍偃月刀) 혹은 만월청동경(滿月青銅鏡) 등을 기반으로 청동기 때 지배인(주술사)의 권력을 상징했다. 당시 별과 달의 영향력을 인간사회에 투사했다.[55]

햇빛에 바래면 역사가 되고, 달빛에 물들면 신화가 된다
· · · · ·

한편, 우리나라 소설가 고(故) 이병주(1921~1992) 님은 1965년 이후 『지리산(智異山)』, 『산하』, 『그해 5월』, 『관부연락선(關釜連絡船)』[56] 등을 썼다. 이병주 소설가는 "국회의원 200명은 못 믿어도 이종문만은 믿는다."라며 이승만 대통령의 확신을 받기도 한, 자유당 때 노름꾼에서 화려하게 변신한 정치인 이종문이 4.19와 5.16이란 정변으로 유치장 신세를 지는 장편소

설 『산하(山河)』도 썼다. 마지막 구절에서는 "누렇게 나락이 익어 있는 들 사이로 은빛으로 반짝이며 강이 흐르고 있었고, 멀리 갈수록 추상적인 담청색으로 되면서 산과 산은 파도를 이루고 있었다. 아아, 이 산하! 이 땅에 생을 받은 사람이면 좋거나 나쁘거나 잘 났거나 못났거나 모두 이 산하로 화(化)하는 것이다."라고 끝을 맺었다. 그러나 오늘날 인구회자(人口膾炙)되는 말은 머리말 혹은 제사(題詞, prologue)에서 나오는 "햇빛에 바래면 역사가 되고, 달빛에 물들면 신화가 된다(중국어로 褪於日光則爲歷史, 染於月色則爲神話, 일본어로는 陽の光に色褪せて歷史となり, 月の光に染まり神話となる)."라는 구절이다.

이 말이 중국고사(中國故事)에 나왔다느니, 트로이유적을 발굴했던 고고학자 하인리히 슐리만(Heinrich Schliemann, 1822~1890)이 한 말이니 하지만 굳이 많은 시간을 들여서 밝힐 필요성조차 없다. 아서 클라크(Arthur Charles Clarke, 1917~2008)가 1948년에 쓴 단편소설 「어둠의 장벽(The Wall of Darkness)」에서 "전설은 결코 진실을 파괴할 수 없고, 다만 그것을 전설 속에 숨길 뿐이다(Legends can never destroy the truth, they can only hide it in that)."라고 했다. 이병주 선생님이 기록을 남겼다는 사실만은 진실이기 때문이다. 전설, 야사 혹은 신화는 역사의 뒷면에 감춰진 이면(裏面)이다. 푸른(겉) 배춧잎이 역사라면, 신화는 하얀 속살이다. 즉 역사가 숨긴 또하나의 진실이다.

유사한 구절은 찾아봤으나, 2016년 7월 13일 일본 미나카미(若山牧水) 단가대회(短歌大會)에서 나온 일본 단가 「하이쿠(俳句)」 중 "은은한 달빛이여 돌아오는 그대의 앞길을 밝게 비춰주리라(さやかなる月の光よ歸り行く君の行く手を明るく照らして)"라는 정도는 나오지만, "달빛에 물든 신화(myth colored by moonlight, 月明かりに染まった神話)"는 언급조차 할 수준이 못 되었다.

그리스 신화에도 달의 여신 '아르테미스(Artemis)'는 천둥, 번개, 하늘, 왕권의 신 제우스(Zeus)의 딸이고, 아폴론(Apollon)과 쌍둥이 남매다. 그녀는 '사냥과 순정의 여신(Goddess of hunting and chastity)'이다. 그리스 신화에는 달을 다스리는 3명의 여신이 있는데, 아르테미스(Artemis)는 초승달을, 셀레네(Selene)는 보름달, 헤카테(Hecate)는 그믐달을 관장한다. 이와 같은 혈통은 로마신화에서까지 계승되어 아르테미스(Artemis)를 대신한 다이애나(Diana)이고, 셀레네(Selene)를 대신한 태양의 신 헬리오스(Helios)와 남매 사이인 루나(Luna)가 있다. 아르테미스(Artemis)는 포세이돈의 아들 오리온(Orion)과 사랑에 빠진다. 하지만 오리온(Orion)과 사랑에 빠진 동생을 탐탁지 않게 여긴 아폴론이 오리온(Orion)을 화살로 쏴 죽이게 한다. 바닷가로 떠내려온 연인의 시체를 뒤늦게 본 아르테미스(Artemis)는 큰 슬픔에 빠져 오리온(Orion)을 하늘의 별자리로 만들었다.

이런 애틋한 사랑 이야기는 2017년 12월 11일 미국에서 발족한 아르테미스 계획(Artemis Program)으로 환생했다. 바로 달의 신화를 발가벗겨 보자는 달 탐사 연구프로그램에서 그리스 신화의 아르테미스(Artemis)가 오리온(Orion)을 그리워한다는 사실에 착안해, 미국 나사(NASA) 발사체 유인우주선 캡슐 이름을 '오리온(Orion)'이라고 붙였다.

이슬람 문화에 별과 초승달이!

이슬람 문화에서는 별과 초승달에 대한 신앙(faith)이 각별하다. 사막에 동물(사람)들은 낮에는 태양열로 인해 황야의 동물이 움직이기 어렵다. 해가 지고 난 뒤에 비로소 활동한다. 그래서 그들은 하루의 시작을 해

돋이가 아닌 해넘이가 된다(They start their day with sunset, not sunrise). 해넘이가 시작되자, 하늘에선 초승달 혹은 저녁별 금성이 인간을 축복한다. 그래서 오망성(五芒星) 혹은 오각성(五角星)

금성(金星, Venus)을 '신성한 상징(sacred symbol)'으로 믿었다. 따라서 초승달은 '진리의 시작(The Beginning of Truth)' 혹은 '부활(Resurrection)'이란 뜻을 품고 있다. 이슬람교의 성경 '코란(Qur'an)'에서는 예언자 무하마드(Prophet Muhammad)에게 천사 가브리엘(Angel Gabriel)이 다가와서 "당신의 모습대로 인간을 창조하신 그분은 자신도 몰랐던 인간을 가르쳤다. 펜이란 매체로 가르치시는 가장 자비로운 그대에게 창조주의 이름으로 전합니다."[57]라는 메시지로 믿음을 신으로부터 받았다.

1299년부터 대략 600년 동안 오스만제국(Ottoman Empire) 때 초승달과 샛별(crescent moon and morning star)은 이슬람의 상징이 되었다. 이슬람 국가의 국기에도, 화폐에도 초승달과 샛별이 그려지고 새겨졌다. 이슬람권 국가의 적십자사인 적신월사(Red Crescent Society)의 상징 마크(symbol mark)도 '붉은 초승달(red crescent)'이다. 오늘날 라마단(Ramadan)과도 초승달은 밀접한 관계가 있다. 즉 아홉 번째 달(the nineth month) 가운데 초승달의 출현과 달의 운행을 고려해서 라마단이 결정된다. 사실, 이슬람력 책력(달력)이 그레고리력(Gregorian calendar)보다 짧기 때문에 라마단(Ramadan)은 매년 10~12일이나 일찍 시작되어 33년 주기적 모든 계절에 배당되기 때문이다.[58] 이런 의미에서 이슬람 문화에서 달은 태양보다 더 중요한 생활에 요소가 되었다.

오늘날 튀르키예(Türkiye) 국기(國旗)에는 1844년 초승달과 샛별(crescent moon and morning star)이 그려져 있는데, 이는 BC 4세기 마케도니아 군대(Macedonian army)가 비잔티움(Byzantium, today Istanbul)의 성벽을 뚫고 침입하려 했을 때 초승달 빛으로 침입을 발견하고 나라를 구했다는 데 연유했다. 이를 다시 1932년 5월 29일에 현대적 디자인 감각으로 표준화했다. 상징의 기원은 오스만 Ⅰ세(Osman I)의 전설적 꿈 이야기(legendary dream story)에 유래되었다. 즉 자신의 딸과 결혼하고자 찾고 있던 셰이크 에데발리(Sheikh Edebali, 1206~1326)59의 가슴에 달이 떠오르는 것이었다. 즉 "그것은 가득 차오르면서 그의 가슴으로 내려갔고, 허리에서 한 나무가 나서 자라더니 그 푸른 가지의 그늘은 온 세상을 덮었더라."60라는 스토리 텔링(storytelling)이다. 그 꿈이 동기(motive)가 되었고, 오브젝트(object)로 오스만제국의 국기가 탄생했다.

우리나라와 형제 국가인 터키(Turkey)는 2022년 6월 3일 튀르키예 외무부가 대한민국 외교부 측에 '튀르키예 공화국'으로 사용해 줄 걸 요청하였다. 따라서 6월 24일부터 대한민국 정부는 '튀르키예 공화국(Türkiye Cumhuriyeti)', 약칭 '튀르키예(Türkiye)'로 불렸다. 튀르키예(Türkiye)에서도 이슬람(Islam)과 무슬림(Muslim)을 의미하는 초승달과 별(crescent and star)을 상징하는 것으로 종전과 같이 사용한다.

그러나 북반구에서 볼 때는 초승달(crescent moon)이라고 하나 다른 남반구에선 그믐달 모양이다. 북반구에서 초승달인 국기는 투르크메니스탄(Turkmenistan) 국기가 유일하게 제대로 그려졌다. 이와 같은 사실을 옛날 사람들은 모르지 않았다. 세계를 정복했던 로마인들에겐 "달은 거짓말쟁이다(Luna mendax est)."라는 속담까지 있다. 즉 로마제국의 수도 북반구 로마에서 볼 때, 라틴어 '점점 작게(Decrescendo)'의 머리글자 D자 모양은 초승달(crescent moon)이고, '점점 크게(Cresecendo)'의 C자 모양은 그믐달(old moon)이다.[61] 오늘날 초승달과 별을 사용하는 나라는 과학적인 근거에 입각한 게 아니라 종교적 전통(신앙)에서 국기에 디자인했다. 즉 알제리(Algeria), 아제르바이잔(Azerbaijan), 보스니아인(Bosnian), 말레이시아(Malaysia), 모리타니(Mauritania), 오스만제국(Ottoman Empire), 파키스탄(Pakistan), 튀르키예(Turkye), 리비아(Libya), 튀니지(Tunisia), 코모로(Comoros), 키레나이카(Cyrenaica), 하이데라바드(Hyderabad), 타타르스탄 공화국(Republic of Tatarstan), 동투르키스탄(East Turkestan), 투르크메니스탄(Turkmenistan), 우즈베키스탄(Uzbekistan), 싱가포르(Singapore), 잔지라(Janjira), 사하라 아랍민주공화국(Sahara Arab Democratic Republic) 등이 있다.

물론 한반도에서 BC 57년 6월 8일에 건국했던 신라(新羅)는 국가상징을 디자인하고자 '채전감(彩典監, Color Design Supervisor)'[62]이란 전담부서(專擔部署, dedicated department)를 설치해 초승달을 국기(國旗)에다가 넣었다. 특히 군기(軍旗)에는 다양한 초승달 문양으로 디자인했다. 그런데 오늘날 이슬람 국가는 고대 극동 불교국가(佛敎國家) 신라의 초승달을 아무런 검토도 없이 도입했다.[63] 신라가 초승달을 국기에 도입한 철학적인 의미 부여는 『삼국사기』의 일화 중 "보름달은 다 차서 점차 기울어져 사멸하지만, 초승달을 점점 차오른다(月輪者滿也. 滿則虧, 如月新者未滿也. 未滿則漸盈)[64]"라는 구절에서 찾을 수 있다.

4. 지구촌, 하루의 시간 변화와 인류의 이동 생겨나다

지구촌에서 하루는 어떻게 생겨났을까?

BP 45억 6,700만 년(편의상 50억 년) 태양계의 하나의 행성으로 지구(The Earth)는 탄생했다. 지구는 어린아이들이 갖고 노는 나무팽이처럼 뱅글뱅글 돌아가는 자전(earth rotation)을 하면서 태양을 가운데 두고 타원(楕圓, ellipse)으로 주변을 공전(earth orbit)한다. 팽이도 처음에는 잘 돌아가다가 휘청거리면서 나중엔 멈춰 쓰러지고 만다. 즉 '뉴턴의 제3 법칙(Newton's third Law)'에 따르면 팽이의 윗부분에 외부 어떤 힘이 가해지지 않으면 팽이 축을 중심으로 계속 회전하고 계속 움직인다.[65] 대표적으로 지구 옆에 있는 위성인 달(moon)도 바로 지구처럼 자전과 공전을 한다. 달은 처음에는 빠르게 자전을 했으나, 지구와 달은 만유인력이라는 힘 싸움을 하다가 자신의 힘(달의 인력)만 소진해 공전과 자전의 주기를 같게 움직여서 지구에서는 멈춰버린 모습으로 보인다.[66]

물론 같은 맥락에서 지구도 50억 년 후에는 달처럼 자전하지 않을 수 있으며, 공전(=자전)이 멈춰진 상태로 된다는 걸 가상한다. 지구의 자전 속도는 초창기는 지금보다 훨씬 빨랐다. 1회 공전은 1년으로 오늘날과 같다. 그러나 자전으로 하루(daytime) 길이를 측정해 보면 같지 않다. BP 50억 년에는 하루가 12시간 정도였고, 1년은 730일 정도였다. BP 20억 년 전에는 하루가 19.5시간으로, 1년은 449일 정도다. BP 8억5천만 년에는 하루는 20.3시간으로 435일이었다. BP 3억7천만 년에는 1년이 400일, BP 7,500년에는 한 해가 371일이라고 산출된다. 현재는 하루는 24시간으로 1년은 365일인데 이를 지금부터 50억 년 이후로 연장하면 하루는 48시간, 1년은 182.5일로 초등학생의 산수로도 계산이 된다.

이와 같은 사실을 입증하는 고대생물학적 사례(paleo-biological examples)는 BP 8억5천만 년에 생존했던 고대 스트로마톨라이트(Stromatolite) 화석에서 435일이라고 판명되었다[67]. 자세한 설명을 하면, 지구촌에서 최초 광합성 생물체인 남세균(藍細菌, cyanobacteria) 혹은 시아노박테리아(cyanobacteria)[68]는 20분마다 한 번씩 분열해 1일에 한 층(켜)씩 막(膜)을 만들었다. 이렇게 쌓아진 구조체를 직각단면으로 자르고, 층(켜)을 세워보면 435개였다. 오늘날 남세균은 1년에 365개의 켜를 만든다.

다시 달에 대해 말하면, 자전을 멈춘(자전=공전) 달은 지구의 중력에서 매년 3.8cm씩 지구로부터 멀어지고(벗어나고) 있다.[69] 현재는 지구지름의 60배쯤 되는 거리(38만5,000km)에서 지구의 위성으로 공전하고 있지만, 최대한 85배까지 먼 거리로 벗어날 수 있다. 오늘날 지구는 달의 조력제동(潮力制動, tidal braking)으로 바닷물에 조석간만(ebb and flow)이 생기고, 탄성체(彈性體)인 지구는 동서반경이 늘어나고 있다(slowing down in diameter from east to west).[70] 자동차, 배 혹은 비행기 등을 탑승할 때에 속력에 의한 멀미(motion sickness)인 차멀미(carsickness), 뱃멀미(seasickness) 혹은 비행기 멀미(air sickness)가 생기듯이, 지구촌의 생명체에게도 달거리(月經, menstruation)를 하게 됨으로써 생식에 영향을 끼친다. 식물의 경우는 보름 이전과 이후에 벌목한 목재의 강도(intensity)와 터짐(bursting)에 차이가 난다. 동물에선 우리가 좋아하는 영덕(盈德) 대게는 2

월 보름(음력) 이전에는 껍질 안 속살이 찼다가 이후에 빠진다.[71] 물고기, 해산물의 산란(産卵)에도 적지 않는 영향력을 끼친다.

다른 한편 지구의 자전축(Earth's rotation axis)에 대해서 언급하면, 자전축(무게중심)은 i) 외부적 요인으로는 주변 행성의 중력(태양, 달, 수성·화성·금성·목성·토성), ii) 내부적 요인으로 대기압, 극지방의 빙하, 대양(大洋), 지하수[72], 화산 폭발, 지진 등에 의해서 약간씩 움직인다. 15m 내외로 움직이면서 흔들리고 있는데 지구의 워블링(흔들림) 주기(wobbling period)를 산출하면 435일 정도다. 지구촌의 마지막 빙하기에 움직였던 로렌티드 빙하(Laurentide Ice Sheet)[73]가 녹아서 지구의 해수면을 120m까지나 상승시켰다. 이전에는 알래스카 혹은 아시아대륙을 걸어서(수심이 낮고 얼어있어서) 갈 수 있었다.[74] 아시아인이 북미와 남미에 이동하여 북미 인디언, 남미 인디오로 살았다. 이때 지구촌이 로렌티드 빙하(Laurentide Ice Sheet)의 질량이 자리 잡았던 곳으로, 지구자전축(Earth's rotation axis)을 이동시켜 균형을 잡아갔다. 북극(혹은 남극)의 빙하가 녹으면 대양의 해수면이 높아진다. 이는 피겨스케이팅(figure skating)에서 도약(jumping)이나 회전(rotation)을 할 때 양팔을 벌렸다가 모아 속도를 조절하듯이(spin skill), 즉 해수면(海水面)이 대양으로 펴지면 양팔을 벌린 꼴이라 속도는 늦어진다. 속도가 늦어지면 곧바로 계절적 신호(seasonal signals)도 강화된다.[75]

기원전에 살았던 사람들은 지구가 이같이 행동하는 걸 어떻게 이해했을까? 중국 초나라의 노자(老子, BC 571~BC 471)[76]는 자신이 쓴 『도덕경(道德經)』에서 우주의 생성을 오늘날 블랙홀(Black Hole)이라고 하는 존재를 '검정 암소(Black Cow, 玄牝)'[77]라고 표현했다. 여기서 탄생한 지구를 "너무 커서 보이지 않고, 너무 큰 소리라서 들을 수 없다. 너무 빠르기에 빠름을 느낄 수 없

다(大方無隅, 大器免成, 大音希
聲, 大象無形)."[78]라고 했던 말을
곧이듣는다면 지구의 둘레가 4
만 km나 되는 거대한 행성을 눈
으론 볼 수 없다. 4만 km가 24시
간에 자전으로 한 바퀴를 돌기에

시속 1,666km(4만 km/24시간)로 돌아가는데 소음도 수천 데시벨(db)이나
되는 초고음(super high pitch)이다. 그러면서도 인간의 감각 능력으로는 볼
수도, 들을 수도 그리고 느낄 수도 없다는 사실을 이미 알았다.

지구촌의 기후변화와 인류 이동[79]

BP 350만~300만 년에 최초 인류는 아프리카 화석에서 발견된 오스트
랄로피테쿠스(Australopithecus)다. 라틴어 '오스트랄리스(australis)'는 영
어로는 남방(southern)이고, 그리스어 '피테코스(pithekos)'는 영어론 원숭
이(ape)다.[80] 이들은 신생대 신(新) 제3기 마이오세(Miocene)부터 제6기 플
레이스토세(Pleistocene)에 살았던 유인원(遠人猿)과 인류의 중간 모습을
가진 화석인류(fossil humans)로, BP 500만 년에서 BP 50만 년에 동부 아
프리카에서 출현하여 남아프리카, 사하라 사막, 동부 아프리카 일대에서
살아왔다. 그들의 생존연대를 2016년 『네이처(Nature)』에서는 BP 420만
에서 BP 200만 년으로 보기도 한다.[81] 물론 이전 BP 700만 년대에 직립보
행을 했다는 사헬란트로푸스 차덴시스(Sahelanthropus tchadensis)가 있
고, 최근에는 독일 남부에서 신생대 중·말기 마이오세(during the Middle-

Late Miocene in southern Germany)에 살았던 BP 1,160만 년에 '다누비우스 구겐모시(Danuvius guggenmosi)' 원숭이 화석 발굴에서 직립 보행했다[82]는 논문이 발표되었다.[83]

이렇게 '인류의 낙원(paradise of mankind)'이라는 동부 아프리카 등지에서 나무 위에서 살다가 기후변화로[84] 초원에 내려오면서 직립보행(直立步行, walking upright) 혹은 이족보행(二足步行, bipedal walking)을 하게 되었으며, 이족직립보행(二足直立步行)으로 인하여 i) 다른 동물보다 더 높은 위치에서 사방을 관찰할 수 있었고, ii) 다른 동물의 동태를 파악해서 많은 정보를 수합 정리해 전략적인 행동을 했다. iii) 네 발로 걷기보다 두 발로 걷기에는 에너지 소모(energy consumption)가 절반으로 떨어졌다. iv) 보다 빨리 달릴 수 있었고, 절감되는 에너지로 신체 발전과 손을 자유롭게 사용하게 되었다. v) 신체적 변화로는 땀샘이 발달해 오래(장시간) 달릴 수 있었다. vi) 좋은 것만이 아닌 빠른 보행으로 골반의 산도(birth canal in the pelvis)가 좁아져서 이전에 없었던 진통(産痛)이 새로 생겨났다.

직립보행(直立步行, walking upright)으로 앞발을 전혀 쓰지 않기에 앞발(손)을 자유롭게 사용할 수 있게 되므로 다른 척추동물보다도 다양한 측면에서 생산적으로 사용했다. 즉 i) 필요한 막대기 혹은 돌멩이로 도구, 나무·풀잎(껍질) 옷, 땅굴·움집, 불구덩이(화덕) 혹은 무기(창, 칼, 도끼 등)를 만들어 썼다. ii) 상대할 동물 혹은 물고기 등을 제압할 덫과 그물(trap and net) 등 장애물을 설치할 수 있었다(herd hunting). iii) 기후변화에 따른 새로운 먹거리를 찾아서 이동(BP 150만 년)하면서 사냥을 했다. iv) 거대한 맹수를 상대하기 위해 협업하거나 전략적으로 떼거리 사냥(pack hunting)을 기획했다. v) 직립보행으로 인하여 땀샘이 발달해 다른 동물에 비교해 장거리 달리기로 '지구력 사냥(persistent hunting)'[85], '장거리 사냥(long-distance hunting)', 추격포식(追擊捕食, chasing and Hunting) 혹은 추적포식(追跡捕食, tracking and hunting)을 했다.

일반적으로 포식자(捕食者, predator)가 먹잇감보다 달리는 속도가 빠른 경우는 추적포식(追跡捕食, pursuit predation)을 하고, 그렇지 않으면 매복포식(埋伏捕食, ambush predation)을 하는 게 사냥 전략의 기본이다. 그런데 인간은 추적포식의 한 방법인 지구력 사냥(persistent hunting)을 오늘날까지도 사용하고 있다.[86] 실례를 들면 i) 아프리카 남부 코이산 부족(Khoisan people: Hottentots and Bushmen)은 태양이 작열하는 한낮 열기 속에서도 스타인복(steinbock), 겜스복(gamesbock), 누(nu) 같은 영양(羚羊, antelope)이나 얼룩말(zebra) 등을 빠른 속도로 달리는 동물까지도 맨손으로 따라 달려가다가 사냥감이 숨차서 기절하면 덮쳐 숨통을 끊어 사냥한다. ii) 멕시코 북부의 타라우마라 인디언(Tarahumara Indian)들은 사슴이 탈진해 쓰려질 때까지 추격해 목을 졸라 죽인다. iii) 미국 남서부 지역 나바호족(Navajo tribe)도 가지뿔영양(pronghorn)을 유사한 추적으로 잡는다. iv) 호주의 애버리진 원주민(Aborigin people)은 캥거루(kangaroo)가 치명적인 체온에 도달할 때까지 지속적 몰아간다. 포식자(predator) 맹수들도 사람들처럼 다양한 사냥 전략을 사용한다. 그러나 실패비율을 최소화하고자 그들은 매복포식(ambush predation)이 기본이다. 다음으로 먹잇감의 취약점을 공략한다. 즉 피포식자(prey)가 느린 동물인 경우는 단거리를 전력 질주해 기습 공격(surprise attack)하거나, 마지막으로 야비하게도 어린 새끼, 노약자를 먹잇감으로 골라서 공격(weakness attack)한다. 사자는 기린이나 코끼리 사냥에는 거대한 바위와 나무를 이용한 협공전략(coercion strategy)까지 구사한다.

여기서 직립보행하는 사람(upright man)이란 뜻을 가진 호모 에렉투스

(Homo erectus)는 신생대 제4기 홍적세(Pleistocene)에 살다가 멸종된 화석인류이다. 호모 에렉투스(Homo erectus)라는 두 발 달린 동물은 못 가는 곳이 없었다(Since it is a two-legged animal, there is no place it can't go). BP 200만 년에서 BP 10만 년에 아프리카를 떠나서 아시아(Asia), 시베리아(Siberia), 인도네시아(Indonesia), 루마니아(Romania) 등으로 이동했던 최초의 인류다.[87] 아프리카를 떠나 대륙으로 이동함에 대해 일반적으로 BP 10만 년에서 BP 9만 년까지를 제1차 이동이고, BP 7만 년에서 BP 5만 년을 제2차 이동으로 본다. BP 150만 년 전에도 히말라야산맥(Himalayan Mountains)을 넘어 아시아까지 진출했던 적이 있었다. 호모 에렉투스(Homo erectus)의 생활 상황을 자세히 살펴보면 i) 구석기(뗀 석기)로 매머드(mammoth)와 같은 큰 짐승도 사냥해서 ii) 날카로운 칼날(면)로 가죽을 벗기고 살점을 잘라내거나(肉斬) 뼈까지 발기었다(剔抉). iii) 거대 동물을 협업해 사냥하고자 신체 언어와 간단한 발성(voice signal)과 몸짓 신호(behavioral signal)를 사용했다. iv) 화산이나 자연발화(벼락으로 마른 나뭇가지에 발화)에서 얻은 불씨를 화덕(불구덩이)에 보관했다가 익혀 먹기까지 했다. v) 육식에서 얻은 단백질(protein)로 인해 두개골의 용적(volume of the skull)은 1,000cc 정도로 커지도록 두뇌 활동이 왕성했다.[88]

BP 74,000년경 인도네시아 토바(Island Toba, Indonesia) 섬에 화산 폭발로 대기층 태양광을 차단하는 바람에 지구촌의 대기(기후)를 냉각시켰다. 또한 BP 40,000년경 이탈리아 나폴리(Napoli, Italia) 화산 폭발로 다시금 기후 악화가 인류의 생존을 위한 이동을 재촉했다. BP 52,000년경에서 BP 40,000년경에 아프리카에서 이동한 호모 사피엔스(Homo sapience)와 북유럽에서 내려온 호모 네안데르탈엔시스(Homo neanderthalensis)

는 메소포타미아 등 중동에서 같이 거주했음에도 큰 갈등은 없었다. 그러나 기후변화가 심각해 짐에 따라 북반구에 거주했던 호모 네안데르탈엔시스(Homo neanderthalensis)은 BP 39,000년경에 사멸했다.

BP 60,000년경에 아프리카 ▷ 중동(메소포타미아) ▷ 인도 ▷ 인도네시아 순다랜드(Sundaland, 말레이시아, 동아시아대륙 및 한반도가 육지로 연결)까지 도착했던 인류는 i) 중국(대륙)으로 북상해 만주, 동아시아로, ii) 순다랜드(Sundaland)에서 대나무 뗏목 등으로 사훌 랜드(Sahul land)를 향해 오늘날 호주(Australia)와 뉴질랜드(New Zealand)로 건너갔다. 이어 BP 30,000년에서 BP 25,000년경에 순다랜드(Sundaland)를 통해 한반도로 옮겨 살았다. 물론 이전에 북쪽(Lake Baikal)에서 따뜻한 남쪽 한반도(south Korean Peninsula)로 이미 이동하고 있었다.

따라서 우리나라는 BP 30,000년에서 BP 25,000년까지 구석기 수렵채취 생활을 하였다. BP 5,500년에서 BP 5,000년경에는 조(粟, yellow rice)와 기장(黍, millet)을 이미 재배해 먹고 있었다. BP 3,500년 혹은 BP 3,000년경에는 이미 벼를 재배하는 농경사회를 이룩

하였다.[89] 왜냐하면, 2003년 10월 21일에 세계 최고 15,000년 된 볍씨가 발견되어 한국이 벼농사의 기원지가 되었다.[90] BC 2,000년대 말에 청동기가 시작되었고, BC 400년부터 BC 300년경에는 청동기와 철기를 같이 사용해[91] 생활했었다. 이와 같은 사실을 입증하는 고고학적 발굴로는 지난 2011년 부산 가덕도에서 BP 7,000년경 신석기시대 인골에서 현생 유럽인의 47%가 지닌 모계 유전자 H형 mt-DNA가 검출되었다.[92, 93]

5. 혹독한 기후변화는 낙원 아프리카를 떠나게 했다

기후변화의 혹독한 시련은 인류가 낙원을 찾아 떠나게 했다
· · · · ·

최근 발견된 인류의 화석을 분석하면 아프리카에서 BP 600만 년경 네 발(四肢)로 나뭇가지를 타면서 열매를 따 먹고 수집 채취를 하던 인류가 나무에서 내려와서 두 발로 초원을 달렸던 이족보행(bipedal walking)을 시작했다. 초기 인류 오스트랄로피테쿠스(Australopithecus)와 같이 있었던 동·남아프리카에서 BP 400만~BP 200만 년에 이족보행을 했던 발자취들이 발견되었다. 과거 직립보행을 했다고 호모 에렉투스(Homo erectus)라고 했으나 인류의 진화는 점진적으로 200만 년 이상 걸렸다. 네 발에서 두 발로 진화됨에 따라 i) 비교적 적은 에너지를 쓰고도 쉽게 먼 거리를 오랫동안 걷고 달리기가 가능해졌다. ii) 따라서 자연스럽게 먹거리 마련을 위해 다른 동물을 사냥할 수 있게 되었다. iii) 보다 많은 먹잇감을 찾고자 생활권역을 넓히자 동물 혹은 다른 부족과도 충돌이 발생하게 되었다. iv) 이를 해결하기 위한 새로운 먹거리 터전, 삶터, 혹은 일터를 찾아서 떠나게 되었다. v) 발 달린 짐승이라서 오늘날처럼 국가 경계선도 없는 터라 지구촌을 자유롭게 들락거렸다.

마침 이때 인류에게 아프리카로부터 이주를 재촉했던 기후변화와 대재앙이 연이어 발생했다. 간략하게 요약하면 i) 사하라 지역이 지구촌의 기후변화를 펌프질했다(Sahara pump theory). ii) 몽골초원의 급강한 기온과 적설로 인류를 다시금 흩어지게 만들었다(Mongolian Dzud Theory). 그리고 iii) 인도네시아 토바 섬에 화산 폭발이란 대재앙(Indonesia Toba Catastrophe Theory)이 발생하여 일부 인류를 멸종시켰고, 아프리카로 되돌아가게 했다. 아프리카 탈주는 단순하게 한꺼번에 밀물처럼 쓸고 나갔던 게 아니었다. 150만 년 동안 아프리카에서 유라시아 등으로 이주했다가 기후가 좋아지자 다시 들어왔다가 악화하면 또다시 나가기를 수십 번 반복했다. 이런 현상은 최근 유전자계통분석을 통해 분석한 결과는 34번 이상이나 아프리카와 유라시아 사이의 이동이 있었다.[94]

'습윤한 녹색지대', 사하라가 인류를 떠나게 펌프질했다고?

· · · · ·

아프리카 동·식물에게 레반트 지역(Levant region)이 유라시아와 아프리카를 이동할 수 있는 이동통로의 교량 역할(as a bridge for movement passage)을 했다. 레반트 교량통로로 떠나게
했던 중요 원인은 아프리카에서 수천 년 동안 장기적 풍부한 강우량으로 더 큰 호수와 더 많은 강을 존재하게 했던 '습윤한 녹색 사하라(wet green Sahara)'가 돌연히 기후변화를 함으로써 펌프질을 했다(Sahara pump theory).[95] 이것으로 인류가 아프리카에서 유라시아 지역으로 이주 확산하게 한 이유를 설명한다.

지구 기후학(地球氣候學, Earth Climatology)에서 빙하기가 되면 아프리카 적도 권역에서 발생하는 열습기류(熱濕氣流, hot and humid airflow)는 유럽 빙하 권역(glacier area)의 한랭전선(cold front)에 밀려(막혀) 지중해 건너 북쪽으로 확산하지 못했다. 아프리카 지역에서 제자리에서 맴돌게 된다(Hovering in place in Africa). 그때 적도 부근에는 비가 내리고, 북위 20도에서 23.5도까지 주변에서는 뜨거운 대기가 머물게 된다. 이로 인해 사하라 지역은 사막화(desertification in the Sahara region)가 되어간다. 지속적인 열펌프 작용(continuous heat pump action)으로 북아프리카 북위 15도에서 30도까지 지역에 사막이 집중적으로 형성된다. 이렇게 되자 동·식물은 살아남기 위해선 아프리카를 떠나거나, 떠나지 않으면 현지 사막성기후(desert climate)에 적응해야 했다. 어느 정도 기간이 지나면 사하라 사막의 뜨거운 열기가 밀고 당기기를 하다가 결국 지중해를 건너 유럽으로도 이동하게 된다.

이때 유럽에서는 갑자기 온난화 현상(warming phenomenon)이 전개된다. 빙하시대에 유럽지역의 냉·온화(cold & warm)가 서서히 진행되다가 갑자기 온난화(warming)되는 '단스가르·외슈거 현상(Dansgaard Oescher events)'이 생긴다. 반대로 천천히 온난화되다가 갑자기 냉각화로 진행되는 '하인리히 현상(Heinrich events)'이 발생한다. 이렇게 뒤바뀐 현상들은 대략 1,500년을 주기로 반복했다. 유럽에 하인리히 현상(Heinrich events)이 진행되면 아프리카 사하라(Sahara)에는 갑자기 차가운 대기가 밀려들어 오게 된다. 이로 인해 유럽의 한랭전선(Europe's cold front)과 아프리카의 온난전선(Africa's warm front)이 만나는 지역에 비가 내리고, 사하라(Sahara) 지역에는 동·식물이 살 수 있는 풀밭이 형성된다. 시간이 지나면서 사하라(Sahara) 지역은 또다시 건조해져 사막화가 진행되고, 일단 사막이 형성되기 시작하면 가열된 대기는 펌프질을 가속하게 만든다(As des-erts begin to form, the heated atmosphere causes pumping to accelerate). 그러면 유럽에서는 단스가르·외슈거 현상(Dansgaard Oescher events)이 발생하고, 이어 하인리히 현상(Heinrich events)이 발생한다.

이에 따라 기온 상승기에는 동·식물(flora and fauna)이 아프리카에서 유라시아로 이주했다가, 기온하강기엔 유라시아(Eurasia)에서 아프리카로 이주하는 일(Eurasia back to Africa)을 반복하게 되었다. 그래서 인류의 이동을 아프리카에서 먼저 시작하게(from Africa) 되었다. 이런 현상으로 아프리카 인류가 유라시아(Africa to Eurasia)로 이주했다. 이런 상황을 정리한 이론이 바로 '사하라 펌프이론(Sahar Pump Theory)'이며, 이는 거꾸로 '아프리카 기원설(Out of Africa)'을 보강하는 버팀목(as a crutch)이 되었다.

몽골초원의 혹독한 겨울이 인류를 다시 흩어지게 했다
· · · · ·

아프리카에서 대륙과 대양으로 이동했던 인류를 한곳에 안주하도록 내버려 두지 않았다. 또다시 지구촌으로 흩어지도록 했던 건, 몽골리아의 기후변화(climate change in Mongolia)와 인도네시아의 대재앙(catastrophe in Indonesia)이 동아시아에서 발생했다.

먼저 몽골리아에서 '조드(Dzud)'[96]란 뜨거운 여름 뒤 밀어닥치는 혹독하게 추운 겨울의 극한적 상황(extreme situation)을 말한다. 몽골리아 초원(Mongolian grassland)에서 여름철 기상 상태에 따라 대기의 메마름과 바람의 이동속도가 달라진다. 여름철 기온이 높을수록 이동속도가 가속화된다(The higher the temperature in summer, the faster the speed of movement).

중앙아시아의 중심인 몽골리아에서 조드(Dzud)의 발생 요인은 참으로 다양하다. 그 가운데 결정적인 영향은 멀리 떨어진 아프리카의 기온변화다. 특히 사하라 사막의 기후변화였다. 단적인 사례로 오늘날도 지구촌의 농작물 작황(rop performance of the earth)은 동아프리카 기후변화에 좌우된

다. 국제농업기구(IAO: International Agricultural Organization)가 한 해 지구촌 모든 인류의 식량을 걱정한 나머지 주목하는 게 동아프리카의 1월 기후변화다. 꼭 집어 말하면 메뚜기

발생 상황(outbreak situation of grasshopper)이다. 지구촌에 인류가 출현한 뒤 줄곧 동아프리카의 메뚜기 떼가 습격해 인류가 먹을 식량을 다 먹어 치우곤 했다.[97] 지구촌의 식량 안보 차원에서 메뚜기의 이동 상황에도 관심을 쏟고 있다. 예수 크리스트가 '황야의 부름(Calling of the Wildness)'[98]을 듣고자 아라비아 사막을 누빌 때도 메뚜기 가루로 음식을 해 먹었듯이 오늘날에는 메뚜기를 잡아서 인류의 식량 안보를 확보하자는 발상 전환(idea change)까지 하고 있다.[99]

　앞의 말을 이으면 아프리카 기온 상승(Africa's temperature rises) ▷ 사하라 지역 가열(Sahara region heats up) ▷ 적도의 태평양 수온 급상승 ▷ 구로시오 해류(黑潮, Kuroshio Current)의 수온 상승 ▷ 동아시아 태평양 연안의 수온 상승 ▷지구의 자전에 따른 태평양의 수증기 가열 ▷ 가열된 태평양의 수증기가 중앙 시베리아로 흩어짐 ▷ 북극권의 기온 상황과 태평양의 수증기량에 따라 몽골리아에 내리는 적설량이 결정되었다. 때로는 사하

라 사막과 태평양 기온이 높은 상태를 지속한다. 이렇게 되면 1월 혹은 2월 에도 태평양 바닷물은 고온을 유지하면서 계속 많은 수증기를 북극으로 올려보낸다. 이 수증기는 모두 몽골초원에 눈으로 내려 쌓이게 된다. 이로 인해 북극해 대기는 이상하게 따뜻하게 된다(atmospheric warmth in Arctic Ocean).

이에 따라 북극해의 대기 온난화(atmospheric warming) ▷ 북극권의 얼음이 녹여 수증기를 상공으로 올려보냄 ▷ 상공 수증기는 몽골리아 초원의 햇볕을 차단(sun-light protection on the Mongolian grasslands) ▷ 기온을 급격하게 내려가게 만들어 ▷ 몽골리아 서부초원 위에는 상상할 수도 없는 적설 피해가 발생한다. ▷ 몽골리아 초원 천지가 은색 적설이란 태양광 반사판(silver snow's solar reflector)이 되어 지표에 열과 기온을 전면적으로 차단함 ▷ 영화 50℃까지 떨어지는 혹독한 추위와 기근이 몰아친다. 이것이 바로 '하얀 재앙(白色災殃, white disaster)'이며, 몽골어로 '차강 조드(chagaan dzud, цагаан гамшиг)'다. 이 상황을 직면하면 사람이나 동물은 따뜻한 남쪽으로 이동해야 위기를 넘기고 생존하게 된다.

여기서 아프리카 사하라 지역의 기온에 따라 유럽에서는 덴마크 고기후학자(paleoclimatologist) 윌리 단스고르(Willi Dansgaard, 1022~2011)와 스위스 기후학자(climatologist) 한스 외슈거(Hans Oeschger, 1927~1998)가 주장했던 단스고르·외슈거 현상(Dansgaard Oeschger oscillations)과 독일 기후학자 하르트무트 하인리히(Hartmut Heinrich, 1952년)의 하인리히 현상(Heinrich events)이 반복적·주기적으로 발생했다. 몽골에서도 어느 정도의 긴 시간적 격차(時間的隔差)를 두고, 온·냉 기온변화 현상이 반복한다. 이에 따라 동물과 그들 뒤를 따른 인류는 기온 상승기에 유라시아(Eurasia)의 북쪽으로 옮겨 살았다. 때로는 아메리카대륙(American continent)으로 진출하였다. 그리고 한편으로는 기온하강기에는 한반도(韓半島), 일본열도, 동남아시아 지역, 태평양제도로도 옮겨 살았다. 수구초심(首丘初心)이 발동하여 일부 인류는 유라시아내륙 초원길(Eurasian inland grass-road)을 따라 서·남 방향으로 옮겼다가 유럽과 아프리카로 되돌아 갔다. 몽골리아의 한파재앙(寒波災殃)을 피해서 BP 70만 년경 한반도(韓半島)에 이미 도착해서, 오늘날 충북도 단양금굴(石灰洞窟)에서 전기구석기시대(Early Paleolithic Age)를 거쳐 청동기 농경시대를 살아왔다.100

6. 대재앙이 인류를 사멸케 하는 궁지로 몰기까지

토바 화산 폭발 재앙이 인류가 사멸하도록 궁지로 몰았다[101]

인도네시아 수마트라섬(Sumatra Island, Indonesia) 북부 중앙에 화산 폭발로 생긴 '토바 호수(Toba Lake)'가 있는데 이 지역에서 BP 75,000년에서 BP 67,000년까지 화산 폭발(volcanic eruption)이 대규모로 발생했다. 화산재는 말레이시아, 인도 동남부, 벵골만(Bengal Bay) 지역까지 날아갔다. 분출량은 대략 2,800㎦(KT) 정도였다. 그 정도 분출량이 얼마나 위험하냐면, 기록된 인류역사상 가장 위협적이었다는 1815년에 인도네시아 숨바와(Sumbawa)섬 탐보라(Tambora) 화산의 분출물이 100㎦(KT)이었다. 그 정도 분출량으로도 북아메리카까지 '여름이 없는 해(The Year Without

Summer)'가 될 정도로 기온이 내려갔다.[102] 이것에 28배 대규모 재앙이 토바 화산 폭발이었다.

이로 인해 세계(지구촌)는 수년간 기온이 평상시보다 3℃에서 3.5℃까지 내려갔다.[103] 동남아시아에서 살아남은 동·식물(flora and fauna)이 없다시피 전멸했다. 이로 인해 이전의 인류 네안데르탈인(Neanderthal man)도 거의 멸종되었다. 살아남은 인류가 겨우 1만 명이라는 주장까지 나왔다. 이후 다시 증가하는 인구(인류) 병목현상(population bottleneck)을 보였다.[104] 1998년 일리노이대학(University of Illinois) 스탠리 암브로즈(Stanley H. Ambrose) 교수는 이 사건을 '토바 대재앙(Toba Catastrophe)'이라고 불렀다.[105]

토바 대재앙(Toba Catastrophe)으로 기온이 하강했을 때에 유럽권역에서는 지중해를 건너 아프리카로 인류가 거꾸로 이주하였는데, 이 사실을 이스라엘 채석장(Quarry) 동굴에서 발견된 BP 10만 년경의 현존 인류화석들[106]을 통해 짐작할 수 있다. 당시 그곳 사람들은 BP 80,000년에서 BP 70,000년까지 빙하기였다. 더 추운 상태의 유럽지역을 탈출해 남쪽으로 이주해 온 네안데르탈인(Neanderthal man)들은 남쪽 변경세력에 의해 멸종되었다. 전멸되지 않았다면 아프리카 내부지역으로 되돌아갔다.[107] 한편 북반구 동유럽이나 아시아에선 네안데르탈인과 데니소바인(Neanderthals and Denisovans)이 살았다. 토바 대재앙으로 인하여 이들에게도 생존위기 혹은 멸종의 계기가 되었다.[108]

한편 화산재가 벵골만까지 날아간 걸 고려하면 화산이 폭발한 수마트라(Sumatra)섬 주변 동남아시아 지역과 인도 동·남부지역에 살던 사람들은 화산재를 피해 적도해류(赤道海流, equatorial current)를 타고 아프리카 남단 마다가스카르(Madagascar)섬을 향하여 되돌아갔다. 이런 사실을 알 수 있는 고고학적 출토 인골은 아프리카 르봄보 산(Lebombo Mountain)

보더 동굴((Border Cave)[109]에서 BP 69,000년의 유골이 발견되었다. 이들은 화산재가 날아가는 방향을 비켜서 남쪽으로 향해 항해하다가 결국은 수십만 년 전 조상들이 살았던 고향 땅으로 다시 돌아왔다는 안도감 속에서 살았다.

토바 화산 폭발(Toba volcano eruption)로 발생한 화산재가 수천 km를 날아와 인도 중앙지역에도 6m나 쌓였다. 인근 말레이시아에서는 9m 이상 쌓였다. 당시 화산재의 대부분이 수마트라섬 서북쪽으로 날아갔다.[110] 그래서 인도네시아 수마트라(Sumatra, Indonesia) 일대를 탈출했던 사람들은 화산재가 덮치는 서북쪽으로 가기보다는 푸른 하늘이 희망처럼 보이는 동북쪽으로 탈주를 했다(escaped to the east where the blue sky seemed like hope). 당시 토바 화산의 대재앙에서 벗어나고자 동북쪽 제주도에 도착했던 인류의 눈에는 "한라산을 중심으로 대평원이 새로운 낙원으로 보였다(The great plains centered around Hallasan Mountain seemed like a new paradise)". 북쪽으로 더 올라갔던 인류에겐 발해만 지역으로 흘러 내려오는 강과 한반도 대한해협 지역에서 유입되는 강이 있었다. 그래서 BP 75,000년에서 BP 67,000년에 살기 좋은 이곳 한반도 낙원에 정착이 시작되었다, 한반도 낙원이 알려지자, 뒤이어 한반도로 시베리아 북방계 등 여러 방향에서 끊임없이 찾아들었다. 최근 제주도 안덕면 사계리(濟州島 安德面 沙溪里)에 BP 20,000~19,000년 고기잡이를 했던 '사람의 발자국(human footprints)'이 100여 점 발견되었다.[111, 112]

이로 인해 제주도에는 돌 도구를 제작하였던 사람이 살기 시작한 건 BP 7만 년에서 BP 6만 년까지라는 사실을 부인할 수 없다. 토바 대재앙(Toba Catastrophe) 시기에 이 지역으로 옮겨 살았던 사람들은 인간 Y염색체 DNA 하플로 그룹(Haplo-group) A00[113]으로, 아프리카 기원설을 지지하는 서양학자들은 이를 중시하지 않았다. 그들은 서아프리카의 나이지리아 카메룬(Nigeria Cameroon) 일대의 하플로 그룹(Haplo-group) A00에서 현대 인류의 시조를 찾고 있었을 뿐이다.

그러나 한국식 꽈배기 과자(Korean Twisted Cake)처럼 몇 번 꽈서 생각한다면 이 지역 제주도의 하플로 그룹(Haplo-group) A00 유전자를 가졌던 선인들은 화산 폭발이란 대재앙에 의한 혹독한 추위(extreme cold caused by volcanic eruption catastrophic event)를 안전하게 벗어났다. 살아있는 동물들을 닥치는 대로 생매장했던 화산재(buries living animals alive by volcanic ash)를 피해 서아프리카로 이동하였던 사람들 가운데 나이지리아와 카메룬 일대에 정착하여 위기를 넘기고 생존했던 인류가 나중에 이동해 왔던 몇 대 후손이었다. 물론 이와 같은 가설은 '아프리카 기원설(Out-of-Africa theory)'을 주장하는 학자들에겐 '다지역 기원설((multi-regional continuity model)'을 인정한 꼴(빈틈)이 된다.

이에다가 '다지역 기원설(multi-regional continuity model)'을 적용해 보면, 토바 대재앙(Toba Catastrophe)을 겪고 난 다음 수마트라섬 주변의 동아시아 인류는 한라산 주변 대평원 지역에서 모여 살고 있었다. 동물이란 그 자체는 왔다 가도 다시 돌아오는 존재다. 그들에 옛 선인들의 길을 쫓아 서(동)아프리카의 하플로 그룹(Haplo-group) A00에 분리되었던 혈족(사람들)에게 되돌아갔다. 반대로 서부 아프리카에서도 제주도로 이주해 왔다. 그들은 과거 토바 대재앙을 피해 서(동)아프리카로 피신했던 기존 토착민(existing indigenous people)과는 혈족으로 어울려 새로운 하나로 되었다.

다른 한편, BP 180만 년에 아프리카에서 탈출했던 2대 주요통로는 i) '레반트 회랑(Levant Corridor)'과 ii) '아프리카의 뿔(Horn of Africa)'이다. 먼저, BP 190만 년에 '사하라 펌프 작용(Operation of the Sahara Pump)'으로

인해 레반트 회랑(Levant Corridor)으로 이동했다. 레반트(Levant)란 서(西)

아시아, 동(東)지중해, 북동 아프리카의 교차(Crossroads of Western Asia, Eastern Mediterranean, and Northeast Africa)로 역할을 했다. 지질학적 용어로는 '아라비안 판의 북서쪽(northwest of the Arabian plate)'이며, 레반트 거주민족은 지리적 위치뿐만 아니라 먹거리, 관습 그리고 역사를 공유하고 있어 그들을 레반틴(Levantin)이라고 했다. 다음으로 아프리카의 뿔(Horn of Africa, HoA)은 지정학적(geopolitical)으로 동아프리카에 있는 반도(半島)다. 아프리카 본토의 가장 동북쪽 세계에 네 번째로 큰 반도다. 좁은 의미에서는 봐선 에티오피아(Ethiopia), 에리트레아(Eritrea), 소말리아(Somalia), 지부티(Djibouti) 등의 나라들이 있다.

보다 넓은 의미에선 케냐(Kenya), 수단(Sudan), 남수단(South Sudan), 우간다(Uganda)의 일부 또는 전부를 포함하여 "큰 뿔 지역(Great Horm Region, GHR)"이라는 말을 한다. 때로는 부룬디(Burundi), 르완다(Rwanda), 탄자니아(Tanzania)까지도 추가한다. 홍해의 남쪽 경계에 있다. 과르다푸이 해협(Guardapui Strait), 아덴만(Gulf of Aden), 인도양(Indian Ocean)까지 수백 킬로미터에 걸쳐있다. 서아시아의 아라비아반도 지역과도 해상국경을 같이하고 있다.[114] 사하라 펌프이론(Sahara Pump Theory)은 동·식물이 레반트의 교량 역할 지역을 통해 유라시아와 아프리카 사이를 오고 갔다는 기후변화를 설명하는 이동근거가 되었다. 즉 수천 년 동안 지속적인 강우(홍수)로 인해 더 큰 호수와 넓은 강으로 '습윤한 녹색 사하라(wet green Saraha)'가 BP 180만 8천 년경부터 강물이 사하라로 흐르지 않았고, 나일

강 지역의 지질 융기(Nubian Swell)[115]로 강물이 흐르지 않게 되자 강 회랑(river corridor)을 따라 인류의 이동도 중단되었다.[116]

수십만 년 동안에 지속했던 인류의 대이동에 급격한 기후변화와 예측할 수도 없는 대재앙의 공포가 인류를 전보다 지혜롭게 만들었다. 그대로 공포 속에서 깊이 빠졌다가 곧 헤어났다. 한편으로 이런 대재앙의 전환적인 계기가 새로운 마음과 새로운 시각을 갖게 했다(transformative moment of the great disaster gave them a new mind and perspective). 즉 화산 폭발로 불에 대한 공포에서 경화심(敬火心, respect for fire) 혹은 배화심(拜火心, fire worshiper)을 갖게 하였다. 같은 시기에 기후변화로 하늘에 대한 경외심(敬畏心, awe for heaven)과 경천심(敬天心, respect for heaven)을 갖게 했다. 이는 인류의 i) 먹거리 찾기 방법, ii) 사냥터의 안전성과 iii) 경쟁적인 동물에 대한 새로운 인식까지도 가졌다.[117]

7. 기후변화가 인류를 지구촌으로 몇 번이고 흩뿌렸다

아프리카를 떠나도록 한 어떤 기후변화가 있었을까?

2005년 분자생물학자 앨런 템플턴(Alan Robert Templeton)[118]은 25개 지역주민의 염색체 계통분석(chromosome phylo-genetic analysis)을 실시했는데, 아프리카와 유라시아 사이에는 34번 이상의 유전자가 오고 갔다

(flow or backflow)는 사실을 알아내었다. BP 146만 년에 지속적인 유전자의 이동이 19번이나 뒤섞였다. 대략 BP 200만 년 호모 에렉투스(Homo erectus) 원주민이 아프리카를 이주해 확산한 건 겨우 3회 정도였다. 특히 아슐리안(Acheulean) 도구의 팽창기에는 7번이나 혼혈되었다. 오늘날에 비교하면 가까운 충적세(沖積世) 때 아프리카에서 유라시아로 이동 확산한 건 5번, 그리고 유라시아에서 아프리카로 되돌아가는 흐름(backflow)의 확산도 약간(a few, 1~2건) 있었다.[119]

　이러한 사실로 봐서 사하라 펌프 이론(Sahara Pump Theory)에 따라 아프리카 인류 이동이 비교적 많았지만, 유라시아에서 아프리카로 이동한 적도 있었다. 사하라 펌프작동이 몽골리아의 조드(dzud) 현상에서도 연계적으로 작용했다. BP 12만 년부터 BP 9만 년까지 아프리카는 습기가 차고, 비가 오는(wet rainy climate) '압바시아 플루비알(Abbassia Pluvial)'[120]이 대략 3만 년 동안 지속했다. 유럽이 홍적세 마지막 뷔름빙하 1기(The first period of the last Würme Glacier of the Pleistocene)로 인류가 고생할 때, 사하라(Sahara) 지역은 살기 좋은 기후 상태였다. BP 9만 년에 시작했던 기온급강(氣溫急降)에서 상승 회복은 대략 BP 8.7만 년에서 BP 7.2만 년까지, BP 7만 년에서 BP 6.5만 년 사이에도 유사한 현상이 있었다. BP 6.3만 년부터 리스-뷔름 간빙기(Riss-Würm inter-glacial epoch)가 끝나고 뷔름빙기(Würm Glacial Stage)가 시작되면서 기온이 약간씩 상승했다. 이로 인해 아프리카 북부지방도 같이 서서히 더워졌다.

　그 결과 BP 6만 년에서 BP 5.5만 년에 형성된 칸제라-감불리아 간다우기 지층(Canjera-Gambulia Gandaugi Formation)을 보면 당시 기후가 건조하여 삼림(森林) 지역 상당 부분이 사막화되었다. 이때 동아프리카 지역의 지형은 현재의 모습으로 되었다. 자연의 대변화는 필연적으로 이 지역의 인류나 동물을 다른 지역으로 이동시켰다. 주로 유라시아 해안을 따라 고위도 지역으로 이동했다. BP 5만 년에서 BP 3만 년까지 2만 년 동안 무스테리안 플루비알(Mousterian Pluvial)[121]이라고 불리는 습기가 차고 비가 오는 기후가 북아프리카에 전개되었다. 호수와 강은 물이 넘쳐나자 인류의 먹거리도 넘쳐났다. 이 시기에 '야생 아프리카(Wild Africa)'로 불리는 각종 동·식물들(various animals and plants)이 번성했다. 그 기간 중 대략 BP 4.3만 년부터 기온이 낮아지기 시작했고, BP 4.2만 년에 최고점(highest point)을 찍었다. BP 3.5만 년까지 다시 상승하기 시작했다. BP 3.5만 년에서 BP 3만 년까지 서서히 하강하다가 BP 3.1만 년에 최저점(lowest point)을 찍고 다시 상승했다. 그때 유럽지역은 뷔름빙기 2기에서 3기로 바뀌고 있어 기온이 상승했다.

　BP 3.1만 년부터 아프리카 기온은 서서히 오르고, 이에 따라 아프리카 북부와 아라비아지대는 서서히 사막으로 변해가기 시작했지만, 아프리카와 유럽이 같이 더워지자 동아프리카 고산지대 빙하(east African highland glaciers)는 고온 건조해진 대기(大氣)로 녹아내려 아프리카에 풍부한 물을 공급했다. 이 때문에 BP 3만 년부터 BP 2.3만 년까지 그 기간에 북아프리카의 호수들은 여전히 비교적 높은 수위를 가졌다. 주변에 동·식물은 살기가 좋았다. 그렇지만 기온이 계속 올라가면서 살기가 예전과 같지 않았다.

　당시 미국도 BP 3만 년에서 BP 2.3만 년까지 그 기간에 호수의 수위가 낮고 가물었다. 지구 전체에 문제가 발생했다. 그리하여 BP 3.1만 년에서

BP 3만 년까지 두 번째 아프리카 대탈출(The 2nd Exodus From Africa)이 시작되었다. 이번에는 해안보다 내륙 고산지역 시원한 곳을 따라 이주했다. 고대 인류화석(ancient human fossils)으로 판단할 때에 BP 190만 년경에 사하라 펌프 작용에 의한 기후변화로 BP 180만 년에서 BP 175만 년까지 남유라시아로 아프리카 호모 에렉투스가 레반트 회랑(Levant Corridor)과 아프리카 혼(Horn of Africa)을 통해서 유라시아로 빠져나간 것이 제1차 아프리카 대이동((The 1st Exodus From Africa)이었다.

다양한 방향과 방법으로 한반도 낙원으로 유입하다

오늘날 인류에 대해 과거는 다양한 학설이 있으나 1987년 레베카 캔(Rebecca L. Cann)[122] 등 3인이 공동연구논문을 '네이처(Nature)'에 게재해 '미토콘드리아 이브(Mitochondrial Eve)'를 상정함으로써[123] '아프리카 기원설(Out of Africa Theory)'이 확립하게 했다. 특히 미토콘드리아의 유전인자(mitochondria DNA)에 의한 유전자 가계도(genetic family tree) 혹은 유전자 시계(genetic clock)를 추적해 BP 20만 년에 아프리카에서 살았던 '미토콘드리아 이브(Mitochondrial Eve)[124]라는 모계공통조상(母系共通祖上, maternal common ancestor, mt-MRCA)을 찾아내었다.

이어 2009년 10월 26일 미국 상무부 국립표준기술연구소(National

Institute of Standards and Technology)에서 스펜서 웰스 박사(Dr. Spencer Wells, 1969년생)를 팀장으로 '인류의 조상을 찾아서 제노그래픽 프로젝트(Deep Ancestry: Inside the Geno-graphic Project)'를 추진했다[125]. 간략하게 요약하면 '인종의 용광로(melting pot of races)'라는 뉴욕(New York)의 한 거리에서 유의적(有意的)이라는 몇 사람의 DNA를 갖고 모든 인류의 조상을 추적하기 시작했다. 그러나 4년 동안 전 세계 35만 명의 DNA를 수집해 분석한 결과: i) 남성 Y염색체는 BP 6만 년 아프리카에 살았던 한 남자를, ii) 여성 mt-DNA로는 아프리카에 BP 20만 년~BP 15만 년의 한 여성을 찾았다. 바로 미토콘드리아 이브(Mitochondrial Eve)였다. 연구분석하는 동안 놀란 사실은 아프리카는 다른 지역보다 DNA 구조가 다양했다.[126]

여기에서 한반도에 도착했던 선인들의 대장정을 2011년 윤정모는 한민족의 대서사시 『수메르(Sumer)』라는 3부작 장편소설로 단군(檀君) 이전의 역사를 그린 한민족의 발자취를 걸어봤으며, 이 책은 인류 최초 문명의 원류를 한민족이 건설했다는 줄거리를 엮었던 판타지 소설이었다.[127] 이외도 2020년 조지 오웰(George Orwell, 1903~1950)의 소설 『1984』에서 나오는 구절인 "과거를 정복했던 자는 미래를 정복하고, 오늘을 정복한 자는 과거를 정복한다(Who controls the past controls the future; who controls the present controls the past)."라는 구절을 인용하면서 시작한 프랑스 에블린 에예르(Évelyne Heyer, 1964년생)의 소설 『유전자 오디세이(L'odyssée des gènes)』가 출간되었다. 이 책은 2023년에 우리나라에서도 번역 출판되었다. 제목 그대로 DNA를 통해서 본 인류 역사의 대서사시다. 아프리카 사바나 초원을 떠돌아다니던 소수의 호모 사피엔스였던 한민족의 조상이 어떻게 살아남았고, 아프리카 기원지(발상지)를 벗어나려는 모험을 어떻게 감행했으며, 어떤 경로로 한반도에 들어왔는지, 어떤 죽을 고비(아리랑 고개)를 넘겼는지를 말해 주고 있다.[128]

물론 히브리대학교 역사학과 우발 노아 하라리(Yuval Noah Harari, 1976년생) 교수는 2011년『사피엔스(Sapiens)』에서 "다른 인종과 사피엔스의 다른 점은 신화를 만들어냈다는 것이다. 상상력과 언어를 사용해 새로운 세계, 대안과 가능성을 창조하고 전달했다."[129]라고 요약했다. 현행 인류가 지구촌을 어떻게 지배할 수 있었느냐고 묻는다면, "우리 조상은 다른 인종보다 더 지능적이지는 않았지만, 단지 그들보다 더 사교적이었다. 즉 상징적 문화를 통해서 집단 사이 혹은 사회적 유대를 형성하였고, 새로운 환경으로 이동했으며, 수량적 증가를 통해 분산되고 고립적인 인종을 압도했다"[130]. 호모 사피엔스(Homo sapiens)가 세상을 지배한 건, BP 7만 년~3만 년에 '인지 혁명(認知革命, cognitive revolution)'이 일어났는데 독특한 언어로 의사소통을 함으로써 i) 경험 및 정보를 전달하고, ii) 상상력을 동원해서 챙기고 전략을 구사하면서 나아갔다고[131] 봤다. "개미와 벌은 가까운 친척들과 엄격하게 협업을 하나, 늑대와 침팬지 소수 개체만 개미보다 유연하게 합동작업을 한다.『사피엔스(Sapiens)』는 수많은 낯선 사람과도 유연한 방식으로 협력하고도 지배로 인해 사람이 먹다 남은 음식을 개는 먹는다."[132]

최근 여행작가 이영철 님은 작가의『인문 노트(writer's humanities note-book)』에서 "인류 역사 10대 전환점(turning point)"으로 "i) BP 400만 년 도구 사용, ii) BP 40만 년 불의 발견과 이용, iii) BP 4만 년 호모 사피엔스(Homo sapiens)의 출현, iv) BP 4,000년에 메소포타미아 수메르인 점토판의 쐐기문자 발명, v) BC 4세기에 흉노족의 생성과 AD 4세기 훈족이 게르만족 쪽으로 대이동에 따른 중세기 개막과 AD 496년 서로마 제국 멸망,

vi) 1492년 콜럼버스의 신대륙 발견(Columbus's discovery of the New World)으로 식민지 확장, vii) 영국에서 산업혁명의 시작, viii) 제1차 세계대전, ix) 아폴로 11호 달착륙, x) 스티브 잡스의 아이폰 출시"[133]를 제시했다.

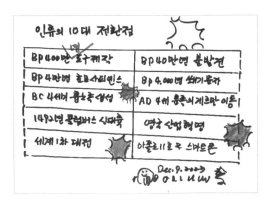

한편, 불의 발견에 대해 우발 하라리(Yuval Noah Harari)는 "불을 사용함으로써 특별한 존재로 거듭났다. 불을 씀으로써 신체조건과 상관없는 무한한 힘을 손아귀에 집어넣었고, 불붙은 막대기로 숲속 전체를 태울 수 있었다. 수천 마리의 동물까지도 죽일 수 있었다. 이렇게 함으로 사자를 쫓아내고, 온기와 빛을 움막집 불구덩이에까지 갖고 와서 날고기를 익혀 맛있게 먹었으며, 소통함으로써 집단협동(集團協同)을 이루어 내어 거대한 동물까지도 집단사냥을 하게 되었다."[134]라고 이야기했다.

8. 한반도에서 돌 주먹도끼를 만들었던 선인들은?

한반도에 호모 에렉투스(Homo erectus)의 아슐리안 돌 주먹도끼가 출토
· · · · ·

BP 160만 년에서 BP 20만 년까지 신생대 제4기 홍적세(Pleis-tocene, 혹은 빙하기(Ice Age) 초기에서 중기에 살았던 '호모 에렉투스(Homo erectus)'는 i) 기온이 약간 높은 간빙기였기에 반경 20km 범위에서 수집채취를 했던 걸, 무리를 지어 100km까지 집단수렵을 하게 되었다. ii) BP 150만 년 혹은 BP 100만 년에서도 아프리카 어느 초원에서 번개로 마른 나무(숲)가 불타는 걸 보고 그것을 이용해 난방을 마련했다. iii) 화덕(불구덩이, hearth)을 만들어 음식을 익혀 먹었고, iv) 나뭇가지를 이용해서 움(막)집을 지었다. v) 한편으로 돌을 깨어서 필요한 도구(stone tool)를 만들어 사용했다. vi) 사냥한 고기를 익혀 먹음으로써 단백질 섭취로 인한 두뇌활동과 두개골의 크기가 늘어났다. vii) 신체상 땀샘(sweat gland)이 발달해 태양 아래 오래 견딜 수 있었기에 먼 길을 갈(달릴) 수 있게 되었다.[135] BP 50만 년에서 BP 40만 년까지 기후변화로 인해 먹거리 찾기 어려워지자, 아프리카를 떠나 마침내 극동아시아의 끝머리 한반도에 BP 40만 년에서 BP 30만 년 경에 도착했다. 사실 최초 여행자이며 모험가였던 우리의 선인들은 수백 아니 수천 년이란 몇 대에 걸친 기나긴 여행을 통해 '먹거리가 풍부하고 따뜻한 기후에 살기 좋은 한반도(樂園朝

鮮)'까지 찾아들었다. 최근에 발굴된 충북 단양 금굴(石灰巖洞窟: 丹陽郡 丹陽邑 島潭里 山4-18번지)에서 전기 구석기시대의 유적에선 BP 70만 년까지로 고고학계에서는 소급하고 있다[136].

지구촌 북반구 중위도의 한반도에서 i) 땅을 파서 구덩이(움)에다가 막집을 짓거나 석회암 천연동굴에서 화덕(불구덩이, hearth) 주변에 몸을 녹여 추위를 견디어내었다. ii) 돌을 깨뜨려서 만든 '아슐리안 돌 주먹도끼(Acheulian stone hand ax)'를 이용해서 들짐승(사슴, 노루, 멧돼지 혹은 매머드 등)들 잡아서 가죽을 벗기고, 잡은 동물의 두개골을 깨뜨려 단백질을 섭취했으며, iii) 땅속 굼벵이 혹은 곤충을 잡아서 익혀 먹었다. iv) 불로 위협하여 호랑이 혹은 멧돼지가 먹던 사냥감을 빼앗기도 했으며, v) 불 움터 인근에 모여 거대한 사냥감을 잡기 위한 작전 회의도 하였고, 이웃 부족과의 신부 교환거래도 성사했다. vi) 당시 사냥은 90%가 실패였고, 성공률은 겨우 10% 정도였다. 성공률을 높이고자 함정을 파고, 그곳에 덫을 설치한 뒤 사냥감을 거의 놓치지 않았다. vii) 당시 먹거리의 70%는 식물채취에서 20%가량은 물고기와 같은 어로(漁撈)에서 에너지원을 얻었다. 따라서 여성들과 아이들이 식물채취에서 계절별 식물과 식용식물을 알아내는 기초지식은 오늘날 우리보다도 더 전문적이었다. 한반도 남부지역은 대나무와 같은 수목이 우거졌기에 많은 생활 도구를 목재로 만들어 썼다. 그래서 습윤한 토양에 부식되어 현재까지 남아 발굴되는 건 거의 없다.

당시 한반도는 중생대 백악기에 화산 폭발과 지각운동으로 융기와 침강이 몇 차례 반복했다. 한탄강 지역은 화산활동에 의해 BP 50만 년에 경기도 연천(漣川地域) 지역은 이미 현무암지대(basalt zone)가 형성되어 있었다. 구석기시대의 아슐리안 돌 주먹도끼가 아시아에서 최초로 발견된 연천군 전곡읍 전곡리(漣川郡 全谷邑 全谷里)는 한탄강(漢灘江) 주변으로 온

통 현무암인 강 돌(硅巖, quartzite)이 깔려있었다. 이 강돌(江石)을 갖고 떼어내기(뗀) 기법으로 '아슐리안 돌 주먹도끼(Acheulian stone fist ax)'를 만들어 썼다. 아프리카와 유럽만이 구석기시대가 존재한다는 증거로 아슐리안 돌 주먹도끼를 주장했던 하버드대학교(Harvard University) 할람 모비우스(Hallam Leonard Movius, 1907~1987)[137]의 이름을 딴 모비우스 학설(The Movius Line)은 1978년 전곡리(全谷里)에서 돌 주먹도끼가 발굴됨으로써 호모 에렉투스(Homo erectus)가 구석기시대에 한반도에서도 존재했다는 사실이 입증되었다.

여기서 '아슐리안 돌 주먹도끼(Acheulian stone hand ax)'란 고고학에서 서양의 주먹도끼(hand ax)를 아슐리안(Acheulian)이라고 명명하는 이유는 프랑스 북서부 솜므(Somme)강 섶 생 아슐(St. Acheul)에서 많은 분량의 석기가 확인되어서 붙여졌다. 즉 아슐리안 문화(Acheulean culture)는 인류 선사시대인 전기 구석기시대의 석기를 제작했던 고고학적 석기 제작공법의 하나이며, 아프리카, 서아시아, 유럽 그리고 일부 동아시아 등지에 석기 제작공법(stone-removal technique)으로 제작된 돌 도구들이 나왔다. 이들 돌 도구를 만들었던 속칭 '돌 떼어내기 기법(stone-removal technique, 아슐리안 제작기법)'은 BP 100만 년의 인류에게 혁명적인 석기제작기술이었다. 아프리카를 떠나 유라시아로 건너 온 인류가 최초로 제작했던 석기(石器)였고, 과거 '돌 깨뜨리기 법(stone-breaking technique)'으로 불가능했던 섬세하고 날카로운 다용도 돌 주먹도끼(銳い多目的石拳斧) 등을 만들었다.

1974년부터 동두천 미국 공군 2사단 캠프 케이시(Camp Casey)에서 기상관측병으로 근무하던 그렉 보엔(Greg L. Bowen, 1950~2009)은 미국 캘리포니아 빅터밸리대학(Victor Valley College, California)[138]에서 2년간 고고학을 공부하다가 학비를 벌고자 미국 공군에 입대했다. 1977년 봄(3

월) 한국인 소녀(Yi Sang Mi)와 데이트를 하던 중에 한탄강(漢灘江) 유원지에서 코펠(Coppell, コッヘル)로 커피를 끓이는 데 사용할 삼발 돌을 주변에서 줍고자 물색하다가 아슐리안 돌 주먹도끼(Acheulian stone hand ax)를 발견했다. 그해 5월 지형도면에 정확한 지점표시와 지표조사를 했다.[139] 당시 세계적인 선사시대 고고학자 프랑스 프랑수아 보르도(Henri Louis François Bordes, 1919~1981)[140] 교수에게 편지와 보고서를 보냈고, 프랑스 원로교수는 서울대학교 고고학자 김원용(金元龍, Kim Won Yong, 1922~1993) 교수에게 연계해 주었다. 1978년 4월에 주먹 돌도끼를 들고 김원용 교수를 찾아갔고, 그 후 현장 확인 등 우리나라 고고학계에 지대한 영향을 끼쳤다. 1978년 미국 공군을 제대하고 애리조나주립대학교(Arizona State University)에 진학해 1981년에 고고학과 석사 학위(Master Degree in Archeology)를 취득했다. 그는 직접 현장발굴에도 참여했다.[141, 142] 아슐리안 돌 주먹도끼(Acheulian stone hand ax)의 특징은 밑이 둥글고 윗부분은 뾰족하며, 좌우대칭형이 되게 떼어낸다. 이를 계기로 우리나라는 후진적인 찍개 문화권(Chopper cultural site)이라는 모비우스 라인(Movius Line)에 정면으로 반론이 제기되었다. 아슐리안 돌 주먹도끼(Acheulian stone hand ax)를 제작하고 활용했던 시기는 인류에겐 호모 에렉투스로 지질시대 구분에서 제2 간빙기에서 제3 빙하기의 전환기였다. 지구촌 생명체를 살펴보면 온·난계 동물에다가 매머드, 코뿔소와 같은 한랭계 동물이 출현했다. 당시 만들어진 석제 도구(stone-made tool)로는 삼각형 혹은 타원형의 손잡이 주먹도끼(握斧, hand-ax), 첨두기(尖頭器, 슴베찌르개), 긁개(scraper) 및 송곳(wimble) 등이 만들어져 쓰였다.[143]

아슐리안 돌 주먹도끼가 석기산업혁명을 개막

팔레스타나 카르멜산(Palestine Carmel Mountain) 타분 동굴(Tabun Cave)[144]에서 8,000여 개의 주먹도끼(握斧, hand-ax)가 출토되었고, 당시 인류는 시난트로푸스형 구인류(Sinanthropus hominids)였다. 이에 반해 연천 전곡리유적에서는 4,000여 점의 출토물 가운데 아슐리안 주먹 돌 도끼(Acheulian stone hand ax)는 몇 점에 지나지 않았다. 그러나 아슐리안 돌 주먹도끼로 동물의 가죽을 벗기고, 뼈에 붙은 살점을 발기며, 불구 덩이에 불을 피워놓고 익은 고기를 나눠 먹으면서 거대한 매머드(Mammoth)와 같은 동물사냥을 위한 협공전략(joint-attack strategy)을 구사했다. 동시에 안전을 기원하는 제례의식(service ritual)도 거행했다.

빙하기가 끝날 무렵엔 호모 에렉투스(Homo erectus)는 꿈에도 생각 못했던 호모 사피엔스가 출현했고, 그들은 이미 지구촌을 덮고 있었다. 따라서 호모 에렉투스(Homo erectus) 그들은 서서히 지구촌 활동무대에서 사라졌다.[145] 신석기 농경사회를 열었던 호모 사피엔스(Homo sapiens)는 날렵한 행동과 두뇌를 써서 거대한 매머드 사냥(mammoth hunting)을 시도했다. i) 아무리 큰 짐승이라도 겁먹지 않고 골짜기 몰아넣기(driving into the valley ii), 낭떠러지에 굴려 떨어뜨리기(rolling off a cliff), iii) 길목의 함정에 빠뜨리기(Falling into a trap on the path), iv) 나무와 풀 등으로 위장하고, 올가미(trap) 설치(Disguised with trees and grass, and set up a noose)하는 등 사지(死地)에 몰아넣고 일제 총공격(一齊總攻擊)으로 실패를 허용하지 않았다. v) 통나무를 불로 태우고, 탄 부분을 주먹도끼로 파서 통나무배(log boat)를 만들었다. 이를 이용해 거대한 고래사냥까지 했다. 대표적으로 울주군 반구대(蔚州郡 盤龜臺)에 새겨진 고래잡이 암각화(whaling petroglyphs)가 현존하고 있다. 그 그림엔 멀리 일본까지 고래사냥을 나갔다. 특히 고래사냥에서 희생당했던 고래의 정령에게 사후세계에서 환생토록(For the whale spirit to be reincarnated in the afterlife) 기원했던 제례의식을 그렸다. 종합예술 차원에서 춤과 음악까지 동원했던 제례를 낱낱이 그렸다.

한편 모비우스 이론(The Movius Line)이란 하버드대학교 고고학자 모비우스(Hallam. L. Movius, 1907~1987) 교수가 1948년 당시 동아시아 지역에는 아슐리안 돌 주먹도끼(Acheulian stone hand ax)가 발굴되지 않았기에 그 대신에 돌 찍개(stone chopper)가 주된 구석기 문화를 가지고 있다고 봤다. 즉 양날형 구석기(double-edged paleolithic)가 나온 아프리카나 유럽에 비교하여 아시아는 석기 제작 신기술(직접 떼어내기 제작기법)이 떨어져, 외날형 구석기(single-edged paleolithic)만 만들었다고 봤고, 그렇게 주장했다. 우리나라 고고학계에선 1978년 경기도 연천시 전곡리(京畿道 漣川市 全谷里) 아슐리안형 돌 주먹도끼(Acheulian stone hand ax)가 나오기 이전까지는 '모비우스 이론(The Movius Line)'을 정설로 받아들였다. 그(모비우스 교수)는 구석기 문화권은 선진제작권(advanced production area)으로 인도 서쪽 유럽, 아프리카, 서아시아 등지를 '아슐리안 문화권(Acheulean cultural site)'과 대비해 후진제작권(後進製作圈) 인도 동쪽 동아시아와 아메리카는 '찍개 문화권(chopper cultural site)'으로 양분했다.

여기서 아슐리안 문화권이란 1859년 프랑스 생 아슐(St. Acheul, France) 지방에서 주먹도끼(handax)가 발견됨으로써 이를 잣대로 동아시아 지역이 문화적으로나 인종적으로 열등하다고 봤다. '아슐리안 돌 주먹도끼(Acheulean stone hand ax)' 제작기법이 i) 모든 면을 타격하여 제작했기에 한쪽은 둥글게, 반대쪽은 뾰족하게, 양쪽날을 좌우대칭 모양으로 획기적인 '뗀 돌 도구(end-cut stony tool)'였다. 사실 아시아로 이주해 정착한 선인들도 손도끼 제작기법(hand-ax making skill)을 숙지하고 있었지만, 제작할 적합한 재료가 부족했다는 '기술적 병목현상(technological bottle-neck)'을 겪었다. 따라서 사용하지 않으니 익혔던 기술도 잊어먹었다. 돌 도구 제작에 필요한 재료(규암)로부터 소외됨으로 지식이 다시 전달되지 않았다.[146] 모비우스 교수는 단순한 제작기법에만 한정하지 않고 아예 '아슐리안 산업(Acheulean industries)' 혹은 '찍개 도구산업(chopper chopping-tool industry)'이라고까지 호칭했다.[147, 148] 분명히 당시는 돌 주먹도끼는 혁신적이고 첨단다용도 무기(innovative cutting-edge multi-purpose weap-on)였다. 오늘날 표현을 빌린다면 '맥가이버 칼(Macgyver knife)'[149]이었다.

이렇게 BP 50만 년에서 BP 30만 년으로 추정하는 아슐리안 돌 주먹도

끼(Acheulean stone hand ax) 발굴에 연이어 1980년에는 단양금굴(丹陽金窟, 충북도 단양군 가곡면 석회동굴)에서는 BP 70만 년 구석기인들이 살았다는 흔적이 발견되었다.[150] 이로 인해 "조선상고사의 상한선은 청동기시대다(朝鮮上古史の上限線は靑銅器時代です)."라고 묵시적으로 교시했던 황국신민(皇國臣民)의 역사적 한계가 여지없이 무너졌다. 이에 일본 고고학계(日本考古學界)는 얼마나 두 눈 뜨고 봐줄 수 없었기에 '신풍특별공격대(神風特別攻隊, かみかぜとくべつこうげきたい)'와 같이 '신의 손(God's Hand)'을 빌렸다. 결과는 '후지무라[151]의 발굴 날조(藤村の發掘捏造)'[152, 153]로 '남 잘되는 걸 두고 못 보는 본색(他人がよ

くなるまま見えない本色)'을 드러내었다. '신의 손에 의한 마술(神の手に魔法)'[154]은 1981년에는 BP 4만 년으로, 1990년 말에는 BP 70만 년, 2000년에는 BP 80만 년으로 전기 구석기시대(前期舊石器時代) 유물의 소급연대가 엿가락처럼 늘어났다. 결국은 뚝! 2000년 11월 5일『마이니치 신문(每日新聞)』에 의해 매장했다가 발굴하는 현장이 몰래 촬영되어 역사 날조(歷史捏造)가 들통이 났다.[155]

제2장

지구촌에 인류 출현 이후 줄기도 했을까?

1. 지구상 현 인구가 이제까지 살았던 사람보다 많다고?[156]

"누구나 그렇게 갔었거든(One who has thus gone)." 당신도요!

2020년 3월 18일 유엔(UN) 산하 국제보건기구(World Health Organiza-tion)는 코비드19 팬데믹(COVID-19 Pandemic)을 선포했다가 2023년 5월 5일에 종료를 선언했다. 이로 인해 지구촌에서 765,222,932명이나 질환을 앓았다. 그 가운데 6,921,614명이 이 세상을 떠났다.[157] 우리나라 질병관리청 통계에서는 2023년 7월 19일 현재 748,503,999명의 환자 가운데 사망자(死亡者)는 6,947,522명이다.[158] 그런 와중에도 2023년도 지구촌에선 134,000,000명이 태어났다. 이에 반해 61,000,000명이 지구촌을 떠났다. 따라서 73,000,000명(순증가율 0.91%)의 인구가 증가했다.

그런데도 코비드-19 팬데믹 때 곁에 있던 사람들이 사라지는 바람에 스마트폰에 있는 전화번호를 지워야 했다. 그때 비로소 '이웃 사람이 사라짐'을 실감했다. 우리나라 뉴스에서는 '저출산고령화(低出産高齡化, low birth and aging population)'의 추세를 반영한 것인지, 산다는 소식보다는 '죽는다는 소식'만을 쏟아내고 있었다. 2010년에도 이미 한민족이 2500년에 소멸한다고 예측했다.[159]

1984년에 유행했던 김국환의 「타타타(Tathata)」 가사가 새삼 머리에 떠오른다. "네가 나를 모르는데 난들 너를 알겠느냐? 한 치 앞도 모두 몰라다 안다면 재미없지. 바람이 부는 날엔 바람으로. 비 오면 비에 젖어 사는 거지. 그런 거지. 산다는 건 좋은 거지. 수지맞는 장사잖소? 알몸으로 태어나서. 옷 한 벌은 건졌잖소? 우리네 헛짚는 인생살이. 한세상 걱정조차 없이 살면 무슨 재미! 그런 게 덤이잖소?"

다음 해인 1985년 조용필은 「킬로만자로의 표범」이라는 노래를 발표했다. "먹이를 찾아 산기슭을 어슬렁거리는 하이에나를 본 일이 있는가? 짐승의 썩은 고기만을 찾아다니는 산기슭의 하이에나. 나는 하이에나가 아니라 표범이고 싶다. 산정 높이 올라가 굶어서 얼어 죽는 눈 덮인 킬리만자로의 그 표범이고 싶다."

그 의미는 「타타타(Tathata)」를 회생하게 했다. 산스크리트어(梵語, Sanskrit)로 타타타(Tathata)는 우리말로는 '본래 그러한 것'[160], 불교어로는 '여여(如如)', '일여(一如)' 혹은 '불이(不二)'다. 나아가 불교의 간화선(看話禪)에서는 '생사일여(生死一如)'에서 '만법일여(萬法一如)'[161]도 있는데, 여기서는 언급하지 않겠다.

다른 한편 서양에서도 "인생은 그렇게 갔었거든(One who has thus come)." 혹은 "누구나 그렇게 됐었거든(One who has thus gone)."이라는 표현들이 있다.[162] 서양에서도 가장 많이 쓰는 말은 프랑스어로 "쎄라비(C'est La Vie)"다. 우리말로는 '그것이 인생이다.' 혹은 '사는 게 다 그렇지.'다. 칼레드(Khaled Hadj Ibrahim, 1960년생)[163]의 노래 「쎄라비(C'est La Vie)」, 즉 '우리는 서로 사랑할 거야. 우리는 춤을 출 거야. 그래 그게 인생이야.'[164] 같은 맥락으로 스페인어 "케세라세라(Qué será, será)"라는 말이 있다.

철학적으로 풀이하면 '세상 사람 되어가는 대로 두는 수밖에 없는데.'이다. 낙관적으로는 '모든 게 다 잘 될 거야.'라는 뜻이다. 1956년 도리스 데이(Doris Day, 1922~2019)[165]가 불렀던 「케세라세라(Que Sera, Sera)」의 가사는 "어린 여자아이로 엄마에게 '난 어떻게 될 건가요?' 엄마는 말했지. '너는 예쁘고, 부자가 될 거라고. 모든 게 다 잘 될 거야.'라고."[166]

우리에게 잘 알려진 건. 2007년 3월 17일부터 5월 13일까지 MBC 주말

특집 기획 드라마 『하얀거탑』의 후속편 『케세라세라(Qué será, será)』가 방영되었다. 소감을 한마디로 말하면 "유치원생도 남친·여친 말하는 일상어 사랑은 구닥다리 이야기? 아니다. 남들 보기엔 허접하고 후져도 가슴 아프다. 이런 가슴앓이 '위대한 달콤함(great sweetheart)'들의 소곤거림이 연소(年少)하기에 더욱 아름다워진다. 그것들은 '젊은 날의 초상화' 한 장으로 남는 이야기"다. 곱씹어 본다면 달콤한 가슴앓이 1970년대에 유행했던 비틀즈 밴드(The Beetles)[167]의 「렛잇비(Let it be)」다. 바로 "힘든 시간 속의 나 자신을 발견할 때면 어머니 메리(Mary)가 내게로 와서 지혜로운 충고를 하죠. 그냥 내버려 두라고요. 그리고 마음에 상처를 입은 세상 모두가 동의할 때 대답이 있을 거예요. 내버려 두라고요. 만일 세계가 서로 갈라진다 하여도 그들은 서로를 볼 기회가 있어요"[168].

"살아있는 사람과 죽은 자는 같다(生死一如)." 진실인가?

동양에서는 종교적 혹은 철학적으로 '생사일여(生死一如)'라고 인식을 하고 있었다. 그런데 서양에서는 오랫동안 '살아있는 인구가 죽은 사람 수와 같다.'라는 사실을 수학적 혹은 통계학적으로 인식해 왔다. 죽은 사람의 영혼을 갖고 지상으로 내려보내면 새로운 인간 생명이 태어난다고. 바로 주기도문(The Lord's Prayer)에서

"뜻이 하늘에서 이룬 것 같이 땅에서도 이루어지이다."[169]라고. 하나의 인간이란 생명이 태어남도 하늘의 뜻이다. 또한 신의 창조. 때로는 '죽은 사람이 더 많다.'에서 '살아있는 사람이 더 많다.'까지 다양한 주장이 있었다. 1987년 뉴욕대학교(City College of New York) 교수이며 시인인 윌리엄 매튜스(William Matthews, 1942~1997)[170]가 출판한 시집『채소 상자4(Vegetable Box4)』에서 "이제까지 살다가 죽은 사람보다 오늘 살아가는 사람이 더 많다니(there are now more of us/ Alive than ever have been dead)"[171]라는 시 구절이 있었다. 이로 인해 이제까지 '생사일여(生死一如)' 생각을 완전히 뒤집어 놓았다.

그렇다면 우리의 고정관념을 다 버리고 지구촌의 인류 출현부터 오늘날까지 인구의 증감 상황을 살펴보자. 오늘날 우리가 고민하는 저출산 고령화 문제(低出産高齡化問題)를 해 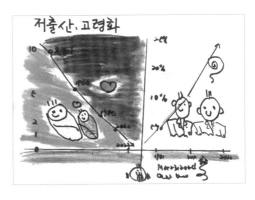 소할 수 있는 실마리라도 찾아봄이 바람직하다. 곧바로 미래의 먹거리 마련에서도, 일자리 구상에서도 기초자료가 된다. 먼저 지구촌에 인류가 출현한 시기를 더듬어보면 i) 1924년 에티오피아에서 오스트랄로피테쿠스(Australopithecus)를 발견했다. 이로 인해 지금부터 300만 년 전에서 350만 년 전으로 인류 출현을 추정했다. ii) 1990년 에티오피아에서 아르디피테쿠스 라미두스(Ardipithecus ramidus) 유골을 찾아내었다. 인류 기원을 지금부터 430만 년 전에서 450만 년 전으로 돌려놓았다. iii) 2001년 아프리카 차드(Chad) 루마이 사힐만트로투스 차덴시스(Rumai Sahilmantrotus

Chadensis)로 지금부터 700만 년 전으로 껑충 뛰어 인류 출현을 소급하게 되었다.

그렇다면 한반도에 인류가 출현한 시기는? i) 1978년 충청북도 청주시 상당구 노현리(蘆顯里) 두루봉 석회동굴(金興洙 採鑛)에서 4만 년 전에 살았던 4~6살짜리 남자(興洙)아이의 유골이 발견되었다. ii) 같은 해 4월에 연천(漣川) 미 공군 측후병(測候兵) 그레그 보웬(Greg L. Bowen, 1950~2009)에 의해 아슐리안 주먹 돌도끼(Acheulean Hand-stone Ax)가 발견되었다. 그로 인해 전기구석기(前期舊石器)의 유물이기에 지금부터 35만 년 전으로 소급되었다. iii) 1980년 충주댐 건설을 위해 단양군 도담리 금굴(金石灰洞窟, 길이 80m, 너비 6m, 높이 9m)에서 호모에렉투스(Homo erectus) 유적이 출토됨으로써 지금부터 70만 년 전으로 다시 두 배나 솟구쳤다.

그런데 이렇게 지구촌에 출현했던 인류가 얼마나 살았을까? 결론부터 말하면 지구촌에 살다가 갔던 사람은 대략 500억 명이다.[172] UN 예측은 2080년에는 지구촌 인구 104억을 정점으로 20년 정도 유지하다가 하향 감소한다는 예측이다. 지구에 출현했다가 죽은 인구를 살펴보면 i) 지금부터 100만 년 전에는 전 지구촌에 12만5천 명 정도 살았다. ii) 호모 사피엔스(Homo sapience)가 출현한 지금부터 3~4만 년 마지막 뷔름(Würm) 빙하기 때는 300만 명이 생존했다. iii) 신석기 초기(新石器 初期, Early Neolithic Age) 지금부터 1만 년 전에는 500만 명이나 iv) BC 4000년경에는 8,600만 명이다. 서력기원 1년에는 2.7억~3.3억 명으로 추산된다. v) 서기 1500년 이후 4.4억~5.4억 명, vi) 1750년 이후에 8억 명, 1800년 이후 10억 명, 1900년에 16~17억 명으로[173] 1982년에 46억 명으로 증가했다. 20세기에 들어와서는 매년 1% 정도의 인구증가율(人口增加率)을 보였다.

그렇다면 한반도(韓半島)에서는 얼마나 살았을까? 오늘날 우리나라는 최저 출산율(最低出產率)과 최고 고령화(最高高齡化)로 양쪽에서 거센 파도를 맞고 있다. 2020년 4월 통계청(統計廳) 인구자료에선 1인 가구가 38.1%, 860만 가구나 된다. 가구당 인구는 1인에 거의 접근했다. 1960년 대는 가구당 4.7명이었다. 급격히 핵가족화(核家族化, nuclei familiarization)가 되어 이젠 1인 가구로 근접하고 있다. 청동기시대는 문헌상 기록은 없으나 가락국기(駕洛國記)에서는 금관가야는 가구당 8.2명(75,000명/9,100호)[174]이었다. 삼국시대 백제(百濟)에선 4.7명이란 통계가 나왔다. 한반도(韓半島)에 살았던 총인구를 탄성추계방식(彈性推計方式, flexible estimation method)으로 계산하면, 삼한 시대는 482만 명이다. 통일신라 때는 675만 명이다. 고려 시대는 780만 명이다. 조선 시대는 991만 명이다. 그리고 일제강점기(日帝强占期)에는 1,293만 명 정도로 추정된다.[175]

2. 지구촌엔 5번이나 멸종이 있었고, 6번째는 인간을 대상으로?

지구촌에 생명체의 대량 멸종(mass extinction)은 몇 번이나 있었을까?

・・・・・

사샤 와렌(Sasha Warren)이란 젊은 학자는 "지금부터 46억 년 전. 18세 소녀처럼 젊었던 태양 주변에 먼지와 가스가 혼합되어 행성들이 생겨났다. 그때 지구도 창조되었다. 달을 형성하기에 충분한 암석, 가스 및 먼지

를 우주로 방출된 마지막 거대한 충돌을 포함하여 먼지 입자, 소행성 및 기타 성장하는 행성들 사이에 수많은 충돌로 인해 더 켜졌다."[176]라고 지구형성에 대해 설명했다. 그는 미국 시카고대학교(University of Chicago)에서 2018년부터 행성과학(行星科學, plane-tary science)을 연구하는 대학원생이다. 일반적으로 "지질학적 시간 척도(GTS, geological time scale)라면 지구의 생성은 지금부터 45억 4천만 년 전으로, 우주 나이에 비하면 대략 3분의 1 정도임에도, 태양성운(太陽星雲, solar nebula)의 융합에 의해 지구가 형성되었다."[177]라고 알고 있다.

과학계에서도 2023년 1월 26일 영국 BBC에서 '지구 종말까지 90초'라는 인류 위기를 방영했다.[178] '운명의 날 시계(The Doomsday Clock)'는 1947년 핵무기에 대한 우려를 표시하던 과학자 단체가 제작해서 종말로 다가가는 위험을 평가한다. 이 말은 인류는 종말의 시간을 앞당기고 있다. 2024년 올해도 지구 종말의 위험은 줄지 않고 있다. 그래서 '종말 전 90초(90 seconds to midnight)' 그대로다.[179, 180] 종교계에서는 지금부터 2,000년 이전에 이미 종말론을 수도 없이 얘기했다. 기독교가 중심이 되어 구원과 부활을 핵심 내용으로 했다. 묵시록(默示, Αποκάλυψις)은 문학계에서는 현실에 비관, 선악 이원론, 선과 악의 대립, 최후의 심판, 보복 등으로도 파급되었다. 요한계시록(John Revelation)이 아니더라도 마태복음(Mathew Gospel)에서도 "그 날과 그 시간은 아무도 모른다. 그러니 항상 깨어 있어라."[181] 혹은 "나는 분명히 말한다. 이 세대가 지나가기 전에 이 모

든 일이 일어나고야 말 것이다." 등을 기록하고 있다.[182]

단도직입적으로 지구촌에 생명체가 출현하고 난 뒤에 종말이라고 할 수 있는 대량 멸종(mass extinctions)이 몇 번이나 있었는가? 단 한 번도 없었을 것인데? 아니다. 지구과학에서는 5번이나 멸종이라는 종말을 맞았다.[183] 앞으로 여섯 번째는 지구상 최고 포식자(top predator)인 인간이 대상이다. 어머니처럼 헌신적이고 자비롭기만 한 지구의 면모와는 달리 지구 역사에는 '매정하고 표독한 계모'와 같은 과거가 있었다. 마지막으로 지금부터 6천5만 년 전에 지구상에 우글거렸던 공룡들을 싹쓸이한 사실을 누구나 다 배웠고, 들었다. "우리가 6번째 멸종의 한 가운데 살고 있다(we're in the midst of a sixth mass extinction)."라고 전문가들은 농담 반 진담 반으로 말하고 있다.[184]

지구촌의 대량 멸종(Mass Extinction)이란, i) 지금부터 4억4천만 년 전 오르도비스기-실루리아기 멸종이 있었다. ii) 지급부터 3억6500만 년 전 데본기 멸종, iii) 지금부터 2억5천만 년 전 페름기-트라이아스기 멸종, 그리고 iv) 지금부터 2억1천만 년 전 트라이아스기-쥐라기 멸종, 마지막 v) 지금부터 6,500만 년 전 백악기-제3기에 당시 최고의 포식자였던 공룡들이 지구상에서 멸종되었다.[185] 그런데 여섯 번째 인류가 대상이라고 '신(神)이 지목한 건 절대 아니다'. 앞에서 말했다시피 과학계에서 그리고 종교계에서 종말에 '스스로가 자신을 지목'해 왔다. 이런 말을 할아버지께서 들으셨다면 분명히 "쫓고 까불었다."라고 한마디하셨을 것이다.

제2차 세계대전 이후 선진국에서는 저출산 혹은 인구감소에 대해서 골머리를 앓았다. 그때는 별 뾰족한 해결책을 찾지 못했다. "오늘날 전 세계 평균 출산율은 여성 1인당 2.3명이다. 지난 50년 동안 세계출산율은 반토막으로 떨어졌다. 사회가 현대화되는 과정에서 여성 1인당 자녀 수는 크게 감소했다. 근대화 이전엔 여성 1인당 출산율이 4.5~7명이었다. 당시 젊은 나이에 사망률이 매우 높아 인구증가율이 낮게 유지되었다. 건강이 향상되고 사망률이 감소함에 따라 일반적으로 인구 증가가 가속화(加速化)되었다. 이러한 급격한 인구 증가로 i) 출산율이 감소하고 ii) 여성 1인당 자녀 수가 2명에 가까워졌다. 여성 1인당 자녀 수가 감소한 이유에 대한 연구 결과, 중요한 요인으로는: i) 교육 ▷ 노동력 참여 ▷ 여성의 권리 강화를 통해 사회와 관계에서 여성의 역량 강화와 ii) 아동 복지와 여성 지위 향상에 영향을 받았다."[186]

사실, 지구촌 인류가 생겨나고 1965년까지 여성 1인당 평균출산(平均出産)은 5명 이상이었다. 그런데 최근에 절반인 2.5명으로 떨어졌으며, 2010년부터 2015년까지는 2.3명으로 떨어지고 있다. 1940년부터 1960년대까지 '베이비 붐(baby boom)'이라고 했던 때는 1955년에서 1980년까지 출생률(birth rate) 2.41였다. 1980년까지 내려오기 시작하여 2020년에 1.2에 도달했다가 다시 2020년에는 1.0 이하로 떨어졌다. 어떤 국가이든 가장 좋은 출산율은 여성 1인당 총출산율(總出産率, total fertility rate)이 2.1이다.

적어도 2.1 정도는 되어야 한다. 그래야 비로소 '인구의 안정성(safety of the population)'이 확보된다. 지구촌 다른 한쪽에서는 2023년 현재 가장 출산율이 좋은 인종은 흑인이다. 여성 1인당 6.73명으로, 어머니마다 7명의 자식을 양육한다. 우리나라도 1960년대에 이와 유사한 인구 증가 문제를 안고 있었다. 그런데 뾰족한 묘수가 가족계획정책(家族計劃政策, family planning policy)이었다. 즉 조선 시대 환관(宦官)들의 표현을 빌리면 '만백성 거세'였다. 이렇게 수십 년 동안 해놓고 이제 와 저출산이라니? "찧고 까불다가 받은 당연한 결과다."라는 선인들의 꾸중이 귀에 들린다.

'저출산 늪에서 탈출'을 모색하려면

국가정책에 원초적 기반(basic basis)은 인구와 영토다. 인구정책에 대해 언급하면 2023년 정기국회에서도 금년도 예년처럼 대정부 질문으로 "15년간 250조 원을 투입하여 저출산 대책을 실시했으나 특별한 효과도 없어 실패했다."[187, 188]라고 평가했다. 금년도 OECD 꼴찌 수준인 여성 1인당 총출산율(TFR) 0.7명으로 100년 후에는 현재인구의 30%로 줄어들 것임을 전망했다. 더욱 통계적으로 현재의 저출산율(低出産率)이 그대로 유지한다면 2750년에는 우리나라 인구가 소멸한다. 이런 예측은 이미 2014년부터 국내외적으로 인구회자(人口膾炙) 되었다.[189, 190, 191]

이렇게 쪼그라듦에는 '6·25 전쟁으로 먹을 것 없는 이 나라에 인구만 바글바글'했던 시절로 거슬러 올라간다. 지구상 최빈국 한국을 구하고자 1961년에 i) 경제개발 5개년계획으로 '경제적 파이를 키우자(Let's grow the economic pie)'는 시정구호(施政口號)를 내걸었다. ii) 가족계획으로 '먹는 입 하나라도 줄이자.'였다. 그때 국가시정(國家施政) 노래는 「우리도 한번 잘살아 보세!」였다. 그렇게 시작하여 1995년까지 35년간 실시하여 개발도상국(developing country)에 올라섰다. 인구정책도 연착륙 궤도에 들어서는 큰 성과를 얻었다. 아무리 밝은 태양에도 그림자는 생긴다. 출산에서는 1961년 여성 1인당 6.0명에서, 1983년 2.1명, 2001년 1.31명이었다. 2010년 1.12명에서 2022년 0.78명으로 주저앉고 말았다.

그때 국가지도자들은 "인구 증가가 경제성장을 잡아먹는다(Population growth is eating up economic growth)."[192]라는 주장했다. 사람에 대해서는 인건비, 교육비, 노무비 등으로 비용으로만 생각했다. 한편에서는 국부자원으로, 즉 인력자원 혹은 고급인력이라고 외쳤던 사람들도 많았다. 당시 지도자들이 발휘했던 지혜는 오늘날 알래스카 휘티어(Whittier, Alaska)에 있는 '안톤 앤더슨 터널(Anton Anderson Tunnel)'[193]에서 얻었다. 즉 기차와 버스가 서로 먼저 통행하고자 할 때는 기차부터 통과시켰다. 덜 중요하다고 생각했던 지방자치, 각종 복지, 소득 재분배, 노사 인권문제 등은 좌고우면할 시간이 없다고 생각했다. 일체를 뒤로 미루고 앞으로만 전진했다.

태양이 더 밝을수록 그림자는 더 짙을 수밖에 없었다. 그런 사실을 깨달은 뒤 우리나라는 2006년부터 대통령 직속 저출산고령화대책위원회를 조직했다. 그리고 출산장려책을 실시했다. 금년도까지 17년간 360조 원을 투입하여 줄기차게 출산장려를 해왔음에도 출산율은 '오르기는커녕 바닥 모르고 내려가고 있다'. 최근 지성의 상아탑, 대학에서도 '벚꽃 엔딩(Cherry-Blossom Ending)'을 준비하고 있다. 즉 벚꽃 피는 순서대로 제주도 ▷ 영남 ▷ 호남 ▷ 충청 ▷ 서울로 대학생도 줄고, 대학도 사라진다. 그렇게도 애지중지로 키웠던 경제적 파이도 쪼그라졌다. 당장 일할 노동력이 부족해지고 있다. 2060년에는 900만 명이 부족할 예측이다. 아니 이미

2016년에도 세칭 3D 업계에 노동력 부족 현상이 이미 나타났다.[194, 195]

3. 인류사에서 선인들은 어떻게 저출산을 극복했을까?

2,200여 년의 로마제국 역사 속에서,
출산기피 현상(出産忌避 現狀)이 왜 촉발되었나?

제2차 세계대전을 이끌었던 영국 수상 윈스턴 처칠(Winston Churchill, 1874~1965)은 한 치 앞이 보이지 않는 위기상황에 당면하게 되었다. 그는 에드워드 기번(Edward Gibbon, 1707~1794)[196]이 1776년에서 1789년에 출간한 『로마제국 쇠망사(The History of the Decline and Fall of the Roman Empire)』[197]시리즈 6권을 모두 다 읽었다. 그리고선 해결의 실마리를 찾았다.[198] 왜 『로마제국 쇠망사』라고? i) 로마제국은 지구촌에서 2,206(BC 753~AD 1453)년이란 최장기간의 대제국으로 온갖 문제를 해결하였다. 난간을 뚫고 나간 지혜가 있었다. ii) 특히 1895년 처칠이 12살 때 재무장관을 역임한 아버지가 손편지까지 끼워, 기번(Gibbon)의 『로마제국 쇠망사』를 아들에게 선물했다. 아버지에게 애로사항을 토로한다는 의미에서 언제나 곁에 놓고 읽었다.[199]

저출산 문제 해결을 위해 『로마제국 쇠망사』를 훑어본다면 10년 이상 장기 전쟁, 연속되는 대기근, 빈번한 노예정책 변경으로 인해 로마제국에서도 '저출산 경향'이 한때 잠깐 혹은 몇 세기 동안 장기적으로 나타났다.[200] 간략하게 요약하면, 로마제국 역사에서 공화정 말기와 제국 초기에 사회적으로 낮은 출산율에 시달렸던 적이 상당히 많았다. BC 18년 아우구스투스(Gaius Julius Caesar Augustus) 황제 때 미혼자와 자녀가 없는 사람을 처벌해 출산을 높이려는 취지로 '결혼 명령에 관한 줄리아 법률(lex Iulia de maritandis ordinibus)'을 제정했다. AD 9년에 '결혼장려법(Lex Papia Poppaea)'으로 보완했다. 이들 법안이 존재했다는 그 자체는 '무자식 상팔자'라는 사회적 통념이 광범위하고 오랫동안 지속했다는 것이다.[201]

더 자세하게 살펴보면 BC 44년 율리우스 시저(Julius Caesar, BC 100 ~ BC 44)가 암살당하자, 그의 유언장에 따라 조카가 양자가 되어 상속을 받았다. 상속받은 아우구스투스(Gaius Julius Caesar Octavianus, BC 63~AD 14)는 초대황제(Emperor Augustus)[202]가 되었다. 그때 로마제국에서 비로소 저출산 시대에 접어들었다. 일본 역사소설가 시오노 나나미(鹽野七生)[203]가 쓴 『로마인의 이야기(2권)』에서 "로마제국 멸망의 결정타는 저출산(Low birth rate was the final blow to the fall of the Roman Empire)"이라고 꼭 집어 말했다. 즉 "출산 감소를 방치한 나라치고 하나도 부흥한 역사적 사례는 없었다(出産減少を放置した國で,一つも復興した歷史的事例はなかった)."라는 선대 역사가들의 말을 인용했다. 로마는 정복사업을 통해 대규모 노예 공급으로 '로마제국의 원동력은 노예들의 피에서 나온다(Impulsio Romani imperii a sanguine servorum venit).'라며 모든 지도자가 하나같이 그렇게 생각했다. 또 그렇게 외쳤다. 그런 말을 했던 그들은 모든 정복이 끝나고부터 돌변했다. i) 대규모 노예 공급의 연결고리가 끊어졌다. ii) '마르지 않는 샘물'로 알았던 로마제국의 재정 곳간은 바닥을 내보였다. iii) 귀족이란 지배세력들은 누구보다도 복지수혜를 선점했다. 심지어 독점화(獨占化)에 골몰했다.

로마제국 지도자들의 지도력이 급변했다. i) 부담할 재정력은 날로 쇠약해졌다. ii) 목욕탕과 포도주에 귀족이 몰입되었다. iii) 화려한 퇴폐적 성문화에 젖었고, 타락의 늪으로 빠져들었다. iv) 로마제국은 더욱 나락으로 나가떨어졌다. 즉 '영토 팽창 ▷ 노예 공급 ▷ 경제성장 ▷ 복지 강화'의 연결고리가 하나씩 망가졌다. 여기에다가 "불난 집에 기름을 부은 꼴"은 지배계급의 '도덕적 해이(moral hazard)'였다. 이런 망국의 징조로 두드러지게 나타난 게 출산 기피였다. 저출산으로 로마는 불타올랐다.

국가지도자가 저출산 도화선에 불을 댕겼다
· · · · ·

사실, 이전은 클라우디우스 황제(Claudius Caesar Augustus Germanicus, 재위 AD 41~AD 54)의 시대였다. 그때 로마제국 총인구는 1억2천만 명을 갓 넘어섰다. 10명 이상의 자녀를 둔 어머니들이 있었기에 "서민 거주지에서는 쏟아져 나오는 어린아이로 인해 걷기조차 힘들었다(In locis operariis residentialibus difficile erat etiam ambulare propter influxum filiorum)."라고 당시 기록이 있었다. 영국 에드워드 기번(Edward Gibbon, 1737~1794)이 쓴 『로마 쇠망사(The History of the Decline and Fall of the Roman Empire: 1776~1788)』에서도 이같이 서술했다.[204]

BC 2세기까지 로마는 오늘날 "돼지처럼 새끼만 바글바글"이라는 표현이 맞았다. 당시 로마 사람들은 10명 이상의 자녀를 가졌다. BC 47년 5월 21일 소아시아 젤라 전투(Zela Battle)[205]에서 승리하고 원로원에다가 "왔노라, 보았노라, 이겼노라(Vēnī. Vīdī. Vīcī)."라고 전갈을 했던 가이우스 율리우스 카이사르(Gaius Julius Caesar, BC 100~BC 44)가 황제에 재위했다. 그때는 자녀 출산율이 빠르게 줄어들었다. 10명에서 급격하게도 2~3명의 자녀도

양육하기 버겁다고 아우성이었다. BC 1세기에서는 출산비율이 더욱 감소했다. 자녀를 적게 낳은 풍조가 아예 정착하더니 이후는 요지부동이었다. 필리우스 아우구스투스(Imperator Caesar divi filius Augustus, BC 63~AD 14)가 재위(在位)했을 때는 오늘날 우리나라의 3포자~7포자(七抛者)[206]들처럼 자녀는 물론이고 '결혼도 포기'하는 로마시민이 날로 늘어났다.

사회 밑바닥에서 온갖 고역에 시달렸던 노예들은 물론이다. 평민층 이상도 자식을 낳지 않고자 하는 사회적 저출산 증후군(social low-birth syndrome)이 팽배해 갔다. 심지어 오늘날 우리나라처럼 "무자식 상팔자"라는 유행어까지 생겨 나왔다. '자식 없는 놈이 바로 로마 황제다(Orbus est Imperator Romanus).'라는 망국 징조가 생겨났다. 이런 비정상적인 현상이 날로 만연함으로써 결국 세계대제국 로마도 성한 곳이 하나도 없이 곪아 터졌다.

로마제국에 이런 현상의 원인을 분석하면 i) 로마제국은 정복전쟁이 너무 잦았음에도 물리적 안정이 확보되었다. ii) 더욱이 지중해 연안 모든 나라가 다 정복되었다. 식민지로부터 끊임없이 물자가 들어옴에 따라 무역과 경제에 활황을 구가했다. iii) 이로 인해 경제적 안정과 삶의 윤택함을 가져왔다. iv) 결혼함으로 얻는 편익보다 오히려 그로 인해서 손해만을 본

다는 이해타산이 팽배했다. v) 여성들도 자각하여 자녀 양육보다도 쾌적하고 풍요로운 삶을 추구(追究)하게 되었다. vi) 결국 독신으로 살아도 불편함은 전혀 없었다. 이런 사회적 풍토가 뿌리를 내렸다.

다른 한편으로, 오늘날 우리나라 저출산 고령화 현상의 중요 원인을 분석하면 i) 일제식민지와 6·25동란 혼란이 수습되었고, 사회가 안정을 찾아 각종 제도가 정착되었다. ii) 국가적 산아제한정책과 압축적 경제발전(compressed economic development)으로 인해 풍요로움을 느끼게 되었다. iii) 결혼으로 인한 주택 마련, 자녀 양육에 따른 희생, 유치원부터 대학까지의 자녀교육 등은 젊은이들의 눈앞을 캄캄하게 만들었다. 이런 거대한 장벽의 그림자가 '결혼으로 얻는 각종 행복'을 무참하게 파묻어버렸다. iv) 저출산 대책이라는 게 "언 발에 오줌 누기(peeing on frozen feet)" 방식으로 어떤 도움도 주지 못했다. 오히려 감정만을 상하게 했다. '혼자 살아도 못할 것이 없다', 결국은 '나의 길로 가겠다'로 내몰고 말았다. v) 이런 국가정책의 혜택이 출산부담자들의 손에 바로 들어가는 게 아니었다. 중간에서 정치적 혹은 행정적 비용으로 다 녹아버렸다. '국가에 돈이 없어서가 아니라 도둑이 너무 많아서다.'라는 비효율성이 수없이 지적되어 왔다.[207]

4. 로마제국의 저출산 망국병에 대한 치유 처방전은?

진시황제의 중원통일도 '부뚜막에 앉은 재 털기(竈上騷除)'처럼 쉬웠다!
·····

사마천(司馬遷, B.C. 145~B.C. 86)의『사기(史記) 이사(李斯, B.C. 284~B.C. 208) 열전』에선 이사가 진나라 장양왕(莊襄王, 재위 B.C. 281~B.C. 247)이 붕어(崩御)하자. 진나라 시황제(始皇帝, 재위 B.C. 259~B.C. 210)를 찾아가 천하통일의 계기를 마련하라고 진언했다. 즉 "평범한 사람은 그 기회를 놓칩니다. 큰 공을 이루는 사람은 남의 빈틈을 이용해 모질게 일을 이룹니다(胥人者, 去其幾也. 成大功者, 在因瑕釁而遂忍之)."라고 말머리를 끄집어냈다. 이어 "지금 제후(諸侯)들은 진나라에 복종하는 게 군현에 비유할 수 있습니다. 무릇 진나라의 강성함에 대왕의 현명함이라면 '부뚜막 위에 먼지를 쓸어내듯이 손쉽게(由竈上騷除)' 제후국을 멸망시키길 수 있습니다. 황제의 대업을 이뤄 천하를 통일할 수 있습니다. 이번 기회가 바로 만년에 한 번 있을 기회입니다. 지금 현실에 안주하시지 마십시오. 서둘러 성취하지 않으면 제후들이 다시 강해집니다. 그리고 서로 모여 합종을 도모합니다. 그때는 아무리 황제가 현명해도 천하를 손에 넣을 수 없습니다."라고 간언했다.[208] 오늘날 말로 바꾸면 'i) 절대로 최적 타이밍을 놓치지 마시라. ii) 재기만 하시지 말고 당장 시작하라.'이다.

로마제국이 저출산 망국병을 치유하기 위해 내놓았던 처방전은 '강제·

처벌하는 법 제정'이었다. BC 18년 아우구스투스 황제(Imperator Caesar divi filius Augustus)는 철저한 원인 분석부터 했다. 왜 결혼을 하지 않는지? 결혼해도 왜 출산을 하지 않는지? 이런 사회적 풍조가 팽배한 원인은 무엇인지? 누가 망국풍조를 만연시키고 있는지? 결국 '휘황찬란한 저택의 귀족부터 시궁창의 창녀까지' 다 뒤져서 해결의 실마리를 찾았다. i) 당장에 출산해도 양육할 수 있는 능력이 있는 국가지도자를 대상으로 강제한다. 그리고 따르지 않으면 처벌한다. ii) 국가지도자의 퇴폐적인 성 문란 및 부도덕한 행위엔 무관용이 원칙이다. iii) 그리고 3자녀 이상으로 300년 이상 지속한다. 이게 처방전 전부였다.

당시 제정된 법률이라고는 딸랑 2개다. 그러나 오늘날 우리나라 국가지도자들이 하는 '자기 부담 제로화'가 아니다. 변죽만 울리는 수십 개 장식용 법률이 아니었다. 로마제국은 한방에 핵심을 바로 찔렀다. BC 17년에 '간통 및 혼외정사에 관한 율리우스법(Lex Iulia de Adulteriis Coercendis)'을 만들었다. 귀족의 비윤리적 성문화를 표적으로 했다. BC 18년에는 '정식 혼인에 관한 율리우스법(Lex Iulia de Maritandis Ordinibus)'을 공표했다.[209] 모두가 귀족을 대상으로 강제했다. 그리고 위반하는 지도자를 처벌하는 법률이었다. 한마디로 화려하고 퇴폐적인 귀족사회에 대한 공성전략(攻城戰略)이었다. 난공불락(難攻不落)의 요새지(要塞地) 위의 높은 성벽 안에서 몸을 숨기고 있는 국가지도자들을 향해 성벽을 몇 겹으로 포위했다. 그리고 난 뒤에 식량이고 식수마저 끊어버리는 고사작전(枯死作戰)에 들어갔다. 이에 반해 힘없는 백성들에게는 따라주는 만큼 혜택을 주었다. 두말 필요 없이 따르지 않으면 불이익만은 반드시 주었다. 주요한 내용은 i) 미혼여성(未婚女性)에게 독신세(bachelor tax)[210, 211]를 부과했다. ii) 결혼해 세 자녀를 낳아야만 독신세 납부의무를 면제했다. iii) 자식을 갖지 않는 남자는 공직 등용에 제한했다. iv) 출산하지 않는 사람은 국가건설, 국가방위 등 국가시책에 책무를 다하지 않는 사람으로 간주했다. 그리고 불이익만은 확실하게 주었다. 300년간 출산비율 3.0을 지속했다. 비로소 '저출산 늪'에서 벗어났다. 뒤이어 안정적인 성장으로 로마제국의 기틀을 마련했다.

　로마제국은 '법제적 처방'으로 저출산 문제를 해결했다. 우리나라는 법제화를 했는데도 아무런 효과가 없는 이유는, i) 우리나라 출산장려대책 혹은 법제는 힘없는 백성만을 대상으로 하고 있다. ii) 국가지도자들에게 아무런 부담감도, '양심의 가책'도 주지 않았다. 과연 당시 로마 지도자들이 독신자, 무자식으로. 우리나라 지도자처럼 개만 키우면서도 어린아이는 1명도 입양하지 않는 '뻔뻔스러움'을 가졌을까? 외국 사람들이 이해를 못 하는 게 또 하나 있다. 저출산이라고 아우성을 치면서도 '고아 수출 1위'를 기록하는 대한민국이다.[212] 한마디로 지키지 않을 수십 개 장식용 법률제정으로는 저출산 문제를 해결하겠다? 절대로 해결할 수 없다. 할 힘이 없는 사람만 멸치처럼 볶아서는 냄새만 요란하다.

신이 설계한 가구당 인구?
· · · · ·

　지구촌 한편에서는 굶어 죽는다고 아우성을 치는 '빈곤과 전쟁'이 한창이다. 다른 구석에서는 너무 많이 먹어 '비만과 전쟁'을 하고 있다. 또 다른 한쪽에서는 인구과잉으로 '산아제한'에 야단법석이다. 건너편에서는 저출산 고령화라고 '출산장려'에 속태우고 있다. 이와 같은 지구촌의 목소리를 듣고 있는 누군가 있다면 어느 장단에 춤을 춰야 할지 모를 지경이다. 신

(神)만이 안다. 몇 해 전만 해도 중국(中國)이나 대한민국은 국민이 다 굶어 죽는다고 산아제한을 추상같이 호령했다. 그때가 어제 같았는데. 이제 와 출산장려? 판소리로 대답한다면 "난감하네~ 아무리 휘모리장단이라고 해도 너털웃음에 엉~거~주~춤이라네. 육자배기 욕에다가 개다리춤밖에 나오지 않는다네".

누군가 지구촌에다가 생명체들의 둥지를 틀어주었다. 먹이사슬, 번성, 기후변화, 천재지변 등으로 복잡하게 얽히고설킨 실타래에서 해결의 실마리를 찾아내어야 했다. 수많은 철학자, 과학자, 정치가들이 실타래 보따리를 이제까지 까서 밝혀봤다. 그러함에도 지구촌의 인구에 대해 '신이 디자인했던 설계도(blueprint designed by God)'가 없었거나 혹은 아직도 찾지 못했다. 눈치 빠른 인구 전문가들이 하는 솔직히 까놓고 하시는 말씀[213]은 i) 기후변화 등의 자연적 환경, ii) 국가정책(산아제한, 출산장려, 교육·보육 등), 경제(주택, 직업, 노동 등), 문화 등의 사회적 환경, iii) 그리고 소득, 지식, 종교 등의 개인적 환경에 의해 출산율이 결정된다.[214]

똑같은 이야기를 BC 300년경 맹자(孟子, BC 372~BC 289)가 "하늘이 내린 자연환경이라도 국가가 결정하는 정책을 당하지 못한다. 국가정책이라도 백성들이 따라주지 않는다면 뭐하겠나?"라고 말했다. 그런데 서로 맞물려 돌아가는 자연적 환경, 사회적 환경, 그리고 개인적 환경이란 톱니바퀴 3개가 있다. 우리나라는 사회적 환경인 국가정책이란 톱니바퀴를 중심에다 가장 크게 맞춰놓았다. 사실은 개인적 환경과 자연적 환경이라는 톱니바퀴는 망가져 겉돌고 있다. 일제는 민족말살정책을 36년간 실시했다. 여기에다가 산아제한정책이 경제개발 방안이라고 생각했다. 그리고 36년간 실시했다. 이렇게 72년간에 출산력은 탈진상태가 되었다.

가장 쉽게 신이 설계한 출산력을 엿볼 수 있는 건, 포유류 암컷의 젖꼭지 수는 한꺼번에 출산하여 양육할 수 있는 숫자다. 그리고 곤충, 조류 그리고 미생물은 환경에 따라서 무성번식 등으로 스스로 알아서 번식한다. 포유류의 젖꼭지 수를 보면 사람은 1쌍, 소, 염소, 사슴, 사자 혹은 호랑이는 2쌍, 개, 토끼 및 고양이는 3~4쌍, 쥐 혹은 햄스터는 4~5쌍, 돼지는 6쌍이다.[215] 최근 병아리는 암탉이 부화하지 않는다. 그러자 사람들이 아예 부화장을 만들어 연간 수백억 마리의 병아리를 깐다. 인간이 계란을 까듯이 불임부부의 경우, 아예 인공배란을 하는 바람에 2~4 쌍둥이까지 출산한다. 그렇지만 생물학적인 1인의 평생 출산력(lifetime fertility of one person)=한꺼번 출산력(fertility all at once)×출산 터울 혹은 회수(spacing or number of births)라는 산식을 초등학생도 만들 수 있다. 그리고 의미를 안다.

2022년 현재 우리나라는 세대당 2.14명이다. 1인 세대가 38%나 된다. 가락국기(駕洛國記)에 금관가야의 호당인구는 8.2명 있었다.[216] 청동기 시대는 이보다 더 많은 10명 내외다.[217] 이를 쉽게 짐작할 수 있는 건 '사내 남(男)' 자라는 한자를 파자(破字)해 보면 열 명(十)의 식구(口)를 벌어먹일 수 있는 능력[力]을 가진 사람이다. 열 십(十) + 입 구(口) + 힘 력(力)를 합쳐서 사내 남(男)자를 만들었다. 그럼 계집 여(女) 자는? 자식 10명(十)을 낳아서 기를 수 있다면 교제하라는 의미다. 즉 열 십(十) + 사귈 예(乂) 자를 합하여 계집 여(女) 자를 만들었다.

물론 이렇게 까놓고 이야기를 못 해 밭 전(田) 자와 힘 력(力)로 분해하여 '밭을 가는 힘을 가진 사람(耕田力者)'이라고 애매(曖昧)하게 한문 선생이 해명했다.[218] 최정자(崔貞子, 1944~1987)의 「처녀 농군(處女農君)」 노래에 한문 선생은 말문이 막혔다. 계집 여(女) 자는 어머니[母]가 되기 전에 모습을 형상했다고[219] 설명했다. "한자 어미 모(母) 자? 아래와 위 두 점은? 즉 두

구멍은 뭐입니까?"라고 한 학생이 묻자 권위 있던 한문 선생(漢文先生)은 학습 분위기(學習雰圍氣, learning atmosphere)를 깬다고, 혹은 교권(敎權)을 침해했다고 질문했던 학생을 교

무실에 불러놓고 화풀이용 왕복 뺨따귀(slap on the cheek)로 답변했다.

이렇게 10명의 자식을 선호했던 동양에서는 '하늘의 수(天數)'를 십(十)으로 봤다. 하늘을 떠받들고 있는 기둥(天撑柱)을 십간(十干)이라 했다. 서양에서도 10은 '세상을 가득 채운 수(滿數)'로 봤다. 요한계시록(John Revelation)에서 10을 한 주기의 끝(완성)으로 봤다. 10일간 환란(10 days of tribulation), 열 개의 별(ten stars), 열 개의 면류관(ten crowns), 열 명의 제왕(ten kings) 등이 있다. 여기서 10은 제한된 완벽함이었다.[220] 기번(Gibbon)의 『로마 쇠망사(羅馬衰亡史)』에서 로마제국의 어머니들이 10명의 자식을 두었다고 적고 있다. 청동기 이전 고대사회에서는 개인은 십(10^1) 명을 완성으로 봤다. 부족사회에서는 백(10^2) 명에서 만(10^4) 명까지로. 작은 나라는 만(10^4) 명에서 백만(10^6) 명까지다. 대제국은 천만(10^7) 명에서 1억(10^8) 명으로 번창을 의미했다. 이렇게 고대사회에서는 10의 승수효과(乘數效果, fiscal multiplier)를 낸다는 게 바로 지도자(leader)의 마법(magic)이고, 카리스마(charisma)로 통했다.

5. 성군 세종대왕 때, 사람고기 먹은 이야기와
소가 웃는 일까지

조선 시대 '사람고기를 먹었다(人肉)'는 기록이 가장 많았던 때는?

우리나라 조선 시대 삼대기근(三大饑饉)은 자연현황에 의해 닥친 순수한 작은 천재지변만이 아니었다. 천재지변에다가 당쟁(黨爭), 사화(士禍), 예송논쟁(禮訟論爭) 등의 인위적 재앙까지 가미해 제대로 매운맛을 봤다. 3~4배 이상 위력을 증폭시켰던 대기근이었다. 선조 때 1593(癸巳)년부터 1594(甲午)년 계갑대기근(癸甲大饑饉)이 이었다. 1592년 4월 13일 임진왜란으로 인해 농민들을 군역에 다 끌어내었다. 여기에다가 날씨와 전염병까지 덮쳤다. 왜놈과 전쟁이 아닌 '전염병과 끼니와의 전쟁'이었다. 100만 이상의 백성이 세상을 떠났다. 현종은 정묘호란과 인조의 병자호란이란 외침을 두 눈으로 보고도 정신마저 못 차렸다. 제1차 무슨 고차원의 예송논쟁(禮訟論諍)을 한다고 야단법석을 떨었다. 하늘도 너무 한심해서 1670(庚戌)년부터 1671(辛亥)년까지 경신대기근(庚申大饑饉)을 내렸다. 그렇게 140만 명의 백성이 쓰러져 나가는 판에도 '오랑캐에겐 손을 벌릴 수 없다'는 대의명분(大義名分)만은 불타올랐다. 국가지도자들은 청나라의 원조를 단호하게 거절했다. 숙종(肅

宗) 때 1695(乙亥)년부터 1696(丙子)년까지의 을병대기근(乙亥大饑饉)은 장
희빈 사건으로 당쟁이 시끌벅적할 때. 온갖 재앙을 다 불러들였으니 폭우,
가뭄, 홍수, 태풍, 메뚜기 떼[蝗蟲], 천연두, 전염병 등 140만 명에서 400
만 명의 백성이 굶고 병들어 죽었다.

조선 시대는 국왕이나 양반들은 기록상 하루에 5끼를 먹었다. 그래서
장 질환과 소갈병이 많았다. 오늘날 용어로는 소화불량과 당뇨병이다. 너
무 많이 드셨던 모양이다. 일반 백성은 하루 한 끼는 태평성대였다. 전쟁
때 백성들에겐 '일순삼식(一旬三食, 10일에 3끼)'이 최상이었다. 김훈(金勳)의
『칼의 노래』에서 이순신(李舜臣, 1545~1598)은 "지나간 모든 끼니는 닥쳐
올 단 한 끼니 앞에 무효"였다. 절박한 현실은 없어 굶어 죽어야 했다.

힘없고 가진 것 없었던 백성들에게는 대기근이 닥치면 2~3일 굶은 건
조선 양반용어로 "항다반사(恒茶飯事)"다. 밥 먹고, 차 마시는 것처럼 평범
한 일이다. 당시 "사흘 굶어서 남의 담 안 넘는 놈 없다."가 유행했다. 달포
간 먹을 것이 없어 물만 마시다가 일어날 힘조차 없고 나면 그때는 눈알까
지 뒤집혀진다. 그때는 질병으로 혹은 굶어 죽은 사람의 시신마저도 아까
워 땅에 묻지 못했다. 먹을 수 있는 건 입으로 들어갈 수밖에 없다. 그땐 자
식, 부모, 형제의 시신도 먹거리였다. 그러나 인륜이란 걸 아는 인간이라
차마 목구멍으로 넘기지 못한다. 이때는 부모, 형제, 자식의 시신은? 서로
모르는 사람들끼리 맞바꿔 먹거나 빌려준다.

『조선왕조실록』에서 사람고기, 즉 인육(人肉)을 먹었다는 기록은 총 20
건(국역본 3건, 한문본 17건)이 나온다. 최고 많이 나왔던 왕조는 세종(世宗)
때다. 5번이나 기록이 나온다. 명종(明宗), 선조(宣祖) 및 숙종(肅宗) 때 2건
씩이고, 성종(成宗), 중종(中宗), 효종(孝宗), 현종(顯宗), 영조(英祖) 및 정조
(正祖) 때 각 1건씩이다. 나라님께서는 했던 일이란 대기근을 구제하기보

다 인육을 먹었다는데 강상죄(綱常罪)를 덮어씌웠다. 그리고 참형을 가한 뒤 다른 사람들에게 경계심을 주고자 효수(梟首)했다. 인육을 먹었다는 헛소문이라도 극한상황을 당면했기 때문이었다. 배부른 국왕들은 그런 것 따위는 알 필요가 없었다.

『세종실록(世宗實錄)』에 나오는 인육 사건 5건 가운데 가슴 따뜻한 이야기가 있어 여기에 적는다. 세종 5(1423)년 11월 17일 "황해도 감사의 장계에선 옹진에 사는 백정 양인길(梁仁吉)이 오랜 숙환으로 앓고 있었다. 9살 난 아들 양귀진(梁貴珍)이 사람고기를 먹으면 낫는다는 소문을 듣고, 자신의 손가락을 잘라 구워 아버지에게 드렸더니 잡수시고 곧 나았다(斷手指燒而食之, 其疾卽愈). 가슴 아픈 사연을 들었던 세종은 효행에 표창하라고 지시를 내렸다."221

세종 때 전염병 창궐에 대해 『세종실록』에선 '온역(溫疫)'을 검색하면 5번이 색출되는데, 세종 6(1424)년 6월 15일자와 6월 16일자를 비롯해 세종 14(1432)년 4월 22일 서울 안(漢城府)에 급하지 않은 영선공사(營繕工事)를 정지시켰다. 세종 15년에는 백성들이 사는 어느 지역에서든 쉽게 구할 수 있는 약제로 질병을 치료할 수 있도록 『향약집성방(鄉藥集成方)』을 저술해 처방전을 배포했다.222 세종 16년 5월 27일 전의감(典醫監), 혜민국(惠民局), 제생원(濟生院)을 각 1명씩 뽑아 각 도에 파견시켜 제약과 구료(救療)를 담당하도록 했다. 세종 19년 2월 4일자 봄에 한성부(漢城府), 이태이원(利泰二院), 진제장(賑濟場)에다가 염병(溫疫)으로 죽은 사람들의 사유를 구체적으로 기록하고, 밝히라고 명령했다.223

'모든 소가 다 웃을 일'이 생겨났다니?

· · · · ·

세종(世宗) 때에 백성들이 당면했던 극한상황을 살펴보면 i) 4군 6진(四郡六鎭)을 개척한다고 변방지역에는 끊임없는 정벌 전쟁을 했다. ii) 그렇게 빼앗은 땅에 사민정책(徙民政策)이란 미명으로 삼남지역(三南地域) 백성을 강제로 이주시켰다. iii) 명나라 국경에 왜구들이 빈번히 출몰한다고 하자 명나라에 충정을 보이고자 이종무(李從茂, 1360~1425)를 사령관으로, 거제도 해류를 타고 대마도정벌(對馬島征伐)이란 대리전쟁을 했다. iv) 밑도 끝도 없이 가뭄과 질병이 창궐하자 뒤늦게 『향약집성방(鄕藥集成方)』을 저술해 백성이 읽도록 했다. v) 태종(太宗, 재위 1400~1418)은 노비종부법(奴婢從父法)으로 개혁한다고 뒤집어 놓았고, 아들 세종(世宗)은 1432년 노비종모법(奴婢從母法)으로 또 한 번 뒤집었다. 빈대떡 뒤집듯이 조령모개(朝改暮令)한 결과는 '모든 소가 웃을 일(All the cows will laugh)'을 낳았다.

왜 이런 일이 생겼을까? 고려 말(高麗末)에는 말 3필에 노비 1명이 맞교환되었다. 세종(世宗) 때는 말 1필에 노비 3명과 맞바꾸는 결과를 초래했다. 이렇게 되자 노비들은 자신들처럼

고달픈 삶을 자식들에 물려주지 않기 위해 일종의 '노비 씨 말리기 운동'에 들어갔다. 일반 백성들도 잦은 기근, 전쟁과 질병 등으로 사람고기까지 뜯어 먹어야 연명하는 세상에 자식을 절대 놓지 않았다. 한마디로 무자식 상팔자 세상이 되어갔다.

2021년 이영훈(1951년생)이 쓴『세종은 과연 성군인가?』[224]에서 세종은 노비종모법(奴婢從母法)을 실시해 전 백성의 노비화(奴婢化)로 노비 나라를 만들었다고 했다. 이런 평가는 세종의 본래 의도와는 다른 과도한 표현이다.[225] 왜냐하면, 상천교훈(常賤敎訓)만을 강조하실 세종은 아니다. 그러나 노비종모법(奴婢從母法)으로 자식들에게 노비의 질곡을 물려주지 않고자 인륜(人倫)을 범하는 강상죄(綱常罪)를 없애고자 했음이 분명했다. 설명을 붙이면 노비들에겐 신분상 질곡을 늘 가슴에 안고 살아야 했다. 가축보다도 대접 못 받는 고달픔을 자식에게 물려주지 않고자 영아를 죽이는 사건이 빈발했다.

노비제도(奴婢制度)에 대해 간략하게 살펴보면 고조선(古朝鮮)의 팔조법금(八條法禁)에서 나오듯이 '처벌노비(處罰奴婢, punishment slave)'가 있었다. 삼한 시대 그리고 삼국시대는 대부분 전쟁노비(戰爭奴婢)였다. 신라 시대 성골은 노비를 3,000여 명을 거느리고 있었다. 통일신라 때 채무노비(債務奴婢)가 대부분이었다. 민정문서(民政文書)에선 4촌락 422명 가운데 노비 가구는 25가구로, 27% 정도였다. 고려 시대는 노비의 소유권은 천자수모법(賤者隨母法)을 따랐다. 신분제에서는 일천즉천법(一賤則賤法)을 준수했다. 태조 왕건 때 노비세전법(奴婢世傳法)이 실시되었다. 광종 땐 노비안검법(奴婢按檢法)을, 정종 때 노비천자수모법(奴婢賤子隨母法)이 정착되었다. 고려 말 충렬왕 때 일천즉천법(一賤則賤法)을 실시했다. 이로 인해 권문세족들은 많은 노비로 가세(家勢)를 늘리는 데만 혈안이 되었다.

조선 시대 들어와서는 태종(太宗)은 조세와 병역을 늘리고자 노비종부법(奴婢從父法)을 실시했다. 세종은 아버지와는 상반되는 노비종모법(奴婢從母法)으로 변경했다. 세조 때는 다시 노비종부법(奴婢從父法)을 회귀했다. 즉 양인의 남자와 천인 처첩 사이에 태어난 자녀의 신분은 부계를 따르게 했다. 성종(成宗) 때 와서 일천즉천노비법(一賤則賤奴婢法)으로 경국대전(經國大典)에 게재해서 아예 명문화(明文化)했다. 이때도 세종(世宗) 때처럼 '소가 다 웃는 사태(situation where all the cows laugh)'가 발생했다. 노비의 숫자가 증가해도 노비 자식은 낳지 않는다는 저출산 시대를 재차 소환시켰다.

영조(英祖) 때는 다시 노비종모법(奴婢從母法)으로 빈대떡처럼 뒤집었다. 따라서 노비의 숫자는 감소했다. 1861년 노비세습제(奴婢世襲制)를 폐지했다. 1894년 갑오개혁(甲午

改革)으로 신분제(身分制)가 폐지(廢止)됨으로써 노비제도(奴婢制度)도 사라졌다. 조선 시대(朝鮮時代)는 인구의 40%가 노비라고 주장한다. 그러나 조선 500년을 대략 4개로 시대 구분을 해 노비 감소 추이를 살펴보면 1기에서는 37.1%에서, 2기 26.9%, 3기 5.9%까지 내려가서 4기에는 1.5%로 떨어져 사라졌다.

세종 때 노비제도 개혁이 저출산에 크게 영향을 끼친 요인에 대해 통시적 분석(diachronic analysis)을 한다면 i) 왕씨(王氏)에서 이씨(李氏)로 국성(國姓)이 바뀌는 역성혁명 ▷ 노비종부법(奴婢從父法)에서 노비종모법(奴婢從母法)으로 뒤집히는 조령모개 ▷ 잦은 전쟁, 가뭄 홍수로 인한 기근에다가 질병으로 백성들이 죽어 나가떨어졌다. ii) 눈앞에 전개되는 현상은 노비 혹은 일반 백성에게 인간적 존엄성이란 밑바닥까지 무너져 내렸다. iii) 노비이고 일반 백성들까지 단지할 수 있는 게 없었다. 단지 '인생 나락에서 질곡의 연속'만을 절대로 자손들에게 물려주지 않아야 했다. 목숨까지 다 내려놓고 각성하게 했다.

6. 세종의 충격요법으로 저출산을 날려 보냈는가?

조선연명(朝鮮延命)은 '노비의 피와 탄성(嘆聲)'으로 이어졌다

사마천(司馬遷) 『사기(史記)』 혹은 『여씨춘추(呂氏春秋)』에서 "성문에 불이 나도 불 끈다고 연못에 물을 퍼내는 바람에 물고기만 죽어 사람들의 입으로 들어가게 된다. 환란은 가장 힘없는 자에게 전가되고 있다(城門發火, 淵水鎭火, 淵渴魚死, 殃及池魚)."[226]라는 구절이 있다. 오늘날 우리나라 속담으로는 "고래 싸움에 새우 등이 터진다."라는 말이다. 이 말을 듣던 아프리카(Africa) 친구는 "코끼리 싸움에 잔디만 고통을 받는다(When elephants fight, it is the grass that suffers)."라고 했다.

마치 조선 시대 모든 신공부담(身貢負擔)은 노비들에게 전가되었다. 조선 시대에는 노비가 물고기였다. 자세히 말하면 『조선왕조실록(朝鮮王朝實錄)』에 검색어 '노비(奴婢)'로 검출하니 12,598건(국역 7.485건, 원문 5,113건)이 나온다. 가장 많았던 왕조는 성종(成宗) 때 1,490건으로 『경국대전(經國大典)』에 노비제도의 등록을 위한 공론화 과정에 사건이 비등했다. 두 번째는 중종(中宗) 때 중종반정(中宗反正) 당시 개혁공신(改革功臣)과 삭탈

당하는 훈신(被削奪勢力) 사이에 논공행상(論功行賞)하는 바람에 갈등과 잡음이 생겼다. 이때도 노비들만 들볶였다. 세 번째, 세종(世宗) 때로 노비 종모법(奴婢從母法) 등으로 750건이나 발생했다.

조선 시대(朝鮮時代) 노비 관련 기록을 국왕별로는 태조(太祖) 43건, 정종(正宗) 19건, 태종(太宗) 431건, 세종(世宗) 750건, 문종(文宗) 110건, 단종(端宗) 141건, 세조(世祖) 448건, 예종(睿宗) 98건, 성종(成宗) 1,490건, 연산군(燕山君) 264건, 중종(中宗) 868건, 인종(仁宗) 10건, 명종(明宗) 319건, 선조(宣祖) 459건, 선조 수정 22건, 광해군(光海君) 중초본 297건, 광해군 정초본 331건, 인조(仁祖) 191건, 효종(孝宗) 96건, 현종(玄宗) 136건, 현종 개수 159건, 숙종(肅宗) 312건, 숙종 보궐정오 3건, 경종(景宗) 17건, 경종 수정 2건, 영조(英祖) 222건, 정조(正祖) 160건, 순조(純祖) 49건, 헌종(憲宗) 2건, 철종(哲宗) 1건, 고종(高宗) 34건, 순종(純宗) 부록 1건이다. 이와 같은 역사적 사실을 훑어보면 마치 로마제국에서 유행했던 "로마제국의 힘은 노예들의 피에서 나온다(Imperium Romanum robur ex servorum sanguine venit)."라는 말처럼 '조선의 연명은 노비의 피와 한숨으로 점철되어 있었다'.

다시 『세종실록(世宗實錄)』을 살펴보면 노비제도(奴婢制度)에 대해 어느 국왕보다도 많은 고민을 했던 흔적이 나타난다. 세종 원(1419)년 11월 27일 회암사(檜巖寺) 승려의 간음, 절도 사건이 발생해 상왕(太宗)께서 언급했다. 이참에 사찰노비제도(寺刹奴婢制度)를 폐지하자고 대신들이 간청을 올렸다. 그러나 세종(世宗)은 웃으면서 "나도 그렇게 폐지할 마음은 굴뚝같다. 소탐대실(小貪大失)의 결과가 우려스럽다." 그러고는 윤허(允許)하지 않았다.[227] 세종 8(1426)년 4월 17일 "서울 이외 공처비자(公處婢子)에게 아이를 낳으면 휴가를 백 일 동안 주도록 하고, 이를 일정한 규정으로 만들게 하라.”라고 명했다.[228] 이 핑계 저 핑계로 눈속임만으로 현실적으로는 추진되지 않았다. 현장 확인하고서야 비로소 세종 12(1431)년 10월 19일 다시 대언(代言)을 통해 분명하게 “옛날부터 공처노비(公處奴婢)에게 아이를 낳을 때는 반드시 출산휴가 7일 후에 복무하게 했다. 이것에 대해 아이를 버려두고 복무시키니 어린아이가 해롭게 될까 걱정이었다. 일찍이 100일 출산휴가를 더 주도록 명했다. 산기가 임박하여 복무하다가 몸이 지치거나 귀가 도중에 출산하는 경우도 있었으니 관노에게 출산 전 1개월부터 복무를 면제케 하라. 눈속임으로 하지 말고 반드시 구체적으로 규정해 집행하라.”[229]라고 엄명을 내렸다.

이렇게 세종 12(1430)년 내린 공처노비(公處奴婢)에게 출산일 전후 100일간 휴가제도를 실시하던 것을 일제강점기와 산업 근대화 과정에서는 ‘무노동 무임금’만 준수함으로써 사라졌다. 심지어 공무원의 경우 ‘15일 출산휴가’가 끝나면 병가로 2개월(60일)까지, 이후는 휴직으로 처리했다. 1999년 9월 1일부터 공무원에게도 비로소 60일 출산휴가제도를 도입했다.[230] 2001년 11월 1일부터 ‘90일 출산휴가제도’를 도입했다.[231] 공무원뿐만 아니라 일반 근로자에게도 2001년 11월 1일부터 「남녀고용평등과 일·가정 양립지원에 관한 법률」 제18조의 2 제4항에 출산휴가는 출산한 날부터 90일 이내에 휴가를 주도록 규정했다. 출산장려정책이라고 야단법석을 떨었지만, 598년 전 세종(世宗)이 공처노비(公處奴婢)들에게 주었던 100일 출산휴가에도 못 미치고 있다. 이외는 더 말해 뭘 하겠나?

세종 때 당시 획기적인 출산장려책은 무엇이었나?

앞에서는 언급했던 출산 휴가제도도 i) 1426년 4월 17일 경외공처비자(京外公處婢子)에게 100일 출산휴가를 주라고 왕명(王命)을 내렸음에도 공처노비(公處奴婢)에게는 출산휴가를

주는 걸 이 핑계 저 핑계로 주지 않았다. ii) 4년 이후에는 구체적으로 법제화를 해 반드시 지키도록 재차 엄명을 내렸다. iii) 사실 지금도 세종(世宗)의 제도적 취지(制度的 趣旨)가 지켜지지 않고 있다. 법제화를 하면 뭘 하겠나? 로마제국이 저출산 문제를 해결한 비결이 바로 국가지도자부터 준수하도록 강제했음에 있다. 조선 시대 군주였던 세종도 출산휴가 문제에 대해 몇 차례 어명을 내렸지만, 로마제국 법률처럼 국가지도자의 준수 강제 규정과 미이행 시에는 처벌규정을 두지 않았기에 '망치가 가벼우면 못이 솟는다(If the hammer is light, the nail rises).' 하는 꼴불견이 되었다.

세종 때 출산장려정책에 "나라님께서는 자식을 낳으라고 하시네, 참으로 난감한데~ 지랄 미친 새끼? 하늘을 봐야 별을 따지! 그렇게도 모른다네. 짝을 지어야 새끼를 낳~제?"라는 노래가 저잣거리 주정뱅이들의 입으로 유행했다. 이를 들었던 세종은 i) 첫 단계로 가문의 명예를 위해라도 가문의 문장(門長)이 책임지고 결혼을 주선하고, 결혼비용을 지원해주라는 지시를 내렸다. 그리고 ii) 고아이거나 가난한 자들에게는 혼수비용과 예식비용을 나라 곳간에서 지원하도록 했다. iii) 결혼한 노비에겐 신공(身貢)

을 면제해 주도록 했다. iv) 쌍둥이를 낳은 출산가정에는 '국왕의 이름으로 축하 쌀 5섬'을 내렸다. 이런 전통을 조선 시대 후대 국왕들도 빠짐없이 지켰다. v) 태종 11년 6월 9일 여승의 초막을 철거한 적이 있었다.[232] 세종은 각종 사유로 결혼을 못 했던 여성의 도피처였던 여승방을 폐지(尼房閉止)하는 극약처방까지 들고 나왔다. v) 국왕이 이렇게 적극적으로 나서자, 지방관청(地方官廳)은 물론이고 지방관학이었던 향교(鄕校), 향청(鄕廳), 사학이었던 서원(書院)에서도 '인재 양성과 풍속 균화'란 미명으로 향약까지 만들어 출산 축하와 이웃 사이 십시일반의 지원을 추진했다. 이렇게 미풍양속이 자리를 잡았다. 오늘날 용어로 지역사회 출산장려 시스템(community birth-encouragement system)이었다.

이에 대한 『조선왕조실록』을 살펴보면 세종 6년 2월 20일에 "경기 감사가 선비 집안 여식들 가운데 고아이거나 가난한 집안의 딸들이 혼수비용으로 결혼을 못 하니 국가지원을 요청했다. 국왕은 형제와 족친들에게 주혼하게 하고, 혼수비용과 쌀과 콩을 2섬씩 지원했다."[233]라고 한다. 결혼비용 지원제도는 성종 22년 1월 6일 집안 사정으로 결혼을 못 한 처녀들에게 결혼비용을 국가기관에서 부담하게 했다.[234] 명종 17년 2월 5일에도 "종실(宗室)에 그 여자 가운데 가난해서 시집 못 간 자들이 없도록 관아(官衙)에서는 비용을 지급하도록 전교했다."라고 했다. 즉 종가(宗家)에서 가문에 돈 없어 결혼 못 하는 말이 나오지 않도록 어명을 내렸다.[235]

쌍둥이를 낳은 가정에 축하로 쌀, 콩 등 곡식을 하사했다. 이런 기록은 『세종실록』에만 6회나 나오고 있다. 세종 2년 12월 20일 "경상도 언양(慶尙道 彦陽) 땅 이신기의 처가 3 쌍둥이 사내아이를 낳았고, 국왕은 축하와 쌀을 내렸다(一産三男, 賜米)."[236]라고 시작해. 세종 8년 6월 29일, 세종 9년 1월 19일, 세종 11년 12월 8일, 세종 18년 6월 2일 및 세종 29년 4월 8일자의 기록이 있다.[237] 신분제도(身分制度)가 엄격하던 조선 시대도 출산 축하(出産祝賀)를 국왕(king)이 이렇게까지 했다. 세종에 비하면 오늘날 출산 장려는 사기 진작에는 빵점이다. '돈 몇 푼 주곤 뚝~이다'. 대통령이 출산에 축하했다는 빈말도 못 들었다.

7. 노예제가 생산적이라는 미국의 노벨경제학상 수상자!

노예제(slavery)는 언제 생겼으며, 이젠 사라졌을까?

노예제는 자연적인 발생이라기보다 약육강식의 사회(society of the fittest)에서 강자가 자기들의 이익을 확보하기 위하여 인위적으로 만든 제도다. 따라서 새로운 강자가 생겨나는 전쟁, 처벌 혹은 부채 등에서 노예가 생겨났다. 때로는 종족 말살(genocide)과 같은 정책이나 정치체제에서도 생겨났다. 오늘날도 천부인권 차원에서는 노예제도가 사라진 게 아닌 새로운 용어로 변모해 지속적 생겨나고 있다.

선사시대 노예제도는 새로운 농경 생활이 정착됨에 따라 '가진 자와 못 가진 자'가 생겨남으로써 부채노비(debt slave) 혹은 전쟁노비(war slave)가 생겨났다. 지구상에 노예제도가 생겨난 건, 최초 문명이 출현할 때 BC 3,500년까지 소급되는 메소포타미아 수메르(Sumer, Mesopotamia) 때 제도화되었다. 문헌상 기록은 BC 1754년 경 제정된 함무라비 법전(Code of

Hammurabi)에 노예제도(slavery)가 기록되어 있다.[238] 유럽, 아시아, 중동, 아프리카의 고대 세계에 널리 퍼져있었다. 기독교인과 이슬람교도는 지중해와 유럽에 수 세기에 걸쳐 종교전쟁(religious war)을 벌이는 동안 서로를 포로로 잡아 노예를 만들었다.

우리나라는 고조선 '팔조법금(八條法禁)' 속칭 '기자팔조법금(箕子八條法禁)'[239]에 기원을 둔 처벌노비(punishment slave)가 시작되었다. 삼국시대에서는 전쟁노비(war slave), 통일신라 시대는 부채노비(debt slave), 고려 시대는 부채노비(負債奴婢)와 처벌노비(處罰奴婢)가 혼재했다. 조선 시대(朝鮮時代)는 양반제도 및 정책에 의해 신분노비(status slave)[240]와 정책노비(policy slave)까지 가세했다. 이렇게 제도화되어 오다가 1886년 2월 5일 고종이 노비세습제 폐지를 공포했지만, 지속되어 오다가 1894년 갑오개혁 당시 입법기관인 군국기무처(軍國機務處)에서 결국 폐지시켰다. 해방 이후 성노예(sex slavery), 즉 여자정신대(女子挺身隊)[241] 혹은 종군위안부(war comfort women)[242] 처리 문제로 한·일 간에 삐걱거림이 있었다. 우리 사회에서도 지금도 공복 혹은 '현대판 노예(modern slavery)'라는 말을 하고 있다.

천부인권(天賦人權)보다 강대국의 경제적 논리(經濟的 論理)가 우세?

노예는 '생명을 가진 인격체'라는 생각보다는 i) 전쟁에서는 전리품이었다. ii) 가진 자에게는 말하는 작업 기계(speaking robot)였다. iii) 로마제국 및 근대 식민지제국에까지 국력은 노예(피식민지)의 피에서 나왔다. iv) 대영제국에서는 노예무역에 있어서 '고가의 상품(expensive product)'이었다. v) 일본제국에서는 한국의 여성을 군인들의 성욕을 해결하는 도구(sex plaything, or sex slave)였다. vi) 아직도 노예를 생산수단으로 생각해 생산에 효율적이라고 주장하는 미국의 경제학자들이 많다.

오늘날 미국 코넬대학교 역사학 교수이며, 저술가인 에드워드 밥티스트(Edward E. Baptist, 1970년생)[243]는 2006년에 쓴 『미국 노예 역사(美國奴隷歷史)에 있어 새로운 연구(New Studies in the History of American Slavery)』라는 저서에서 "식민지경제에서

세계에서 두 번째로 큰 산업강대국으로 미국이 성장하는 데 (노예제도가) 큰 도움이 되었다. 특히 18세기 말부터 남북전쟁이 시작됐을 때까지 존재했던 목화노예제도(木花奴隷制度)는 완전히 현대적인 사업이었으며 이윤 극대화를 위해 혁신적(革新的)이었다."라고 주장했다.[244]

물론 1993년 노벨경제학상 수상자이며, 미국 역사경제학자(歷史經濟學者) 로버트 윌리엄 포겔(Robert William Fogel, 1926~2013)[245]도 1974년 『십자가의 시간: 미국 흑인 노예 경제학(Time on the Cross: The Economics of American Negro Slavery)』이란 책에서 "노예제도(奴隷制度)는 노예소유주(奴隷所有主)에게 이익이 된다. 그 이유는 그들이 이익을 극대화하기 위해 농장 생산을 합리적으로 조직했다. 그들의 '규모의 경제(economies of scale)'로 노동단위생산량(勞動單位生産量)이 남부농장이 북부농장보다 높았다. 착취적 성격에도 불구하고 노예제가 사라지지 않았던 건 노예제가 엄청나게 수익성이 좋았고, 노예 소유자에게 생산적이었다."[246]라고 했다.

특히 경제적 착취(economic exploitation)에 대해 "노예의 경제적 착취

는 예상만큼 재앙적이지 않았다. 왜냐하면, 노예 소유자가 재산으로 보유한 사람들에 대한 기본 수준의 물질적 지원을 유지하려는 재정적 편익을 주었다." 더 나아가서 "노예가 그들이 생산한 소득의 90%를 받았거나 북부의 자유로운 공장 노동자보다도 더 잘 먹었고 일을 덜 했다는 등 예상하지도 못했던 결과를 얻었다. 노예제도는 정치적으로는 부도덕(immorality)하기는 하지만 경제적으로는 생산적이었다. 노예소유주(slave owner)들은 노예를 재산으로 생각했고, 그만큼 건강, 복지 측면에서도 신경을 썼다. 백인 하층민(white lower class)보다 나은 삶을 살았고, 정치적으로 불법화(illegalisation)하지 않았다면 노예제는 자연적으로 소멸하지 않았을 것이다."[247]라고 했다.

현대판 노예제(現代版奴隷制)는 은닉과 무관심에 일촉즉발(一即發) 상태!

"현대판 노예제(modern-day slavery)란? 21세기 최첨단정보화시대 대명천지에 아직도 봉건시대 혹은 신분제였던 노예제가 있다니 '정신 나간 소리 좀 하지 말아라!'라고요? 천만에요."

지난 2011년부터 미국 CNN에서 "현대판 노예제도 마무리(Ending modern-day slavery)"라는 구호로 '자유 프로젝트(Freedom Project)'를 시작했다. 지구촌을 누비면서 현대판 노예들의 모습을 보여줬다. '노예제도는 옛날 일이 아니다(Slavery is not a thing of the past).'라고 결론지었다.[248]

CNN이 자체적으로 내린 노예제란 정의는 '한 개인이 폭력 혹은 폭력의 위협을 바탕으로 다른 개인을 완벽히 통제하고, 경제적으로 착취하며, 대가 지불은 고사하고 벗어날 수 없게 하는 것'으로 봤다. 과거는 통념상 받아들였지만 오늘날 불법이란 통념화가 되었다는 사실 이외는 전혀 달라짐이 없다. 오히려 은닉되고 무관심 속에서 더욱 심각해지고 있다. 과거 어느 때보다도 포화상태로 일촉즉발 상태가 되었다. 과거는 노예무역 혹은 노예매매라고 했지만, 오늘날은 인신매매(human trafficking), 소년병(child soldiers), 아동 성매매(child prostitution), 아동 강제노동(forced child labor), 강제결혼(forced marriage) 등으로 다양한 이름으로 본래 모습을 감추거나 무관심하게 덮어버리고 있다.

현대판 노예제(modern-day slavery)의 대명사는 인신매매(human trafficking)다. 2000년 11월 15일 유엔총회에서 의결된 'UN 인신매매 방지 의정서(The UN Protocol against Trafficking in Persons)'에서 용어 정의(use of terms)를 보면 "착취를 목적으로 위협 혹은 폭력(violence), 강제(coercion), 납치(kidnapping), 사기(fraud), 기만(deception), 권력의 남용(abuse of power), 취약한 지위의 이용, 타인에 대한 통제력을 가진 사람의 동의를 위한 대가 지불, 개인을 모집, 이송, 운송, 은닉 또는 인수하는 행위다."[249]라고 되어있다. 얼마나 심각한 문제인가는 2017년 세계노예지수(World Slavery Index)에 따르면 대략 4,000만 명이 현대판 노예로 살고 있다. 인신매매를 숨기려고 해 확실한 수치는 잡히지 않는다. 대략 1,000만 명이 넘는 어린아이들이 신음하고 있다. 국제노동기구(ILO)에 따르면 매년 1,500억 달러 정도의 현대판 노예 거래가 이뤄지고 있다.

우리나라 '현대판 노예사건'은 자질구레한 건 제외하더라도, 2014년 신안염전(新安鹽田) 노예사건만으로 충분히 지구촌의 한국식 현대판 노예제도를 보여주었다. 2014년 3월에 신안군(新安郡) 신의도(信義島) 소재 염전에 지적장애인(知的障礙人)에게 직업소개를 해준다면서 약취, 유괴하여 감금했다. 피해자들을 강제노동에 종사시키는 과정에 i) 섬 주민과 ii) 인근 공무원(公務員)들까지 합심하여 범죄에 가담했거나 은폐(隱蔽)한 정황이 드러냈다. 2015년 11월 15일 영국 지상파방송(Channel 4)이 심층 보도(Unreported World)하여 지구촌에 알렸다.[250] 2016년 7월 신안 '새우잡이 어선' 섬 노예사건이 추가로 발생했다. 2018년 장애인 납치 및 불법 노동사건도 있었다. 2021년 노동 착취사건, 2022년 주한미국대사관의 인신매매(人身賣買) 사건 조사가 있었다. 이렇게 하여 우리나라는 2023년 국가수준의 인신매매 방지 2등급 유지 및 정부 처벌 강화를 약속했다. 약속이 무색하게도 2023년 '주 7일, 월 202만 원' 염전 구인 논란이 이어졌다. 아직도 끝났다기보다 특히 사각지대인 이주노동자(migrant worker)들의 노임 문제와 근로자 복지 분야에서 뭔가는 일촉즉발 상태에 놓여있다.

8. 우리나라의 출산장려정책은 어디로 가나?

유엔(UN)은 가족계획과 출산장려정책의 갈림길에서 엉거주춤

지금부터 72년 전 1952년 인도에서 최초 국가인구정책을 채택했다. 인구 급증에 고민하고 있던 개발도상국인 우리나라도 인구와 가족정책(family policy)에 초점을 두고 산아제한(birth

control, 임신중절, 피임, 영구피임 시술) 등으로 인구 증가 억제에 들어갔다. 세계인구정책(World Population Polices) 자료에 따르면 20여 년 후인 1976년에는 40개국이 UN 인구의 3분의 2를 점하고 있었다. 나이지리아(Nigeria), 에티오피아(Ethiopia), 브라질(Brazil) 및 기타 국가를 제외한 대부분 개발도상국가들이 저출산정책을 채택했다. 가까운 중국(中國)의 산아제한정책과 구소련은 출산율을 낮추는 명시적인 정책을 가졌다. 2019년 현재 최근 수십 년 동안 많은 국가에서 괄목상대할 만큼 감소했다. 출산율이 높았던 중국 등에서도 감소하기 시작했다.

개별국가정책은 일반적으로 더 넓은 제도적, 경제적, 사회적, 문화적 맥락에 상호연계성(相互聯關性)을 가진 '맞물린 톱니바퀴'처럼 돌아가고 있다. 국가인구정책이 성적 역할, 재생산, 건강관리, 가족계획 등에 대한 폭넓은 접근과 직접적인 제한조치(制限措置), 여성교육 및 고용향상(雇傭向

上) 등에 광범위한 개발에 간접적인 영향을 끼쳤다. 일면에서는 비용증가(費用增加)를 초래했다. 또한 가족부양(家族扶養)의 부담 증가, 가정 내 부부가 평등한 문화적으로 변화한 점도 출산비율(出産比率)과 세계적인 감소에 영향을 끼쳤다. 2019년 현재 전 세계 60% 이상의 국가(197개 중 124개국)가 현재 출산비율 수준에 영향을 미치는 정책을 추진하고 있다. 단, 19개국은 현재 출산율(出産率) 수준을 유지하고, 143개국은 여전히 인구정책(人口政策)을 추진하고 있다.

많은 국가에서 실시하고 있는 정책은 출산 보너스, 육아 휴직, 세금 시혜(tax incentives), 자녀 출산과 관련된 주택 공급, 기본소득 지원(basic income support), 소득수당 제공 등과 같은 암묵적이거나 명시적인 산전정책(implicit or explicit prenatal policy)을 채택하고 있다. 출산치료 보조금, 산모 혹은 출산 부부를 위한 장기 취업 보장, 저렴한 보육 및 방과 보육 등 출산율을 높이기 위한 추가 수혜(add incentive)를 제공한다. 현시점에서 저출산정책(低出産政策)으로 세계적으로 하향곡선을 그린 출생비율은 사회적, 경제적, 문화적 변화의 결과다. 총출산비율(總出産比率)의 장기적인 하락 추세를 반전시키는 게 새로운 과제가 되었다. 프랑스, 독일 및 헝가리 등에서도 상대적으로 단기간에 출산율이 약간 증가했으나 장기적으로 늘어날 저력은 없다.

지구촌은 필연적으로 인구 고령화(aging population)로 이어질 것이다. 잠재적으로 전 세계 많은 국가에서 인구 감소로 이어진다. 이러한 전환점이 증가하는 인구에는 교육과 취업 기회를 제공해야 한다. 반면에 감소하는 국가에는 인력 부족에 적응해야 한다. '작은 인구의 새로운 현실(the new reality of small populations)'을 대비해야 한다. 즉 남녀의 결혼과 가족 형성을 자유롭게 결정하도록 지원해야 한다. 동시에 성과 재생산, 건강관리, 각종 서비스를 유지하기 위한 정부(governments)의 노력이 필요하다. 민간부문(private sector)에서도, 시민사회(civil society) 및 국제개발 파트너(international development partners)도 지속적인 지원이 필요하다.[251]

지구촌에 불어오는 저출산 바람에 우리나라가 앓고 있는 문제는?

· · · · ·

세계적인 여성 1인당 출산율을 살펴보면 1950~1955년에는 4.97명, 1990~1995년엔 3.01명, 2015~2020년 2.47명으로 줄어들었다. 이를 기반으로 최소자승법(最小自乘法)으로 경향선(傾向線)을 그으면 2045~2050년에는 2.21명이다. 2095~2100년경에는 1.94명 정도의 하향곡선이다. 한편 우리나라는 1960년에는 여성 1인당 평균 6자녀를 출산했으나 2018년은 여성 1인당 0.8명으로 급강하고 말았다.

지난해 2023년 10월 31일 경제협력개발기구(OECD) 사회정책국에서 수석 경제분석가로 30년간 가족 정책을 연구한 웰렘 아데마(Willem Adema)에게 자문을 요청했다. 그는 한국의 저출산 원인으로 i) 일터에서 너무 오랜 시간을 보냈다고 한국 속담을 인용하여 "하늘을 봐야 별을 따지요(to look at the sky to see the stars)."라고 말문을 열었다. 우리나라 근로자는 연간 연장근무를 포함하면 2,000시간 가까이하는 세계 제2위 일벌레다. 즉 생식보다 생존에 생체시스템이 재조립되었다. ii) 두 번째가 '출산, 육아로 직장을 떠나면 영원히 안녕이다', 즉 경력단절여성(經歷斷絶女性)의 재취업률이 15% 미만이다. 이렇게 어렵기에 경단여성(經斷女性)이 되기보다 출산보다 생존을 택한다. iii) '육아휴직이란 그림의 떡'이다. 우리나라 육아휴직 이용률이 30% 정도다. 일본 60%, 룩셈부르크 70%, 아이슬란드와 폴란드 70%, 슬로베니아 90%에 비하면 정책백화점에 걸린 장식용 그림이다. iv) 높은 사교육비, 주거비, 출산비 등도 출산을 망설이게 만든다. v) 이외에도 복합적인 여건은 일과 가정 병행 분위기 정착, 높아진 취업 문턱, 아이 없는 가정을 선호하는 젊은이 세대의 인식 변화, 결혼 자체를 피하려는 여성들의 태도 변화 등이 있다. 이들이 결합하여 점점 더 깊은 늪으로 빠져들고 있다.[252]

그렇다면 뭔가 뾰족한 수 혹은 드라마틱(dramatic)한 변화는 있겠는가? 냉정하게 정색을 하면서 없다고 했다. i) 여전하게 한국 노동시장(Korean labor market)에는 장벽들이 존재하고 있다. 한국 정부가 이런 장벽을 혁파할지는 불투명하다. ii) 현실적으로 고용주와 노조 모두가 일과 가정이 양립할 수 있는 '가정친화적인 직장문화(family-friendly work culture)'에 고민해야 한다. iii) 정부는 교육비, 주거비 지원과 자녀 양육비를 줄여야 도움을 약간 줄 수는 있다. 급격한 출산율은 기대하지 않아야 한다. iv) 가장 중요한 건 일과 가정의 양립이 가능한 사회적 분위기 조성이다. v) 문제 해결의 킹핀(kingpin of problem solving)은 정부의 역할이다. 휴가, 보육, 방과 후 보육(돌봄), 교육 및 교육비 등에 아동기 지속 지원(childhood continuing support)이 정착되어야 신기루라도 볼 수 있다. vi) 동거인(life partner)이 낳은 아이 인정, 이주민 유입 효과에 대해서는 북유럽에서도 이혼율만 높이고, 또 다른 문제만 낳고 있다. "언 발에 오줌 누기(peeing on frozen feet)"에 지나지 않는다.[253]

불편한 진실(uncomfortable truths)에 입각한 불편한 해법을 찾아 한다

．．．．．．

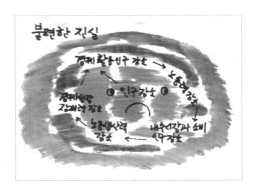

탈도 많고 말도 많았던 우리나라 출산장려정책을 살펴보면 한마디로 역사로부터 교훈이나 다른 나라의 자문이나 벤치마킹하기보다 '혼자서 저승길을 가겠다'는 마이웨이(my way)다. 재탕은 물론 삼탕(三湯)까지도 반복하고 있다. 직면하고 있는 문제는 경제적 활동인구의 급격한 감소가 ▷ 노동력 감소 ▷ 내수시장(內需市場)의 소비인구 감소 ▷ 노동생산성 감소 ▷ 경제성장 잠재력 감소 등으로 사멸 직전까지 감소의 악순환(vicious cycle of decline)만 반복하고 있다. 반대로 고령화의 증가로 사회복지 비용(社會福祉費用) 증가와 연금 지급의 증가로 세수는 줄고 있다. 세출은 예상외로 증가하고 있다. 국가재정(國家財政)은 바닥을 드러내 보이고 있다. 이로 인해서 경제적 불안 가중, 일자리 불안정(노동 유연성, 비정규직, 노동시장 불안 등), 주택가격(住宅價格) 불안정 등으로 장기적 경기침체에 들어가고 있다.

경제활동인구의 감소는 미래경제의 잠재성장력을 갉아먹고 있다. 어떤 복합적인 사회적, 경제적, 복지적 혼란과 위기가 닥칠지는 아무도 모른다. 2006년 한국의 저출산 현상을 지적하면서 '1호 인구소멸국가 한국'[254]을 예언했던 영국의 데이비드 콜먼(David Anwyll Coleman, 1946)[255] 옥스퍼드대학교 명예교수는 "한국다운 것을 버려라(Throw away things that are Korean)." 혹은 "한국 저출산, 기업에 불편한 방법이 해법"이라며 "i)

근로시간 단축 등 과중한 업무부담 개선, ii) 고용 안정화, iii) 직장의 보육 지원 확대" 등의[256] 쓴소리를 했다. 일본 주오대학(Chuo University, Tokyo, Japan) 문학부 야마다 마사히로(山田昌弘, やまだ まさひろ, 1957년생)[257] 교수도 "한국, 저출산 골드타임은 끝나간다(韓國, 低出産ゴールデンタイム終了する)."[258]라고 경고했다. 해외에서 한국 저출산의 일반적인 원인으로, i) 취업 기회의 축소, ii) 높은 주택가격, iii) 사교육 부담의 과중성을 제시하고 있다.[259]

국가의 인구증가 모범사례로는 최근 몽골리아(Mongolia)를 들 수 있다. 2010년에서 2020년까지는 연평균 인구증가율은 2.2%였다. 최근 코비드-19 팬데믹과 경제적 문제를 국가가 직면함에도 연평균 1.5%씩 인구증가를 보였다. 국가 평균연령은 27.9세이다.[260] 1960년 몽골리아 총인구는 겨우 96만 명이었다. 1960년에 몽골리아의 인구증가율은 3.27%를 정점으로 계속해서 감소해 평균 1.43%까지 낮아졌다. 2001년도 7월 현재에 265만5천 명이었다. 2023년 7월 말 현재 344만7천 명이었다. 2031년에는 400만 명을 예상한다. 이렇게 인구 증가 추세가 감소(둔)함에는 기후적 악조건과 과거 한때 남자의 40%는 독신 라마승(羅摩僧)에 반했던 라마교의 영향이 컸다.

몽골리아가 인구 증가를 위해서 실시하는 다자녀장려정책(多子女獎勵政策)으로는 i) 4명 이상 자녀를 둔 가장(家長)은 병역을 면제해 준다. ii) 다자녀 가정에 대해 주택 구입 지원, 공직 진출(취업)에 특혜 등을 제공한다. iii) 매년 4자녀 이상 가정을 대통령궁에 초청해 국가시책에 적극적으로 협조해 주심에 치하와 사례행사를 하고 있다. 중앙 통제 경제에서 시장 중심 경제로의 전환은 몽골의 가족계획과 출산율에 강력한 정치적 영향을 미쳤다.

2009년도 발행한 UN 보고서에 따르면 "사회주의 통치 아래 몽골리아는 자녀가 있는 가족에게 넉넉한 혜택을 제공하는 강력한 출산장려인구 정책을 시행했다. 이러한 정책 변화로 출산율 증가와 가족 형성에 상당한 영향을 끼쳤다. 1970년대 중반부터 출산율이 급격히 감소하기 시작했고, 시장경제로 전환되면서 더욱 둔화 경향이 심화되었다. 총출산율(TFR)은 1975년 여성(可姙年齡) 1인당 7.2명에서 1995년 약 3명으로 급격히 감소했으며, 그 이후 약 2.3명으로 일정하게 유지되었다."[261]라고 한다.

제3장

엄마 찾아 3만 리, 일자리 찾아 3만 리

1. '엄마 찾아 3만 리'가 오늘날 우리에게 던지는 의미는?

말도 안 돼!, 이탈리아 엄마가 아르헨티나(Argetina) 가정부로?

이탈리아 소설가 에드몬 드 데 아미치스(Edmondo De Amicis, 1846~1908)[262]는 1886년 10월 18일 '쿠레오 (Cureao, 영어 Heart)' 소설을 발표했다.[263, 264] 1958년 우 리나라 만화가 김종래(金鍾 來, 1927~2001)는 '쿠레오' 가운데 어린 남자아이 마르코의 일기(diary of a young boy Marco's life)를『엄마 찾아 3만 리』로 고전 사극 형식으로 각색 (脚色)해 출판했다. 최초 베스트 셀러 만화책으로, 1964년까지 10쇄를 찍 어냈다. 드디어 2013년에는 그 만화 원화(原畫)가 국가 문화재 제539호로 등재되었다[265]. 일본에서는 1972년에『엄마 찾아 3천 리(母をたずねて三千 里)』라는 제목으로 텔레비전 드라마로 방영되었다. 이를 다시 각색하여 1990년 애니메이션 영화로 제작·상영했다.

왜 어린 마르코(Marco)가 혼자서 엄마를 찾아 아르헨티나(Argentina)까 지 가게 되었을까? 그 사연이 오늘날 우리들의 현실과도 많이 닮아있다. 당시 아버지는 빈곤한 이웃 사람들을 위해 무료 진찰(無料診察)을 할 수 있는 클리닉(Clinic)을 빚을 내어 개원했다. 그런 의원 운영으로는 생활비 (生活費)는 고사하고 독촉하는 빚의 이자마저도 상환하지 못했다. 그렇게 되자 엄마는 부자나라 아르헨티나(Argentina) 부에노스아이레스(Buenos Aires)의 한 부잣집의 가정부(家政婦)로 일자리를 찾아 떠났다. 철도 학교에 다니면서 기관사의 꿈을 키워갔던 형은 견습생(見習生)으로 하루도 쉬는 게 불가능했다. 그런데 인편으로 전해 들려오는 소식은 엄마가 아프다는 것이었다.

두 눈으로 엄마 모습을 꼭 확인하고 싶다는 마르코는 열망 하나만 가지고 있었다. 비록 어리지만 마르코(Marco)는 이탈리아 제노바(Genova)에서 아르헨티나(Argentina) 수도로 향해 떠나기로 했다. 마르코(Marcos)의 당시 심정을 1993년 가수 이선희(李仙姬, 1964년생)는 「엄마 찾아 삼만 리」로 "아득한 바다 저 멀리. 산 설고 물길 설어도. 나는 찾아가리. 외로운 길 삼만리. 바람아 구름아. 엄마 소식 전해다오. 엄마가 계신 곳, 예가 거긴가? 엄마 보고 싶어 빨리 돌아와 줘요. 아 외로운 길 가도 가도 끝없는 길…"라고 노래했다.

말도 안 돼! 오늘날 G7 선진국 이탈리아에서 후진국 아르헨티나(Argentina)에 가정부 일자리를 찾아 떠났다는 사실은 믿을 수 없다. 그러나 이것은 실체적 진실(real fact)이었다. 엄연한 역사적 사실(historical fact)이었다. 오늘날 6·25전쟁으로 잿더미가 되었던 한국으로 외국인 근로자가 120만 명이나 일자리를 찾아 들어왔다. 그들은 대다수 고국에 자녀를 두고 왔다. 그들의 어린 자녀들은 '엄마 찾아 3만 리'로 한국행을 하고 있다. 우리나라 사람들도 1960년에서 1970년대 열사(熱沙)의 땅 중동사막(中東沙漠)에서 건설 인부로, 생명 수당을 받아가면서 베트남 전쟁터에 병사로, 그리고 이역만리(異域萬里) 독일 땅에서도 '글뤽 아우프(Glück auf, 살아서 만납시다)'[266]라는 인사말을 남기고 지하탄광으로 들어갔던 광부도, 영안실에서 시신(屍身)의 똥과 체액을 닦았던 간호부도 일자리를 찾아 서독(西獨)

까지 갔다. 이는 뒤집어 말하면 한국도 언젠가는 아르헨티나처럼 경제가 나락(奈落)으로 떨어진다면? 우리는 또다시 일자리를 찾아서 이역만리 외국으로 떠나야 한다.

왜냐하면, 아르헨티나(Argentina)는 100여 년 전 팜파스(Pampas)의 비옥한 대초원에서 산출되었던 풍요한 곡물과 쇠고기 등을 수출하여 1인당 소득이 세계 10위였던 경제부국이었다. 당시 최대 부국이었던 대영제국에 비교해도 95%에 해당하는 실질소득을 가졌다. 수도 부에노스아이레스(Buenos Aires)는 '남미의 파리(Paris of South America)'라고 불렸다. 1913년 수도 도심에 세계 최초 지하철이 개통되었고, 전국 주요 지역에 철도망으로 연결했다. 1880년부터 노동력 부족 현상을 당면하자, 스페인, 독일, 이탈리아 등 유럽 각국에서 근로자 이민(勤勞者 移民)을 받아들였다.

물론 우리나라도 1965년 8월 17일 아르헨티나 리오 네그로 주(Rio Negro Province, Argentina) 라마르께(La Maarque) 영농 이민단(營農 移民團)으로 1진(陣) 13세대 78명이 부산항을 출발했다. 그해 10월 15일에 부에노스아이레스 도착했다. '백만장자(百萬長者)'를 꿈꾸면서 떠났던 우리나라 이민단은 영농자금, 농기계 등의 아무런 준비도 없는 빈손에다가 알 몸뚱이이었다. 초원황무지에 영농은 고사하고, 당장 생계마저 위협을 받았다. 척박한 아르헨티나의 초원황무지(草原荒蕪地) 환경에 개고생만 했다. 결국은 한 사람씩 도시로 모여드는 재이주를 했다.

선진국 가운데 10대 경제부국이었던 아르헨티나는 농업, 축산업 등 1차 산업에 너무 안주했다. 그런 나머지 제조업과 같은 2차 산업을 발전시킬 적기를 놓쳤다. 그 결과 국가 경제는 침체와 악순환이 끊임없이 이어졌다. 2022년 현재 1인당 국민소득 13,650달러의 중진국으로 내려앉고 말았다. 그런데도 제대로 정신을 못 차리고 '페론주의(Peronism)'라는 과도

한 복지 포퓰리즘(excessive welfare populism) 정책에 입맛을 들였다. 아르헨티나의 국력을 소진하는 데 한몫을 단단히 했다. 복지 포퓰리즘은 마약중독(drug addiction)과 같았다. 우리나라도 요사이 복지 포퓰리즘(welfare populism)에 살살 입맛을 들여가고 있다.[267] 이는 곧 우리나라가 아르헨티나를 향해 도둑고양이처럼 살금살금 다가서고 있는 게 아닌가 걱정이다.

이런 뼈아픈 아르헨티나의 추락사례는 오늘날 우리나라에 반면교사의 교훈을 분명히 던져주고 있다. 만일 우리나라가 아르헨티나의 전철(前轍)을 밟는다면 '한 세기 안에 한국전쟁 잿더미에서 선진국으로 부상했다가 다시 후진국으로 추락한 유일한 한국'이라는 비아냥거림을 세계인들로부터 받을 것이다. 1971년도 노벨경제학상 수상자 사이면 쿠즈네츠(Simon Kuznets, 1901~1985)의 경제발전모형(economic development models)에서 i) 선진국 모델, ii) 후진국 모델, iii) 일본 모델, iv) 아르헨티나 모델(Argentina Model)을 제시했다. 우리나라가 후진국으로 추락하면 제5 한국형 모델(Korea Model)로 제시된다. 일본 모델(Japan Model)[268]은 한 세기 안에 후진국에서 선진국으로 진입한 국가가 일본뿐이다. 아르헨티나는 역으로 선진국에서 후진국으로 추락한 사례였다.[269] 2014년 2월 17일 영국 경제전문지 『이코노미스트(Economist)』에서는 "공산권을 제외하면 20세기 경제의 최대 실패 사례는 아르헨티나다."라고 했다.[270]

어린 마르코(Marco)의 눈으로 본 '일자리 찾아 3만 리'
• • • • •

『엄마 찾아 3만 리』에서 어린 마르코(Marco)가 갔던 노정과 그의 눈을 통해서 봤던 경험을 당시 '일자리 찾아 떠났던 엄마들의 천로역정(天路歷程)'으로 재구성해 보고자 한다. 먼저 경로는 i) 1880년 이탈리아 제노바(Genova)에서 출발한다. ii)

프랑스 마르세유(Lens-Marseille)를 경유, iii) 스페인 바르셀로나(Barcelona), iv) 말라가(Malaga)를 거쳐, v) 아프리카 세네갈의 수도 다카르(Dakar)로 간 뒤에 대서양을 종단했다. vi) 브라질의 리우데자네이루(Rio de Janeiro)에 도착해서 이민선으로 갈아탔다. vii) 목적지 아르헨티나 부에노스아이레스(Buenos Aires)에 도착했다. viii) 바이아 블랑카(Bahía Blanca)로 갔으나 엄마가 없어, 다시 부에노스아이레스(Buenos Aires)로 되돌아왔다. ix) 배를 타고 로사리오(Rosario), x) 코르도바(Cordoba), xi) 투쿠만(Tucuman)에 가서 마침내 엄마를 만났다. 귀향은 노정을 역주행하여 제노바로 되돌아왔다. 왕복 거리를 지도상으로 추산하면 25,910km 정도다. 우리나라 리수(里數)로는 왕복 64,775리(里)였기에 그래서 '엄마 찾아 3만 리'가 되나, 일본의 리수(里數) 단위로는 왕복 6,554리로 '엄마 찾아 3천 리(母をたずねて三千里)'가 된다. 지구 둘레 4만km의 64%가량을 마르코(Marco)는 이동했다.

3만 리 거리가 멀고 먼 거리인 만큼 고생이란 고생은 다 했다. 어린아이가 아닌 웬만한 어른도 힘든 일을 겪었다. 버텨내기가 더 어려웠던 건 정말 엄마가 일하고 있다는 곳을 찾아갔으나 이미 다른 곳으로 떠났다는 대답에 한 치 앞이 보이지 않게 낙망이 눈앞을 막아섰다. '끝까지 찾는다'는 오기만이 받쳐 올라왔다. 엄마가 있다는 곳에 가면 "그 집 먼 데로 이사 갔는데?" 하여 그곳으로 가면 "어쩌나! 그 집 이사 갔어." 하고, 또다시 찾아 갔더니 "일주일만 일찍 오지. 이사 갔단다." 이런 일이 무한 반복되었다. 설 상가상(雪上加霜)으로 한동안 여정을 같이했던 당나귀마저 세상을 떠났 다. 몸꼴은 거지가 다 되었다. 투쿠만(Tucuman)에 도착하자. 이제야 판도 라 상자의 밑바닥이 다 드러났다. 끝내 엄마를 찾았다. "마르코를 꼭 보고 싶다면서" 죽을지도 모르는데 수술을 거부하고 있던 참이었다. 마르코도 만나고 수술도 받았다. 그렇게도 잔인했던 신(神)은 엄마의 건강도 회복하 고, 이탈리아로 함께 귀향하도록 만들어 주었다.

이런 과정 하나하나를 일본의『엄마 찾아 3천 리(母をたずねて三千里)』 드라마의 소제목을 적어보면 다음과 같다. 엄마, 가지 마세요 ▷ 제노바 (Genova)의 소년 마르코(Marco) ▷ 일요일 항구 ▷ 전 아빠가 미워요! ▷ 내 친구 에밀리오(Emilio) ▷ 마르코(Marco)의 월급날 ▷ 지붕에서 보이 는 작은 바다 ▷ 유쾌한 펩피노(Peppino) 극단 ▷ 아빠, 잘못했어요 ▷ 엄 마가 계신 부에노스아이레스 ▷ 엄마의 편지 ▷ 비행선이 뜨는 날 ▷ 안 녕, 피오리나(Fiorina) ▷ 마르코의 결심 ▷ 포르고레(Folgore)호, 출발! ▷ 꼬마 주방장 ▷ 적도 축제 ▷ 리우의 이민선 ▷ 반짝이는 남십자성 ▷ 폭 풍우 치는 밤 ▷ 은빛 라플라타(La Plata)강 ▷ 엄마가 계신 마을 ▷ 또 다 른 엄마 ▷ 마르코를 기다린 피오리나(Fiorima) ▷ 펩피노(Peppino) 극단 의 대성공 ▷ 초원 여행 ▷ 피오리나(Fiorina)의 눈물 ▷ 커다란 바르보 사(Barbossa) 목장 ▷ 눈 내리던 날 ▷ 정의로운 카를로스(Carlos) 할아 버지 ▷ 길었던 하룻밤 ▷ 안녕이라는 그 말 ▷ 엄마는 어디에 ▷ 제노바 (Genova)로 가고 싶어 ▷ 그리운 엄마 글씨 ▷ 안녕, 바이아 블랑카(Bahía Blanca) ▷ 끝없는 여행 ▷ 힘들었을 엄마의 마음 ▷ 로사리오(Rosario)의 장밋빛 새벽 ▷ 반짝이는 이탈리아의 별 ▷ 엄마와 돌아가고 싶어 ▷ 새

친구 파블로(Pablo) ▷ 이 마을 어딘가에 ▷ 위독한 후아나(Juana) ▷ 짐마차 여행 ▷ 저 산 아래에 엄마가 ▷ 당나귀야, 죽지 마! ▷ 엄마가 부르고 있어 ▷ 달려, 마르코! ▷ 드디어 만난 엄마! ▷ 엄마와 함께 집으로![271]

대구시와 경북도에서 매년 1만2천여 명의 젊은이(Marco)들이 고향을 떠난다. 즉 '엄마처럼 안식을 주는 일자리를 찾아서(Seeking a job that gives you rest like one's mother)' 서울 등으로 떠난다.[272] 물론 조선 시대(朝鮮時代) 때도 "사람을 낳으면 한양으로, 말을 낳으면 제주도로(生人則去漢陽,生馬則去濟州島)"라는 말이 이었다. 연줄이 가능하다면 모두 상경(上京)을 했다. 지식정보사회 오늘날 용어로 '정보의 비대칭성(asymmetry of information)'에 의한 불이익에 기인하고 있다. 이는 고려말 이규보(李奎報, 1168~1241) 혹은 귀양살이에서 체감했던 정약용(丁若鏞, 1762~1836)이 자식들에게 보낸 편지에서 "앞으로는 오직 서울에서 십 리 안에만 가히 살아야 한다(從今, 你們只可生, 京外十里內)."라고 당부했다.[273, 274]

그 가운데 2천여 명은 일본 등 해외로 '일자리 찾아 3만 리(Job-Seeking 30,000 Miles)"[275]란 개고생 길(dog's hard way)을 떠난다. 물론 우리나라는 2023년 말 현재 250만(장기체류 188만, 단기체류 62만) 명 정도 외국인들이 일자리를 찾아 한국행을 해왔다. 이들의 가족들은 엄마 아빠를 찾아 마르코(Marco)처럼 3만 리 한국행을 하곤 한다. 지난 2015년 2월 16일부터 20일까지 KBS1가 5부작으로 『인간극장 엄마 찾아 3만 리』를 방영했다. 일자리가 아닌, 40년간 해외 입양인 부부가 출생모(出生母)를 찾겠다는 일념으로 눈물겹게 찾아 헤맸지만 안타깝게도 만나지는 못했다. 2024년부터 우리나라는 OECD 기준 외국인 비율 5%를 넘어서 단일민족(Mono-Race People)에서 '다인종·다문화 국가(Multiracial and Multicultural Country)'로 아시아에서 최초로 진입했다.

2. 부다 가야 제철 유목민, BC 350년경 김해에 자리 잡기까지

인도 부다 가야(Bodhha Gaya)의 제철 유목민들은 한반도 남부(김해)로 이동

먼저 제철문화에 대해서 살펴보면 고고학자들의 주장은 BC 5000년에서 BC 3000년 사이에 고대 이집트 히타이트(Hittite) 사람들이 철(鐵)을 발견하여 망치로 두드려 각종 생활 도

구와 전투용 무기를 만들었다.[276] 오늘날 역사적 통설(通說)은 현재 튀르키예 아나톨리아 반도(Anatolia Peninsula)에서 BC 1800년에 BC 1200년까지 번성했던 히타이트 제국(New Hittite Empire, BC 1400~BC 1200)[277, 278]에서 제철기술이 발달하였다. BC 1275년 시리아를 정복하러 이집트 람세스 2세(Ramses II, Egypt)의 군대를 맞아 전투를 끈질기게 벌였던 강대국이었다.[279] 구약성서 창세기(創世記, 10:15~18, 23:16~18)에서도 등장하는 헷(Heth) 족속이며[280, 281], 왕국의 수도는 핫투사(Hattusa) 혹은 핫투사스(Hattusas)[282]이었다. 그곳은 오늘날 튀르키예(Turkey) 수도 앙카라(Amkara)에서 동쪽으로 200km 정도, 오늘날 GPS 좌표로 E30도 30분과 N40도에 있었다.

BC 2500년경 히타이트(Hittite)로부터 제철기술(製鐵技術)을 배웠던 인도 가야인(Indian Gaya people)은 1,000년 이상 국가기밀로 국가제철산업

(國家製鐵産業)을 계승 발전시켰다. 그러나 BC 500년경에 석가모니(釋迦牟尼, BC 560~BC 480)가 만민평등(萬民平等)을 제창하면서 불교를 전파했다. 이때 신분적 카스트제도(Caste system)하(下)에서 하층천인(下層賤人)으로 살았던 제철기술자(製鐵技術者)들이 자각하기 시작했다. 그들은 계급제 신분의 굴레를 벗어던지고, 사람마다 하나의 작은 새로운 꿈을 가지게 되었다.

BC 500년경에 인도 부다 가야(Boddha Gaya)에서는 철 생산에 더 좋은 자연환경을 찾아다니는 제철 유목인(India Gaya steel-making Nomads)이 생겨났다.[283] 당시 꿈에 부풀었던 가야 제철 유목민들의 심정을 노래했던 게 "가야 해! 가야 해! 나는 가야 해!"였다. "난 그동안 연습장에 낙서처럼 의미 없이 살아왔어. 많은 세월 내가 나를 가두고 습관처럼 살아왔어. 바람 같은 세월인데. 한 번뿐인 인생인데. 그냥 이렇게 살 순 없어. 꿈을 꾸는 세상만큼 꿈은 그만큼만 다가오네. 가야 해, 가야 해, 나는 가야 해. 꿈을 찾아. 빈 하늘로 날아가는 새처럼. 희망의 나래를 펴네. 하늘 높이. 부서지는 꿈들은 밤하늘에 별이 될 거야."[284] 가사(歌詞)처럼 두근거리는 가슴으로 고국 부다 가야(Boddha Gaya)를 떠났다.

유라시아 대초원의 유목민들이 지구촌을 누볐던 역사보다 이전에 이미 가야인의 제철 유목생활(製鐵遊牧生活)이 시작되었다. 그들은 유목민(nomads)들이 초원을 찾아가듯이 제철기술 유목민(steel technology nomads)들은 철광석(鐵鑛石)과 땔감이 풍부한 곳이면 어디든지 찾아다녔다. 마치 세계 근대사에서 1848년부터 1855년에 캘리포니아(California), 1851년 호주의 빅토리아(Victoria), 1861년 뉴질랜드 오타고(Otago), 1896년 캐나다 유콘 클론다이크(Klondike), 1899년 알래스카(Alaska)에 불었던 골드러시(Gold Rush)의 바람과도 같았다. 부다 가야(Boddha Gaya) 제철

기술자들은 앞을 가로막고 있었던 불확실성(不確實性)을 최소화하고자 가족과 생이별을 해야 했다. BC 500년대 항해기법(航海技法)은 그때까지도 별자리를 보고 항해하는 천문항법(celestial navigation)이 없었다. 따라서 해안선의 지형지물을 확인하여 항해하던 인문항법(human navigation)으로 배를 타고 갠지스강을 따라 벵골만(Bay of Bengal) 해안을 따라 연안을 항해했다. 그렇게 건너편 미얀마(Myanmar)와 말레이시아(Malaysia)의 해변에 닿았고, 이를 따라 내려와 싱가포르(Singapore) 남단까지 왔다. 여기서 그들은 작은 꿈을 찾아 크게 모험을 했다. 즉 뱃머리를 동북북(ENN)으로 돌렸다.[285] 인도네시아(Indonesia), 필리핀(Philippines), 타이완(Taiwan), 끝내 제주도에서 김해(金海, Steel Sea)에 도착했다. 그곳을 안착기점으로 황산강(黃山江, 오늘날 洛東江) 물길을 따라 오르면 제철환경이 좋았을뿐만 아니라 황홀했다. 그들은 김해에다가 봇짐을 내렸고, 곧바로 철 생산 터전을 마련했다.

인도 부다 가야(Boddha Gaya)의 제철 기술자(製鐵技術者) 혹은 제철 유목민(製鐵 遊牧民)들이 한반도 남단에서 제철산업기지(製鐵産業基地)를 건설했던 시기는 대략 BC 350년 전후였다. 그들은 만민평등(Equality for All People)이란 불교사상(佛敎思想)에 빠져있었다. 그들은 BC 500년에서 BC 350년까지 오는 길목마다 옛 고향 이름인 가야(Gaya)라는 이름을 남겨놓았다. 또한 그들은 곳곳에 가야(Gaya)란 제철 생산기지(steel production base)를 만들었다. 다행히도 그들이 만들었던 제철 생산기지는 허물어졌으나 가야(Gaya)라는 지명은 오늘날까지 곳곳에 그대로 남아있다. 우리가 잘 아는 AD 48년에 허황후(許皇后)와 오빠 장유화상(長游和尙)이 불상과 불탑을 갖고 왔던 건 이후에 가야인 후예의 사건이다. 특이하게도 중국 내륙(中國內陸)과 일본 규슈(日本九州)를 제철 유목민 가야인들이 지나치지 않았다.286 곧바로 제주도를 거쳐 한반도 남부에 풍요로운 제철 환경(철광석과 땔감)을 보고 봇짐을 풀었다. 한반도 남부에서도 가야인의 철 생산 기지마다 고향지명(Gara) 혹은 고국 명칭 가야(Gaya)를 붙였다. 그들의 정착은 고구려, 백제, 신라보다 앞선 BC 350년 이후로 보인다.287 심지어 같은 한반도 남부였던 신라 땅 울산 달천철장(蔚山達川鐵場)을 중심으로 석탈해 철 생산기지(昔脫解 鐵生産基地)를 건설한 BC 2세기보다도 앞섰다. 이렇게 150년간의 '제철기술의 격차(steelmaking technology gap)'는 "털끝만 한 사소한 차이가 천리(千里)라는 큰 격차를 만들었다(差若毫厘, 繆以千里)"288.

여우라는 동물도 고향을 향해서 머리를 두고 자며(狐眠首丘), 죽을 때는 반드시 고향을 향해 머리를 둔다(狐死首丘).289 인류는 지구촌을 이동하면서 고향 방향으로 머리를 두고 무덤을 쓴다. 뿐만 아니라, 그들의 가슴에는 늘 고향의 이름을 갖고 떠났다.290 가야 제철 유목민(Gaya steel no-mads)도 유라시아 초원 유목민(Eurasian grassland nomads)들과 같이 가는 곳마다 고향의 지명 가야(Gaya)를 남겨놓았다. 그들은 지명 가야(Gaya)라는 철기문화(鐵器文化)를 창조했다. 그들이 떠난 뒤에도 제철 기지(steel-making base)의 역할을 그대로 했다.

이왕 그렇게 되었다면 그들이 고향을 떠나게 된 이유를 살펴보면 i) BC 6세기 코살라왕국(Kosala Kingdom)이 부다 가야(Boddha Gaya) 등을 침입해 종교적 핍박(religious persecution)을 가했다. ii) 이후 곧바로 석가모니(釋迦牟尼)가 창시한 불교의 중심사상은 만민평등이었다. iii) 카스트(Caste) 신분제도에서 철을 생산했던 최하층 천민들은 2, 3중으로 사회적 압박(social pressure)을 받아왔다. iv) 인도 가야의 당시 사회에서 가장 약한 연결고리를 담당하고 있던 제철 기술자(steel engineer)에게는 가뭄과

홍수의 피해로 철 생산 환경(iron production environment)까지도 최악이었다. v) 그들에게는 당장 가족들의 호구지책(hand-to-mouth plan)이 당면 과제였다. 그때에는 제철 환경이 좋은 곳을 찾아 떠나는 방안만이 유일한 탈출구였다. 오늘날 용어로 꿈을 찾아 떠나며, 호구지책을 해결하는 출구전략(exit strategy)이었다.

인도 가야인들이 한반도에 제철 유목민(Steel-making Nomad)으로 도래했다는 역사적 증거로는 i) 가야(Gaya)라는 제철 생산기지(Steel-making Production Base)로 남겨놓은 제철제국의 고고학적(考古學的)인 유물이 옛 가야강역(伽倻疆域)에서 출토되고 있다. 역사적으로 문신(文身), 편두(褊頭), 옹관묘(甕棺墓) 등이 문화적 유산(cultural heritage)으로 남아있었다. ii) 문화인류학(cultural anthropology)상 기원전 베트남 동순문화(Doing-son Culture)의 생활양식인 고상가옥형토기(高床家屋形土器)가 함안(咸安) 말이산(末伊山) 고분군에서 발굴되고 있다. 중국에서도 간난식 건축(干欄式 建築)이 타이완 및 일본의 신사(神社) 등에서도 나타나고 있다.[291] iii) 마지막으로 우리 한민족의 핏줄 속에 흐르고 있는 유전학상 Mt-DNA 혹은 세포(핵)에 들어있는 성(Y)염색체에서 남방인(南方人)의 기질이 70%가량이나 된다는 학술논문(學術論文)이 발표되고 있다.[292, 293] iv) 오늘날 일상생활(日常生活)에서 사용하는 언어가 인도 타밀어와 같은 게 '엄마와 아빠' 등을 비롯하여 2,000단어 이상이 현재도 변형 사용되고 있다.[294]

가야(Gaya)의 본질은 철 생산기지(steel production base)였다

한편, 가야 제철 유목민에 겐 귀(왕)족처럼 개천(開天), 역성혁명(易姓革命) 혹은 건 국(建國)과 같은 '정치적인 야욕을 가질 심리적 여유 (psychological freedom to have political ambitions)'조 차도 없었다. 오직 제철을 통한 호구지책(糊口之策)에만 매달렸다. 따라서 선진 제철기술로 삶을 보다 윤택하게 하는 철 생산기지를 만들어 같이 먹 고살자는 데 기존 토착세력들과도 큰 저항을 받거나 갈등을 빚지 않았다. 오히려 토착세력들도 첨단 철제무기로 세력 안정화에 도움이 된다고 생각 했다. 한반도 남부의 가야연맹체를 군사연맹체(military alliance) 혹은 국 가연합운영체(national joint operation body)로 군사적 혹은 정치적 색채 로 봐왔다. 그러나 최근에는 '제철 생산기지 공동경영체(joint operating body of steel production base)'로 보는 새로운 경향이 생겨났다.[295]

이런 주장이 나오고 있는 배경에서는 한반도 6가야 가운데 김해(金海, Steel Sea) 지역에 자리 잡았던 금관가야(金官伽倻)의 i) 금관(金官)이란 '철 (金) 생산을 총괄하던 기관(總管) 혹은 관청(官)'을 의미한다. ii) 제철왕국 6개 가야국이 생산한 덩이쇠가 모여들었던 집산지(鐵鋌集散地)가 바로 금 관가야(金官伽倻)였다. iii) 그곳에서는 6가야의 철 생산기지에서 하지 못 했던 첨단기술의 제2차 가공단계인 단련(鍛鍊), 품질관리, 물류 및 안전 한 배송 등을 담당했다.[296] iv) 이를 통해 부가가치를 높여 국제교역에서 6

가야 공동이익을 도모했다.[297] 오늘날 용어로는 6가야는 제철 클러스터 (steel cluster), 제철 공급체인(steel supply chain) 혹은 제철 가치체인(steel value chain)이었다.

이어 v) 최근 김해시(金海市) 대성동(大成洞) 제57호 고분에 순장된 3명의 젊은 여성 시신이 발굴되었다. 여성 시신의 머리맡에 가야산 철검(伽倻産 鐵製劍)이 나왔다. 순장된 여성의 단련된 신체(근육)를 봐서는 '가야의 여전사(Gaya female warrior)'라고 일부 학자들은 주장했다. 이를 기반으로 AD 400년 중국 동해안에 있었던 광개토왕의 남정(南征)을 한반도에다가 덮어씌워(대입하여) '고구려의 가야 정벌(高句麗之伽倻征伐)'을 기정사실(旣定事實)인 것처럼 해석을 해왔다. 따라서 역사적 통설적인 해석이 되어왔다. 그러나 사실은 금관가야의 물류(집송과 배송)에서 안전경비를 담당했던 여성 경호 요원(female security guard)이었다. 제철사업을 하는 바람에 가족(家族)으로부터 오랫동안 떠나와 교역 활동했다. 남성 구성원들 사이에 인간적 성본능(人間的性本能)이 있었기에 오늘날 에스코트 여성(escort girl)[298] 역할을 요구했고, 그들은 그 역할을 담당했다. 한마디로 국가간 전쟁(國家間戰爭)에 참여했던 병사가 아닌 금관가야 교역의 원팀(business one-team)의 한 구성원이었다.[299] 이를 일본 신공황후(神功皇后)처럼 신출귀몰(神出鬼沒)한 여무당(女巫堂)이거나 혹은 여전사(女戰士)로 해석하는 일본역사가(日本歷史家)들의 견해를 아무런 검토도 분석도 없이 '황국신민의 학자답게(as a scholar of the imperial subjects)' 충성스러운 계수(繼受)를 보여줌은 학자로서 애석함을 느끼게 한다.

오수전(五銖錢)이 있어도 가야철정(伽倻鐵鋌)이 기축통화로

1988년부터 1991년까지 국립중앙박물관에 제6차 발굴조사로 창원 다호리(茶戶里) 고분군이 1988년 9월 3일에 사적(史蹟)으로 등록되었다.[300] 이곳에서 6가야 연맹체의 국제교역(國際交易)에 이용했던 오수전(五銖錢) 3닢이 발굴되었다. 오수전(五銖錢)은 전한(前漢) 무제(武帝) 원수(元狩) 5(BC 118)년부터 당나라 고종 무덕(武德) 4(AD 621)년까지 739년 극동아시아(Far-East Asia)에 널리 유통되었다.[301, 302] BC 108년 한사군(漢四郡) 때에 한반도에 유입되었다고 본다. 북한에서는 평양 정백동(貞栢洞) 3호분, 정오동(貞梧洞) 12호분, 석암리(石巖里) 120호 등지 낙랑 무덤, 황해도(黃海道) 은율군(殷栗郡) 운성리, 봉산군(鳳山郡) 지탑리, 황주군(黃州郡) 신봉리와 흑교리의 움 무덤에서 발굴되었다.

이제까지 한반도에 출토된 오수전(五銖錢)의 수량(點數)을 살펴보면 북한에서는 자강도(慈江道) 심귀리(深貴里) 적석묘(1닢), 강동군(江東郡) 만달산 석실묘(1닢), 박천군(博川郡) 덕성리 전곽분(38닢), 안악궁터(8닢), 낙랑구역 돌칸흙무덤(1닢), 연천군(漣川郡) 호로고루성(1닢) 등이다. 남한에서도 i) 해안과 내륙강변에 삼국시대(三國時代)까지 20여 군데에 1,960여 닢이 나왔다. 세분해서 알아보면 삼한시대(三韓時代)로는 여수(麗水) 거문도(巨文島) 퇴장유적(980닢), 인천(仁川) 운남동 패총(1닢), 운북동 주거지(20닢), 강릉(江陵) 초당동(2점), 춘천(春川) 율

문리(2닢), 사천(泗川) 늑도 패총(1닢), 제주도(濟州島) 산지항(山地港) 유적(4 닢)은 생활유적지(生活遺蹟地)나 패총에서 발견되었다. ii) 분묘유적(墳墓遺蹟)에서는 경산 양지리 목관묘(26닢), 임당(林堂) 고분군(4닢), 영천 용전리(3 닢), 창원 다호리(茶戶里) 고분군(3닢) 등이 출토, 서울 풍납토성(1닢)이 발굴되었다. iii) 특이하게 공주(公州) 무녕왕(武寧王, 462~523) 능묘에서 90점은 양(梁) 무제(武帝) 당시에 주조된 철제오수전(鐵製五銖錢)이었다. 한반도에서 출토된 이들 오수전(五銖錢)은 i) 실제 화폐로 유통, ii) 분묘에 부장하는 위신재(威信財) 혹은 iii) 특정한 목적용(供養)으로는 사용된 사례로는 부여 왕흥사지(3닢), 경주 황룡사지(1닢), 경주 분황사(芬香辭 1닢) 등이 있다.

그런데 한반도 가야 제철 유목민(Gaya Steelmaking Nomads)들이 정착을 하고 제철 생산으로 인하여 동북아의 국제교역에서는 중국의 오수전(五銖錢)이란 화폐보다도, 가야산 철이 화폐(오수전)를 대신해 통용했다. 『후한서(後漢書) 동이전 한조(東夷傳 韓條)』에서 "이 나라(가야)에서 철을 산출함으로써 예(濊), 왜(倭) 및 마한(馬韓) 등 모든 나라가 사서 갖고 갔다. 대체로 어떤 교역에도 모두 철덩이를 화폐로 통용했다."303라고 했다. 『삼국지(三國志) 동이전변진조(東夷傳弁辰條)』에서 "이 나라(가야)에서 철을 생산해서 시장에 내놓고 있기에 한(韓, 中國馬韓等), 예(濊) 그리고 왜(倭)가 모두 와서 사서 가져갔다. 중국에서도 돈(五銖錢)을 사용하는 것 같았으나, 여러 시장에서 물건을 교역할 때는 모두 철덩이[鐵鋌]를 화폐로 사용했다. 또한 2군(樂浪君과 帶方郡)에서도 철이 공급되었다."304라고 했다. 이와 같은 현상을 오늘날 용어로는 철덩이[鐵鋌]가 당시는 기축통화(基軸通貨, key currency) 역할을 했다고 볼 수 있다. 당시 국제교역상황을 교환매체(exchange media) 중심으로 평가하면 극동아시아는 철정본위교역체제(iron standard trading system)였다.

3. 인류 역사에서 인간의 일자리는 무엇으로 만들어졌을까?

지구촌 생명체의 달력과 지질역사의 달력을 만들어보면
· · · · ·

태양 주변을 떠돌아다녔던 우주먼지(space dust)와 가스들이 뭉쳐 지구가 지금부터 45억5천만 년 전에 생성되었다. 오랫동안 우주를 떠돌았던 운석(meteorite)들이 소낙비처럼 지구에 쏟아져 내렸다. 38억5천만 년 전 심해열수구(深海熱水溝, deep-sea hydro-thermal vent)[305]에서 자기복제능력이 있었던, 유기체 분자(organic molecules)가 자리를 잡았다. 35억 년 전에 시아노박테리아(Cyanobacteria)와 같은 남세균(藍細菌)과 미생물(微生物)이 출현했다. 26억 년 전부터 해양에서 육지로 생명체가 퍼져 나갔다. 18억 년 전에 적조(赤潮)와 유사한 다세포 생명체(multicellular organisms)가 나타났다. 5억3천만 년 전 바다에서 원생동물(protozoa)과 해조류를 비롯한 동·식물 종류가 폭발적으로 증식했다.

4억5천만 년 전에는 지네(centipede)와 같은 무척추동물(invertebrates)이 땅에 올라왔다. 3억6천만 년 전에는 풀과 나무가 성장했다. 3억2천만 년 전에 양서류(兩棲類)가 출현했다. 2억5천만 년 전에는 최대 포식자(largest predator)였던 공룡(dinosaurs)이 나타나서 지구촌의 최고 포식자로 군림했다. 그런 이후 6천5백만 년 전에는 화산 폭발(volcanic eruption)과 운석 충돌(meteorite collision)이 빈발해지자, 지구촌 기후변화에 공룡은 그만 적응하지 못했고, 결국은 멸종되었다. 6백만 년 전에 공룡이 사라진 자리를 포유류가 최종 포식자(final predator)로 등장했다. 곧바로 영장류가 나타났다. 침팬지(chimpanzees)와 인류 조상인 원시인(cavemen)으로 양분되었다.

250만 년 전에 아프리카에서 호모(Homo) 족이 진화했고, 석기를 사용하기 시작했다. 200만 년 전 인류가 아프리카(Africa)에서 유라시아(Eurasia)로 이동을 시작하면서 다양한 인간 종류로 진화를 거듭했다. 50만 년 전에 네안데르탈인(Neanderthal)이 진화했다. 30만 년 전에 불(fire)을 발견하여 일상생활에 사용했고, 20만 년 전에 동아프리카에서 호모 사피엔스(Homo sapience)까지 등장했다. 그들은 곧바로 지구촌의 최상위 포식자(apex predator)로 등극했다. 7만 년 전 언어를 발명해 사용해 왔다. 사피엔스(Sapience)가 아프리카에 지구촌 각처로 이동을 시작함으로써 확산했다. 3만 년 전에 네안데르탈인(Neanderthal man)이 사라졌고, 1만2천 년 전 신석기시대 농업혁명(農業革命)이 시작되었다. 즉 야생동물을 가축화(domestication of wild animals)하고 야생식물을 작물화(domestication of wild plants)했다. 이를 통해 정착생활을 시작했다. 5천 년 전에 비로소 최초 왕국이 생겨났다. 문명의 씨앗이 되는 글자와 화폐(돈)를 발명해 사용했다. 신앙으로는 다신교(polytheism) 종교가 생겨났다. 2,500년 전에는 주화(鑄貨)가 발명되어 보편적인 통화개념이 생겨났다.

좀 더 알기 쉽게(easy-to-read) 36억 년의 기간을 12개월로 '지구촌 생명체 달력(global life calendar)'을 만들어본다면 공룡(dinosaurs)은 12월 24일 크리스마스이브(Christmas Eve)에 태어나서 그다음 날인 12월 25일에 사라졌다. 인간은 12월 31일에 태어났다. 지구생성의 46억 년을 1년으로 환산한 '지질역사 달력(geological history calendar)'에는 1월 1일 지구 탄생, 3월 31일 원핵생물(prokaryote)의 등장, 5월 녹조류가 나타났다. 11월 21일에 고생대 바다 생물(sea creatures)의 출현, 12월 14일에 중생대 최초 공룡(dinosaurs) 출현, 12월 18일 신생대 최초의 포유류가 출현, 12월 27일에 최초 영장류(first primates)가 등장했다. 12월 31일 16시 16분에 직립원인(直立猿人, Homo erectus)이 등장했다. 12월 31일 20시 인간이 도구를 사용, 12월 31일 23시 59분에 문명(文明)이 탄생했다. 생명의 역사를 하루 24시간으로 환산하면 20만 년의 시간은 여름밤 반딧불(firefly)이 2~3번 깜박인 정도밖에 지나지 않는 순간이다.

풍요로운 자원을 찾아서 인간은 먹거리(일자리)를 마련했다
. . . . .

인류가 출현하니 인간보다도 600만 년 이전에 이미 야생동물과 식물들이 살고 있었다. 야생동물로부터 무엇을 먹고사는지 i) 가장 먼저 그들의 배설물부터 살펴봤다. 그리고 ii) 어떻게 채취하고 잡는가를 눈여겨봤다. 이렇게 하나하나 '따라 배우기(learn by imitating)'를 통해 숲속 원숭이 혹은 새들로부터 포도, 딸기, 사과 등의 나무 열매와 나무뿌리까지 채취하는 방법을 배웠고, 그대로 따라 했다. 바닷가 혹은 호숫가에서는 새 혹은 늪의 수달로부터 조개, 게 혹은 물고기잡이를 배워 어로활동(漁撈活動)을 했다. iii) 산 혹은 들에서 멧돼지 등을 통해 감자, 고구마, 무, 당근 등의 식물 뿌리를 캐(dig and collect)는 걸 따라 배워서 그대로 해 먹게 되었다. iv) 맨손보다 막대기나 돌을 사용해 쉬운 어로채취활동(漁撈採取活動)을 했다. v) 끝내는 초원의 맹수들처럼 사냥하는 기술을 배웠다. 한 발 앞으로 나가 맹수들이 겁내고 있는 불을 이용했다. 끝내는 날카로운 돌 무기로 큰 동물의 숨통을 끊어서 먹거리로 마련했다.

지금부터 대략 1만2천 년 전 야생동물(野生動物)을 잡아 우리(pen)에다가 가두어 길을 들여서 가축화(domestication of wild animals)했다. 야생식물까지도 움집이나 거주하는 동굴 가까운 곳에다가 옮겨 심어서 작물화(domestication of wild plants)했다. 이렇게 함에 따라 한곳에 오래 정착할 수 있었다. 신석기시대부터 이런 계기를 자주 만들어 끝내 농업혁명(agricultural revolution)을 초래했다. 이때 천연자원(天然資源)이었던 돌을 갖고 만들던 도구 제작은 타제석기(stroken stone tool)에서 마제석기(ground stone tool)로 발전했다. 도구를 만드는 재료를 나무나 돌에서 벗어나 청동기 그리고 철기로 변천했다.

특히 청동기 제작(靑銅器製作) 혹은 철기 제작(鐵器製作)에 있어 보다 천연자원이 풍부한 곳을 찾아서 초원 유목인(grassland nomads)처럼 청동기 유목민(bronze nomads) 혹은 철기 유목민(steel nomads)으로 광물자원, 인적자원, 혹은 수요처를 찾아 이동을 시작했다. 풍부한 천연자원을 찾아서 유목민처럼 이동했던 것은, 근대역사적 사실에서는 금광(金鑛)을 찾아 모여들었던 황금광 시대(The Gold Rush Age)가 있었다. 즉 미국 캘리포니아(California), 호주 빅토리아(Victoria), 캐나다(Canada) 및 알래스카(Alaska)의 황금만능(Gold Rush)시대가 열렸다.

오늘날 지구촌 시장에서도 약탈경제(掠奪經濟)가 존재하고 있다

동서고금(東西古今)을 막론하고, 약육강식(弱肉強食)의 경쟁 사회에서는 가장 값싸게 취득하는 개인적인 방법으로는 강도(強盜), 탈취(奪取), 약탈(掠奪)이었다. 인류전쟁사(人類戰爭사)에 국가 단위에선 약탈 전쟁(plunder war)이고, 수탈식민지(exploitation colony)였다. 로마제국(羅馬帝國), 대영제국(大英帝國), 대일본제국(大日本帝國) 등을 약탈 전쟁(plunder war) 혹은 수탈식민지(exploitation colony)를 통해 국부를 팝콘처럼 몇 배로 튀겼다. 그들의 구호(口號)는 "제국의 힘은 피정복국 노예의 피에서 나온다(The strength of the empire comes from the blood of the slaves of the conquered countries)."였다. 이를 경제학에서는 약탈경제(掠奪經濟, Predatory Economy)라고 한다. 과거 역사에서만 있었던 것이라고 오해하나 오늘날 지구촌에서도 약탈경제의 수법들이 많이 횡행하고 있다. '칼만 들지 않았지' 날강도와 같은 행위가 횡행하고 있다.306

그럼 최근 최강대국인 미국 법무부에서는 '경쟁자 혹은 잠재적 경쟁자의 경쟁행위를 제거, 징벌 또는 기타방식으로 억제하는 행위'307를 경제적 약탈(economic looting)로 규정하고 있다. 이와 같은 사례로는 '중국은 우대기업에 대한 막대한 보조금, 지적 재산권 절도, 산업기술 이전 및 부패한 무역을 통해 세계무역기구(WTO) 협약과 국제규범인 표준을 위협하고 있음'308을 세계는 꼬집고 있다. 중국의 약탈적 경제행위(predatory economic practices)의 대표적 사례로는 약탈적 가격정책을 들고 있다. 약탈적 가격책정(predatory pricing)으로[309] '소비자는 단기적으로 낮은 가격으로 이익을 얻는 것 같으나 성공적인 포식자가 선택의 여지를 원천봉쇄하기에 자유로운 가격 인상으로 인해 장기적으로 소비자에게 고통을 안겨다 준다'[310].

오늘날 우리나라를 둘러싸고 있는 한반도 주변 국가는 경제학적으로 언급하면 하나같이 약탈경제(predatory economy)에 혈안이 되고 있다. 지구촌을 대상으로 약탈경제 가격정책(predatory economic pricing policy)을 횡행하는 오늘날의 중국(中國), 당장이라고 남·북한에 전쟁이라도 터져서 '제2의 한국전쟁으로부터 축복(Blessings from the Second Korean War)'이 내리기를 바라는 일본의 전쟁경제(war economy)의 야욕이 도사리고 있다. 2019년 7월 1일 일본 아베 정부(安倍政府)는 반도체 핵심 기자재를 수출 규제하겠다는 경제보복의 도화선에다가 불을 댕겼다. 우리나라 일면에서는 '당당한 반일애국(proud anti-Japanese patriotism)' 운동이 전개되었다. 과거 일본의 수탈식민지(收奪植民地)에서 횡행했던 약탈경제 (掠奪經濟)의 일환인 전쟁경제(war economy)에 대해 이제 우리나라는 늘 경계를 해야 한다.

일본은 과거 전쟁경제를 통해 평균 200%의 수익률이 보장된다고 확신했다.[311] 1894~1895년간 청일전쟁(清日戰爭)에 승전함으로써 패전국(敗戰國)으로부터 전쟁배상금으로 은화 2억 냥을 받았다. 당시 일본 국가 예산 총액의 400%에 해당하는 거액이었다. 전쟁이 최고의 수익률을 보장하는 국가경제발전에 최선방책이었다.[312, 313] 두 번째 러시아와 전쟁을 위해 아예 미국과 영국의 지원을 받아 국제자본시장에 전쟁공채(戰爭公債)를 발권했다. 전쟁준비금으로 12억엔 정도 전쟁자금을 마련했다. 이를 투자하

여 1904년과 1905년에 러일전쟁(Russo-Japanese War)을 하여 승전했다. 그러나 패전국(敗戰國) 러시아로부터 전쟁배상금(戰爭賠償金)을 한 푼도 받지 못했다. 그러나 국제외교상 강대국으로 인정을 받았다. 이렇게 전쟁경제(戰爭經濟)에 입맛을 들인 일본제국은 제1차 세계대전의 기회를 절대로 놓치지 않았다. 1914년부터 1918년까지 영국과 군사동맹을 맺었고, 일본은 독일(獨逸)에게 일방적인 선전포고를 했다. 곧바로 독일 조차지(租借地)였던 칭따오(靑島)에 1916년에 독일 맥주공장이 일본인의 손에 넘어갔다. 전쟁이 끝나자 그곳에 아사히(朝日) 맥주회사의 깃발을 달았다. 이렇게 제1차 세계대전을 하는 동안에 일본은 7.6%의 경제성장을 했다. 그 바람에 주식(株式), 염료(染料), 선박(船舶) 등에서 벼락부자 '나리킨(成金, なりきん)'[314]들이 속출했다.[315]

'황금의 손(Golden Hands)' 전쟁경제에 입맛이 완전히 들었던 일본은 제2차 세계대전에 크게 도박을 해서 '사자의 몫(Lion's Share)'을 차지하고자 했다. 최강대국 미국까지도 한입거리로 생각했다(Even the powerful United States was considered a bite)가 결과는 예상외로 전(全) 국토가 잿더미로 변하는 참상을 당했다. 일본은 다시는 전쟁을 할 힘이 없게끔 '중소기업과 농업국가'로 만들겠다는 미국의 '보이지 않는 손(invisible hands)'에 의해 비밀리 통제되었다. 그러나 러시아의 강성함과 공산국가의 흥성을 방어하기 위해 일본을 우방으로 키우고자 일본 강성화 전략(日本强盛國化戰略)으로 급하게 우회했다. 계기가 된 건 이때 한반도에 6·25전쟁(Korea War)이 터졌다. 미국은 일본 군국의 전쟁산업기술을 지원해 한국전쟁에 후방 병참을 전담하도록 요청했다. 미국은 1950년 1월 12일 미국 국무성 장관 딘 에치슨(Dean Gooderham Acheson, 1893~1971)이 한국에 이미 미군 철수를 종료한 시점에 미군의 아시아 방위선에서 한국을 제외한다는 에치슨 라인(Acheson Line)을 선포했다.[316] 미군방어선에서 한반도 제외선언은 한국전쟁의 도화선에 불을 댕겼다. 끝내 6·25전쟁이 터졌고, 일본은 '한국전쟁에 후방 병참기지(Rear Logistics Base of Korean War)'로 거듭나게 되었다.

일본 입장에서 한국(6·25)전쟁은 '미국이 일본을 위해 바짝 가뭄에 때 맞춰 황금 소낙비(アメリカが日本に合わせたゴールデンシャワー)'를 내려주었다. 다름도 아닌 전범국 일본제국에게 전쟁 무기를 공급하는 건 땅 짚고 헤엄치기였다. 당시 요시다 시게루(吉田 茂, 1878~1967) 총리는 "이것이야말로 천우신조다! 이것(6·25전쟁)을 발판으로 일본 경제를 다시 일으킬 수 있었다(これぞ天佑! これを足掛かりにして日本経済を立て直せる)!"라는 후일담을 남겼다.[317] 1950년부터 1953년에는 매년 40~60%라는 전대미문(前代未聞)의 경제성장을 지속했다. 뿐만 아니라 1973년까지 매년 10% 성장으로 10년간 400%의 GDP를 증가시켰다.[318, 319] 지금도 일본은 남·북전쟁(南北戰爭) 혹은 중·한전쟁(中韓戰爭)으로 일본병참기지(日本兵站基地)를 통한 전쟁경제로 제2 도약적 계기를 마련해 지구촌 최강대국(first super nation)으로 거듭나고자 '비장의 복안(秘藏の腹案)'을 숨기고 있다.

4. 남한이 일본 미래의 '테스트 베드(Test Bed)'가 되었다

우리는 3개 도화선에 불을 댕겼고, 일촉즉발에 당면!

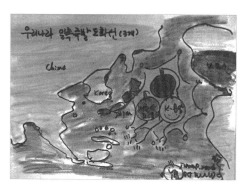

스위스 등의 평화로운 국가에서 우리나라 남한을 바라보면 i) 1953년부터 휴전상태로, 당장에라도 전면전이 터질지도 모르는 '극동아시아의 화약고(Far East Asia's powder keg)'이다. ii) 65세 이상 고령인구의 비율 2000년 7.2% ▷ 2018년 14.3% ▷ 2026년 20.8%의 초고속 고령화 국가다. 여기에다가 2005년 합계출산율 1.08에서 2024년 현재 0.67로 저출산 현상도 '알프스 정상에서 급하강하는 스키 곡예'를 하고 있다. iii) 온정과 도닥거림에 기반을 둔 '한국 오지랖' 소통 현상인 K-드라마, K-팝, K-컬처, K-푸드, K-방산 및 한글이라는 활화산에서 용암이 흘러내려 지구촌을 덮고 있다. 곧바로 지구촌 골짜기마다 흘려 내보내고 있다. 이 3개의 도화선은 우리나라와 지구촌이 일촉즉발의 기세다. 다시 말하면, 서서히 타들어 가는 '진영안보 도화선(camp security fuse)', 전대미문(前代未聞)의 초고속 '저출산·고령화의 도화선(low birth rate and aging fuse)', 그리고 지구촌을 덮을 기세로 활활 불꽃을 튀기면서 'K-용암의 도화선(K-lava fuse)'이 폭발 직전으로 타들어 가고 있다.

우리나라가 이렇게 위험한 불장난에 3개의 도화선(fuses)에 불을 다 붙

이고 있다. 겁을 상실한 채 제대로 된 불구경을 할 태세다. 이를 눈여겨보고 있는 나라는 주변국 중국, 일본, 미국뿐만 아니라 지구촌의 모든 나라다. 3개 도화선이 한꺼번, 순차적 혹은 동시다발적으로 터질 수 있다. 도화선 폭발에 가장 호시탐탐(虎視眈眈)하고 있는 나라는 바로 일본(日本)이다. 한마디로 우리 속담에 "이웃집이 송아지를 낳은 것보다 죽은 것이 더 즐겁게 만든다(近所の子牛を産んだよりも死んだ方が私をもっと樂しくする)."라는 심정이다.

첫째는 일본의 '30년 경제불황(經濟不況)'의 늪에서 벗어나 제2의 도약으로 초강대국 일본이 되는 황금 열쇠(golden key)는 '극동아시아의 화약통(Far East Asia's powder keg)' 한국에 불이 붙는 것이다. 이로 인해서 경제기반에 산업, 일자리 및 먹거리가 싹 달라지기 때문이다. 한국전쟁의 전쟁특수로 과거 1950년대처럼 매년 40~60%의 고도 경제성장을 확보할 수 있다. 또다시 지구촌 최대강대국의 꿈을 이룩할 수 있다.

둘째는 저출산·고령화의 문제를 초고속으로 당면하고 있는 골칫거리를 한국이 해결하는 걸 보고 반면교사(反面敎師)할 수 있다. 일본은 2023년 합계출산율 1.3임에도 오두방정을 떨고 있다. 지방도시 소멸방지를 위해 지혜를 모으고 있다. 한국에서는 0.78로 일촉즉발 상태임에도 미온적으로 대응하는 걸 보고, 그것 또한 일본에 대단한 미래 먹거리가 되지 않을까? 눈여겨보고 있다. 이제까지 역사적인 사실은 '한국의 불행은 일본의 행복이 되었다(韓國の不幸は日本の幸せになった)'는 사실이었다.

셋째로는 'K-용암의 도화선'이 불발되고 난 뒤 빈자리에 '일본문화(J-Culture)'가 파고들어서 제2 일본문화의 도약(프로젝트명, Cool Japan Project)을 도모한다. 그래서 일본 미래를 위해 한국이 '황국신민의 도리(皇國臣民の道理)'를 다하고자 좋게 표현해서는 '테스트 베드(test bed)'가 되어

주고 있다. '감추면 꽃이 된다(言わぬが花)'[320]는 그들의 속내는 '제731 생체실험실(第731の生体實驗室)'을 한국 사람들이 스스로 만들어 '생체실험의 마루타(生体實驗のまるた)'로 자신들의 몸을 던져주고 있다고 광분한다. 한국으로 인해 일본의 미래경제에 생산, 소비 및 투자 등의 경제적 기반구조(economic infrastructure)가 급변하고 있다.

미국의 대중(對中) 경제전쟁에 있어 반도체 방어선에서 한국과 대만을 제외

오늘날도 서울대학교 도서관에서 가장 많이 대출되는 책은 홍콩 진용(金庸, 1924~2018)의 무협소설『신조협려(神鵰俠侶)』였다.[321] 무협소설(武俠小說)에서 가장 기억에 남는 말은 "중국 장강(長江)의 뒤 물결이 앞 물결을 밀어낸다(長江後浪推前浪)."라는 중국 속담이다.[322] 이렇게 평범한 사실을 미국 하버드 대학교(Harvard University) 그래햄 앨리슨(Graham T. Allison) 교수가 고대 그리스 역사가(Thucydides, BC 465~BC 400)가 BC 411년까지 아테나이와 스파르타 간의 전쟁을 다룬『펠로폰네소스 전쟁사(The History of Peloponnesian War)』에서 '역사는 영원히 되풀이된다'는 사실에 착안해 "신생 강대국과 기존 강대국 사이에 주도권을 쟁취하는 전쟁이란 갈등을 겪게 되는 걸 투키디데스의 함정"이라고 표현했다.[323]

2020년 10월 25일『동아일보』와 인터뷰에서 "미국 간 군사적 충돌을 할 가능성이 의외로 높다. 그 시발점은 한반도나 대만 등 제3 지역이 될 수 있다. 미·중 갈등이 최악의 상황으로 치닫지 않도록 한국이 역할을 잘해야 한다."[324]라고 발언했다. 한마디로 미국과 중국 고래 싸움에 한국 새우 등이 터지는 꼴이다.[325] 더 심하게는 미중제전(美中祭典)에 '한국 순장(韓國

殉葬)'이 될 수 있다. 미·중 갈등의 책임에 "미국이 독일과 일본을 조기에 통제하지 못해 세계는 크나큰 대가를 치러야만 했다. 중국을 상대로는 똑같은 실수를 해서는 안 된다."[326]라는 스티븐 포브스(Malcolm Stevenson Forbes Jr. 1947년생)의 말[327]이 이를 대변하고 있다.

'투키디데스의 함정(Thucydides' Trap)'은 지난 2018년에 미국과 중국 사이에 무역전(貿易戰)의 시한폭탄(time bomb) 타이머(timer)를 작동시켰던 미·중 갈등이 노골화되었다. 2019년 홍콩 민주화 운동, 양안관계(兩岸關係) 악화, 코비드19 감염사태 등으로 드러났다. 2023년부터는 미중패권(美中覇權)을 가운데 두고 한국과 대만의 반도체산업을 끌어들였다. 그렇게도 우리나라는 찍소리도 못하고 미국과 중국 사이에서 총알받이 역할을 했다.[328] 미국은 '미국 국익 우선주의(America Fist Policy)'에 따라서 한국과 대만을 대중국 총알받이로 사용했다. 미래 발생할 전쟁 위험(war risk)을 최소화하고자 미국 반도체 방어선에서 한국과 대만을 보호 영역에서 제외해 버렸다. 한국입장에서는 미국의 조셉 바이든(Joseph Robinette Biden, 1942년생)[329] 대통령이 2023년에 묵시적인 '제2의 에치슨 라인(2nd Acheson Line)'을 선포한 꼴이었다. 미국과 일본이 자신들의 권익을 챙겼다는 견지에서는, 일본에 지난 1980년으로 반도체 패권을 한국으로부터 약탈해 일본에 넘겨주는 꼴이다.

구체적으로 언급하면 2018년 10월 30일 한국 대법원이 징용 피해자들에게 일본 제철(舊, 新日鐵住金) 등 기업이 위자료 지급명령에 응하지 못하게 일본 정부는 외교적 보복을 획책했다. 미국 '트럼프의 푸들(Trump's Poodle)'답게 아베 신조(安倍晋三, 1954 ~ 2022) 총리는 미국 대통령 트럼프와 충분한 사전 교감을 통한 뒤, 2019년 7월 1일 일본 경제산업성이 반도체 및 디스플레이 제조 핵심 소재 3개 품목 불화수소(フッ化水素) · 불화폴리이미드(フッ化ポリイミド)·포토 레지스트(フォトレジスト)의 수출을 규제했다. 곧바로 대한국경제보복(對韓國經濟報復)과 외교적 갈등에 돌입했다. 대의명분(大義名分)은 '국제 평화와 안전 유지를 위해서(國際平和と安全維持のために)'였다. 이로 인해 한·일 갈등이 악화일로로 치솟았다. 우리나라는 2019년 8월 23일에 한·일 군사정보보호협정(GSOMIA)을 종료하겠다는 히든카드(hidden card)를 내밀었다. 이때 미국 대통령 도널드 트럼프(Donald Trump)는 모르는 척하면서 아베 신조(安倍晉三)에게는 '위대한 신사(a great gentleman)' 혹은 '위대한 친구(a great friend)'라고 말하면서도, 한국에 대해 "어떤 일이 벌어질지를 두고 봐라(see what happens)!"라고 협박까지 했다.[330]

이에 반해 2018년 10월 3일에 대법원에서 판결했던[331] 피해가 일제강점기 강제징용을 당했음에도 못 받았던 임금에 대해 일본이 갚아야 할 의사는 "과거의 입장에서 1인치도 물러서지 않겠다(過去の立場から1インチも退きません)."[332]라고 했다.[333, 334] 일본을 대신해 우리나라가 제3자 변제를 하겠다고 야단법석을 떨었다.[335] 그런데 제3자 변제는 받을 사람이 거부하면 성립되지 않음이 대원칙이다. 징용 피해자들은 일본 정부로부터 사과의 의미로 변제를 받고자 할 뿐이다. 우리나라 정부로부터 국민의 혈세를 받지 않겠다고 완강히 거절했다. 그러함에도 법리와 피해자의 뜻을 무시하고, 정부는 제3자 변제 공탁을 법원에 신청했다. 그 결과는 접수 그 자체가 거부되었다.[336] 이를 계기로 우리나라 정부는 일본에 대한 '당당한 친일애국(堂々とした親日愛國)'의 모양새를 보여주었다. 어떤 의미에서 우리나라 국가지도자는 '황국신민의 서(皇國臣民の誓)'에 규정된 '황국신민의 도리(皇國臣民の道理)'를 다했다. 우리나라의 대다수 국민은 제3자 변제를 꼭 하려고 하는 한국정부를 '일본을 대신하는 조선총독부로(日本に代わる朝鮮總督府

として)'오해하게 되었다. 양심 있는 일본인(日本人)마저도 "할아버지가 일본 제국 깡패들에게 강제로 노역 당하고도 노동임금마저 못 받았다는데 손 자가 대신해 받아주기는커녕 오히려 깡패를 대신해 노임을 내주겠다는 꼴 이다."라고. 심하게는 "인간이란 쓸개조차도 없는 조센징(朝鮮人)이다(人間 の胆嚢さえもない朝鮮人だ)."[337]라고 조소한다.

최근 일본은 대만과의 공조를 통해 기존의 반도체 소재 및 기자재산업 의 바탕에다가 구마모토현(熊本縣) 기쿠요마치(菊陽町)에 180조 원 생산유 발 효과가 예상되는 세계 최대 파운드리 TSMC가 제1 공장을 마무리하고 제2공장을 건설하고 있다.[338] 미국과 공동대응 차원에서 IBM과 2나노 반 도체 생산을 위해 라피더스(Rapidus) 프로젝트를 구상해 추진하고 있다. 비교적 산업용수자원, 전기 및 고급인력이 풍부한 홋카이도(北海道)에 라 피더스 프로젝트가 추진되고 있다.[339] 마이크론(Micron)은 히로시마(廣島) 에다가 HBM 공장을 건설했다. 네덜란드 반도체 장비기업 ASML의 기술 거점을 홋카이도(北海道)에 마련하도록 일본 정부는 지원하고 있다.[340]

반도체산업에서 일본이 한국보다 비교우위에 있는 건, i) 산업용수와 전 기, ii) 일본에 매우 우호적이고 관대한 미국의 시장, iii) 아시아의 금융 도 시 도쿄 자본시장(Tokyo Capital Market, iv) 세계 1위 파운드리(foundry) TSMC의 기술과 미국의 IBM을 통한 기존 수요를 흡수할 수 있다. v) 미국 과 일본의 국익 차원에선 대중갈등으로 전쟁 위험(war risk)이 높아지고 있는 한국과 대만에서 벗어나 위험 회피(risk hedging)를 할 수 있다.

이에 비해 우리나라는 'K-반도체 밸리(K-Semiconductor Valley)'로 화성 (華城), 안성(安城), 평택(平澤) 및 용인(龍仁)에 집중·배치하고 있다. 물, 전 기, 사람이라는 '반도체 제조의 3대 요소(3 major elements of semicon-ductor manufacturing)'로 일본과 비교 분석할 때에 가장 큰 문제점은 전력 공급이다. 반도체산업은 한마디로 '전기 먹는 하마(hippopotamus eating electricity)'다. 용인 클러스터(Cluster)가 2050년엔 10GW 전력을 소요(所要)하는 수도권 전체의 25% 정도다. 이는 LNG 화력발전소 5개와 강원도(江原道)와 경북도(慶北道)의 석탄 화력발전소와 원자력 발전소에서 전력 공급이 어려워 보인다.

　최고 속도전 산업(speed warfare industry)인 반도체산업 사이 전쟁에서 송전선로(transmission line)를 적시에 구축할 수 있을지가 우리나라의 반도체산업의 성패에 관건이다. 친환경·국제시장(eco-friendly international market)의 추세에 따른 '재생에너지 100%(RE100)'를 무시해 왔다. 이제는 뜻하지 않았던 치명적인 복병(伏兵)이 될 수 있다. 반도체 최대수요처인 애플(Apple)은 2030년까지 RE100[341] 달성 목표를 세워 추진하고 있다. 타이완의 TSMC는 2023년 현재 타이완 전체 7.2%의 전력을 소모하고 있고, 2025년에 12%를 점할 예상이다. RE100에 2050년을 목표연도로 2040년에 달성할 계획이다. 현재 석탄, LNG 및 원자력발전(2025년 완전폐기)으로 대부분을 차지하고 있으나[342] 앞으로는 해상풍력발전으로 대체할 복안이다. 이에 따라 협력업체에 동참을 요구하고 있다. 지구촌 대기업의 제품 구입에서 RE100을 교역조건이 제시될 확률이 높다. 우리나라 반도체산업(半導體産業)인 삼성과 SK 하이닉스도 RE100을 더는 무시하거나 외면할 수 없게 되었다.[343]

5. 미국의 '거대한 체스판'에 일본이 훈수로
한국 졸(pawn)을 둔다

미국의 '거대한 체스판(Grand Chessboard)'[344]**에 한국이란 졸**(Pawn)**!**

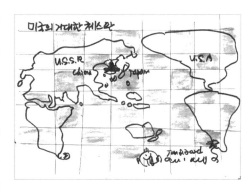

1997년 미국 정치적 전략가(政治的 戰略家)였던 즈바그뉴 브레진스키(Zbigniew Brzezinski, 1928~2017)[345]가 1997년에 쓴 『거대한 체스판(The Grand Chessbord)』이란 국제전략서가 우리나라 사람들에게 알려진 계기는 2016년 고고도 미사일 방어체제(THAAD)를 성주(星州)기지에 설치함으로써 중국 왕이(王毅) 외교부장이 "한국은 미국의 거대한 체스판에 바둑 한 알에 불과하다(韓國只是美國巨大棋盤上的一个点)."[346]라고 말한 데에서다. 미국이 자신의 국익을 위해서 한국을 이용했음에도 중국이 한국에 보복한 것에 대해 모르는 척했다. 그러자 중국은 미국에 강력한 저항을 미국의 총알받이인 한국에다가 개 잡듯이 들고 팼다. 한국의 특정기업(LG 그룹)을 표적으로 각종 경제보복과 한국의 관광문화에 한한령(限韓令)[347]을 내렸다.[348] 미국의 장기판(將棋板)에 외통수(checkmate)를 한국이 뒤집어쓰도록 했다. 한한령(限韓令)이란 외통수엔 어떤 수를 써서도 공격(죽음)을 벗어날 수 없는 상태에 지금도 처해 있다.[349]

미국은 극동아시아에 대한 외교, 군사, 경제, 문화 등에 대해 어떤 결정을 할 때는 반드시 일본정부에 정보를 제공하고 자문을 구해 왔다. 이런 '정보의 비대칭성(asymmetry of information)'을 이용해서 일본은 평상시에도 미국 호랑이의 위협을 등에 업고, 일본의 이득을 챙기는 호가호위(狐假虎威)를 하며, 한국에 옛 식민지 지배자로 여전히 갑질을 했다. 특히 6·25전쟁으로 우리나라가 정신도 못 차리고 있을 때, 일본은 대마도와 독도를 영토화할 수 있는 천재일우(千載一遇)를 낚아챘다. 즉 '샌프란시스코 강화조약(Treaty of San Francisco)'이란 국제조약에다가 일본영토로 못 박고 말았다. 36계 전략상 "불난 집에 도둑질하기(趁火打劫)"로 아무런 저항조차 받지 않고, 대마도(對馬島)를 너무 싱겁게 챙겼다. 오늘날까지도 미국의 거대한 체스판에 한국이란 하나의 졸(pawn)로 쓸 때는 반드시 일본으로부터 훈수를 받거나 대신 두도록 한다. 심지어 미·일의 합동작품이었던 1997년 외환위기(IMF)와 2019년 반도체 3대 품목 수출규제 등은 일본이 미국의 '거대한 체스판(TGC)'에 훈수를 직접 두어 한국을 외통수(checkmate)로 몰았다. 미국은 뒷전에 점잖게 모르는 척 "손 안 대고 코 풀기(Blowing your nose without using your hands)"를 했다. 이렇게 미국이 일본에 한국을 맡긴 건 아마도 1905년 7월 29일 체결했던 카스라·테프트 협약(Taft·Katsura agreemen)으로부터 기원을 찾을 수 있다. 즉 "미국은 일본이 한국에 대한 종주권(宗主權, 식민지 지배)을 확립하는 것이 러일전쟁의 논리적 귀결이고, 극동(極東)지역의 평화에 직접 공헌할 것으로 인정한다."[350]라는 약조가 그들에겐 지금도 유효하다.

　　그동안 미국 지도자들이 한국을 어떻게 생각했는가를 살펴보면, 1949년 8월 오웬 래티모어(Owen Lattimore, 1900~1989)[351]가 미국 국무성에 위촉을 받아 남한 정책에 대한 보고서에선 "남한은 미국 이익과 정책에 있어 자산이 아니라 부채가 된다. 오늘 남한의 대한민국 정부가 어느 정도

영속할 것인지도 의문시된다. 따라서 미국은 너무 깊게 들어가지 않는 것이 좋다."352라고 했다. 이에 따라 1950년 1월 12일에 미국 방어선에서 한국을 제외시키고자 국무성 장관 딘 애치슨(Dean Acheson, 1893~1971)353은 미국의 극동아시아 군사적 방어에서 한국을 제외한다는 소위 애치슨 라인(Acheson Line)을 선포했다.

그뿐만 아니라 1962년 존 F. 케네디(John Fitzgerald Kennedy, 1917~1963)354는 노벨문학상 수상자 펄 벅(Pearl S. Buck, 1892~1973) 여사에게 "내 생각에는 동맹관계(同盟關係)라고 미군이 너무 퍼주는데, 그만 한국에서 미군을 철수해야 할 것 같소. 비용이 너무 많이 들어가요. 우리는 빠져나오고 대신에 옛날처럼 일본이 한국을 지배하도록 해야 할 것 같소(let Japan take over Korea like in the old days)."355, 356 라고 했다. 1980년 5·18 사건이 발생하고 우리나라 국민이 쿠데타 군부 지도자들에게 순종하는 모습을 보고 "한국인들은 어떤 지도자든지 따르는 들쥐와 같다."357라고 한국인의 습성을 언급했던 존 위컴(John Ewart Alfred Wickham, 1927~2017)358 사령관의 말을 오늘까지도 우리나라 언론이나 정치인들이 자주 인용해 왔다.359 최근에 와서는 전 미국 대통령 도널드 트럼프(Donald John Trump, 혹은 대선 후보자)의 복안은 "한국은 부자나라인데 안보 무임승차(free rider)를 하지 말아야 한다. 미군을 철수해야 한다. 자주적 방어(自主的 防禦)를 위해서 핵무장을 해야 할 것이다."360,361였다.

'일자리가 최고 복지'라는 정책이 우리나라에선 립서비스로만!

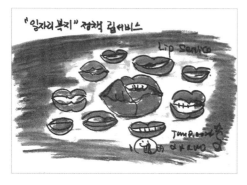

우리나라는 오늘까지 미국과 일본에 이용당할 만큼 당했다. 더 이상 당한다는 건 우리의 문제다.『맹자(孟子)』에 "한 치 앞이 보이지 않으며, 하는 일마다 하나도 풀리지 않는다. 이때는 자신을 뒤돌아보고 최선을 다해야 한다. 궁핍할 때가 새로운 세상에 나갈 때이고, 창달해야 할 때이다(窮則獨善其身, 達則兼濟天下)."362라고 했다. 같은 맥락으로『주역(周易)』에서 "변혁에 있어 궁지에 몰리면 뭔가를 변화시키게 된다. 변함으로써 통하게 되고, 통하게 됨으로써 지속할 수 있다(易窮則變, 變則通, 通則久)."363라고 했다. 여기서 '바꿈(易)'이란 "큰 나무에다가 불을 피우고 탄 부분을 돌로 파내어 배를 만든다. 그리고 작은 나무로는 노를 만들었다(刳木爲舟 剡木爲楫). 배와 노를 만들어 갈 수 없었던 곳까지 물을 건너갈 수 있다. 먼 곳까지 감으로써 세상은 흩어져 있는 모든 걸 긁어모을 수 있다(舟楫之利, 以濟不通, 致遠以利天下, 蓋取諸渙)."364라는 원초적인 바꿈의 의미다.

이를 문화인류학(文化人類學)에다가 대입하면 지구촌에 살았던 호모 사피엔스(Homo sapience)가 살길을 찾았던 것이 바로 '제1차 창발(the first emergency)'이었다. 즉 가축화(domestication)와 농작물화(agricultural-ization)가 혁명이었다. 가축화에 따른 유목민(遊牧民, nomad)은 '이동가속(移動加速, movement acceleration)'을 택했다. 다른 한편으로 농작물화를 통해 정착민(定着民, settled people)으로 '이동영속(移動零速, zero-speed movement)'혹은 안착(安着)을 꾀했다. 같은 창발적 계기를 이용하는 방향은 상반되었다. 뱀과 젖소가 같은 호수의 물을 마셨지만 다른 결과로, 뱀은 사람에게 독(毒)을 주지만 젖소는 우유(牛乳)를 준다.

해방 이후에 모든 방향에서 모델을 일본이 제공했다기보다 우리나라가 일본의 제도를 그대로 복사했다. 실패한 제도까지도 그대로 붕어빵을 찍어(繼受)냈다. 오늘까지도 일본에서 실패했던 경제정책까지 우리나라에서는 반면교사(反面教師) 하나 없이 그대로 복사해서 i) 부자 감세와 낙수효과 경제(金持ち減少と落水効果経済), ii) 창조경제 성장(創造経済成長)[365], iii) 소득주도 성장(所得主導成長)을 도입했다. 이어서 iv) 2009년 '최고의 복지는 일자리'라고 외치면서 "일자리는 물리적인 생산과 정신적 행복을 창출한다(Jobs create physical production and mental happiness)."라고 국정홍보(國政弘報)를 했다.[366] 뿐만 아니라, 2021년 2월 대통령 후보자가 '일자리가 최고 복지'라는 국민 행복시대 개막을 공약했다. 그러나 현재 시점에는 여하한 행동 하나 없어 구두선(lip service)으로 보인다.

대중국무역(對中國貿易)에서 벌었던 흑자(黑字)를 일본에 그대로 갖다 바치는 '가마우지 경제(鵜飼い経済, cormorant economy)'를 심화시키는 데 일조했다. 2019년 일본의 한국수출규제로 대일교역적자가 줄어들었으나 2023년부터 일본경제에 의존도가 증가해 여전히 회복되었다. 2010년대의 뉴 라이트(New Right)를 넘어서서 2020년대 '당당한 친일애국(堂々とした親日愛國)' 운동이 전개되고 있다. 이에 반해 일본경제는 '30년 장기불황'의 동면에서 깨어나서 2023년 일본의 경제성장률은 1.9%로 한국의 1.4%를 넘어섰다. 25년 만에 한국의 경제성장을 역전했다.[367] 경제에 있어 일자리는 생산, 소비, 투자 및 노동이라는 '맞물려 돌아가는 톱니바퀴

(cog-wheel gear)'의 피벗 기어(pivot gear of economic cogwheels) 역할을 하고 있다. 복지부문에 있어 일자리는 개인, 가정, 사회 및 국가라는 거대한 강물의 원천(resource fountain of great stream)이 되고 있다.

현재 일본은 i) 단카이 세대(團塊世代)가 밀물처럼 빠져나간 빈자리와 ii) 외국에 진출했던 일본기업이 국내에 투자함으로써 고용창출효과(雇傭創出效果)가 극대화에 도달했다. 이에 따른 활황으로 일자리가 넘쳐나고 있다. 구인난(求人難) 아우성 속에서 i) 여성 인력과 ii) 외국 인력에 의존하여 하루하루를 버티고 있다. 이는 일자리를 찾는 입장에서는 일본의 '일자리복지(雇用福祉)'는 크게 성공했다. 그러나 일본 대학생(日本大學生)들은 캠퍼스에서는 삶을 즐기고, 첨단지식과 기술은 직장에서 익히자는 속셈이다. 캠퍼스는 좋은 직장을 골라잡는데 고민에 빠져 있다. 이에 반해 일본 정부에선 "마지막 기회(the last opportunity)"라는 슬로건으로 반도체산업을 부흥시키고자 '라피더스 프로젝트(Rapidus Project)'[368, 369]를 국책사업으로 추진했다. 반도체 생산 경험이 있는 고급기술인력이 당장 태부족이다. 가장 손쉬운 방법이 일본 이웃에 비교적 소외당하는 대구·경북에서 젊은 고급기술인력을 빼내어 확충시키고 있다. 그러나 일자리를 찾아 일본으로 떠나는데도 대구·경북에서는 젊은 고급기술인력을 잡을 일자리를 마련하는 고민조차 하지도 않고 있다.

대구상고(大邱商高)와 경북대학교(慶北大學校)를 졸업하신 김영호(金泳鎬, 1940년생) 전 산자부 장관은 1982년 한·일 경제적 교역적자를 '가마우지 경제이론(鵜飼い經濟, cormorant economic theory)'[370]으로 해명했다. "가마우지는 목줄(일본 부품, 소재 산업)이 묶여 물고기(완제품)를 잡아도 삼키지 못하고 곧바로 어부(일본)에게 바치게 된다."라고 비유했다.[371] 1988년 일본의 경제평론가 고무로 나오키(小室直樹, komulo naoki)는『한국의

붕괴(韓國の崩壞)』[372]라는 책에다가 인용해 표기했다. 이런 현상이 옛말이 아니고, 우리나라는 고급기술인력을 양성해서 일본으로 흘려 내보내고 있다. 새로운 양상인 '가마우지 인력자원(鵜飼いの人力資源)' 관리를 하고 있다. 대구·경북에서 매년 3,000~4,000명의 청년이 일자리를 찾아서 일본으로 떠난다. 고급인력이 일본으로 유출되는 단순한 현상이 아니다. 국가 경제에선 국부의 유출이고, 지역경제의 성장잠재력 혹은 미래 먹거리를 갉아먹는다. 이제 우리는 많이 늦었지만, 먹이를 부리에 저장했다가 자신의 새끼들에게 먹이는 '펠리컨 경제(pelican economy)'[373]를 해야 한다. 이제는 선거공약이나 립 서비스(lip service)만으로 '일자리 복지(job welfare)'를 하지 말고 행동으로 해야 할 때다.

6. 일자리 복지(job welfare), 정치구호만으로 마련될까?

백성들에겐 먹거리(일자리)가 하늘이다(民以食爲天)

지난 2024년 4월 11일 경상북도 의성군(義城郡) 안계면 행정복지센터에서 인근에 있는 '개천지(開天池)'에 들렀다. BC 200년경 중국 진시황제(秦始皇帝) 때 만리장성 등 국가 대형토목공사 공역에 시달렸던 백성들이 망명하여 이곳에다가 '물동이 나라(彌凍國)'[374]를 세웠다. 벼농사에 필요한 농업용수를 공급하고자 삼한시대의 저수지인 '대제지(大堤池)'를 이곳에 조성했다. 그들의 후손들이 조선 시대 '개천지(開天池)'로 대체 축조했다.

10월 3일을 '개천절(開天節)'이라고 하는데, 여기서 개천이란 '하늘을 연다[開天]'와 같은 뜻이다. 그러나 같은 하늘은 아니다. 개천절(開天節)의 하늘은 정치적인 '치국평천하(治國平天下)'[375]에서 '다스릴 나라'를 의미한다. 그러나 개천지(開天池)가 지향하는 하늘은 '백성들에겐 먹거리가 하늘이다(民以食爲天).'에서 '먹거리(일자리)'를 뜻한다. 중국 고전에서 나오는 말이 아니다.[376] 조선건국(朝鮮建國)의 근본이념(根本理念)이었다. 즉 1394년 정도전(鄭道傳)이 민본사상(民本思想)을 담았던『조선경국전(朝鮮經國典)』에서도 "국가의 근본은 백성이고, 백성에게 먹거리(일자리)가 하늘이다(國以民爲本. 民以食爲天)."라고 첫머리에다가 규정했다.[377, 378]

오늘날 '일자리 복지(job welfare)'가 동양 고대사회에서도 '민이식위천(民以食爲天)'이라는 생각이 깊이 자리를 잡았다. i) BC 1,600년경 은나라 탕왕(殷湯王)이 백성들에게 일자리(먹거리)가 부족하여 나라에 어지러움이 발생하자 대국민 사과문(罪己詔)[379]을 발표했다. 오늘날 표현으로 요약하면 첫째, 백성들에게 충분한 일자리(먹거리)를 마련하지 못했다. 둘째, 궁중이 사치와 낭비를 일삼았다. 셋째, 뇌물과 참언을 없애지 못했다. 이 모두가 나에게 죄가 있다(予一人有罪).[380] ii) 공자(孔子, B.C 551~BC 479)는 BC 480년경 "네가 돈을 벌 수 있는 일자리가 있다면 비록 말고삐를 잡고 채찍을 치는 천한 일(雖執鞭之士)이라도 하겠다(吾亦爲之). 그렇지 않다면 내가 즐길 수 있는 일을 찾아갈 것이다."라고 했다.[381] iii) 당나라 백장회해선사(百丈懷海禪師, 749~814)는 AD 800년경에 "수양이란 심산유곡에서 참선하는 것이 아니라, 일상생활에서 눈물을 흘리고 이를 갈면서 참는 것이다."라고 했다. 뿐만 아니라 먹거리를 마련하는 일을 통해서 마음을 닦는 것을 중히 여겼다. "하루를 바쁘게 일하지 않았다면 그날 하루는 먹지 말아라(一日不作, 一日不食)."라고 했다. 일을 통해서 먹거리를 마련하고, 일을 통해서 삶의 의미를 찾고 나아가서 행복도 얻는다는 것이었다.[382]

일(혹은 일자리)을 통해서 무엇을 얻고자 했을까? i) 단순하게 안정된 먹거리였다. 그리고 ii) 오늘 하루의 평온한 마음이고 iii) 나아가서는 미래의 안정된 삶을 보장한다. iv) 더 나아가서는 행복추구이고, 꿈을 실현하는 터전으로 생각해 왔다. v) 오늘날 심리학 용어로는 매슬로(Maslow, 1908~1970) 인간의 '욕구 5단계(5 Hierachy of Needs)'[383]를 구현시키는 것이다. 그런 의미에서 2000년대에 들어와서 지구촌에선 일자리 문제가 대두되었다. '일자리가 최고의 복지(Job is the best welfare)'[384]라는 정책을 실시했다. 우리나라도 2013년 '국민행복시대'[385]를 외쳐왔다. 2017년 제1호 정책으로 '일자리 창출'을 추진했다. 2023년 3월 14일 대통령이 "최고의 복지는 바로 일자리다. 양질의 일자리는 나라에서 재정으로 세금으로 만드는 것이 아니라 민간 기업에서 나온다."라고 강조했다.[386] 일자리는 현재의 생계문제를 해결할 뿐만 아니라 미래 먹거리 걱정을 들어주고, 꿈을 실현할 수 있는 터전이 된다는 점에서 종합복지 셋(comprehensive welfare set)에 해당한다.

이와 같은 사실을 BC 300년경 맹자(孟子)는 당시 사회가 오늘처럼 복지사회는 아니었지만, 국태민안(國泰民安)을 고민했다. 제후들에게 먼저 백성들에게 일자리를 제공하라고 자문했다. "안정적인 일자리를 가진 사람은 평온한 마음 상태로 살아갈 수 있다(有恒産者, 有恒心者). 안정된 일자리가 없다면 돈이 많을 땐 방탕하거나 사치하며, 없을 때는 빈곤에 시달려 문란한 삶을 살게 된다."387라고 했다.

일자리 혹은 노동에 대해 철학적인 고민을 가장 많이 한 나라는 독일이었다. 대표적인 독일의 경제학자 칼 마르크스(Karl Heinrich Marx, 1818~1883)는 1830년 12살 때 프리드리히 빌헬름 짐나지움(Friedrich Wilhelm Gymnasium)에 입학해 라틴어, 그리스어, 역사, 철학 등을 배웠다. 17세 나이로 1835년 8월 김나지움 졸업논문(Abiturienarbeit)으로 「일자리를 찾는 한 젊은이의 살펴봄(Betrachtung eines Jünglings bei der Wahl eines Berufes)」을 제출했다. 당시 소회는 "우리가 소명(calling)으로 믿어 왔던 그 일자리를 얻지 못한다. 우리가 일자리를 찾아 헤매기 이전에 이미 일자리들은 어느 정도 확립되어 있었다."388였다. 그는 경제학자로 상품을 통해서 자본을 형성하는데 상품에는 자본, 지대 및 노동으로 결정된다는 생각을 1867년에 『자본론(Das Kapital)』에 담았다. "일부 노동자를 과로사로 내몰고, 나머지 노동자를 실업자로, 극빈자의 예비군으로 남겨두는 건 자본주의에 있어 생산 방식의 본질에 속한다."389라고 『잉여가치론(Theorie des Mehrwerts)』에서 정곡을 찌르는 말을 했다.

일자리를 통한 사회적 안정화를 도모했던 극단적인 사례는 독일 아돌프 히틀러(Adolf Hitler, 1889~1945)는 유대인을 강제수용소에다가 구속·감독해 강제노역을 시켰다. 비인간적인 참상으로 폴란드(Poland) 국경 '5월의 해변(Auschbitz)'에 있는 아우슈비츠 강제수용소(Konzentrationslager Auschwitz) 정면에 적혀있는 구호가 "일은 사람을 자유롭게 한다(Arbeit macht frei)."390라는 말이다. "죽이지 않고 자유롭게 살도록 한다."라는 눈물 나게 유대인을 아끼는 독재자 히틀러의 관용이 표현되어 있다.

오늘날 독일 사람들은 "많은 일을 시키는 건 사람을 아프게 만든다(Zu viel Arbeit macht Menschen krank)."[391]라고 말하고 있을 뿐이다.

이왕 이야기가 나온 김에 독일의 노동철학을 살펴보면 "일하는 사람만이 인간으로 대접을 받는다(Das Arbeit macht Menshen)."라는 한마디에 다 담겨있다. 같은 맥락으로 "눈물로 얼룩진 빵을 먹지 않고 인생의 참맛을 모른다(Sie werden den wahren Geschmack des Lebens erst kennen, wenn Sie tränenbeflecktes Brot essen)."라는 독일 문호 요한 폰 괴테(Johann Wolfgang von Goethe, 1749~1832)가 쓴 『빌헬름 마이스터의 수업시대(Wilhelm Meister's Apprenticeship)』이라는 소설 가운데 '하프 악사의 노래(Lied eines Harfenmusikers)'에서 "눈물로 얼룩진 빵을 먹어본 적이 없는 사람, 근심에 싸여 수많은 밤을 잠들지 못하고 일어나 앉아 울며 지새본 적이 없는 사람은 인생의 참맛을 모른다."[392]라고 과거를 되돌아보는 구절이 나온다. 삶은 '눈물 젖은 빵(tränengetränktes Brot)' 맛에 숙성된다는 의미를 찾았다. 같은 글이 구약성서 시편(80:5) "그들을 눈물의 빵(bread of tears)으로 양육하시며, 많은 눈물을 마시게 하시나이다."[393]이다. 음식 맛을 통해서 인생의 심오한 맛을 느끼게한다.

배가 부르자 배를 두드리며, 강구연월을 노래하다(鼓腹擊壤)
. . . . .

오늘날 용어로는 '일자리가 최고의 복지(Job is the best welfare)'라고 한다. 그러나 옛날 요순 태평성대 때에 사람들은 배불리 행복하게 살았음을 노래한 「격양가(擊壤歌)」는 "해가 뜨면 일터에 나가 일하고, 해가 지면 집에 와서 쉰다네. 우물 파 물 마시고, 밭 갈아서 배불리 먹는다네. 제왕의 힘인들 내게 무슨 소용이 있겠는가(日出而作, 日入而息, 鑿井而飮, 耕田而食, 帝力于我何有哉)!"[394]라고 노래했다. 그래도 제왕의 은공은 알아야지 하는 의미

에서 '부른 배를 두드리면서 격양가(鼓腹擊壤)'를 "우리 백성들을 살게 하는 건, 그대의 지극함이 아닌 게 없다. 느끼지도 못하고 알지도 못하면서, 임금의 법도에 따르고 있을 뿐이라네(立我烝民, 莫匪爾極, 不識不知, 順帝之則)."라고 노래했다. 오늘날 표현으로 "우리는 아무것도 모르지만, 임금이 정하신 대로 살아간다네."라고 은덕에 감사했다.[395]

마치 성경 주기도문(主祈禱文)에서 "일용할 양식을 주옵시고(Give us today our daily bread)."[396]처럼 평화로움에 감사함을 표현하고 있다. 먹거리를 걱정하는 사람들에게 "하늘에 날아다니는 새들을 보라. 심지도 않고 거두지도 않으며, 창고에 모아두지도 않는데 믿음이 적은 탓이니라(you of little faith?)."[397]라고 했다. 동양 고대사회에서도 같은 생각을 했다. 즉 '하늘은 먹을 복록이 없는 사람을 태어나게 하지 않고, 이름 없는 풀 하나도 자라게 하지 않는다(天不生无祿之人, 地不長无根之草).'라고 했다.[398] 오늘날 용어로 '일자리 최고 복지(the best job welfare)'를 백성들에게 안겨주기 위해 옛날에도 "왕관을 쓴 머리는 편안히 쉴 수 없다(Uneasy lies the head that wears the crown)."[399]라는 「스파이더맨: 파 프롬 홈(Spider Man: Far from Home)」의 명대사가 있다.

고대국가의 제왕들이 '일자리 최고 복지(鼓腹擊壤)'를 위해 얼마나 노력

했는지를 서한(西漢)의 대신(大臣) 조조(晁錯, BC 200~BC 154)[400] BC 157년에 문제(文帝)에게 올린 '일자리(먹거리) 귀함을 논하는 글(論貴粟疏)'에 위정자의 고민이 녹아있었다. 오늘날 우리도 미처 생각하지도 못한 내용이 있어서 요약하면 '백성들이 빈곤하면 간사(방황, 불안, 불순)한 마음이 생긴다. 빈곤이란 부족함이며, 부족함은 일하지 못한 데에서 생긴다. 일하지 못함은 일자리가 없다는 것이며, 안정된 일자리가 없으면 정착할 수 없다. 일자리를 찾아서 고향을 떠나고, 일자리를 찾아 떠나는 사람에게 가정은 경시된다. 결국은 백성들이 새와 짐승처럼 되고 만다(不農則不地著, 不地著則離鄕輕家, 民如鳥獸).'[401]

이어서 "백성들은 국가지도자들이 그들을 위한 어떤 정책을 하느냐에 따라 달라진다. 그들이 이익을 추구하는 것은 물이 아래로 흐르는 것과 같아 방향을 가리지 않고 낙수효과 혹은 나비효과를 내게 된다(民者, 在上所以牧之, 趨利如水走下, 四方亡擇也)"[402], "일자리를 찾아 이동하는 백성을 막는다는 건, 돌로 쌓은 성벽이 열 길이고 범접하지 못하게 끓은 물로 채운 해자가 백보(百步)라고 해도, 아니 갑옷을 입은 병사 백만 명이 지킨다고 해도 막지 못할 것이다. 이를 보면 일자리는 국가 정치의 가장 근본이라는 사실을 명심해야 한다(粟者, 王者大用, 政之本務)."[403]

BC 200년 이전 고대사회에서 일자리의 중요성에 대해 이미 알고 있었다. 오늘날 표현으로는 일자리 안정화(有恒事) ▷ 산업(먹거리)의 안정화(有恒山) ▷ 가정과 사회의 안정화(國泰民安) ▷ 결혼 및 출산의 안정화(均風俗)라는 순환을 말한다. BC 300년경 맹자(孟子)는 한마디로 "인간 본성에는 일자리를 통해 먹거리를 마련하며 자손을 번식하려고 한다(食色性也)."[404, 405]라고 했다. 고대국가에서도 일자리 복지를 통해서 "개인적 자아실현의 욕구를 성취하게 하고, 빈부의 양극화를 균등하게 사회적 안정화를 도모했다(成

人材之未就, 均風俗之不齊)."[406]라며 한 발 더 나가지 않아도 '성취균등(成就均等)', '성인재 균풍속(成人財 均風俗)'이란 국가이념을 구현하고자 고려 때 성균관(成均館)을 설치했다.

7. 오늘의 실행만이 내일의 일자리(먹거리)를 만든다

"임자, 비판만 신랄하게 하지 말고 한번 맡아봐!"라고 포옹(抱擁)해

먼저 우리나라 통계청의 통계자료로 경제성장률을 살펴보면 i) 14% 이상 성장했던 해는 2번으로 1969년 14.6%와 1973년 14.9%가 있다. ii) 10% 이상 성장했던 해는 16번으로 1966년 12.0%, 1968년 13.2%, 1969년 14.6%, 1970년 10.1%, 1971년 10.5%, 1973년 14.9%, 1976년 13.8%, 1977년 12.3%, 1978년 11.0%, 1983년 13.4%, 1984년 10.6%, 1986년 11.3%, 1987년 12.7%, 1988년 12.0%, 1991년 10.8%, 그리고 1999년 11.5%가 이었다. iii) 물론 마이너스성장도 경험했다. 3번으로 1980년 5·18사건 등 혼란기에 -1.6%, 1998년 '외환 유동성 함정

(For-ex Liquidity Trap)'에 빠져 IMF 구제금융을 받았던 때 -5.1%, 그리고 2020년 지구촌 코비드 19 팬데믹(COVID-19 pandemic)으로 -0.7% 역성장 하는 쓰라림을 충분히 맛봤다.

그러함에도 객관적으로 보는 외부에서 한국 경제성장(韓國經濟成長)을 볼 때는, i) 한국전쟁으로 잿더미에서 자본도 기술도 없이 경제개발의 속도전(速度戰)을 전개하는 걸 '맨손 돌격대(bare-handed assault troop)'라고 비아냥거리기도 했다. ii) 그래도 유식한 경제학자(經濟學者)들은 '후발주자의 이점(latecomer's advantage)'[407]을 살려서 압축성장(壓縮成長)과 경제개발의 가속화(加速化)에 성공했다. 또한 그에 따른 부작용(진통)을 겪었다.[408] ii) 1977년 6월 6일 『뉴스위크(Newsweek)』 시사잡지 표제로 "한국인들이 쳐들어오고 있다(The Koreans Are Coming)."라는 이야기[409]을 시작으로 "한강의 기적(Miracle on the Han River)"[410]이라고 했다. iii) 2021년 7월 2일 유엔 무역개발위원회(UNCTAD) 제68차 무역개발이사회에서 한국을 Group A 개발도상국에서 Group B 선진국으로 승격(upgrade)을 의결했다.[411] 2018년 세계 10위권에 진입했으며, OECD에서도 6위의 원조공여국에 들어갔다.[412] 지금 우리나라 사람들만이 모르고 있는 것이 한국은 '반도체와 디지털 기적(Miracle of Semiconductors and Digital)', 일명 '반디의 기적'을 일으키고 있다.

이렇게 한국전쟁으로 잿더미가 된 국토를 보고 i) 맥아더(Douglas MacArthur, 1880~1964) 장군도 "한국이 전화복구(戰禍復舊)만 해도 100년은 걸릴 것이다."라고 소감을 말했다. ii)"한국, 필리핀, 가나 가운데 영원히 최빈국으로 영원히 남을 나라는 한국이다. 왜냐하면, 자원도 자본도 기술도 없었기 때문이다."[413]라는 말에 미국 경제학들 모두가 내기를 걸었다고. 『총·균·쇠(Gun, Germs and Steel)』의 저자 재러드 다이아몬드(Jared Ma-son Diamond) 교수도 한국에다가 배팅했다고 자백했다. iii) 심지어 1951년 10월 1일자 영국의 유명일간지 『더 타임스(The Times)』에 게재된 한국의 '전쟁과 평화(War and Peace in Korea)'라는 글에서 "한국 폐허에서 건전한 민주주의가 생겨나길 바라는 것보다 쓰레기 더미에서 장미가 자라는 걸 기대하는 게 더 합리적이다(It would be more reasonable to expect tofind roses growing on a garbage heap than a healthy democracy rising out of the ruins of Korea)."[414]라고 적었다.

그렇지만 아무도 생각하지 못했던 곳, 한국에서 경제발전의 씨앗이 싹트기 시작했다. 1947년 최남선(崔南善, 1890~1957)의 친동생이었던 최두선(崔斗善, 1894~1974)은 동아일보 사장을 거쳐서 1953년 민주국민당 부위원장을 맡았다. 1961년 5월 16일 군사정변이 일어나자 1963년에 제3공화국이 들어설 때까지 신랄한 비판의 필봉을 휘둘렀다. "그렇게 신랄하게 비판만을 하지 말고, 국가정책을 맡아주세요!"라는 말로 박정희(朴正熙, 1917~1979)는 따뜻한 가슴으로 감싸 안고 초대 내각의 국무총리에다가 그를 임명했다.

또한 남덕우(南悳祐, 1924~2013)는 1969년 서강대학교 경제학과 교수로서 당시 경제정책에 대해 비판의 칼날을 세우고 있었다. "임자, 그렇게 비판만 할 게 아니라, 경제정책을 직접 맡아봐!"라는 박정희 대통령의 전화를 직접 받았다. 그리고 곧바로 재무부 장관에 임명되었다. 임명장을 받고 난 뒤 "남 교수, 그동안 정부가 하는 일에 비판을 많이 하던데 이제 맛 좀 봐!"라는 박정희 대통령의 따뜻한 말 한마디가 그들 죽도록 일하게 했다. 1982년까지 제14대 국무총리를 역임하면서 오랜 경제관료(經濟官僚)로 쓴맛과 단맛을 봤다. 1970년 한국경제정책의 실질적 관료 수장(官僚首長)으로 매년 7% 이상의 경제성장을 주도했다. 그때 세칭 '남덕우 계량경제학(Deokwoo Nam's Econometrics)'의 대원칙은 '7% 경제성장으로 70만 개의 일자리'였다. 이 말에 온 국민은 확신했기에 오늘까지 우리의 뇌리에 박혀있다.

그때 제조업(製造業)이 일자리의 무진장이었다. 제조업의 일자리 창출 관계식으로 '투자액 10억 원 ▷ 222명 일자리'가 생긴다는 등식을 당시 국민학생(오늘날 초등학생)까지도 다 알았다. 이런 일자리 창출은 1990년까지도 금과옥조(金科玉條)처럼 여겼다. 2007년에는 이명박(李明博, 1941년생) 후보자의 '747' 대선 공약[415]까지 나왔다.[416] 이후 한국은행에서 5년 단위로 산업연관표(Input-Output Tables)를 작성해 고용(취업)유발계수(employment inducement coefficient)를 산출해 투자액에다가 곱해서 일자리(고용) 창출효과를 예측했다. 10억 원의 고용유발계수는 1970년대는 제조업은 222명, 1990년~2000년까지 22명, 2019년 현재 대통령 직속 '일자리 위원회' 게시판에 적혀 있는 투자액 10억 원당 고용유발계수는 기타서비스업 24.6명이고, 제조업은 7.4~1.3명으로 보고 있다.[417] 2022년 5월 24일 '삼성 5년간 450조 투자, 신규 채용 8만 명'[418]이라는 뉴스를 기준으로 보면 반도체산업에 1명의 일자리를 만드는 데 56억2천5백만 원이란 돈이 필요한 셈이다.

이제는 제조업(製造業)에서도 산업용 자동기계 도입, 공장자동화(factory automation) 및 작업 로봇 등으로 지속적인 성력화(省力化)를 추진해 왔다. 제조업의 '무진장 일자리 신화(myth of inexhaustible jobs)'는 2,000년 이후 고용유발계수(employment inducement coefficient)를 보면 관광서비스업종에 뒤져 여지없이 제조업의 신화는 박살이 나고 말았다. 제조업에서 일자리가 나온다는 생각을 이제는 버려야 한다. 미국에서는 1995년에 제레미 리프킨(Jeremy Rifkin, 1945년생)이란 경제학자는 '노동 종말론(End of Work)'[419]을 외치고 나왔다. 최근 세계는 '고용 없는 성장(jobless growth)'[420]을 지속해 왔다. 이런 경향이 지속한다면 머지않아 '일자리 고갈론(job depletion theory)'도 대두될 법하다.

'빈곤의 덫(povrty trap)' 탈출보다 집권 욕심에 치중

동양 고대사회에 유행했던 말이 "하늘은 먹고 살 수 없는 인간을 만들지 않는다(天不生無祿之人)."라고 했다. 다른 한편으로 위정자(爲政者)들은 "가난의 구제는 나라도 못 한다(Even a country cannot relieve poverty)."[421, 422]라고 했다. 이를 백성들에게 솔직히 까놓고 말할 수 없어, BC 4세기 열자(列子)의 "어리석고, 귀먹고, 고질병에다가 농아라고 해도 집은 호화로운 부자요, 지혜롭고 총명한 사람이 도리어 가난을 받느니라. 이는 태어난 해와 달 그리고 날짜와 시간(四柱八字 혹은 運數)에 의해서 이미 정해져 있다. 사람에 의해서 결정되는 것이 아니다."[423]라는 말을 인용해 합리화했다. 개인의 빈부는 위정자 소관(爲政者 所關)이 아니라 각자 타고난 팔자소관(八字 所關)이라고 했다. 아예 위정자의 정치적 관련성은 하나도 없다고 부정하고 말았다.

이에 주역(周易)에서는 "하늘이 주는 행운과 불행은 누구에게나 공평하다. 이런 이치를 아는 사람들은 스스로 운명을 개척할 뿐이다(天行建, 君子以

自强不息)."라고 실토를 했다. 심지어 순자(荀子)는 "인간이 하는 일은 하늘의 운명을 이긴다(人定勝天)."라고까지 까놓고 말했다. 위정자의 빈곤타파(貧困打破) 정책이라는 것은 '넉넉한 사람들로부터 조금 덜어서 없는 사람들에게 보태주는 것(損富扶貧)'이 전부였다. 아니면 '십시일반(十匙一飯)의 상부상조(相扶相助)'에 의존했다. 전한의 가이(賈誼, BC 200~BC 168)라는 정치가는 BC 167년 삶을 회상하며 "불행이란 축복이 있는 곳에 있었다네. 축복은 불행이 모인 곳에서 있었지. 걱정과 기쁨도 같은 문(門)에서 나왔고, 길흉도 같은 성벽에서 살더구먼."[424]이라고 '수리부엉이의 부침(鵩鳥賦)'을 읊었다.

2005년 미국의 경제학자 제프리 삭스(Jeffrey D. Sachs, 1954년생)는 지구촌의 가난을 끝내자고 유엔(UN)에 '천년 프로젝트(Millennium Project)'를 제안하며, '빈곤의 덫(Poverty Trap)'에서 벗어나게 하자는 행동을 개시했다. 국가가 가난을 끝내는 것이 불가능한 것이 아닌 가능하다는 생각을 '빈곤의 종말(The End of Poverty)'[425]에 담았다.[426] 이와 같은 혁명적인 생각은 BC 3세기 맹자(孟子, BC 372~BC 289)는 "국가에는 백성이 가장 존귀하고, 다음은 사직이며, 왕은 곧바로 가벼울 뿐이다(民爲貴, 次之社稷, 王則輕)."라고 전제로 했다. ""국태민안(國泰民安)이 태산을 옆구리에 끼고 발해를 뛰어넘는 것처럼(挾太山以超北海) 불가능한 것이 아니다. 길섶에 노인들에게 나뭇가지를 꺾어서 지팡이를 만들어 주는 정도(爲長者折枝) 노력만으로 가능하다."[427]라고 했다. 한마디로 "불가능한 것이 아니라, 하지 않는 것이다(故不爲耳, 非不能也)."라고 못을 박았다. 정도전(鄭道傳)이 『조선경국전(朝鮮經國典)』을 저술하고자 "고려가 멸망한 사유를 살펴보니 불가능한 것을 하지 않는 것이 아니라 할 수 있는 걸 하지 않는 것에 있었다(亡國之近因, 則不能而少, 以能而不行,也多數)."라고 적고 있다.

'고깃국에 흰쌀밥을 배불리 먹을 수 있게(肉湯米飯, 以飽食也)'라는 캠페인 슬로건(campaign slogan)으로 이성계(李成桂, 1335~1408)가 조선을 건국할 때 백성들의 먹거리와 일자리를 잠시 고민했었다. 잦은 가뭄, 홍수 및 천재지변(天災地變)으로 기근이 닥쳤기에 조반석죽(朝飯夕粥)은 고사하고 '한 달 아홉끼(三旬九食)'도 어려웠다. 『조선왕조실록(朝鮮王朝實錄)』에서는 인육(人肉)을 먹었다는 기록이 20회나 나왔다. 그 가운데 세종(世宗) 때는 5회나 등장했다. 임진왜란(壬辰倭亂)이 발발하자 전쟁으로 폐농했는데도 설상가상(雪上加霜)으로 계사년(癸巳年)과 갑인년(甲午年)에 대기근(大饑饉)이 찾아왔기에 왜군보다 끼니와 전쟁을 했다. 기근은 언제나 혼자만 오지 않았고, 외침, 민란, 역질(疫疾), 메뚜기 떼[蝗蟲], 태풍, 홍수 등으로 엎친 데 덮치는 참담한 꼴을 만들었다. 이렇게 하여 배고픈 서러움을 잊을 수 있었던 때는 지난 1970년대에 통일 벼(IR667)를 재배한 뒤에 비로소 빈궁기 보릿고개(麥嶺)를 기아(飢餓) 없이 넘기게 되었다.

'빈곤의 덫(poverty trap)'을 숙명, 운명 혹은 팔자소관으로 인식시키면서 절대로 벗어날 수 없는 굴레(yoke) 혹은 사회적 메커니즘(social mechanism)으로 생각하도록 만들었다. 이렇게 함에는 깊은 함의(含意)가 있다. 위정자 입장에서는 모르게 되면 순종하고, 사익까지 챙길 수 있었다. 공연하게 알리는 만큼 요구가 늘어나며, 동시에 불합리함을 받아들이지 않으며, 저항도 증가하게 된다. '빈곤의 덫(poverty trap)'의 특성은 자기강화(최면)에 의한 악순환(self-reinforcing cycle of poverty)으로 만들어진다.[428, 429] 따라서 저소득, 저학력, 저기회(低機會), 저의욕(低意欲) 등으로 지속한다.[430] 사회학(社會學)에서는 고등교육 및 첨단기술의 훈련에 접근성 부족, 저렴한 주택 및 교통에 가용성 부족, 저렴한 보육에 접근성 차단, 노동시장에서도 차별대우 등으로 '빈곤의 함정(poverty trap)'에 더 깊이 빠져들고 갇히게 된다.[431]

8. 일자리로 인한 '소득의 양극화'는 상상을 초월!

'富益富 貧益貧'이란 독초가 지구촌을 다 덮을까?

· · · · ·

지난 2019년 영화 「기생충(parasite)」이 넷플릭스를 타고 국내뿐만 아니라 지구촌에 부익부빈익빈(富益富貧益貧)의 실상을 더하지도 빼지도 않고 그대로 보여주었다. 부익부빈익빈(富益富貧益貧)이란 용어는 조선 시대에 유행되었던 말이라[432]고 일본 기록에 나왔다. 이를 확인하고자 『조선왕조실록(朝鮮王朝實錄)』에서 '부익부빈익빈(富益富貧益貧)' 단어를 검색하니 3번(회)이나 나왔다. 최초는 세조(世祖) 14(1468)년 6월 18일 '조세·부역에 대해 팔도 관찰사에게 내렸던 유시'[433] 글에서 나왔다. 두 번째는 중종 5(1511)년 9월 18일 '전경(典經) 유돈(柳墩)이 시경(詩經) 신공(臣工)을 강의하는(進講) 과정에 농사의 중요성과 백성의 노고를 강조'[434]하는 기록에 등장했다.

마지막으로 숙종(肅宗) 42(1716)년 12월 24일 "기병·보병·수군의 신포(身布)는 절반을 줄여서 받아들이게 하라."라는 문장에 있다. 이때 숙종은 "옛날부터 돈이란 폐단이 있었는데(錢貨自古有弊) 다름이 아닌 오늘날 백성들 사이엔(卽今民間), 도둑 떼가 날뛰고 있다(盜賊肆行). 그래서 있는 사람은 더 많이 벌고, 없는 사람은 가진 것까지 빼앗기는 실정이다(富益富 貧

益貧)."라고 했다.[435] 영조 3(1727)년 『승정원일기(承政院日記)』에서 "시골 구석구석까지 돈의 폐단이 얼마나 심한지? 부익부빈익빈이란 폐단이 있다니(錢豈無弊? 鄉曲間, 富盆富貧盆貧, 錢之弊也)."라고 국왕은 언급했다.[436] 오늘날 용어로는 '소득의 양극화(polarization of income)' 혹은 '상대적 박탈감(relative deprivation feeling)'이었다.

이렇게 소득의 양극화(부의 편재, 일자리 쏠림) 현상을 동양 고대사회에서는 오늘날처럼 i) 자본주의의 구조적 모순(structural contradictions of capitalism), ii) 소득 재분배의 모순(contradictions in income redistribution), iii) 경제적 약자에 대한 보호제도 미약(weak protection system for the economically weak), iv) 저소득자에 대한 사회적 복지 미흡(insufficient social welfare for low-income earner) 등의 각도에서는 아예 접근조차 하지 않았다. 단지 팔자소관(八字所關)이나 개인 능력(個人能力)으로만 돌렸다. 동양의 빈부론(貧富論)의 핵심사상은 "부자(富者) 혹은 빈자(貧者)로 태어나지는 않았다. 모두가 자신에 의한 것이다. 부자는 열심히 일했고, 가난한 사람은 게으르기 때문이다. 이렇게 되는 건 자연의 섭리일 뿐이다(是爲自然之理矣)."[437]이다. 서양 고대사회에서도 귀족(貴族)들은 은 쟁반에다가 금 숟가락으로 음식을 먹었다. "은 숟가락(silver spoon)을 입에 물고 태어났다(born with a silver spoon in his mouth)."라는 표현으로 상대적 박탈감(相對的 剝奪感)을 표현했다.[438]

세칭 숟가락 계급론(Spoon Class Theory)[439]이 수면 아래로 수 세기 동안 조용히 흘러왔다. 2017년에 숟가락 계급론이 우리나라에서 소득 및 재산에 따른 9계급, 즉 i) 다이아몬드 숟가락(Diamond Spoon), ii) 백금 숟가락(Platinum Spoon), iii) 황금 숟가락(Golden Spoon), iv) 은 숟가락(Silver Spoon), v) 황동 숟가락(Bronze Spoon), vi) 강철 숟가락(Steel Spoon), vii)

나무 숟가락(Wooden Spoon), viii) 마지막 흙 숟가락(Soil Spoon), ix) 먼지 묻은 흙 숟가락(Dirt Spoon)이다.[440]

　서양에서는 서기(西紀) 80년에서 90년 사이에 작성된 마태복음(Matthew 25:29)에서 "누구든지 가진 사람은 더 받아 부유해질 것이다. 그러나 없는 사람은 그 있는 것마저 빼앗길 것이다."[441, 442]라고 예수가 한 말이 인용되어 있다. 그런데 이를 '부익부 빈익빈(The rich get richer, the poor get poorer)'[443]을 최초로 표현한 사람은 영국의 낭만파 시인(詩人) 퍼시 비시 셸리(Percy Bysshe Shelley, 1792~1822)가 1821년경 쓴 「시의 옹호(A Defence of Poetry, 1840)」에서이다. 그는 "가진 사람에게는 더욱 많이 주어질 것이고, 없는 사람에게는 있는 것마저 빼앗긴다니."라는 시 구절을 적었다.[444, 445] 그런데 『자본론(Das Kapital)』을 쓴 카를 마르크스(Karl Marks, 1818~1883)는 부익부빈익빈(富益富貧益貧)의 사회현상에 대해서 "부자는 더 부자가 되고 가난한 사람은 더 가난해진다는 진부(陳腐)한 주장(懶怠論)은 자본가들이 노동자의 임금을 낮춰야만 자기네들이 더 부유해질 수 있다는 굴욕화(비참화)론(theory of immiseration)[446]이다. 노동자들이 반란을 일으킬 수밖에 없을 때까지 노동자들의 생활 수준을 낮추는 것이다."[447]라고 언급했다.

공자 왈, "절대적 빈곤보다 상대적 빈곤이 더 걱정(不患貧患不均)!"

· · · · ·

　오늘날 '경제적 소득의 양극화(polarization of economic income)'는 고대 역사에서는 없다고 생각할 수 있으나 그때에도 사회문제로 대두되었다. 물론 현재처럼 소득의 불평등 정도를 측정하는 지니계수(Gini coefficient)[448] 혹은 조세의 소득재분배 효과를 측정하는 RS 지수(The Reynolds-Smolensky Index)[449]를 통해서 계측할 수 없었다. 공자(孔子, BC 551~BC 479)가 살았던 BC 5세기 당시에도 오늘날과 같이 '소득의 양극화(所得之兩極化)'는 심했다.『논어(論語) 계씨편(季氏篇)』에서 "나라에서 땅(혹은 사람)이 적다는데 걱정을 하지 말고, 골고루 공평하게 분배되지 못함을 걱정해야 한다(不患寡而患不均)."라고 했다.[450]

이런 현상을 걱정해야 하는 이유를 주자(朱子)[451]는『주석(註釋)』에서 "공평하지 않으면 국가적 화합을 깨뜨리고, 장차 나라 안에 어떤 변란이 일어나기 때문이다(不均不和, 內變將作)."[452]라고 했다.『송사(宋史)』에서는 "나는 균등하지 못한 빈부는 역병과 같으니 이제는 그대들에게는 균등하게 하겠노라(吾疾貧富不均, 今爲汝輩均之)."라고 기록하고 있다. 남송(南宋) 농민봉기(農民蜂起) 때도 "귀천을 평등하게, 빈부를 균등하게 하라(等貴賤, 均貧富)."라고 외쳤다.『조선왕조실록』에서 172건의 민란(民亂) 기록이 나오고 있으나 원인은 대부분이 전정(田政), 군정(軍政) 및 환곡(還穀)이라는 삼정문란(三政紊亂)과 탐관오리(貪官汚吏)에 기인하고 있었다. 한마디로 '부담의 불균(負擔之不均)'이었다.

이와 같은 시장 실패(market failure)를 바로잡아야 할 정부마저도 제대로 역할을 하지 못했을 경우를 오늘날 케인스의 경제이론(Keynes's theory)에서는 '정부 실패(government failure)'라고 했다. 주요 실패 요인으로는 i) 정보의 비대칭 문제, ii) 공공재 생산의 문제, iii) 독점기업의 국유화에서 발생하는 문제, iv) 관료의 포획(capture of bureaucrats) 등을 제시하고 있다.[453] 물론 한정된 제원으로 압축적 최대효과를 올리기 위해 '선택적 집중(selected focus)'을 한다. 계획경제개발(planned economic development)[454] 혹은 속칭 관치경제(government economy)라고도 한다.

자본주의 국가에서도 사회주의 경제이론이었던 경제개발계획제도를 우리나라도 도입했다. '집중과 선택(selection and focus)' 과정에서 우선순위(優先順位), 효과성(效果性) 및 공익성(公益性) 등의 기준으로 선별했다. 1960~1970년대 압축성장(compressed growth)[455]을 위한 경제개발 5개년계획에서 노동조합 및 노동인권(勞動人權), 복지(福祉), 지방자치(地方自治) 등은 차순위로 밀렸다. 당시 대국민 설득 2대 논리로 i) '빅 파이 이론(big pies theory)', 지금 당장 나눠 먹으면 한 사람도 배불리 못 먹는다. 그렇다면 파이를 키워서 모두가 배부르게 먹자. ii) '앤드슨 터널 이론(Anderson Tunnel Theory)', 알래스카 휘티어시(Whittier City, Alaska)에서 1943년에 해안지형상 외통선 철로(one-way railroad)에다가 딸랑 1개 터널을 만들었다. 이곳에는 군사용 철도 운행 때는 일반차량 운행은 몇 시간이고 운행 중단(대기)을 시킨다. 이처럼 우리나라도 압축성장(compressed growth) 혹은 선택된 집중(selected focus)을 위해 노사문제, 민생복지 및 지방자치 등은 차순위(次順位)로 미뤘다.

취업과 실업(일자리 문제)이 경제학적으로 대두된 시기는 영국에서 16세기 '실업(unemployment)'이란 용어가 생겨났다. 부랑자(vagrants)와 실업자(jobless)라는 엄격한 구분도 없었고, '신체가 말짱한 거지(sturdy beggars)'로 분류되면 처벌을 받게 되었다.[456] 1530년에 로마 가톨릭교회 혹은 수도원에서 가난한 사람을 도왔다가 폐쇄됨에 따라 빈곤(부랑자)이 증가했다. 일자리를 찾을 수 없는 사람들은 굶어 죽거나 아니면 법을 어기는 양자선택(兩者選擇)이었다. 1535년에 공공사업시스템을 창설하는 실업 문제 해결 법안이 통과되었다. 1년 후에 법률이 발효하여 부랑자(실업자)들을 채찍질하거나 교수형까지 처형했다.[457]

1547년에는 부랑자(실업자)에게 형법보다 극단적인 조항을 적용했다. 1회 위반에는 2년 노예 생활, 2회 위반은 사형선고하는 'V(vagrants)' 낙인을 얼굴에 찍었다. 헨리 8세(Henry VIII, 1491~1547)는 재위 기간 72,000명을 처형했다. 1576년 비로소 각 도시에서 실업자에게 일자리를 제공하기로 했다. 1601년에 세계 최초 정부 후원 복지프로그램(government-sponsored welfare program)인 빈곤층 구제법(Poor Relief Act) 제정되어 취업 불가능자와 취업 거부자를 구분했다.[458] 1873년부터 1879년 경제대공황(經濟大恐慌)으로 뉴욕 맨해튼(Manhattan, New York City) 톰킨스 광장 공원(Tompkins Square Park)에서 모였던 실업자를 뉴욕시 경찰은 폭력적으로 공격해 해산시켰다.[459] 19세기 대부분 노동시간은 60시간이었으며, 실업률은 1~2% 정도였다.

화제를 우리나라 현재 시점으로 돌려보면 전반적인 실업률은 비교적 낮으나, 청년실업률은 상대적으로 높다. 2021년 11월 기준으로 실업률은 2.1%이지만, 청년실업률은 5.5%다.[460] 12월 5.1% 청년실업률은 G7 평균 8.7%, OECD 평균 10%에 비교하면 매우 낮은 수치다. 수치상으로는『한국경제』가 자연실업율(natural rate of unemploymen)을 넘어서 고용활황기에 들어갔다고 볼 수 있다.[461] '통계의 마력(magic of statistics)'이란 관점에서 실업률 2.1%로 잡힌 요인으로는 i) 단순히 취업자가 늘어 실업률이 내려간 경우, ii) 실업자 지표에서 빠지는 '구직단념자(求職斷念者)'가 늘어 실업자가 줄어드는 케이스(case), iii) 실업자를 실업자로 부르기 어렵게 만드는 엉터리 실업자(crappy unemployed person) 기준 때문이다.[462] 파죽지

세(破竹之勢)로 확산된 비정규직은 2018년 세계 7위 20.6%, 2019년 4위 24.4%, 2020년 2위 26.1%, 2021년 1위 28.3%로 등극했다.[463] 우리나라의 일자리의 특성은 '9988234'다. 우리나라의 전체 산업구조에서 중소기업의 비중은 99%이고, 일자리를 중소기업이 제공하는 비율은 88%인데, 취업자 대부분이 2~3년 근무하다가 그만둔다. 왜냐고요? 대다수 신생 중소기업은 2~ 3년간 버티다가 '죽음의 계곡(Death Valley)'을 만나서 사라지기 때문이다.

제4장

미래의 일자리는 어디서 어떻게 생겨날까?

1. 석유탐사 '피범벅으로 채워지리라'란
영화를 국민에게 보여주기

'산유국의 꿈!' 아지랑이 피어오르는 영일만(迎日灣)!
· · · · ·

지난 2024년 6월 3일 우
리나라 대통령은 제1호 국
정브리핑으로 '포항 영일만
(迎日灣) 앞바다의 막대한 양
의 석유와 가스 개발 가능성'
을 국민께 보고했다. '가능
성 20%, 매장량 140억 배럴

로 천연가스는 최대 29년, 석유는 최대 4년치'라는 산유국의 꿈으로 국민
의 마음속에 아지랑이를 피웠다.464 이에 대해는 경북 도지사와 경북 도민
은 '포항 앞바다에 석유·가스가 펑펑 솟아나길' 기원했다.465 대다수 대구·
경북 주민은 '기름 한 방울 산출되지 않는 나라'에서 '산유국의 꿈(dream
of oil-producing state)'이 영글기를 바라는 맘에선 속칭 '희망 고문(hope
torture)'에 행복했다.466 영국의 뉴스통신사『로이터(Reuter)』에서 "한국 영
일만 해상에 5천억 원의 세계최대 탐사자원량을 예상하는 거대한 프로젝
트(giant project)"임을 지구촌에 알렸다.467

석유(石油, petroleum)란 화학적으로는 자연상태에서 산출되는 탄화수
소 혼합물이다. 생물학적으로는 대기가 없는 지하에서 바다 유기물이 분
해되어 형성된 물질이다. 지질학적으로 지질시대의 동·식물이 퇴적되어

지압과 지열로 변화된 생성물이다. BC 5세기경부터 중동이나 유럽에서는 역청(pitch)과 점토로 성벽을 만들었다. 성서 창세기(創世記)에서는 '노아의 방주(Noah's ark)'를 만드는데 역청(瀝靑, pitch)[468]을 사용해 방수작업을 했다.[469] 헤로도토스(Herodotus, BC 484~BC 425)[470]의 『역사(Histories)』에서는 지금부터 4,000년 전 바빌론의 성벽과 탑으로 천연 아스팔트(瀝靑)를 사용했으며, 유프라테스강의 지류인 이수스(Issus) 강 유역에서 이 역청을 채취했다. 세시아(Cessia) 아르데리카(Ardericca) 사람들이 기름을 생산하는 우물(油井)에 대해 헤로도토스는 역사서(歷史書)에서 설명했다.[471]

한편 동양(東洋)에서는 BC 600년경 석유를 사용했다는 문헌상 기록은 『주역(周易)』에서 "연못 가운데 불이 타고 있다(澤中有火)."라는 기록이다.[472, 473] "연못 속에 불이 있는 모양이 바로 변혁이다(澤中有火革). 지도자가 이로써 새로운 역사임을 밝힘이었다(君子以治歷明時)."[474]라고 해석했다. BC 1세기 전에 중국 사람들은 BC 4세기에 중국에서 석유를 사용했다는 유물(물증)로 한 왕조(漢 王朝)의 청동유등(靑銅油燈, bronze oil lamp)[475]을 제시하고 있다.[476] AD 347년경에 중국에서도 석유 시추작업이 있었다. 대나무 장대에 시추(試錐) 비트(boring bit)를 동아줄로 달아 낙하 가속력(落下加速力)을 이용해 240m 정도의 가스 정(gas well)을 팠다.

우리나라에서도 석유(petroleum) 혹은 메탄가스(methane gas)로 인해 "땅이 불타다(地燒 혹은 地燃)."라는 기록을 살펴보면 『삼국사(三國史)』, 『고려사(高麗史)』 및 『조선왕조실록(朝鮮王朝實錄)』의 데이터베이스를 검색해 보았다. 『삼국사(三國史)』에 2회, 『고려사(高麗史)』 1회, 『조선왕조실록』에서는 8회나 나오고 있다. 조선 시대 왕조별로는 세종 4회, 선조와 고종 각 1회 그리고 순조 때 2회가 나왔다. 『삼국사(三國史)』에서는 첫째는 진평왕 31(609)년 1월에 "모지악(毛只嶽) 아래 땅이 불에 탔다. 너비 4보, 길이 8보, 깊이 5척이었다. 10월 15일까지 불탔다."[477] 다음으로 태종무열왕 4(657)년 7월에 "동쪽 토함산(吐含山)의 땅이 불타더니 3년만에 꺼졌다(東吐含山地燃. 三年而滅)."[478] 『고려사(高麗史)』에서는 1180년 3월30일 "서경(西京) 유수(留守)가 보고했는데 의연촌(衣淵村)에 땅이 불타고 있는데 연료가스가 끊이지 않고, 너비와 길이가 6척 정도는 된다(衣淵村地燒, 煙煤不絶, 長廣六尺許)."라고 기록하고 있다.[479]

『조선왕록실록(朝鮮王朝實錄)』에 등재된 '지소(地燒)'의 기록 가운데 세종 23(1441)년에 27(1445)년까지 나타난 4회만 요약하면 i) 당시 표현을 그대로 사용해 "땅이 탔던 자리에 다시 불나기가 빈발하며, 길이는 8척, 너비는 4척 정도이고, 불꽃이 성하여 낮에는 푸른 연기, 밤에는 불빛이 생겨나며, 냄새는 석유황(石硫黃)과 비슷하다.[480] 비가 내려도 꺼지지 아니하는데 파서 보니 흙이 모두 붉은 빛이다(地燒復發, 長八尺廣四尺, 火焰熾盛, 晝則青烟, 夜則火光, 臭同石硫黃, 雖雨不滅. 堀而視之, 土皆赤色)." 그리고 ii) 장소로는 함길도 은성부 건원동(穩城府 乾元洞), 경상도 영해부(慶尙道 寧海府)와 함길도 경성부(咸吉道 鏡城府)였다.[481] iii) 이에 대한 대처방안으로는 "각도에 땅을 파고 흙과 돌이 불타는 상태를 고하게 했다(上下其書于各道, 令開具其狀以聞).[482]"라고 했다.

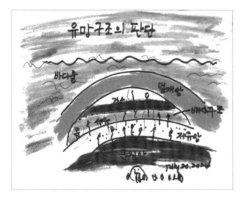

이와 같은 우리나라의 역사적 기록은 우리나라 해상 석유(가스)탐사의 인문학적 정보에 한정됨이 아니라 석유시스템 분석(petroleum system analysis)에 있어서 특히 유망구조(prospect) 혹은

가능성을 평가하고 판단하는데, i) 진흙 혹은 셰일층 위에 탄화수소 혹은 수소탄화물(석유 및 가스)을 생성하는 식물성 플랑크톤 등의 퇴적으로 구성된 근원암(source rock), ii) 2000만 년~1,700만 년 전 한반도에서 일본 열도가 찢어져 나감으로써 발생했던 대륙사면(continental slope)의 지괴(landsliding) 등으로 형성된 투수성(透水性)이 높은 사암층인 저류암(reservoir rock), iii) 불투수성(不透水性) 이암(泥巖) 혹은 셰일로 형성된 덮개암(cap rock) 및 iv) 돔(dome) 모양 혹은 배사구조(背斜構造, anticline)로 된 지하 냉장고라고 할 수 있는 트랩(trap)으로 평가한다. 이는 마치 연예인 오디션에서 심사원들이 일반적으로 0.7을 많이 주듯이 위의 4개 요소에다가 배점을 하여 이를 맞대 곱하면 0.25이다. 여기서 20%(0.2)라는 건 어느 한 요소에 0.6이란 평가치를 주었다.

지난 2024년 6월 3일 대통령이 발표했던 영일만 석유탐사 자원량은 140억 배럴에는 20% 확률이었다. 액트지오(Act-Geo) 대표 빅토르 아브레우(Victor Abreu) 박사는 이에 대해서 각종 의문 해소를 위해 6월 7일 기자회견을 했다. 이때 한국석유공사(KNOC)와 우드사이드(Woodside)의 탄성파 탐사자료에서 처리해 얻은 2D 혹은 3D 데이터를 기반으로 했다고. "3개(홍게, 집게, 주작)의 시추공에서 굉장한 규모의 경제성이 있는 탄화수소가 누적되어 있다는 사실을 찾지 못했다. 이것은 리스크(risk)를 의미한다."[483]라고 액토지오(ActGeo) 대표가 말했다. 이를 미뤄봐서 근원암(source rock)에 0.6이란 평가치를 줬을 가능성이 있다. 근원암 0.6, 저류암 0.7, 덮개암 0.7 그리고 트랩에 0.7이란 평가치를 상호연관적 가능성에 따라 20%(=0.6×0.7×0.7×0.7)가 산출된다. 물론 한국의 역사적 가스 누출 사건과 최근 동해 심해에서 발견된 150조 원에 상당하는 '불타는 얼음(burning ice)'이라는 별명을 가진 '메탄 하이드레이트(methane hydrate)'를

484, 485 판단했던 선행 사례를 반영하여 가중치를 줄 수도 있었다. 메타 하이드레이트가 생성되었던 건 바로 가스가 누출되었던 사실이다. 따라서 덮개암(cap rock) 평가치에다가 낮은 가능성(저평가치)을 줄 수밖에 없다.

'큰 거 한방(one big shot)'으로 국민에게 짜릿함을 주고자!
· · · · ·

지난 6월 3일 대통령은 포항 앞바다 유전 시추를 승인했다고 발표했다. 이와 유사한 사례로는 1976년 1월 15일 박정희 대통령께서 '영일만 석유 발견' 희소식을 발표했다. 당시는 1973년부터 1974년까지 제1차 오일 쇼크(Oil Shock)로 고통을 겪었던 온 국민에게 짜릿한 산유국의 꿈을 안겨다 주었다. 1978년에는 유행가 가수 정난이의 「제7광구」라는 노래를 많은 국민이 따라 불렀다. "나의 꿈이 출렁이는 바다 깊은 곳. 흑진주 빛을 잃고 숨어있는 곳. 제7광구 검은 진주 제7광구 검은 진주. 새털구름 하늘 높이 뭉실 떠 가듯. 온 누리의 작은 꿈이 너를 찾는다."**486**를. 2011년 8월 4일에는 「7광구」라고 영화까지 만들어 상영했다. 머릿속에 떠오르는 명대사는 하지원(河智苑, 1978년생)이 한 "바다가 아름다운 건, 석유가 있기 때문이지. 정말 웃기고 있지?"이다. 안성기(安聖基, 1951년생)의 "시추선(試錐船)에서 뭐 하는 시추에이션(situation)?"이라는 말이 한때 유행했다. 이런 역사적 사실을 겪었던 사람들에게는 1976년 1월 15

일(연두) 박정희 대통령의 연두 기자회견에서 했던 장면이 이번 포항 석유 발견 발표[487]에다가 중첩(overlap)되었다.[488]

물론 초등학교 때에 국사에 조예가 깊으신 담임선생께서는 말씀하신 i) 1812년 홍경래(洪景來, 1780~1812)가 운산금광(雲山金鑛)에 일할 광부를 모집하자, 가산(嘉山), 박천(博川) 등에서 송곳 하나 꽂을 땅도 없는 농민들과 임금노동자들이 모여들었다. 결국은 홍경래(洪景來)의 민란으로 막을 내렸다.[489] 1933년 폐광이 된 금광에다가 금괴를 숨긴 다음에 교주 전용해(全龍海)[490]의 힘으로 금광이 다시 터졌다고 백백교(白白敎)의 교인을 모았다. "한 사람의 흰 것으로 천하를 희게 한다(一之白將欲白之於天下地)."라는 중심교리로 선교해 확장했다. 1937년 일제 경찰의 수사로 비밀장소에 346명의 피살된 신도들의 시신이 발견된 뒤에도 수차례 피살사건이 발생했다.[491] 우리나라에서도 허황한 황금광란(黃金狂亂)이 불었던 역사적 사실을 알 수 있다.

2014년 2월 6일 박근혜 대통령 당시에는 '통일 대박(Unification Jackpot)'을 발표했다.[492] 이로 인해 비무장지대(DMZ) 인근 도시 파주시(坡州市)를 중심으로 부동산개발과 투기 광풍이 일어났다.[493] 대중가수 신유(申東龍, 1982년생, 칠곡군 약목면 남계리)의 노래 「통일은 대박」에서 "대박이다. 대박이야. 통일된다면 서울 남자 평양 여자. 평양 남자 서울 여자. 서로 만나서 서로 좋아서. 사랑도 할 수 있겠네. 서울에서 평양까지. 맘먹으면 하룻길. 누가 누가 먼저 손을 잡을까. 먼저 고백을 할까. 사랑의 통일은 얼마나 걸릴까. 생각만 해도 설레는 마음. 가슴 뛰는 일인데. 상상만 해도 궁금해지네. 그게 언제쯤일까?"[494]라는 가사도 있었다. 한 번 속았다는 건 두 번이고 세 번이고 가능하다는 의미다. '북한에 선제타격(Preemptive Strike against North Korea)'[495, 496]을 공약하고 있는 마당에 '제2 통일 대박(The

2nd Unification Jackpot)'이라는 정치적 혹은 경제적 국면전환용 '큰 거 한 방(one big shot)'을 시도할 수도 있겠다는 생각도 할 수 있다.

19세기 '황금 대박(gold rush)'처럼, 20세기에 들어와서 '석유 대박(oil rush)'으로 대체했으나, 최근에는 ESG(Environmental, Social and Governance)와 RE100(Renewable Electricity 100%)이란 친환경 철학이 자리 잡음에 따라 '석유 대박'의 짜릿함이 사라지고 있다. 최근 우리나라에서는 아직도 '석유 대박(Oil Rush)'이란 생각에 갇혀있어 2024년 6월 3일 '영일만 석유 시추 승인'이 도박처럼 '산유국의 꿈(産油國之夢)'을 국민에게 안겨주었다.[497] 지난 2016년 네덜란드 인디 게임 개발회사 '자미오우스 (Gamious)'에서 19세기 북미(north America)에서 석유 시추사업으로 일확천금(一攫千金)을 노렸던 시대를 배경으로 '높은 위험 속에 높은 이득을 챙김(High Risk High Return)'을 제공하는 짜릿한 시뮬레이션 게임 '터모일 (Turmil)'을 시판했다. 1989년에는 금광탐사 게임인 '금광을 찾아서(Lost Dutchman's Mine)'는 미국 서부 19세기 골드러시(Gold Rush)를 시대적 배경으로 하고 있다. 또한 2007년 상영한 「피범벅으로 채워지리라(There Will Be Blood)」[498]라는 미국 서부의 20세기 석유탐사를 계기로 사람들의 탐욕은 끝이 없이 벌어진다. 결국은 출애굽기 "피로 채워지리라(There will be blood)."로 끝났다.[499] 지금도 기억하는 대사는 "울음도 뚝! 콧물 흘리는 놈아! 말도 안 되는 소리 작작하는 것도 뚝! 넌 그냥 산산조각이 날 뿐이다. 엘리야(Stop crying, you sniveling ass! Stop your nonsense. You're just the afterbirth, Eli)."라는 승자독식(勝者獨食)의 대답을 들었을 뿐이다.

2. 축복과 저주가 눈앞에 놓였으니,
오늘날 우리의 선택이다[500]

부화(孵化)도 끝나기 전에 미리 병아리를 세지 마세요[501]

　지난 2024년 6월 3일 대통령께서 국정브리핑 제1호로 '영일만 석유탐사 시추 승인'을 발표하고 국내외 언론기관에서는 진실게임(truth game)을 하듯이, 『중앙일보』에서는 2월 23일에 "동해에 석유 구멍 24개, 석유공사 10% 가능성 뚫는다."에서 6월 7일 "동해 성공률 20%는 높은 수준, 세계 최대 가이아나 16%였다." 그리고 5월 8일 "동해 석유·가스 유망성 상당히 높다."라고 보도했다.[502] 6월 14일에는 '한국 탐사시추 실적 고작 48공, 중국 4만8,779공, 일본 813공'에서 성공 가능성을 높이기 위해 탐사시추(探査試錐)를 당연시(當然視)했다[503].

　사실 우리나라는 1959년 첫 석유탐사를 시작으로 1979년 한국석유공사를 설립하여 본격적인 대륙붕 탐사를 했다. 실제로 1998년 국내 최초 천연가스를 울산광역시 앞바다 남동쪽 동해 가스전을 개발하여 세계 95번째 산유국(産油國)에 이름을 올렸다. 2004년 7월에 천연가스와 초경질 원유를 시범 생산했다. 2006년 전격적으로 생산하여 15년이 지난 2021년에 자원고갈(資源枯渴)로 생산을 중단했다.[504]

　다른 한편에서는 i) 물리탐사 데이터

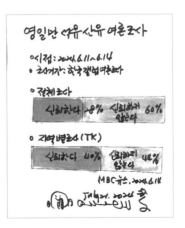

를 이용해 잠재구조(potential)를 유망구조(prospective)로 판명했던 액트지오(Act-Geo)사에 대해 1인 기업, 소재지 및 업종, 법인세 체납 상태 등에 대해 언론기관에서 이를 잡듯이 밝혀내었다. ii) 액트지오(Act-Geo)사 대표 빅토르 아브레우(Victor Abreu) 박사에 대해 라이스대학교 출신, 액슨모빌(ExxonMobil) 탐사 팀장, 교육 훈련 및 석유탐사 자문 활동 그리고 텍사스대학교 오스틴 캠퍼스(The University of Texas at Austin)의 데이비드 모릭(David Morig) 교수와 2003년 6월 '엘스비어(Elsevier)'[505, 506]에 해양석유 논문을 공동저술해 게재했음을 밝혀냈다. iii) 영일만(迎日灣) 시추탐사 7개의 유망구조에 대한 전문가 교차검증(cross checking)에 데이비즈 모릭(David Morig) 교수를 참여시켰다는 사실[507]까지 탐사 추적했다.

연이어 국내 언론에서는 iv) 한국석유공사(KNOC)에선 우리나라 국세법과 텍사스주법(洲法)에서 체납법인체의 법인 자격 제한을 확인하지 못했음에 대해 산업자원부 최남호 제2차관이 사과했다.[508] v) 한국석유공사(KNOC)와 2022년 2월까지 동해 석유탐사를 같이했던 세계 굴지의 호주 우드사이트(Woodside)사가 발간한 IEP 보고서에 "더 이상 유망이 없다고 생각함(no longer considered prospective)."이라는 판단[509]을 뒤집었다. 이는 1인 기업체 자문에 전적(全的)으로 의존했다는 결과였다. vi) 액트지오(Act-Geo)와 같이 용역에 응찰했던 2개의 업체는 세계 석유 개발 서비스업체 가운데 빅3에 해당하는 슐럼버거(Schlumberger)와 할리버튼(Halliburton)이었다. vii) 액트지오를 선정한 이유로는 한국석유공사의 해명은 빅토르 아브레우(Victor Abreu) 박사가 액슨모빌(ExxonMobil) 회사의 비장한 '전가의 보도(傳家之寶刀)'였던 순차층서학(順次層序學, sequence stratigraphy)에 대가였다고. viii) 일반적으로는 유망구조(promising structure) 발견은 업체의 보도자료 정도로 홍보하는데, 대통령이 제1호 국정브리핑으로 '깜짝 쇼(a surprise show)'를 했음은 상식 파괴 현상이었다. 이렇게 과잉 행동(overaction)에 뭔가 이상하다는 '의심의 눈초리(look of suspicion)'를 보내며, 진실 속으로 파고들게 했다.

뭔가 우리나라의 산유국의 꿈이 꼬이기 시작했는지? 국제에너지기구 (International Energy Agency: IEA)에서 2024년도 연차보고서(Report, Oil 2024)를 발표했다. 그 보고서엔 2029년을 정점(peak)으로 하향곡선(下向曲線)을 그으면서, 에너지공급이 수요를 초과하여 하루에 800만 배럴을 넘는 초과생산(over-production)을 경고하고 있다. 2024년 연간 1억 2,900만 배럴, 2030년까지 연간 1억230만 배럴 생산으로 수급 괴리현상 (supply-demand gap phenomenon) 발생을 경고하고 나왔다.[510] 아시아에 선 인도와 중국에서 2030년에는 하루에 320만 배럴로 수요가 감소한다는 예측이다.[511]

이뿐만 아니라 우리나라 국민의 기대에도 특히 '영일만 석유·가스 탐사 시추 승인' 발표에 대해 한국갤럽조사연구소(https://www.gallup.co.kr/)에서 여론조사를 했는데 '믿는다(신뢰)'는 28%이고, '믿지 않는다(불신뢰)'가 60%를 차지했다.[512] 심지어 대구·경북(TK)에서도 48%만 '믿는다(신뢰)'고 응답했을 뿐이다. 아마도 1976년 박정희 대통령의 석유발굴 소식의 허위 사실, 제7광구, 통일 대박 등의 '깜짝 쇼'를 경험했기에 민심은 조금도 흔들리지 않았다. 우리 국민의 차분함은 정치인들에게 되려 '그렇게 헛물 켜지 마세요(不要用眼睛吃冰淇淋).'라는 조소(嘲笑)를 던져주고 있다.

'자원의 저주(Resource curse)' 혹은 '풍요의 역설(Paradoxof plenty)'이란?

자원부국(資源富國)의 경제성장률이 오히려 자원빈국(資源貧國)보다 상대적으로 저조한 현상을 '자원의 저주(resouce curse)' 혹은 '풍요의 역설(paradox of Plenty)'이라고 한다.[513] 당장 경제적 풍요함에 만족해 안주하다가 곧 경제파국으로 떨어지는 파급효과(波及效果)까지를 포함하는 용어다. 실제로 지구촌에 1995년 이후 경제개발 협력기구(OECD)에 가입한 국가들로는 대한민국(South Korea), 체코 Czech Republic), 헝가리(Hungary), 폴란드(Poland), 슬로바키아(Slovakia), 칠레(Chile), 슬로베니아(Slovenia), 이스라엘(Israel), 에스토니아(Estonia), 라트비아(Latvia), 리투아니아(Lithuania), 콜롬비아(Colombia) 등이 있는데, 이들 가운데 칠레(Chile)와 콜롬비아(Colombia)만 자원부국(資源富國)이다. 이에 비해 사우디아라비아(Saudi Arabia), 쿠웨이트(Kuwait), 아랍에미리트(United Arab Emirates), 브루나이(Brunei) 등은 국민소득만 높고 산업 다각화(industry diversification)가 취약한 나라다. 이들 나라의 특징을 지하자원만 상당하게 부유하여 현금 창출력(cash generation power)은 높다지만, 산업은 낙후된 상태다.

이렇게 자원부국(resource rich state)임에도 경제적 빈국(economic poor state)인 상태는 i) 풍부한 천연자원의 채취와 개발 사업의 부가가치가 높기에 이에만 집중하게 된다. ii) 천연자원생산업의 고부가가치로 고임금과 노동력이 집중하게 된다. iii) 새로운 산업에 투자할 자금도, 노동력도 기술력도 자체적으로 육성할 의지조차 없어 '현실에만 안주(Just Settle for Reality)'했다. iv) 현실 만족에 안주하다가 물가 상승(rising prices) ▷ 임금 인상(wage increase) ▷ 기업 간 대립(conflict between companies) ▷ 연쇄적 사회불안과 투자 위축(chain of social unrest and investment contraction)이란 속칭 네덜란드 병(Dutch Disease)[514]에 걸린다.

특히 천연자원이라는 경제의 한 부분의 급속한 발전이 다른 부문의 쇠퇴를 촉진하는 경제적 부작용을 불려온다. 또한 국내 통화의 상당한 가격 상승이 특징이다. v) 풍요한 자원부국(資源富國)의 엄청난 국부는 국가에 한정되어 국민에게 안분(安分)되지 않는 분배악화(分配惡化)를 자초하게 되고, 노예노동자(slave worker)로 전락하고, 외국 자본과 기술에 의존하게 된다.

이에 vi) 세계은행(World Bank)의 통계에 의하면 지하자원 빈국의 내전(內戰, civil war) 위험은 0.5%인데 지하자원 부국은 23%로 46배나 크다. vii) 산업의 다각화와 발전 없이 자원의존국가(resource dependent country)는 과거 천수답 농사(天水畓農事)와 같이 자원의 가격등락에 국가 경제가 춤을 춘다. 2014년 유가 하락으로 러시아, 베네수엘라, 나이지리아, 알제리 등은 경제 위기(economic crisis)를 당면했다. viii) 과도한 재정 지출과 자원이 고갈될 때는 반드시 파국이 온다.

ix) 가장 큰 불행은 자원을 노리는 주변 선진국의 간섭과 자원전쟁을 만들게 한다. 대표적 사례로는 시에라리온(Sierra Leone)의 '피범벅 다이아몬드(blood diamond)'[515]와 같은 20세기와 21세기의 내란(civil war)과 민족 간 갈등전쟁(conflict war) 등이 있었다. 오늘날 강대국 간의 희토류 자원(rare earth resources) 채취(採取)와 정련(精鍊)을 둘러싼 기후 환경 각축전(climate and environment competition)이 가관이다.

물론 '자원의 저주(resource curse)'를 극복한 나라도 있다. 대표적인 나라는 G2 중국은 자원부국이면서 경제 강대국이 되었다. i) 자원의 저주를 극복한 비결은 '규모의 경제(scale of economy)'에서 중국(中國)은 규모를 키웠다. 국가기반시설, 인력자원, 자원 산업에 투여한 여력을 곧바로 제조업과 서비스산업에도 투자했다. 최근에는 국내 수요에만이 아닌 세계 수요에 대응하여 자원을 수입하고 있다. 러시아(Russia)는 아직도 석유와 가스에 의존하는 경제를 벗어나지 못하고 있다. ii) 단지, 고른 분배(even distribution)와 생산적인 투자(productive investment)와 기술개발로 '자원의 저주(resource curse)'의 마법에서 벗어날 수 있다.

대표적인 국가는 노르웨이(Norway)로 1970년 북해 석유개발로 돈벼락을 맞았으나 석유 판매수익을 국가관리기금(Norges Bank Investment Management)[516]으로 적립하여 고른 분배와 생산적 투자개발에 집중적 운용되고 있는 뉴욕 월스트리트(New York Wall Street)에서 세계 최대 규모 2024년 현재 1조6,000억 달러(2,200조 원)나 된다.[517] 네덜란드병(Dutch Disease)에 걸렸던 네덜란드도 기술개발과 같은 생산적인 투자에만 집중했다. iii) 호주의 GDP의 75%가 자원의존형 경제구조(resource-dependent economic structure)를 갖고 있다. 환율 하락, 적은 인구로 인한 내수시장의 협소, 높은 인건비 등으로 제조업의 부실 등의 취약점(脆弱點)을 중국(中國)이 인질(人質)로 삼고, 호주의 목에다가 칼을 들이대었다(holding a knife to Australia's throat).[518] 그로 인해 2017년부터 2023년까지 호주와 중국 사이에 무역전쟁(AustraliaChina trade war)[519]이 전개되었다. iv) 두바이(Dubai)도 석유자원 고갈(depletion of oil resources) 이후 부동산과 투자산업을 과열 투자했으나 거품경제(bubble economy) 발생으로 2009년 11월 25일 두바이 정부에선 지급유예(moratorium)를 선언했다.[520, 521]

이를 보고 옆 나라 아랍에미리트(United Arab Emirates)는 경제의 석유 의존도를 2030년까지 30%까지 줄이고 있다.[522]

3. 소형 모듈 원자로(SMR)가 미래 먹거리가 될까?

독으로 죽는다니, 끝내는 독(毒)을 제거한 뒤 먹고 말았다

복어(鰒魚)는 사람이 먹으면 죽는다고 했다.[523, 524] 물론 동물도 먹으면 죽기에 1970년대까지 쥐, 꿩 등의 사냥에도, 때로는 사람을 죽이는 데 복어 독을 사용했다. 한마디로 성인 13명을 죽일 수 있는 청산가리(KCN, potassium cyanide)의 1,000배, 50% 치사율을

가진 맹독(猛毒)이다.[525] 옛날에는 복어 독의 해독제로는 감초(甘草)를 복용해 글리시리진(glycyrrhizin)의 해독성분을 이용했다. 그러나 아직도 특효 해독제는 없다. 다양한 이름인 황복(黃鰒), 어위어(魚爲魚), 취두어(吹肚魚), 호이(鯸鮧), 하돈(河豚), 기포어(氣泡魚), 궁반동방돈(弓斑東方魨), 복지(伏只), 대모어(代瑁魚), 복어, 복, 복쟁이, 강돈(江豚), 보가지, 복아지, 진어(嗔魚), 규어(鯢魚), 반어(班魚), 앵무어(鸚鵡魚), 호이어(胡夷魚), 마어(麻魚) 등의 명칭이

있다. 또한 지역과 사용처에 따라 다른 이름으로 불리고 있다.

　비소(砒素, As), 수은(水銀, Hg) 등의 독성광물(毒性鑛物)을 인간불치병에 최후 극약으로 사용하듯이 복어 독(鰒魚毒)도 불치 질병에 '최후 극약처방약(ultimate prescription drug)'으로 이용해 왔다. 즉 껍질, 알, 간에 있는 테트로도톡신((Tetrodotoxin)을 중국은 송나라(960~1279) 때에 제거하여 '3대 별미(水族三奇味)'로 먹었다는 소동파(蘇東坡, 1037~1101) 시에 "복어(河豚)를 먹는다는 게 목숨을 내놓고 먹을 만큼 맛이 있는 게(吃河豚也, 値得一死)"[526]라는 구절이 있다. 우리나라는 서거정(徐居正, 1420~1488)의 시 구절에도 "참으로 이놈의 복어 맛이 한창일 때이구나(好是河魨方有味)."라고 입맛을 다시게 했다. 일본에서는 기록에 따르면 1868년 메이지 유신(明治維新) 이후에 복어의 독성 부분을 제거하고 식용해 왔다.[527]

　『동양의학서(東洋醫學書)』에서 나타난 복어(鰒魚)의 이름만을 살펴보면, 3세기경『금궤요략(金匱要略)』에선 후이어(鯸鮧魚), 739년에 저술된 중국 의서『본초습유(本草拾遺)』에선 호이어, 진어(嗔魚) 및 규어(鯢魚)로 되어있다. 968년에서부터 975년에까지 50권의 중의학서인『일화자제가본초(日華子諸家本草)』에서는 하돈, 어위어, 취두어, 호이로 적혀있다. 1329년에 편찬된 중의서『일용본초(日用本草)』에선 하돈어, 우리나라의 의학서 1399년『향약집성방(鄕藥集成方)』에선 복지(伏只), 대모어(代瑁魚), 복어, 복, 복쟁이, 강돈, 보가지 및 복아지 등으로 적혀있다. 1596년 중국의『본초강목(本草綱目)』에선 기포어, 1610년 광해군 때 허균(許筠, 1569~1618)이 저술한『동의보감(東醫寶鑑)』에서는 "맛은 좋으나 제대로 손질을 하지 않고 먹다가는 죽을 수 있다. 살에는 독이 없으나 간과 알에는 독이 많기에 간알은 버리고, 등뼈 속의 검은 피를 깨끗하게 씻어야 한다."[528]라고. 1765년에 편찬된『본초강목습유(本草綱目拾遺)』에서도 호이어, 1958년『중약대

사전(中藥大辭典)』에선 궁반동방돈(弓斑東方魨), 충문동방돈(蟲紋東方魨) 그리고 암색동방돈(暗色東方魨)이라고 했다. 고문서지학에서 3세기경 고대 지리서인『산해경(山海經)』에선 적해, 패어, 진서(晉書)의 '곽박전(郭璞傳, 276~324)'에서 후이어(鯸鮧魚), '오도부(吳都賦)'에서는 후태(鯸鮐), 해어(鮭魚), 1814년 실학자 정약전(丁若銓, 1758~1816)의『자산어보(玆山魚譜)』에서는 뿍뿍 소리가 돼지와 같다고 해서 '돈어(豚魚)'라고 했다.

물론 일본(日本)에서도 미식가(美食家)들은 복어별미(鰒魚別味)를 칭송했다. 에도(江戶) 시대 시인이었던 고바야시 잇사(小林一茶, 1763~1828)는 복어에 독성이 있다고 겁먹고 못 먹는 사람들에게 "복어를 먹지 않는 바보 멍청이들에게는 보이지 않는 후지산(ふぐを食べない 愚か者には 見えない富士山)"이라는 하이쿠(俳句)까지 썼다.[529] 메이지 유신(明治維新, 1868) 때에 정치가이고 미식가였던 기노시타 겐지로(木下謙次郎, 1869~1947)도 "복어 맛, 천계의 옥찬이 아니면 마계의 기미(河豚, 天界の玉饌でなければ魔界の奇味)"라고 시구(詩句)를 남겼다.

여기 우리나라의 문인들이 가만히 있었겠나? 일본 문인보다 이전 1636년에 간행된 조선 문신 이정구(李廷龜, 1564~1635)의『월사집(月沙集)』에 양화진(楊花津)에 복어가 올라오고 있다는 소식을 듣고 읊었던 "복사꽃 뜬 물 따사하니 갈대 싹은 짧으나, 듣겠는데 복어 떼가 벌써 여울을 거슬러 올라온다니, 낚싯대 잡고 강가로 가고 싶어진다네(挑花水暖浦葭短, 聞道河豚已上灘, 欲把一竿江上去)." 앞서 6,000수가 넘는 많은 시를 읊었던 서거정(徐居正)은 1420년에 편찬된『사가시집(四佳詩集)』시 한 구절, "한강 가에 춘삼월 좋은 시절이 다다라서라. 가랑비에 복사꽃 푸른 물에 내려앉자 물결마저 잔잔하다네. 참으로 이놈의 복어가 한창 맛 좋을 때라지. 조각배로 돌아가기가 너무 늦어 후회스럽기만 하다네(漢江江上三月時, 細雨桃花漲璧漪, 好是河豚方有味, 扁舟歸去悔遲遲)."

후쿠시마 삼중수소(三重水素, tritium), 황금 400배 고가의 미래 먹거리?

지난해 2023년 9월 28일 자 『연합뉴스』를 비롯하여 국내 언론에선 "한수원, 중국친산(中國秦山) 중수원자력발전소(重水原子力發電所, Heavy Water Nuclear Power Plant)에 중수 80톤 수출"했다고 보도되었다. 보도 내용을 요약하면, 중수(重水, heavy water)는 수소의 동위원소인 중수소와 산소 분자 결합을 통해 만든 인공적인 물로 원자로(nuclear reactors)의 냉각제(coolants)와 감속재(moderators)로 사용된다.[530] 중수 80톤을 230만 달러(약 45억 원)에 중국 저장성(浙江省) 자싱시(嘉興市) 친산 원전(秦山原電)에선 압력관 교체 등으로 대규모 설비개선을 추진하고 있어 이에 따른 중수를 한국에서 수입했다.[531]

일반적으로 중수(重水)는 300~500$/g으로 고가(高價)에 판매되고 있으며, 삼중수(三重水)는 후쿠시마원전(福島原電)의 오염수(contaminated water)를 알프스(ALPS, Advanced Liquid Processing System) 장치를 통해 처리되었다고 '처리수(treated water)'라는 이름으로 일본의 동쪽 앞바다 태평양에 방출하고 있다.[532, 533] 그러나 정제된 삼중수(三重水)는 황금의 400배인 3,000만 원/g인 고가에 판매된다.[534] 중수(heavy water)와 삼중수(三重水)가 고가로 판매되는 것은 핵융합(수소)폭탄의 핵심원료로 사용되기 때문이다.[535] 한수원(khnp.co.kr)에서 친산 원전(秦山原電)에 판매한 중수가 월성 중수 원자력 발전소(Wolseong Heavy Water Nuclear Power

Plant) 1·2 혹은 3호에서 사용했다는 사실에서 산업폐기물(industrial waste)로 40$/kg로 판매했다.[536] 그러나 조금만 깊이 생각했다면 전략물자로 북한 혹은 러시아 등지로 넘어가 수소폭탄의 핵심물질로 사용될 위험(risk)을 안고 있었다.

오늘날에 와서는 원전의 폐수가 해양환경파괴(海洋環境破壞)의 주범이고, 인간에게 발암물질로 인식되고 있는[537] 삼중수(三重水)의 반감기(half life of tritium)는 대략 12년이다.[538] 군사적 사용은 열핵(융합)폭탄을 비롯하여 권총 및 소총의 조준경 등에도[539], 의학적으로는 백혈구, 심장병, 암 및 AIDS의 진단과 연구, 방사선 치료 등, 생물학에서도 수소와 연관된 신진대사 등의 분자생물학 혹은 생의학적 연구를 하는 데 쓰이고 있다.[540] 삼중수소는 생활 주변에 발광(야광) 페인트 혹은 야광 시계에도 평균 대략 0.2~0.3GBq의 삼중수소가 이용되고 있다.[541] 출구 표지판(exit signs), 건물 비상 조명(building emergency lighting), 공항활주로 조명(airport run-way lighting) 등에 야광반사체와 결합해 자체 발광 열쇠고리 등에도 사용하고 있다.[542] 머지않아 인간의 안전통제 범위 안에 들어오면 바로 새로운 미래 먹거리로 등장할 것이다.

요약 정리하면, 미래 먹거리 3대 용도로는 i) 핵융합폭탄과 같은 전략적 무기뿐만 아니라 재래식 무기에도 조준경과 레이더(sights and radar)를 대용할 추적자로 창정(廠整)하는 군사적 용도, ii) 의료 진단과 생의학적 연구의 도구, 산업 안전장치, 도시기반시설에도 야광 혹은 발광으로 안전제어장치를 만드는 데 사용하는 상업적 용도[543, 544], 그리고 iii) RE100을 지향하고 재생에너지(renewable energy)로 대체하고 있는 현실에 인공태양(artificial sun) 혹은 핵융합발전(nuclear fusion power generation) 등에 신생에너지 용도[545, 546]로 사용될 것이다.

SMR, 아무리 튼실한 돌다리라도 두들겨 보고 건너야!

한편 지난 2024년 6월 6일 군위군[547] 첨단산업단지에 2029년까지 건설과 2031년에 운영(실증)하는 국내 제1호 소형 모듈 원자로(SMR, small modular reactor)를 설치하여 전력을 공급할 계획을 밝혔다.[548] 대체적인 윤곽은 i) 2024년 6월 중에 한수원과 대구시가 양해각서(MOU)를 체결하고, ii) 2028년까지 i-SMR 표준설계인가와 2029년까지 건설하며, iii) 2031년 실증 운영을 하여 2036년 군위통합공항 개항에 맞춰 추진한다. 세부적으로 i) 위치는 군위 첨단산업 단지(190만 평) 내에, ii) 추진과정은 MOU 체결 ▷ 부지 적합성 ▷ 환경영향평가 ▷ 냉각수 공급 방법 등 타당성(feasibility) 검증을 통과해야 한다. iii) 근거 법령은 「분산에너지 활성화 특별법」[549]이고, 근거 계획은 산업통상자원부의 제11차 전력수급 기본계획 가운데 2035~2036년 SMR 상용화 실증에 기반을 두고 있다. iv) SMR은 300MWe 이하 원자로이며 차세대원전 3.5세대인 i-SMR로 개발 중에 있다. 규모는 모듈 4개로 680MWe 정도로 예상된다. v) 분산에너지 활성화 특별법에 따라 분산될 수도권 기업을 흡수 소화할 수 있는 영향력을 끼친다. 이들에게 SMR 전력을 제공해줌과 동시에 '전기 먹는 하마(electricity-eating hippopotamus)' 산업인 시스템반도체를 지역에 육성할 역량을 제고하고 동시에 가속도까지 높인다.

이에 대해 "소규모 원전으로 높은 안전성, 플루토늄 재가용의 지속가능성, 비핵에너지 확산성 그리고 경제성을 제시하고 있다.[550] 미국 러시아 중국 등 에너지 강국들의 개발 경쟁이 치열하다. 이는 원전에 대한 막연한 두려움을 가질 필요가 없다는 뜻이기도 하다."라는 점에서 환영하고 있다.[551] "돌다리도 두들겨 보고 건너라."라는 뜻에서 검증과 현실적인 실상을 살펴보자는 신중 표명도 있었다.[552] 한국원자력연구원, 2022년 7월 29일 자 SMR 개발 현황을 보면 'OECD에서 2016년 2035년까지 35개국이 총 21.8GWe의 SMR을 건설할 것으로 전망'하고 있다.[553, 554] 미국, 중국, 러시아 등 원자력기술 선진국을 중심으로 72여 종의 SMR이 개발 중이며, 미국의 NuScale, 한국의 SMART 및 I-SMART, 중국의 ACP100, 러시아의 RITM-200과 BREST-300 등이 있다.[555] 국제원자력기구(IAEA) 6월 기관지(organ letter)에 따르면 "많은 회원국이 최대 300MWe의 첨단원자로로 소형 모듈 원자로(SMR) 개발에 초점을 맞추고 있다."라고 전했다.[556] 한마디로 모든 주장과 분석은 실험실 평가치 혹은 상상치(想像値)이다. 현장 평가치 혹은 경험치(經驗値)가 아니라는데 가장 큰 리스크(risk)를 안고 있다. 실제로 대형 원전보다 SMR를 건설함에 국가보조금이 없거나 '규모의 경제(economies of scale)'를 못할 경우는 최종 소비자의 생산단가가 더 높을 수 있다.[557]

앞에서 언급했던 복어의 독성 부분을 제거하고 먹거리를 만들었듯이 대구시의 미래 안전한 먹거리를 위해 SMR에 대해 원자력 선진국 전문가(expert in advanced nuclear power)의 고견(顧見)을 하나씩, 마치 '젓가락으로 감자를 찔러(to poke potatoes with chopsticks)' 먹을 수 있는지에 대한 고견을 들어봐야 한다.[558] 먼저 장점은[559] i) 소규모 원전으로 건설 비용과 기간을 줄일 수 있다. 따라서 매몰비용(매몰자산)과 자본투자가 적다.[560] ii) 지역경제 및 산업에 전력제공과 동시에 신기술 발전에 분기점이 될 수 있다.[561] 경제적 모델링으로 생산가격을 비교하면 총자본비용에서 1,144MW 기존원전은 6,936 $/kw에 비해 2,901$/kw이다. 건설 기간에서 기존 원전은 5년이나 SMR는 1.5년이다.[562] 모듈식 설계로 배치 유연성이 높고, 토지를 보다 효율적으로 사용하면 면적 단위당 전기생산력 높다.[563] iii) 무엇보다도 온실가스를 배출하지 않는다는 친환경성과 안전성을 들고 있다.[564, 565]

이에 반해서 문제점(단점)은 무엇이 있을까? i) 캐나다의 경험담에선 소형모듈형 원자로는 제작에 있어 기존 원자로처럼 '규모의 경제(economies of scale)'를 달성하기 어렵다.[566] 건설 속도가 그렇게 빠르지 않으며, ii) 수직 확장의 효율성(efficiency of vertical scaling)이 확보되지 않아 보안비용과 폐기물이 예상보다 많다.[567] 즉 iii) 기존 원자력 발전소보다 더 많은 방사성 폐기물(radioactive waste)이 생성된다는 논란이 있다.[568] 이런 점에서 SMR가 실패할 큰 맹점(盲點)으로 대두되고 있다.[569] 특히 iv) 작다고 덜 견고한 격납 시스템(containment system)을 갖고 있어 수소 폭발로 인한 피해 가능성이 높다는 점에서 안전성을 부정적으로 보기도 한다.[570] 우리나라는 「원자력시설 등의 방호 및 방사능 방재 대책법」 제20조 2에 의거 원자력 발전소의 방사선 비상계획구획(EPZ, emergency planing zone)을 설치하게 규정하고 있다. 구체적으로 예방적 보호조치 구역(Precautionary Action Zone)으로 원전 반경 3~5km와 긴급 보호조치 계획구역(Urgent Protective Action Planning zone)으로 20~30km를 규정하고 있다. 우리나라에서는 SMR에 대한 비상계획구역(EPZ) 설치 등에 세부규정은 아직은 없다. 미국 NuScale사(社)에서는 SMR에도 원전에서 반경 700m 주변 지역을 EPZ로 지정했다.[571] 국제원자력기구(IAEA)에서도 SMR에 대한 EPZ의 규정을 두고 있다.[572] 후쿠시마 원전처럼 최악 경우에 발생할 수 있는 원자로 냉각으로 발생한 오염수의 처리와 환경피해까지 고려되어야 한다.[573]

한마디로 요약하면 '허상 위에 쌓은 모래탑(sand-tower built on an illusion)' [574]이라는 최악의 평가까지 나왔기에, 우리는 SMR에 대해 성모 마리아(Virgin Mary)라고 '성모 송(Hail Mary)'만을 부르기보다 '악마가 숨어있는 디테일 (the details where the devil hides)'까지도 다 찾아 개선해 '누구에게나 찬송가 (hymn for everyone)'가 되어야 한다. 솔직히 깨놓고 말하면, 보다 안전한 미래 에너지(safer future energy)가 될 조건으론 SMR에선 반드시 i) 위험성을 제거(risks eliminating)하고, ii) 경제성(economic feasibility)을 확보하며, iii) 보다 친환경적 특성(eco-friendly characteristics)을 살려내야 한다.[575]

4. 탈산업화(脫産業化) 시대의 미래 먹거리(일자리)는?

한겨울 얼음장 밑으로 봄이 오듯이, 제4차 산업혁명 미래 모습이!

산업혁명(産業革命, industrial revolution) 혹은 산업화(産業化, industrialization)는 분업화를 계기로 '제2차 산업화', 기계화를 계기로 '제3차 산업화'로 업그레이드(upgrade)하여 왔다. 산업화 기반에 정보통신기술의 융합을 이뤄지게 하는 차세계(미래) 산업혁명을 탈산업화(脫産業化, Deindustrialization) 혹은 포스트 산업화(post industrialization)라고 한다. 18세기

초반 산업혁명(화) 이후에 네 번째 중요한 산업혁명이라는 의미에서 '제4

on)', 4IR(4th Industrial revolution) 혹은 '산업 4.0(industry 4.0)' 등 으로 불렸다. 2011년 제러미 리 프킨(Jeremy Rifikin, 1945년생) 은 자신의 저서『제3차 산업혁 명(The Third Industrial Revolu-tion)』576에서 "현재 제4차 산업혁명이 진행되고 있다(The 4th Industrial Revolution is currently underway)."라고 표현했다. 2016년 8월 10일 세계 경제포럼(World Economic Forum, WEF)에서 클라우스 슈바프(Klaus Martin Schwab, 1938년생)577 의장은 "제4차 산업혁명이란 뭘까(What is the Fourth Industrial Revolution)?"라고는 연설에서 '제4차 산업혁명(the fourth industrial revolution)'이라는 용어를 처음으로 주창했다.578, 579

제4차 산업혁명(4IR, 4th Industrial Revolution)의 핵심 요소를 i) 빅 데 이터 마이닝(big data mining), ii) 인공지능(artificial intelligence), iii) 로 봇공학(robotics), iv) 사물인터넷(internet of things), v) 무인 운송수단 (unmanned vehicles), 무인 항공기 혹은 무인 자동차, vi) 3D 프린팅(3D Printing), vii) 나노기술(nano technology)과 같은 7대 분야에 새로운 기술 혁신을 말하고 있다.580 이외에도 양자 컴퓨터(quantum computing), 바이 오 기술(biotechnology), 산업화 사물인터넷(industrial internet of things), 탈 집중화 합의(decentralised consensus), 5세대 무선통신 기술(fifth-generation wireless technologies), 완전자동화 자동차(fully autonomous vehicles) 등을 제시하고 있다.581

대구시 지역산업진흥원은 2024년 신산업을 이끌 '스타 기업 신규

모집'에서도 5대 미래산업으로 로봇, 반도체, 헬스케어(healthcare), UAM(Urban Air Mobility), ABB(AI, Big Data, Block Chain)를 제시하고 있다[582]. 대구시는 2024년도 ABB를 문화사업과도 융합시키는 창발적인 아이디어를 제시했는데[583] 구체적으로 무엇을 대상(object)으로, 어떤 방법론(methology)으로 그리고 뭘 데이터 마이닝(data mining)으로 하는지 전문가마저도 모른다.

지난 2024년 1월 15일부터 19일까지 스위스 다보스(Davos, Switzerland)에서 100개 국가와 기관단체, 1,000여 명의 지도자, 전문가, 청소년 대표, 사회적 기업가 및 언론매체 대표가 모여 '신뢰 재구축(Rebuilding Trust)'을 위해 제54차 세계경제포럼 연례회의(The 54th Annual Meeting of the World Economic Forum)를 개최했다.[584] 세계경제포럼에서 오고 갔던 미래 먹거리와 일자리에 관련된 키워드(key word) 3개만을 골라보면 i) 인공지능(AI), ii) 전쟁(War), 그리고 iii) 트럼프(Trump) 2시즌에 따라 지구촌 경제의 물길을 돌리는 '물 문(Water Gate)'이 될 것이다.

인공지능(AI)은 2022년 말 챗 지피티(Chat-GPT) 등장으로 생성형 인공지능(generative artificial intelligence)으로 i) 인간의 일자리를 빼앗아감은 물론이고, ii) 비인륜적인 허위정보에 날개를 달아주고 있다. 즉 범용 인공지능(Artificial General Intelligence)을 벗어난 초인공지능(Artificial Super Intelligence)으로 발전할 때에는 상상을 초월하는 그림자가 숨어있다. iii) 불확실성과 불투명성을 제거하기보다 책임성까지도 더 위협할 수 있다. 두 번째 키워드, 전쟁(War)에는 우크라이나(Ukraine)와 러시아(Russia) 그리고 이스라엘(Israel)과 하마스(Hamas)의 전쟁이 장기전에 들어갔다. 극동아시아(Far East)의 화약고로 한국(韓國)과 대만(臺灣)이 언급되고 있다. 나머지 트럼프 시즌 2(Trump Season 2)는 현재의 전쟁보다도 더 큰 회오리

바람을 몰고 올 것이다. 극단적으로 몰고 갈 경우는 제3차 대전까지도 대비해야 한다. '미국 제1주의(America First Principle)'를 위해 어떤 것도 눈에 보이지 않기 때문이다.[585]

세계경제포럼(WEF)을 통해 본 미래 먹거리(일자리)의 전망

포스트 산업화(post industrialization)를 위한 기술혁신(technology revolution)은 미래 먹거리인 경제적 측면에서는 생산성을 향상하고, 새로운 일자리를 낳고 있다. 그러나 '밝은 태양의 짙은 그림자(dark shadows from the bright sun)'처럼 일자리를 감소시킨다. 2024년 1월 다보스포럼(Davos Forum)에서 2020년까지 인공지능과 로봇기술의 발전으로 지구촌에 2020년까지 대략 500만의 일자리가 사라졌다. 산업현장에 근로자 대신에서 로봇을 가장 많이 대체시킨 나라는 바로 우리나라(한국)다. 국제로봇협회(international federation of Robotics) 2024년 연차보고서에 의하면 세계적 평균은 근로자 1만 명당 126대의 로봇이 대체되었다.[586]

그 가운데 우리나라 한국(South Korea)은 2023년 현재 1,012대나 대체되었다. 세계 2위는 730대인 싱가포르(Singapore), 3위는 415대인 독일(Germany)이었다.[587] 우리나라는 세계적인 저성장 기조를 가속시키는 동인(動因)에 강력한 드라이브(drive)를 가세하는 건 바로 i) 저출산·고령화로 생산연령 구조의 뿌리가 허약해지고 있다. ii) 인터넷 보급률 증가와 모바일 기기의 확산으로 소비패턴이 변화하고 있다. iii) 인공지능, 로봇 등 인력 대체 기술(human resource replacement technology)의 발전으로 노동 중심 혹은 일자리 창출보다 '고용 없는 경제 저성장(low economic growth without employment)'이 지속된다.[588]

　세계경제포럼 2023년도 보고서(The Future of Jobs Report 2023) 제3 파트 미래 일자리 전망(Jobs Outlook)에서 언급된 내용을 요약하면 i) 2022부터 2027년까지 5년간 구조적 노동시장 평균변동은 23%로 추정된다. 새로 생겨나는 새로운 역할과 소멸하는 기존 역할을 모두 포함하여 총 일자리 이동이 현재 인력의 23% 정도다.[589] ii) 가장 빠르게 성장하는 부문의 대부분은 기술 관련 부문이다. 가장 빠르게 감소하는 역할은 대부분 사무직 또는 비서직이며, 은행 창구 관련 사무원, 우편 서비스 사무원, 출납원 및 티켓 사무원은 가장 빠르게 감소했다.[590] iii) 2023년에서 2027년에 가장 높은 성장은 농업 장비 운용자, 대형 트럭 및 버스 운전자, 직업교육 교사였다. 데이터 입력 사무원, 행정 및 집행 비서(회계, 장부, 급여 사무원)가 가장 큰 고용 감소를 겪었다. 전반적인 추세는 국제노동기구(ILO)의 통계에 의하면 전반적으로 6,900만 개의 일자리가 생겨나고, 8,300만 개의 일자리가 없어졌다.

　2024년 이후 향후 5년은 세계 노동시장(current global workforce)에서 1,400만 개의 일자리가 줄어들 것이다. 글로벌 인력의 23%가 전체 구조적 노동시장 변동(structural labour-market churn)

이 추정된다.[591, 592] iv) 대부분 직업은 현재 전체 고용인원수에서 상대적인 안전성을 경험할 것으로 예상하지만, 향후 5년 동안 10~40%는 구조적 휘젓기(structural churn)가 예상된다.[593] v) 에너지 전환과 기후변화 완화 일자리(energy transition and climate-change mitigation jobs)엔 적은 인

력이 고용되고, 빠르게 성장할 것으로 예상된다. 재생에너지 엔지니어, 태양에너지 설치 및 시스템 엔지니어에 대한 보편적인 기대가 된다. 지속가능성 전문가(sustainability specialists)와 환경보호 전문가(environmental protection professionals)의 경우는 33%와 34% 성장해 대략 100만 개의 일자리가 생겨날 것이다.[594]

녹색 일자리(green jobs)에 대해서는 증가율은 전체 고용증가율을 초과하는 등 채용률이 높았다. 2015년 이후 9%에서 13%로 거의 4% 증가했다. 그러나 우리나라에서는 특별한 관심을 얻지 못했고, 오스트리아(Austria), 독일(Germany), 이탈리아(Italy), 미국(U.S.A.), 스페인(Spain)의 제조업 부문에서 선두를 달렸다. 인도, 미국, 핀란드는 석유 및 가스 부문에서 상위권을 차지했다. 정부가 녹색 전환을 추진하고 촉진에 핵심역할을 했던 호주, 아르헨티나, 스웨덴, 네덜란드 등을 정부 및 공공부문에서 녹색기술(green technology)을 선도했다.

고급기술 일자리(high-tech jobs)로는 데이터 분석가, 과학자, 빅 데이터 전문가, 비즈니스 인텔리전스 분석(business intelligence analysts), 데이터 엔지니어에서는 수요가 30~35% 증가한 140만 일자리가 생겨났다. 이 분야에서 45% 성장한 나라는 예상과 달리 중국이었다. AI 및 머신러닝 전문가(machine learning expert)에 대한 수요는 40% 즉 100만 개의 일자리가 증가할 것이다. 정보보안 분석가에 대한 수요도 31%가 증가해 20만 개가 추가로 창출될 것이다. 암호화 및 사이버 보완의 채택(adoption of encryption and cybersecurity) 증가에 따라 300만 명의 사이버보안 전문가(cybersecurity professionals)가 부족할 것이다.[595] 교육직 일자리로(education jobs)는 교육산업의 일자리가 2023년부터 2027년까지 5년간 대략 10% 증가할 것으로 추산되기에 직업교육 교사(vocational education teachers). 대학 및 고등교육 교사(higher education teachers)의 일자리는 300만 개나 추가로 생겨날 것이다. 특히 비G20 국가(non-G20 countries)에서 현저하게 나타날 것이며, G20 국가(G20 countries)보다 약 50% 이상 더 높을 것이다.

공급망과 물류 관련 일자리(supply-chain and logistics jobs)는 성장과 감소가 동시에 기복이 심할 것이다. 공급망의 현지화(localization of supply chains)가 일자리 증가를 가장 크게 하는 기여요인이지만 일자리 대체요인으로도 예상된다. 공급 부족과 투입비용 상승이 세계 경제둔화(global economic slowdown)에 제2의 일자리 대체요인(the 2nd job displacer)이 될 것이다. 대형 트럭 및 버스운전사가 더 많이 고용될 것이지만 사용주는 인력을 감원시킬 것이다. 그러함에도 200만 일자리 12.5%의 순증이 예상된다. 4%인 60만 명이 순 감소할 것이다.[596]

5. 컴퓨터화, 로봇화 그리고 인공지능이 몰고 올 미래 일자리

'덜 일하고 더 즐기는 미래'를 예언한 노벨 경제학상 수상자?

2023년 6월 23일 영국의 '미래 일자리 연구소(Institute for the Future of Work)'에서 '기술적 혼란의 영향'에 대하여 2010년 노벨경제학상 수상자

런던경영대학 크리스토퍼 피사리데스(Christopher Pissarides, 1948년생)[597] 교수가 예상했던 걸 여기서 요약하면, i) 향후 10년 이내에 현재 일자리의 15~30%는 사라질 것이다.

이런 변화를 기술혁신(technological revolution)이 주도할 것이다. 일과 웰빙의 미래에 대해서 크리스토퍼 피사리데스(Pissarides) 교수는 2022년 3월 특히 '일과 웰빙(Work and Wellbeing)'의 미래가 극명하게 드러나고 있다고 했다.[598] 즉 적게 일하고, 자신을 즐기는 데 더 많은 시간을 투자할 것이다.[599]

또한 챗 지피티(Chat-GPT)와 같은 인공지능 혹은 로봇의 기술혁신으로 i) 주 4일 근무제(4-day work week)가 표준화될 것이며, ii) 40%까지 생산성은 높아지고 업무 소요 시간은 줄어든다.[600] iii) 앞으로 10년 동안 3억 개의 일자리에 영향을 준다. 세계의 GDP에 연 7% 이상의 소득 증대를 가져온다. iv) 다른 한편으로 부작용은 고숙련 직종에 직격탄을 안겨다 준다. v) 일자리 감소로 인해서 윤리, 공정성, 정의, 자유 등에 부정적인 영향을 주지만, 가장 가시적인 사례는 소득불균등(income inequality)이 심화된다.[601]

10년 이전, 2013년에 영국 옥스퍼드대학교 마틴 스쿨(Oxford Martin School)에 칼 프레이(Carl Benedikt Frey)[602]와 미첼 오즈번(Michael Osborne)[603] 교수는 "오늘날 직업(일자리)의 47%가 컴퓨터화(자동화 혹은 로봇화)라는 위험에 처해 있다. 그러나 임금과 교육 수준이 컴퓨터화 가능성과의 강한 음의 상관관계를 보인다(wage and education level show a strong negative correlation with computerization potential)."라고 했다.[604] 가장 위험을 받는 직업군은 보험업자, 회계 사무원, 도서관 사서, 화물 운송 대리점, 전화 판매원 등이라고 했다. 앞으로 15~20년 사이에는 현재의 98% 일자리가 인공지능으로 대체 될 수 있는 일상적인 업무 비중이 큰 직업군으로 우리의 주변을 돌아보면 모두가 해당될 것이다. 이런 위기 속에서도 살아남는 방법은 고도의 기술력을 갖고 새로운 기술변화에 적응(adapt to new technological changes)할 수 있어야 한다. 이에 대해서 옥스퍼드대학교(Oxford University) 앤더스 샌드버그(Anders Sandberg)[605] 교수는 "당신이 하는 일이 몇 마디로 쉽게 설명할 수 있으면 알고리즘이나 로봇으로 대체될 것이다. 그렇지 않는다면 살아남을 것이다(If what you do is something that can be easily explained in a few words, you will be replaced by an algorithm or a robot; if not, you will survive)."라고 주장했다.[606, 607]

사실 로봇(robots)은 과거 3D(dirty, dangerous, difficult) 업종에 한정해 블루칼라 노동자(blue-collar worker)를 대상으로 대체근로자(substitute worker)로 끼어들었다면, 오늘날 로봇은 지식노동자(knowledge worker)를 박살 내고 있다. 화이트칼라(white collar) 과학자들에게까지도 서슴없이 도전장을 내놓았다. 여기에 '인공지능으로 무장한 로봇(robot armed with artificial intelligence)'은 고도의 전문 분야라는 법률, 회계 등도, 고도의 예술성이란 음악과 미술까지도 장벽이 되지 않는다. 뿐만 아니라, 인공지능으로 무장된 글로벌 고용 웹사이트(global employment websites)는 20년 내에 미국의 일자리를 원격근무(remote work), 외주(outsourcing) 등으로 절반까지 해외로 훔쳐갈 것이다.[608]

하버드 경영대학원(Harvard Business School)에서는 지난 2014년부터 미래 일자리와 로봇에 대해, 2014년에 "전문가들은 로봇이 자신의 일자리를 훔친다는 데도 멍청하다(Experts Have No Idea If Robots Will Steal Your Job)"[609], 2021년에는 "로봇은 일자리를 창출만 하거나 파괴만 하는 게 아니라"[610], 또한 "어떻게 해야 자동화가 당신의 일자리를 못 훔쳐 가게 할까요?[611]" 그리고 "일과 삶이 만나는 곳(일자리)에 로봇이 등장한다. 그는 무자비한 파괴자 혹은 친절한 조력자? 미래의 판타지 버전(fantasy version of the future)에서만 일어나는 게 아니다. 지금부터가 아니고 지금까지였다. 이제는 우리의 삶을 파괴하러 온 게 아니라, 우리의 일자리를 훔치거나 방해하기 위해 왔다(Robots have come not to destroy our lives, but to disrupt our work)."[612]라고 경고해 왔다.

한편 MIT(Massachusetts Institute of Technology)에서는 미래의 일자리에 대해서 "기술만이 노동력 유동성의 제한을 해결할 줄 것으로 보이지 않는다(Technology alone cannot remedy the mobility constraints)."라고 생각하고, 무인 자동차와 같은 교통 부문을 연구 분석했다. "제도적 변화 없이는 기존의 불평등이 영속될 것이다. 다른 기술과 마찬가지로 오래된 교통 시스템에 신기술을 적용하면 유용하고 실용적이며, 필요한 것에서 멀어지고 새로운 것에 관심을 돌림으로써 불평등이 더욱 심화될 것이다(exacerbate their inequalities by shiting attention)."라는 결론을 얻었다.[613]

당랑거철(螳螂拒轍)과 파도타기(wave surfing) 방법론으로?

· · · · · ·

"앞으로 나아갈 줄만 알 뿐 물러설 줄을 모르고, 자기 힘이 어느 정도인지도 모른 체 강적에게 마구 달려드는 미욱한 놈이지요(汝不知夫螳螂乎, 怒其臂以当车轍, 不知其胜任也)."[614] 사마귀다. "그런가 하지만 저 사마귀란 놈이

만일 사람이었다면 천하제일의 용사가 되었을 것이 틀림이 없다. 비록 하찮은 미물이긴 하나 용기 하나는 칭찬할 만하니, 수레를 돌려서 피해 가도록 하라.”라는 춘추시대 제(齊)나라 장왕(莊王)의 사냥터에서 생긴 고사(故事)가 있었다. 이를 두고 당랑거철(螳螂拒轍) 혹은 당비거철(螳臂拒轍)이라고 했다. 『삼

국지연의(三國志衍義)』에서도 진림(陳琳)이란 사람이 천하의 영웅들이 원소(袁紹)를 중심으로 뭉쳐서 조조(曹操)를 격파하자는 격문에다가 “지금 조조의 형세는 마치 사마귀가 분수도 모르고 앞발로 수레바퀴를 막으려는 것과 다를 바 없으니(曹操今之處, 無異螳螂擋轍, 不知如何是好).”라고 적었다.

영국의 산업혁명 당시 1779년 네드 러드(Ned Ludd)[615]라는 견습생이 2개의 스타킹 기계(틀)를 부수었다는데 연유해 ‘러다이트(Luddite)’ 운동이라고 했다. 잉글랜드 노팅엄(Nottingham, England)에서 1811년에서 1816년 사이에 북서부(the North West)와 요크셔(Yorkshire) 지역으로 러다이트운동이 번졌다. 공장 소유주들은 시위자들에게 총격을 가했다. 결국 유죄 판결을 받은 운동가들은 처형과 형벌을 받았으며, 합법 및 군사력에 의해 진압되었다. 오늘날은 러다이트(Luddite)는 산업화, 자동화, 컴퓨터화, 신기술 또는 심지어 일반적인 진보에 반대하는 사람들을 지칭하고 있다.[616] 이와 유사한 사례로 1861년부터 1898년까지 여러 차례의 ‘적기 조례(Locomotive Act)’ 혹은 ‘붉은 깃발 법(Red Flag Act)’을 제정하여 자동차 운영을 제재했던 시대착오적인 규제(anachronistic regulations)가 있었기에 영국이 가장 먼저 자동차 산업을 시작하고도 오늘날 독일이나 미국에 뒤처지는 결과를 초래했다.[617]

거대한 물결이 다가오면 막아서다가 죽는 방법도 있겠지만, 살아남기 위해선 적어도 물 위에 뜨는 판자(surfing board)나 혹은 나무토막(floating log) 하나라도 마련해 i) 파도 파기(wave surfing) 혹은 ii) 통나무 타기(logging)를 해야 한다. 지난 1990년에서 2020년까지 '제3의 물결, 정보화시대(the 3rd wave information age)'에 '정보의 바다(ocean of information)'에서 살아남았던 단순한 비결이었다. 이와 같은 방법으로 미래 먹거리(일자리) 세계를 맞이하기 위해서 마련해야 할 서핑 보드(surfing board) 혹은 통나무(logging)로는 i) 새로운 아이디어를 내어 제품화 혹은 서비스화할 수 있는 창의력, ii) 면대면(face-to-face) 소통을 통해 설득하는 소통역량 혹은 공감역량, iii) 틈새시장을 파고드는 특수성 활용역량, iv) 첨단기술과 새로운 기술에 적응하는 기술적 역량이다[618].

한 해가 시작되는 '1월(January)'이란 '작년이 이어지는 연장선(continuation)에서 새로운 한 해가 시작되는 출발선(starting line)' 위에 있는 양면성을 갖고 있다. 그래서 불행한 한 해인지 행운의 한 해인지를 맞이하는 사람의 준비와 결의에 따라 달라진다. 1582년 로마 교황 그레고리우스 13세는 공식적으로 1월 1일을 한 해의 첫날로 하는 세칭 그레고리 달력이라는 개정 달력을 만들었다. 첫째의 이름을 '로마 시작의 신(Roman god of beginnings)'인 '야누스(Janus)'를 선택했다.[619]

한마디로 요약하면 2014년 상영된 도박영화 「신의 한 수」에서 안성기(安聖基, 1051년생) 고수가 하는 말이 "세상은 고수들에게는 신선놀음이고, 하수들에겐 지옥이다(The world is a paradise for experts and hell for underclassmen)."라고 했다. 뒤집어 말하면 철저한 대비로 고수가 되는 것이 바로 '신의 한 수'다. 미래는 도박판처럼 변화무쌍하게 기존 일자리를 파괴하지만, 새로운 일자리 창출과 기회도 제공한다. 중요한 것은 우리 사회가 변화에 대한 적응력을 키우고 새로운 기술을 습득하려는 노력이다. 변화에 대한 두려움을 극복하고, 긍정적 태도(positive attitude)와 적극적인 대비 (active preparation)가 필요하다.

6. 저출산·고령화가 지구촌 번영에 순풍일까? 역풍일까?

'시작은 미약하나 끝은 창대하리라'[620]고 지구촌을 디자인했던 의도

지금부터 대략 46억 년 전 거대한 우주에서 늙은 별 하나가 폭발하여 산산조각이 난 잔해물(debris)이 태양 성운(solar nebula)과 행성(planets)으로 응축되는 과정에 지구별이 태어났다. 물론 단번에 오늘날 지구처럼 완벽하게 만들어진 게 아니라 성진(星塵, star dust)과 태양 복사에너지 (solar radiation), 소행성과 혜성의 충돌(asteroid and comet impacts), 태양과 달과의 주변 행성의 중력(gravity of surrounding planets) 등으로부터 영향을 받아 오늘의 모양새를 찾아왔다.[621] 오늘날 우리가 사는 지구촌에 일류가 최초로 출현한 때는 지금부터 대략 300만~350만 년 전으로 보이며, 최초 인류는 아프리카에서 화석으로 발견된 오스트랄로피테쿠스 (Australopithecus)다.[622]

이렇게 하여 지구촌에는 인류가 둥지를 틀고 번성하기 시작했다. 지구촌에 인류가 "비록 미약하게 시작을 하였더라도 오늘날처럼 끝내 창대하리라(Your beginnings will seem humble, so prosperous will your future be)."라고 했던 것이 세상을 만든 누군가의 의도였다. 좀 더 풀이하면 "그들에게 행복하게 하며, 그들이 살아감에 번성하여 지구촌을 가득 채우도록 바랐다. 지구촌을 그들이 정복하라. 바다의 물고기와 공중의 새와 땅에 움직이는 모든 생물을 다스리라고 권능을 부여했다."[623]라는 성경 구절이 있다. 오늘날까지 지구촌을 가득 채울 만큼 인구가 점증적으로 증가하다가 최근 30년 동안 '양(陽)의 로그함수의 곡선(curve of positive log function)'처럼 비약적으로 증가해 왔다. 이렇게 지구촌을 덮을 정도로 인류가 번창함은 분명히 '신의 축복(God's Blessing)'이었다.

그러나 1798년 영국 성공회 성직자이며 고전파 경제학자였던 토마스 맬서스(Thomas Robert Malthus, 1766~1834)는 『인구론(An Essay on the Principle of Population)』에서 우리의 귀에 익은 "식량은 산술급수적으로 증가하는데 인구는 기하급수적으로 증가한다(the population increasing in geometric progression, while food production increased in an arithmetic progression)."[624]라고 요약한 구절이 있다. 직관적으로 본다면 인구가 늘면 노동 공급이 증가해 임금이 저하되고 위생환경도 열악해진다. 그로 인해 평균적 생활 수준까지도 저하되어서 인구가 줄어든다. 뒤집어 말하면 인구가 줄면 생활 수준이 개선되기에 다시 또 인구가 늘어나게 된다는 논리다. 인구변화와 생활 수준 변화의 반복이 마치 '쳇바퀴 속의 다람쥐(a squirrel in a wheel)'와 같아 세칭 '맬서스 함정(Malthusian Trap)'[625]이라고 했다.[626] 분명히 '맬서스의 재앙(Malthusian catastrophe)'이고, '인구의 저주(Curse of Population)'였다.

우리나라의 인구가 줄어들고 있다는 첫 번째 경고신호(first warning sign)는 1983년에 합계출산율 2.1명 미만으로 낮아졌다는 건 출산율이 인구대치수준 미만(below population replacement level)으로 추락함이며, 인구증가 곡선의 변곡점(inflection point of the population growth curve)이었다. 이때도 '무식이 용감함'은 출산억제정책을 중단없이 추진했다. 1996년에 비로소 양적 인구정책(quantitative population policy)에서 질적 인구정책(qualitative population policy)으로 전환했다. 그러함에도 출산율 추락의 가속력(加速力)은 계속되었다. 1997년 말부터 IMF 외환위기라는 발등에 불 끄기에 바빴다. 두 번째 비상등(second emergency light)에 불이 들어온 건 2002년 합계출산율은 1.17명, 2003년 1.19명으로 이제야 저출산·고령화라는 용어가 생겨났다. 2004년 1월에 비로소 저출산·고령화 문제 해결의 로드 맵(road map)을 만들었다.[627] 그렇게 했음에도 유엔 인구통계연감 시스템을 보면 한국 합계출산율은 2017년 1.052명, 2018년 0.977명, 2018년 0.918명, 2020년 0.837명으로 날개 없는 추락(fall without wings)이 아닌 비상등의 마지막 깜빡임(the final flicker of the emergency lights)을 보여왔다.

지구촌의 인구 폭발(population explosion)에 대해서 살펴보면 1987년 7월 11일 지구촌 인구 50억 명 돌파하는 날을 기념해서 '세계인구의 날(World Population Day)'을 정했다. 35년이 지난 2022년 11월 현재 80억 명을 돌파했다. 2023년 유엔 인구보고서에 따르면 2037년에 90억 명으로 증가세를 이어가다가 2086년 104억 명[628]을 정점으로 찍고, 2100년까지 유지할 예측이다.[629, 630] 2024년도 유엔 인구보고서에서도 '불행스러운 진실(unfortunate truth)'로 "지난 30년간 성별 평등성 및 재생산의 건강 및 권리 분야에서 이룩한 진전이 동등하게 향유되지 못했다. 따라서 2030년까지 지속 가능하게 개발 목표를 달성하도록 전략변경이 필요하다."라고 실토했다[631]. 어떤 의미에서는 지구촌의 인구 감소는 '맬서스의 재앙(Malthusian catastrophe)'에서 벗어나는 축복(blessing)에 청신호임에도, 당면하는 세계는 세칭 '다람쥐 헌 쳇바퀴를 타고파(The Quick Brown Fox Jumps Over The Lazy Dog)'[632] 하는 모습이다.

저출산·고령화(인구 감소)가 미래 먹거리(일자리)에 축복일까?

조선 시대(朝鮮時代) 5세 어린 학동들은 양(梁)나라 문인인 주흥사(周興嗣, 470~521)가 저술한 『천자문(千字文)』을 통해서 기본한자 1,000자를 익히고 난 뒤에 『동몽선습(童蒙先習)』을 배우게 된다. 첫 문장으로 "하늘과

땅 사이에 있는 만물 가운데 오직 사람(인간)이 가장 귀중하다(天地之間, 萬物之中, 唯人最貴)."[633]라는 구절을 배운다. 물론 이전에 BC 300년 경 맹자(孟子, BC 372~BC 289)는 "백성은 가장 귀하고, 국가사직이 다음이고, 국왕이야 가장 가벼울 뿐이다(民爲貴, 社稷次之, 王卽輕)."[634]라고 민본주의(民本主義)를 갈파했다. 위정(爲政)에 있어 갈홍(葛洪, AD 283~343)『박포자(朴抱子)』에서 "국가를 경영하는데 백성을 구제하는 것(經國濟民 혹은 經世濟民)"이라는 말을 줄여서 '경제(經濟, economy)'라고 했다.[635]

서양 경제학(經濟學)에서 '인구(population)'에 관한 사항부터 시작했던 저명한 경제학자는 스웨덴의 크누트 빅셀(Knut Wicksell, 1851~1926)이다. 그때가 1920년대였다. 아예 인구통계와 거시경제 발전에 대하여 느리고 지속적인 영향을 경제논의(經濟論議)의 전면(前面)에 중심을 두고 언급한 경제학자는 찰스 굿하트(Charles Goodhart)와 마노이 프라드한(Manoj Pradhan)이다. 그땐 2020년 8월 9일 자로 280면짜리 공저『인구의 대역전(The Great Demographic Reversal)』[636]에서다.[637]

인구 증가(人口增加)가 전쟁과 같은 인류의 재앙을 가져온다고 예언했던 경제학자들은 왜 인구 감소에도 축복이라고 환영하지 않고, 인구대역전(人口大逆轉, the great demographic reversal)이라는 경고음을 내고 있을까? 거시경제학자가 암담하게 봤던 미래 먹거리를 간략하게 요약하면 i) 미래는 저출산·고령화로 인구가 감소하고 있기에 어떻게 되든 과거와는 전혀 다를 것이다(no matter what happens, it will be completely different from the past). ii) 소비성이 높거나 혹은 인플레이션 경향을 가진 고령층이 증대하고, 생산성이 높고 디플레이션 경향이 높은 생산인구가 감소(the productive population, which has a high tendency toward deflation, decreases)한다는 점에서 인구구조 변화가 인플레이션과 이자율이 높아진다. 뜻하지 않게도 소득 불평등은 감소할 것이다. iii) 고령화는 인플레이션과 이자율을 높여 과도한 부채(excessive debt by increasing inflation and interest rates)를 안겨준다. 설상가상(雪上加霜)으로 치매, 노인 빈곤, 복지 인기영합주의(welfare populism) 등의 역풍(reversal wind)이 몰아칠 우려가 존재한다.[638]

유사 이래 현재까지 수많은 선지자(先知者)와 학자(學者)들이 인간의 종말 혹은 미래를 예언했으나 인간 세상에는 예언 그대로 현실화는 되지 않았다. 인류는 재앙을 극복했고, 문제점을 반드시 해결해 왔기 때문이다. 문서로 기록된 것만을 살펴보면 신약성서에만도 열 군데[639]나 세상 종말을 언급하고 있다. "세상 종말(the end of the world)에는 무슨 징조가 있사오리까?"라는 감람산(Mount of Olives)에서 제자들의 질문에 예수는 단호하게 "너희들은 사람들의 미혹을 받지 않도록 주의하라(Take heed that no man deceive you)."라고 대답했음에도[640] 불구하고, 경제학자 혹은 사회학자들의 '인류종말(人類終末)'론으로는 1798년 토마스 맬더스(Thomas Malthus, 1766~1834)는 인구 증가와 식량 부족으로 인류 종말, 1960년 다이엘 벨(Daniel Bell, 1919~2011)의 '이데올로기의 종언(The End of Ideology)'을 갈파했다. 1968년 4월에 이탈리아 경제학자 아우렐리오 페체이(Aurelio Peccei, 1908~1984) 박사가 주동이 되어 1972년 『성장의 한계(The Limits to Growth)』에서 시작된 로마클럽 보고서(Report of the Roma Club)는 인구 폭발과 자원 고갈로 인류위기(人類危機)를 예언했다. 1995년 제레미 리프킨(Jeremy Rifkin)은 『노동의 종말(The End of Work)』을 예언하고 나왔으나 이제까지 하나도 적중하지 못했다. 앞에서 언급한 '인구의 대역전(The Great Demographic Reversal)'도 같은 미래에 대한 예언서도 현실화는 되지 않겠지만, 대비는 해야 한다. 미래 예언은 한마디로 불경 『대반열반경(大般涅槃經)』에서 언급한 "장님들의 코끼리 더듬기(群盲摸象)"[641]와 같다. 아무리 선지자이고 대학자라도 자신이 더듬어 본 것만을 언급할 뿐이다. 아무리 거대한 코끼리라도 세상만큼 크지도 복잡하지도 않다. 세상에는 코끼리보다 더 영리한 인간이 살아가기에 그렇게 코끼리를 더듬어서 세상을 알 수 없듯이 여하한 인간의 판단은 적중할 수 없다. 『인구의 대역전(The Great Demographic Reversal)』도 같은 거시경제학자들의 반론에 직면하고 있다. '생산연령층의 디플레이션 성향(deflation tendency of the working age group)과 고령층의 인플레이션 성향(inflation tendency of the aging group)'이란 단순한 잣대로 저출산 고령화(low birth rate and aging population)는 ▷ 생산인력 감소(decline in production workforce) ▷ 생산량 감소(decline in production) ▷ 인플레이션(inflation) ▷ 고금리(high interest rates) 등 악순환(惡循環)은 '제2의 맬더스의 함정(The second Malthusian trap)'이 될 수 있다. 생산인력의 감소는 곧바로 기계화(로봇화), 공장자동화, 인공지능 등을 활용하여 성력화(省力化)를 통해 대체효과를 만들어 낸다. 인간은 지구상 어떤 생명체와도 달리 문제점, 재앙, 위기 등을 직면하면 해결, 극복, 회피한다. 그래서 인류의 종말이 올 수 있는 데는 믿는 도끼에 발등 찍히는 것밖엔 없다(The only thing that's going to get stuck in the foot is the axe that you trust).

복잡하고 휘황한 거시경제학(macroeconomics)을 떠나, 인류의 위기를 모면하고 세상 종말을 극복하며 당면 문제를 해결했던 인류의 역사적 사례를 현재 서문시장에서 '열쇠쟁이(locksmith)'를 하는 친구 이야기에 빗대어 요약하면 "세상엔 안 열리는 자물쇠는 없다(There is no lock in the world that cannot be opened)."라고 한다. 비결이라고는 단순무식할 뿐이다. i) 고철 자물쇠는 망치로 패면 분해된다. ii) 조선 시대 쇳대(자물쇠)는 칼 같은 걸 쑤셔 속을 뒤집어 놓으면 열린다. iii) 서류함 잠금장치(cabinet locking device)는 안전핀으로도 살살 똥구멍을 간질이면 스르르 열린다. iv) 견고한 금고 자물쇠는 도둑들은 뒷면을 뚫어서 돈만 가져가나, 열쇠 전문가는 청진기로 자물쇠가 긴장하는 숨소리를 들어서 열어낸다. v) 요사이 디지털 자물쇠(digital lock)는 대부분 초등학생도 다 아는 1234, 1111, 0000 등에서 생년월일, 전화번호 등의 숫자로도 쉽게 열린다.

물론 그냥 먹어도 맛이 있는 과자를 꼭 꽈배기를 만들어 먹듯이, 2002

년 웨스트 윙 일화(2002 episode of the West Wing)에서 1960년대 미국 나사(NASA)에서는 120만 달러를 들여 '우주용 펜 프로젝트(Space Pen Project)'를 통해 우주용 볼펜을 발명하여 사용했다. 어느 날 우주정거장에서 미소(美蘇) 우주인들이 만나, 미국 우주인이 120만 달러를 들여서 발명했다고 자랑스럽게 우주 볼펜(space ball-point pen)을 건너 주었는데 소련 우주인이 의아한 표정을 지으면서 피식 웃었다. "우리는 그냥 연필로 쓴다(We just write with a pencil)."라고 하면서 쓰고 있던 나무연필(wood pencil)을 건너 주면서 써보라고 했다.[642, 643, 644] 이런 종류의 미국 백악관 관료주의로 국민의 혈세가 낭비된다는 사실이 아닌 이야기(2002 episode of the West Wing)가 2002년도에 미국 사회에서 횡행했다.[645]

7. 과거 인구 증가 땐 인간이 상품 혹은 소모품이었다

옛 제국은 신부 화폐와 노예 화폐로, 강대국은 인간을 전쟁 소모품으로

경제역사는 교역 매체(수단)를 중심으로 i) 물물교환 경제(barter economy), ii) 염금철경제(salt-gold-iron economy), iii) 화폐경제(money economy), iv) 신용경제(credit economy)로 크게 분류한다. 고대국가가 형성되고부터 염금철경제(鹽金鐵經濟)가, 세계제국에서는 화폐경제(貨幣經濟)를 시작했다. 최초의 화폐는 신부화폐(新婦貨幣, bride money)였으며, 제국은 전

쟁 노예(戰爭奴隸)를 확보하여 노예화폐(奴隸貨幣, slave currency)를 마련
했으며, 전쟁이 없는 평화시대는 처벌 노
예(處罰奴隸) 혹은 신분 노예(身分奴隸)를
만들어 화폐로 사용했다. 십자군 종교전
쟁은 서로를 전쟁노예로 잡아 노예화폐
로 사용했다. 기상천외(奇想天外)하게도
필리핀에서 1,400km 동쪽 태평양 고도
미크로네시아((Micronesia) 야프(Yap) 주

에서는 1,500년 전부터 20세기까지 커다란 돌화폐(stone money), 즉 신용
화폐(megalithic credit currency)를 사용해 왔다.

그러나 세계제국들은 끊임없이 백성들을 소모품으로 전쟁경제를 해왔
다. 한반도 주변에 한정해서 살펴보면 왜국(일본)은 삼한 시대부터 침략을
통해서 가야노(伽倻奴), 신라노(新羅奴), 고려노(高麗奴), 조선노(朝鮮奴)라
는 노예화폐(奴隸貨幣)를 확보하여 국제교역에서 국부를 늘려왔다. 우리에
게 잘 알려진 임진왜란 이후 강항(姜沆, 1567~1618)의 『간양록(看羊錄)』[646]
에서 밝혀졌던 조선노(朝鮮奴)의 국제거래는 1600년 초 일본 나가사키(長
崎, Nagasaki)에서 '조총 1자루에 조선노 60명(60 Korean slaves per gun)'[647]
이었다.

물론 인권적 측면에서 일본은 자국의 백성들도 전쟁 소모품(war con-
sumables)으로 청일전쟁(淸日戰爭), 러일전쟁(露日戰爭), 제1차 세계대전,
제2차 세계대전을 통한 전쟁경제(戰爭經濟)을 추진했다. 오늘날 G2 경제
대국(經濟大國)이 되었으니 과거 역사를 모두가 잊고 있다. 일제강점기에
피식민지국이었던 우리나라 백성들은 황국신민(皇國臣民)으로 대동아공
영권(大東亞共榮圈)을 위한 전쟁용 기름 등 연료에 해당하는 제3종 보급품

정도로 여겼다. 조선 출신 시신은 제10종 기타 보급품으로 취급되었다.

6·25(한국) 전쟁 이후 인구(人口) 혹은 식구(食口)란 의미는 '먹을 건 없는데 먹을 입만 늘어난다'고 생각했다. 산아제한 표어가 "하나씩 낳더라도 한반도는 초만원" 혹은 "덮어놓고 낳다가는 거지꼴 못 면한다."라고 했다.[648] 마치 오늘날 우리나라에서 늘어나는 들고양이를 제한하고자 '안락사 혹은 중성화 수술(Euthanasia or neuter surgery)'하듯이 1960년대부터 1996년대까지 산아제한(産兒制限) 혹은 피임 수술이란 미명 아래, 난관수술(tubal surgery) 혹은 정관수술(vasectomy)을 하는 세칭 '전 국민 거세작전(national castration project)'에 들어갔다. 1996년부터 '산아제한(birth control)'을 '자질 향상(improvement of qualifications)'으로 정책 변경을 했다.[649] 당시에도 오늘날과 같은 인구 감소를 예측하지 못했던 것은 아니다. 뜻있는 사람들은 예상하고 걱정을 했으나 오늘날 '입 틀어막기(forcibly cover one's mouth)'[650]보다도 더한 '쥐도 새도 모르게(without even the mouse or the bird knowing)'가 있었기에 생각을 아예 입 밖에 내놓지를 못했다. 오늘날 인권존중 사회라고 하지만 '채 상병 사망=군 장비 파손'[651] 비유를 봐서도 권력 앞에선 인간은 하나의 도구로(in front of power, humans as just tools)인식되어 왔었다.

지구촌에 인류가 출현한 뒤에 창세기의 노아 대홍수(Noah's Flood) 및 요한계시록의 아마겟돈에서 결투(The Battle of Armageddon) 등으로 크고 작은 인류 종말 혹은 세상 끝을 경험했다. 그러함에도 지구촌을 가득 채울 정도로 인간이 번성해 왔기에 인간의 소중함을 느끼지 못했다. 저출산·고령화현상(低出産高齢化現象)으로 인해 인구 감소까지 예상하는 마당에 과거 i) 약(수)탈경제 혹은 전쟁경제에서는 소모품 인간의 고갈(depletion of expendable humans), ii) 착취 대상과 통치 대상의 인구 감소(decreased population of exploited and ruled subjects)로 비용, 물가, 금리 등의 인상을 우려하고 있다. 지금부터라도 iii) 인건비, 교육비, 사무비, 임금(노무비), 휴가비 등 인간에 관련 모든 재정투자를 비용으로만 봤던 걸 인적자원 혹은 사회적 자원으로, iv) 고령자 관련 각종 복지비용을 '지역경제의 마중물(booster to the local economy)' 혹은 '노인 빈곤 박멸의 기본소득(basic income to eradicate the elderly poverty)' 등으로 '인식의 대전환(Major Shift in Perception)'이 우선되어야 한다.

미래 일자리는 '움켜진 권력의 손가락 사이로' 흘러내린다

동서고금(東西古今)을 막론하고 강대국은 자신들의 국익을 우선시(優先視)했다. 국가의 권력 집단은 집단권익을 위해서 정책을 장악했다. 심지어 정치적 경제학자들의 이론에까지 얽히고설킨 권력 의지조차도 i) 국가 일자리 창출정책의 방향을 돌렸고, ii) 산업의 투자의 물길을 돌렸다. 미래는 복잡하고 고도한 정보력과 기술력으로 권력의 장악력은 무지막지하게 강력해진다. 최근 20년간 일자리 창출을 위한 정책적 이론을 살펴보면 i) 이명박 정부의 4대강 살리기(녹색경제)와 낙수효과 경제(trickle-down economy)[652], ii) 박근혜 정부의 창조경제(creative economy)와 통일대박(Unification Jackpot), iii) 문재인 정부의 소득주도 성장(income-led growth)과 제1호 정책 일자리 창출, iv) 윤석열 정부의 일자리 최고 복지

(best job welfare)와 산유국 한국 등이다. 이들은 하나같이 1980년 혹은 2010년대 미국이나 일본에서 실시해 실패했던 정책을 우리나라에다가 접목해 실패를 재확인해 보고 있을 뿐이다.

가장 적극적이고 강력하게 추진했던 일자리 창출정책은 1997년 IMF 외환위기를 당하자 프랭크린 템플턴(Franklin Templeton)의 제임스 루니(James Rooney)가 1998년부터 '100만 일자리 프로젝트(OMJ: One Million Jobs Project)'를 기획했다. 『한국경제신문』의 기사, 공영방송 TV 프로그램 등 매주 5회 방영, 템플턴과 현대증권의 OMJ 펀드 출시, 현대증권의 '바이코리아(Buy Korea)' 펀드, 8만 개의 택시 스티커로 '100만 개의 일자리를 만들자.' OMJ 신용카드 및 저축계좌 등 다양한 상품을 제작했다. 이 캠페인의 일환으로 하나은행(Hana Bank)이 서울은행(Seoul Bank)을 흡수했다. 이렇게 추진한 결과는 210만 개의 일자리를 창출했다.[653] 이렇게 일자리 창출이 가능했던 것은 온 국민의 합심에 기인했다. 일자리 창출은 '물 혹은 미세한 모래(water or fine sand)'와 같아서 어떤 힘에 의해서는 움켜쥐면 쥘수록 손가락 사이로 모두 흘러내리고 하나도 남지 않는다.

마치 이제까지 수많은 인류종말(End of Humanity), 세상 종말(End of World), 맬더스의 재앙(Malthusian Disaster), 이데올로기의 종언(End of ideology), 노동 종말(End of Labor) 등이 하나도 맞지 않고 헛소리에 지나지 않았다. 이를 통해서 우리가 얻은 시사점은 i) 세상이 단순하지 않고 복잡하며, ii) 정책 실시엔 적어도 6개월 이상 걸리는데 정책적 표적이 부동자세로 가만히 있지 않는다. iii) 세상만사는 복잡한 아날로그 시계(analog clock) 혹은 '맞물러 돌아가는 톱니바퀴(cog-wheel)'와 같다. iv) 정치인의 정책이나 학자들의 이론은 늘 뒷북치기(Back-stabbing)다. "미네르바의 부엉이는 황혼이 지고 나서야 날아오르기 시작한다(die Eule der Minerva beginnt erst mit der einbrechenden Dämmerung ihren Flug.)."[654]라고 했던 프리드리히 헤겔(Georg Friedrich Hegel)의 저서 『법철학의 기본원리(Grundlinien der Philosophie des Rechts)』에서 했던 말처럼 실체보다 지나가고 난 뒤에 어렸던 그림자만을 말할 뿐이다.

현재 시점에서 일자리 마련에 대해 과거 경제학자들이 주장했던 걸 요약해 보면 i) 일자리(노동)에 대해서 최초 공론화는 1867년 카를 마르크스(Karl Marx, 1818~1883)가 쓴 『자본론(Das Kapital)』에서 "일하는 사람들은 자신의 노동력을 사용해 상품과 서비스를 생산하여 시장에서 사고판다. 시장 경쟁을 이끌어가면서 자본주의 산업이 항상 노동력 대체기계(labor replacement machine)나 기타 확보수단을 활용해 생산비를 절감하려 노력한다. 더 적은 노동력으로 동일한 생산량을 만들고자 함에 일자리를 잃게 된다."라고 봤다.[655, 656] ii) 1905년 미국의 통계학자 맥스 로렌츠(Max Otto Lorenz, 1876~1959)는 소득분배의 불평등성을 판단하고자 인구의 누적 비율과 소득의 누적 비율 사이에 관계를 도시(圖示)해 '로렌츠 곡선(Lorenz curve)'을 내놓았다. iii) 1912년에는 로렌츠 곡선을 기반으로 통계학자 코라도 지니(Corrado Gini, 1884~1965)는 불평등 정도를 계수로 표시한 지니계수(Gini Coefficient)를 제시했다.

본격적으로 경제분석에 통계자료를 통해 진단하려는 통계 경제학(Statistical Economics)이 생겨났다. iv) 1920년 어빙 피셔(Irving Fisher, 1867~1947)는 실업률과 물가(인플레이션) 사이에 상관관계를 분석하기 시작했다. 이어 v) 1937년 '국민소득계정(national income accounts)'을 개발한 러시아(Russia)의 사이먼 쿠즈네츠(Simon Kuznets)는 1955년 경제성장으로 인한 소득 불평등도가 변동한다는 '쿠즈네츠의 곡선(Kuznets Curve)'[657]을 보여주며 '농촌 노동력이 도시로 이주함'을 밝혔다. vi) 1957년에 영국의 거시경제학자 빌 필립스(Bill Phillips, 1914~1975)[658]는 영국의 통계자료를 분석해 1958년 「영국의 실업률과 화폐 임금률 변화율 사이의 관계, 1861~1957(The Relation Between Unemployment and the Rate of Change of Money Wage Rates in the United Kingdom, 1861~1957)」[659]이라는 논문에서 단기적으로 인플레이션과 실업률의 '음(negative)의 상관관계'를 밝혀 '필립스 곡선(Phillips Curve)'[660]을 내놓았다.[661]

이에 vii) 1958년에는 윌리엄 베버리지(William Henry Beveridge, 1879~1963)[662]는 실업률(unemployment rate)과 공석률(job openings rate) 사이에 관계를 도시한 것으로 채워지지 않는 일자리(수)는 노동력의 비율로 표시한 '베버리지 곡선(Beveridge curve)'을 제시했다. viii) 1960년 폴 사무엘슨(Paul Samuelson, 1915~2009)과 로버트 솔로(Robert Solow, 1924~2023)는 인플레이션과 실업 사이의 연관성을 명시적으로 밝혔다. 즉 인플레이션이 높을 때 실업률은 낮고, 그 반대의 경우도 성립됨을 입증했다.

이같이 많은 거시경제(macroeconomics) 학자들은 이들의 곡선을 마치 '전가의 보도(Heirloom Sword)'같이 여겨왔다. ix) 1970년대에 들어서면서 제임스 포더(James Forder)[663]는 실업(문제) 해결의 황금열쇠로 사용했다는 "필립스 곡선의 신화(The myth of the Phillips curve)"를 꼬집기도 했다. x) 1974년 이래 '필립스 곡선(Phllips curve)'[664]을 변형하여 토머스 사전트(Thomas Sargent, 1943년생), 크리스토퍼 심스(Christopher Sims, 1943년생), 에드먼드 펠프스(Edmund Phelps, 1933년생), 에드워드 프레스콧(Edward Prescott, 1940년생), 로버트 먼델(Robert A. Mundell, 1932~2021), 로

버트 루카스(Robert E. Lucas, 1937~2023), 밀턴 프리드먼(Milton Friedman, 1912~2006) 및 프리드리히 하이에크(F.A. Hayek, 1899~1992) 등의 경제학 자들이 배출되었다. 복잡다기한 경제현상을 단순한 분석 도구(analysis tools) 하나로 정확하게 진단하고 해결책을 찾는다는 건 CT(computed to-mograph) 혹은 MRI(magnetic resonance imaging) 촬영으로 모든 '질병의 기제(mechanism of disease)'를 다 진단할 수 있다는 환상과 같다.

8. 일자리 창출 곡선(Job Creation Curve)은 어떤 모양인가?

모기가 인류 역사를 바꿨다니까요!

인류는 지구촌에 지금부터 700만 년 전에 출현했으나, 지금부터 1억9천만 년 전에 지구촌에서 출현한 모기(mosquito)는 지구촌을 지배하여 왔다. 이제까지 520억 명의 인간의 생명을 앗아갔으며, 몇 차례 인류 역사(人類歷史)까지 변화시켰다. 영국 런던 대학교(London College University) 교수였던 아놀드 토인비(Arnold Joseph Toynbee,

1889~1975)는 1934년에 집필을 시작해 1964년까지 28년간 12권의 역작 『역사의 연구(A Study of History)』를 썼다. 그의 책에서도 언급했다시피, BC 323년 2월에 알렉산더 대왕(Alexander the Great)이 바빌론 모기에 물려서 웨스트 나일 뇌염(West Nile encephalitis)으로 세상을 떠났다.[665] 만약에 알렉산더 대왕의 동방원정(Eastern Expedition)이 성공했다면 역사는 많이 달라졌을 것이다.

직접 눈으로 확인할 수 있는 역사적 유적으로는 캄보디아 앙코르 와트(Angkor Wat, Cambodia)가 17세기 말부터 흔적도 없이 사라 사라졌다가 1860년 이후에 발견되었다. 사라진 이유로는 역사학자들은 200m 정도 넓은 해자(垓子)에 서식했던 모기로 인해 왕국이 사멸했다고 봤다. 1882년 파나마 운하공사(Panama Canal work)가 모기가 전염시키는 말라리아로 1,200명이 사망해서 한때 중단되었다. 세계 제1·제2차 대전에서 가장 많은 생명을 앗아갔기에 '모기 보고 대포를 쏜다(Firing a cannon to kill a mosquito).'라는 전투 야사가 생겨났다. 미국 전투역사 기록을 살펴보면 제1차 전쟁에 4,746명의 말라리아 환자가 발생하여 사망자는 7명, 병가 일수는 68,373일이었다.

그러나 제2차 세계대전(the 2nd World War)엔 말라리아 환자가 112,256명, 병가 일수가 3,310,800일에 사망자 90명이었다.[666] 1942년 일본군의 진격을 막고자 필사적으로 전투에 참여했던 필리핀 군인 75,000여 명 가운데 24,000명이나 모기가 전염한 말라리아(malaria)에 사망했다.[667] 1950년 한국전쟁(Korea War) 가운데 4,542명의 환자, 병가신청자는 50,924명이 신청했으나 사망자는 0명이었다. 그런데 1965년 베트남 전쟁(Vietnam War)에서는 250,000명의 참전 군인이 뇌염(encephalitis)과 말라리아(malaria)를 앓았다.[668]

말라리아(Malaria)란 이탈리아어로 '나쁜 공기(malaria)'를 뜻한다. 로마는 저습한 늪지대에다가 건국했기에 바로 모기서식지였다. '역병의 도시(City of Plague)'라는 별명을 가졌기에 훈족(Huns)이 이탈리아 정복을 눈앞에 두고도 모기로 철군했다. 가톨릭 교황국 바티칸(Papal State Vatican)에서 교황 선출의 '콘클라베(Conclave)[669]', 즉 교황이 선출될 때까지 외부와 차단하는 것은 말라리아 발병으로 죽을 수 있기 때문이다. 실제로 바티칸의 10세기 이후에 130여 명의 교황 가운데 22명이나 말라리아 열병으로 사망했다. 1633년 아우구스티누스(Augustin) 교단의 한 수도사가 키나 나무(Kina tree)를 '열 나무(fever tree)'로 기록했는데, 16세기에 스페인 예수회 선교사(Spanish Jesuit missionary)들은 페루 키나 나무 효능을 이용해 말라리아(three-days fever)에 키나(Kina) 말린 가루를 여타 음료에다가 타서 섭취해 치유했다. 남아메리카 예수회 선교사들은 키나나무를 '예수회의 껍질(The Jesuits' Rebellion)'이라고도 했다.

　키닌 혹은 키니네(Quinine, C20H24N2O2)는 영국 찰스 2세와 프랑스 루이 14세 아들이 말라리아에 걸렸던 것을 치유했으며, 중국 청나라 강희제(姜熙齊)의 생명을 구했다. 동양에서는 키니레(Quinine)를 음역하여 '금계랍(金鷄蠟)'이라고 표기했다. 1942년 로버트 우드워드(Robert Burns Woodward)는 2년 만에 퀴닌 인공합성에 성공하여 1965년 노벨화학상을 수상했다. 또한, 1967년 5월 23일 중국에서 말라리아 감염이 폭발하자 치료제 개발 'Project 523'[670]을 시작했다. 1969년에 두유유(屠呦呦, 1930년생)가 참여했다. 그녀는 AD 300년경 갈홍(葛洪, 284~363)이 쓴『주후비급방(肘後備急方)』에 청호(菁蒿)[671]로부터 특효약 성분추출에 성공했다. 청호(菁蒿), 예엽(艾葉), 인진호(茵蔯蒿) 등의 약제명이나 한국인들에겐 세칭 '개똥쑥(sweet wormwood)'으로 알려졌다. 치료제 개발팀(Project 523)에서는 야생 개똥쑥에서 '아르테미시닌(artemisinin, $C_{15}H_{22}O_5$)'성분을 축출했다. 1986년에 말라리아 치료제로 중국 정부 승인을 받았다. 1990년 감염 사망자를 획기적으로 줄여 인류 공헌으로 2015년 노벨생리의학상을 수상했다.

물론 1937년 파울 헤르만 뮐러(Paul Hermann Mulle, 1899~1965)의 DDT(dichloro diphenyl trichloroethan)의 발견으로 모기의 기세를 꺾었으나 슈퍼 DNA로 무장한 '모기의 역습(Mosquito's counterattack)'이 다시 시작되었다. 2015년 8월 11일 빌 게이츠(Bill Gates)는 1억2천만 달러를 투입하여 '유전자 가위(gene scissors)'를 이용한 프로젝트를 추진해 모기의 기세를 꺾어보고자 했으나[672] 여태까지도 여의치 않았다.

미래 일자리 창출에 '보이지 않는 모기(invisible mosquito)'는?

일자리 창출(job creation)이란 뭘까? 가장 많은 관심으로 추진했던 유럽 연합(EU)에선 "일자리 창출은 특히 이전에 실직했거나 활동하지 않았던 사람들에게 새로운 일자리를 제공하는 과정이다. 일자리 창출은 유럽 연합(EU, European Union)에 사회 및 고용정책의 최우선 과제다."라고 규정하고 있다.[673] 2014년 11월에 '일자리 창출' 프로젝트를 마련하여 유럽 투자 계획까지 마련하여 보다 현명하게 재정적 재원 혹은 각종 자원을 투자(투입), 연쇄·파급 효과의 장애물 제거, 가시성 및 기술 지원을 확대했다.[674] '더 많고 더 좋은 일자리'[675]를 위한 신흥 녹색 부문과 디지털 부문을 포함하여 2021년 11월 12일에는 '3,800만 개 일자리 프로젝트(38-Million Jobs Prject)'를 총회에서 결의했다.[676]

2000년부터 2019년까지 20년간의 EU에서 일자리 마련을 위해서 노력

한 결과는 i) 일자리 75% 증가와
총수출량 130%를 증가시켰다.
ii) EU 산업체의 93%가 중소기
업으로 45개의 무역 협정을 통
해서 같은 통상권역으로 이해를
증진했다.[677] iii) EU 전역에 일자

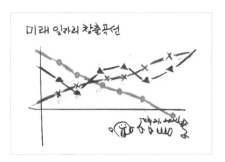

리 창출(job creation)의 증가는 불가리아 368%, 슬로바키아 287%, 아일
랜드 202%, 슬로베니아 184%, 에스토니아 173% 등이었고[678], 프랑스의
수출로 회원국에 6,580개의 일자리를 창출했다. 반면 폴란드(Poland)에
서는 2,000개의 일자리를 마련하도록 지원했다.[679] iv) EU 외부에서
2,400만 개의 일자리를 만들었다. 구체적으로 미국에 150만 개, 인도에
220만 개, 튀르키예 53만 개의 일자리를 마련했다. 여성에게 1,400만여
개의 일자리를 제공했다.[680] "우리는 각계각층에 잠들어 있는 창의성을 발
휘하기만 한다면 모든 사람을 위한 일자리 기회를 창출할 수 있는 능력
(capability to create job opportunities)을 가지고 있다."라고 평가했다.[681]

2013년 5월에 캐나다 밴쿠버대학교에서 '일자리 창출 곡선(Job Cre-
ation Curve)'의 탄력성을 통해서 노동자와 고용주 양측의 일치하는 특정
잉여 노동력(specific surplus labor force)에 대한 교섭결과를 예측했다. 노
동시장의 경직성 변화(changes in rigidity of the labor market)와 고용주에
대해 근로자의 교섭력을 판단하기도 했다. 심지어 임금과 고용률 사이에
상관관계를 언급했다.[682] 1960~70년대 케인스 경제학(Keynesian eco-
nomics)에서 '고용의 유효수요이론(effective demand theory of employ-
ment)'에서 고용 곡선 이론(Keynesian Theory of Employment Curve)은 "실

업의 원인은 유효수요의 결핍(deficiency of effective demand)이며, 유효수요를 높임으로써 실업을 제거(감소)할 수 있다. 즉 유효수요의 증가로 경제적 생산량(노동력)도 증가하기 때문이다."683라고 봤으며, 일자리 마련의 새 정책을 추진해 왔다.

과거 통계자료의 추이(推移), 즉 중학교 2학년 교육과정의 각종 그래프의 기울기를 이용해 함수(방정식)를 구할 수 있다. 이를 통해서 직선 혹은 곡선 모양의 연장선(延長線)을 만들 수 있다. 일자리 창출에 대해서도 과거 통계를 통한 경향(기울기)을 파악하여 '일자리 창출 곡선(Job creation curve)'을 그려서 미래 일자리 창출의 모습을 그려볼 수 있다. 해당 통계자료와 컴퓨터 프로그램(computer program)을 이용해 최소자승법(least squares method)으로 '일자리 창출 방정식(Job Creation Equation)'을 도출할 수 있다. 방정식을 푸는데 노사정(勞使政)이 제시한 각각의 답안이 서로 조화와 균형(harmony and balance)을 이룰 때에만 모든 문제가 순조롭게 풀린다.684

역사를 통해서 볼 때 동서고금(東西古今)의 전쟁에서 적병에 의한 사상자보다 더 많은 희생자를 만드는 건 바로 지역의 풍토병을 옮기는 모기였다. 미래의 일자리 창출에서도 '보이지 않는 모기 역할(role of invisible mosquito)'을 할 수 있는 사항은 무수히 많으나, i) 가장 큰 모기는 정권을 무모하게 장악하고자 하는 정치적 의도 혹은 정책(political intentions and policies)이고, ii) 강대국으로서 약소국의 희생을 강요하는 여하한 국제적인 정책(international policy)이다. iii) 지역사회의 일자리 창출도 지역정치인들의 수중에 의해서 방향이 바뀌고, 집권 기간에 재원과 인력의 투입에 있어 선택과 집중(selection and focus)에 따라 일자리 창출의 결과는 달라진다. iv) 사실 일자리 만들기의 소리 없는 전쟁에서는 "무능한 지휘관은 적군보다 더 무섭다(無能將就, 恐比剛敵)."[685, 686]라는 보나파르트 나폴레옹(Napoleon Bonapart, 1769~1821)의 말이 실감이 난다.[687]

지난 통계청(동북통계청)에서 6월 12일에 '2024년 5월 대구광역시 고용 동향' 통계자료를 발표했다. i) 전체 경제활동인구의 58.7% 고용률(employment rate)은 전년 동월(2023년 5월) 대비하면 3.2%p나 떨어졌다. 총 취업자는 123만1천 명으로 전년 동월에 대비하면 5만4천 명이 줄었다. 이로 인해서 실업률(unemployment rate)은 4.0%로 1.1%p가 올랐다. 실업자 수는 5만1천 명으로 전년 동월에 대비 1만3천 명이나 늘어났다.[688] 한편 경북도의 고용 동향(employment trends)에서 전체 고용률이 65.3%이고, 전년 동월 대비 0.3%p 상승한 사유는 군위군(軍威郡)이 대구광역시로 편입됨으로써 고용률과 실업률을 변동시켰다. 분모(denominator)에 해당하는 경제활동 인구(15세~64세 노동 가능 인구)의 감소 폭이 분자(numerator)의 취업자 감소 폭보다 더 컸다.[689]

제5장

틀에 갇힌 선택보다 판을 깨고 나가라!

1. 대구에선 왜 '틀에 갇힌 선택'만을 해왔는가?

대구 사람은 왜 '틀에 갇힌 선택'만을 할까요?
· · · · ·

2012년 농심 수미(감자)칩 광고 모델로 인기 가수 수지(Soo Ji, 1994년)가 발탁되어 "수미(秀美)는 여자가 아니야. 감자야."라는 광고문으로 2012년 147억 원이었던 매출액이 2013년 212억 원으로 44%나 뛰어올랐다.[690] 이로 인해 '국민 첫사랑' 수지로 거듭나게 되었다. 최근 2024년 6월 4일 중고 자동차 '새로고침 헤이딜러(Hey Dealer)' 전속모델 수지는 제1화 "우리에게 생각보다 많은 선택권이 있어요."라는 카피(광고문)에서[691] 7월 4일 제2화 "틀[692]에 갇힌 선택, 깨고 살래요."라는 카피가 뭇사람들의 마음을 사로잡고 있다.

좀 더 자세히 말씀드리면 제1화는 "(이정은이 전기차를 타고 방송한다.) 절대로 밖을 내다보지 마세요. 줄에서 벗어나선 안 됩니다. 남들에게 시선은 앞에만 두세요. 주어진 틀에서만 사는 거예요. 가장 적당하다고 보이는 걸 사는 거예요. (수지는 방송을 듣고도 벗어난다.) 싫은데, 우리에겐 생각보다 많은 선택권이 있어요."라고 한다. 그리고 제2화는 "부장님 정도면 이 정도는(승용차를) 타는 게 맞아요. (수지는 오픈카를 타면서) 갇혀서 살 필요는 없는데. 틀(frame)에서 벗어나는 게 좋은데. 깨고 살래요."라고 한다.

여기서 틀(frame)이란 i) 사람의 풍체(風體)를 언급할 때 범 틀, 쥐 틀, 개

틀 등이 있고, ii) 사냥할 때 잡고자 하는 동물에 따라 호랑이 틀(덫), 멧돼지 틀, 노루 틀, 토끼 틀 등이 있다. 사람을 옭아매는 틀로는 iii) 죄인을 국문(鞠問)할 때는 형(刑) 틀, 투옥할 때 씌우는 큰 칼(刑具), 교수(絞首) 틀, 주리 틀 등이 있다. iv) 같은 모양의 음식이나 제품을 만들 때 사용하는 도구인 빵틀, 국수틀, 냉면 틀, 기름 틀도 있다. 농담을 하면 v) 국왕이 대변보던 매화틀(혹은 매우틀)도 있다. vi) 또한 작업 도구로는 재봉틀, 베틀, 사진 틀(액자) 등이 있었다. vii) 한 발 더 나아가 오늘날은 추상적으로 일정한 범위 안에서만 사고의 범위를 제한하는 '분석의 틀(frame of analysis)', '인식의 틀(frame of perception)', '설득의 틀(frame of persuasion)' 혹은 '홍보의 틀(frame of publicity)' 등이 있다. 홍보와 정치적 선거 등에서 이런 틀을 전략으로 즐겨 사용한다. 2004년 캘리포니아 대학교(California University) 버클리 캠퍼스에 인지언어학자(認知言語學者) 조지 레이코프(George Lakoff) 교수가 쓴 『코끼리를 생각하지 마세요(Don't Think of an Elephant)!』라는 책은 정치적 '틀 짜기(frame) 이론서'다. 특히 선거 캠페인이나 대국민 홍보에서 '프레임(frame, 틀 짜기)'에 대한 교과서로 역할을 하고 있다.[693] 지난 2024년 4월 국회의원 선거(총선)에서 여당이 사용했던 3대 프레임은 i) 종북 프레인(Pro-North Korea frame), ii) 희생자 프레임(the victim's frame), 그리고 iii) 약자 프레임(the weak's frame)이었다.[694]

한편, 2017년부터는 '틀을 깨자(Break the Frame)'[695]는 유튜브(YouTube) 혹은 얼책(FaceBook)이 생겨났고, 우리나라에서도 2018년에 '브레이크 더 프레임(Break the Frame)'이라는 이름 광고(동영상) 회사가 생겨났고, 한화 이글스는 "판을 흔들어라(Break the Frame)."를 구호로 그해 프로야구의 판을 뒤흔들었다.[696] 2018년 5월에서 애플 뮤직(Apple Music)에선 조나스 한(Jonas Hahn)의 노래 「틀을 깨버리자(Break the Frame)!」가 한때 유행했다. "너도 이미 알고 있지? 이 게임의 규칙은 내가 정한다. 알잖아? 어디를 가든 틀을 깬다. 어딜 가든 그놈의 틀은 깬다(You already know, I make the rules in this game. You know. Everywhere I go, I break the frame, Everywhere I go, I break the frame)."[697]

이는 분명히 말하면 1992년 12월 KBS2 TV 가요 탑 10에서 김국환(金國煥, 1948년생) 가수가 불렀던 「우리도 접시를 깨뜨리자(Let's break the dishes too)」[698]에서 "자, 이제부터 접시를 깨자. 접시 깼다고 세상이 깨지나?"가 한때 유행어가 되었다. 행정에서도 '접시 깨기 행정'이라는 발상까지 생겨났다. 적극적인 행정을 하다가 i) 현실과 부합되지 않는 각종 규정으로 말미암아 발생한 위반사항, ii) 적극적으로 민원을 해결하려고 노력하다가 발생한 부작용, iii) 공직자가 업무를 처리하는 과정에서 발생한 고의성이 없는 위법·부당한 사항에 대해선 1997년부터 '관용심사위원회 설치 및 운영 규정'을 만들어 적극 행정을 추진했다. 2008년 이명박(李明博, 1941년생) 대통령은 신년업무 보고에서 "설거지를 하다 보면 손도 베이고 그릇도 깨고 하는데 이를 두려워 아예 설거지를 안 하는 건 안 된다."라고 했다.[699] 또한 2020년 1월 정세균 국무총리도 1월 취임사에서 "일하다 접시를 깨는 일은 관용할 수 있어도 일하지 않아 접시에 먼지가 끼는 건 용인될 수 없다."라고 했다. 2022년 7월 1일에 경기도지사 김동연(金東兗, 1957년생)은 취임하면서 "일하다가 접시를 깨는 것은 도지사가 책임지겠다."[700]라고 말했다.

보수적인 대구·경북(TK) 공직사회에서는 태산준령(泰山峻嶺)의 낙락장송(落落長松)처럼 '승진의 제1원칙은 무사안일'이 아예 밑바닥부터 똬리를 터고 자리를 잡았다. "기관장이 시키는 일만 하면 별탈이 나지 않는다(無事). ▷ 어떤 감사도 기관장이 '시키는 일'에는 손대지 않는다(無監査). ▷

만약, 깃털이 잡히면 반드시 꼬리 자르기를 한다(無懲戒). ▷ 시킨 일만 하면 반드시 승진이 보장된다니까요(安逸)."라는 '무사안일의 선순환 논리(virtuous cycle logic of peace and security)'다. 이렇게 하기 위한 실천덕목으로 '삼손주의원칙(三損注意原則)'이 있다. i) 어떤 경우도 문제점을 제시하면 바로 당신이 문제아(問題兒)가 된다(言則損). ii) 재난현장, 고질적 민원현장 보고 등으로 부지런히 출장 갔다가는 결자해지(結者解之)의 책임을 떠맡는다(動則損). iii) 문제현장을 봤다면 사전예방의 책임까지 뒤집어쓰게 된다(視則損). 이것이 무사안일의 경험칙(經驗則)이다.

이런 무사안일 기반(Base of safety and complacency)에서 표출된 성과를 다른 자치단체와 비교할 수 있는 객관적인 지표로는 i) 윤리적 측면에서는 대구광역시 청렴도 등급이다. 최근 2020년 3등급, 2021년 4등급, 2022년 4등급, 2023년 2등급으로 11년 만에 최고등급을 받았다.[701] ii) 경제적 측면에선 지역총생산량(GRDP)이다. 1985년 16개 광역시도의 GRDP(Gross Regional Domestic Product)를 산출해 1인당 개인소득을 계측하여 발표해 왔다. 대구시는 1992년부터 2023년까지 줄곧 31년째 꼴찌를 기록해 왔다.[702] 2023년 통계청 보도자료에 따르면 전국 평균 1인당 소득은 4,195만 원이다. 울산시는 7,751만 원, 제주도 3,115만 원이다. 그러나 대구시의 총생산액은 63조 원으로 개인당 소득은 2,674만 원(전국 평균의 63.74%)으로 꼴찌를 유지했다.[703]

이런 객관적인 통계수치(지표)를 보면 대구시민(大邱市民)의 한 사람으로 무척 자존심이 상한다. 꼴찌를 벗어나지 못하는 답답함이 앞선다. 통계계측에 있어 바닥 효과(floor effect)[704]가 작동되는 뭔가가 있겠지? 개인적 욕심으로는 컴퓨터엔 문외한(門外漢)이지만 프로그램(GRDP) 개발 기획서, 개발 언어(developmnet language), 소스 코드(soruce code) 등의 로직(logic)이라도 따져보고 싶다. 블랙박스 테스트(black-box test)라도 수십 번 해봐야 직성이라도 풀릴 것 같다. 대구지역만이 이런 문제에 기인했다면 무슨 잘못이라도 있는지 짚어보고, 몇 번이고 복기(復碁)를 해서라도 '만년 꼴찌의 함정'에서 벗어나고 싶다.

경상감영 문화에서 권위적·배타적인 사고까지?

대구는 낙동강·금호강 두물머리에서 생성된 초승달(퇴적선상지)에 선사시대부터 만들어진 부족국가 다벌국(多伐國)705이 파사이사금 29(AD 108)년에 신라에 병합되었다. 신라 첨해이사금 15(AD 261)년에 옛 부족국가의 옛 성터(城址)에 달성토성(土城)이 축성되었다. 성주(城主)엔 품계에서 제11 관등에 해당하는 나마극종(奈麻克宗)이 임명되었다. 신라 때는 달구화현(達句火縣, 일명 達弗城)은 경덕왕 16(757)년에 중국식 한자로 대구현(大丘縣)으로 개칭하여 수창군(壽昌郡)에 배속, 고려 현종 9(1018)년에 경산부(京山府, 오늘날 星州郡)에 속읍, 인종 21(1143)년 현령이 있는 주읍(主邑)으로 승격, 조선 세종 원(1419)년 대구군(大丘郡)으로 승격, 세종 12(1466)년에 대구도호부(大丘都護府)로 승격되었다.706

경상감영(慶尙監營)은 조선 초기에는 경주(慶州)에 행영(行營)을, 태종 7(1407)년 상주(尙州)에 순영(巡營)을, 1592년 임진왜란이 터지자 전략적 총화단결을 위해 선조 26(1593)년 9월 경상좌도·경상우도를 통합하고,

성주목(星州牧) 팔거현(八莒縣, 오늘날 대구 북구 읍내동)에다가 순영(巡營)을 이전 설치했다. 팔거현에 이전한 연유는 i) 전시국가의 전략상 조명연합군 (朝明聯合軍)의 명나라 총병 유정(劉綎) 부대 5,000여 명이 팔거현에 주둔 했기에 군량미와 병참(兵站)을 직접 지원함에, ii) 왜구와 많이 싸웠던 척 계광(戚繼光, 1528~1588)의 절강병법(浙江兵法) 혹은 기효신서(紀效新書)의 신무기와 전법을 절강군(浙江軍)으로부터 직접 조선 병장에 전수(傳授)시 키고자 했다. iii) 왜관(倭館)에 유숙하는 일본인의 통역 인력 등을 이용해 군사·외교적 담화(휴전회담)를 추진했다. iv) 마지막으로 조명군사령관 유 정 총병과 유성룡 체찰사 등이 지정학적인 군사적 요새지로 팔거현(莒城) 에 순영설치(巡營設置)를 주청했다.

팔거현(八莒縣)에 임진왜란 전시 경상감영(戰時慶尙監營)이 설치된 뒤에 도 1595년 경상좌도(慶尙左道)와 경상우도(慶尙友道)로 다시 나눴다. 유정 부대가 이동함에 따라 1596년 6월에는 대구 달성(土城, 오늘날 達城公園)으 로 이전했다. 달성으로 이전한 경상좌도 감영은 정유재란(丁酉再亂)으로 순영(巡營)이 소실되었기에 1599년에 안동으로 순영(巡營)을 옮겼다. 2년 뒤 1601년 5월 24일에 오늘날 경상감영공원 자리에다가 아예 상시적으 로 도백(道伯)이 머무는 유영(留營)을 설치했다. 대구 경상감영(留營) 이전 에는, 즉 조선 초기는 순시(巡視) 혹은 시찰(視察) 때만 관찰사가 감영에 유 숙했다. 상시적으로 유숙하지 않았을 때는 순영(巡營) 혹은 행영(行營)으로 역할을 했다. 1601년 이후 상시로 머무는 유영(留營)을 설치하고부터 늘 진영(혹은 감영)에 머물게 되었다. 관찰사(觀察使)는 명칭 그대로 지방관을 감찰(觀察)하는 순력(巡歷)은 봄가을 2회만 했고, 대부분은 지방장관으로 기능을 했다.[707]

이렇게 경상감영(慶尙監營)이 이곳에 자리 잡음으로써 영남유림(嶺南儒

林)에겐 i) 유림의 본거지를 마련할 수 있었고, ii) 갑인자(甲寅字) 등의 금속 활자를 이용한 서책을 유인할 수 있었다. 이로 인해 오늘날 대구의 인쇄문화가 1960년대까지 번창했다. iii) 관료를 예우하는 술·밥·여자까지를 대접하는 진공문화(進供文化)도 대단히 번창했다. 한양 관료들 사이에는 "경상감사 한 번 하면 7대가 배불리 먹고살 수 있다."라는 말이 돌았다. 상공(相公) 반열의 고급관료들이 경상감사를 하려는 혈안에 조선 관료의 '달걀의 노른자위'가 되었다. 그런 경상감영의 진공문화(進供文化)가 일제를 통해 더욱 강화되었고, 이는 곧바로 대구 공무원 사회에 스며들었다. 1980년 후반까지 세칭 끝발 있는 세무계, 위생계, 소방계 공무원들이 기생집에서 술을 먹고 외상을 달아놓았는데, 술집 주인은 도저히 그런 공무원들에게 술값을 받을 수 없었다. 그렇다면 '누구에게 받아야 할까?'라는 '아재개그'가 한때 유행했다. 감영 문화의 진공정신(進供精神)에 물든 대구시민들의 당시 생각은 '같이 술을 마셨던 아가씨'에게 받는 게 정답이었다.

한편으로, 일본제국(日本帝國)에겐 대구는 '하늘이 만들어 준 보금자리'였다. 왜냐하면, 임진왜란(壬辰倭亂)과 정유재란(丁酉再亂) 때에 무혈입성(無血入城)했던 곳이었고, 1894년 청일전쟁(淸日戰爭)[708] 발발 이후에 일본군 수비대가 달성(達城) 야전지(野戰地)에 주둔하여 청일전쟁 승리까지 챙겼던 명당이었다. 1895년 9월 13일 조선육군편제강령(칙령 제170호)에 따라 지방진위대(鎭衛隊)가 대구에는 설치되지 않았다. 단지 지방대(地方隊)만 설치되었다. 1900년 7월에 진위대 제3연대의 본부와 제1대대가 대구에 설치되었다가 1905년 4월부터 진위대가 감축되어 제3연대의 1대대만이 대구에 남았다. 1907년 8월에 일제에 의해 대구진위대가 해산되었다. 실제로 1904년 4월에 대구진위대(大邱鎭衛隊)와 일본군 수비대(日本軍 守備隊)가 충돌할 기미를 보였다. 1905년 을사늑약(乙巳勒約) 이후 대구진위대(대한제국의 육군이면서)는 의병운동을 탄압하고, 의병을 색출하는데 동원되었다.[709] 1905년 달성은 청일전쟁의 전승기념공원(戰勝記念公園)으로 지정되었다. 대한제국 말 대구진위대(大邱鎭衛隊)가 일본수비대(日本守備隊)의 지령에 따라 전국 의병을 토벌하는데 동원되었다니? 역사적 아이러니다.

2. 대구의 미래는? 지금 대구에서 무슨 일이 일어나고 있는가요?

생뚱맞지만, 대제국이 전쟁으로 망하는 데 며칠이 걸렸을까요?

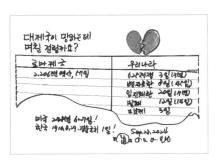

부자(富者)는 망해도 3년은 먹을 것이 있다고 했다. 오늘날 미국, 중국 혹은 일본과 같은 경제대국은 아무리 망해도 30년은 가겠지요? 천만에. 당장 역사책을 펴놓고 전쟁(戰爭)으로 망했던 모습들을 확인해 보세요. 우리나라의 역사부터 타임라인(time line)을 거꾸로 올라가면서 알아본다. 6·25 전쟁이 1950년 6월 25일 새벽 4시에 38선을 넘어 쳐들어 왔다. 6월 28일에 서울은 북한군의 수중에 떨어졌으니 3일 만이다. 병자호란(丙子胡亂)요? 1636년 12월 28일 청나라 숭덕제

(崇德帝, 홍타이지)가 47,173명의 병력으로 친정(親征)을 한 지 8일 만에 한성이 함락(陷落)되었다. 국왕은 남한산성(南漢山城)으로 피신해 45일간 버티기를 했으나 결국 1637년 2월 24일에 삼전도(三田渡)에서 '구고두삼배(九叩頭三拜)'라는 항복의식을 치른 뒤에 얻는 교훈은 '국가사직이 안에서 썩고, 밖에서 침입해 나라가 내려앉는다(內腐招戰, 而國墜亡).'였다. 그래도 57일간 버티는 바람에 그만큼 죄 없는 백성들은 도륙당했다. 1592년 임진왜란 때는 어땠는가? 4월 13일 부산포에 침입하여 5월 2일에 국왕 선조(宣祖)는 야음(夜陰)을 틈타 혼자 살겠다고 '의주몽진(義州蒙塵)'이란 이름으로 달아났다. 텅텅 빈 한성을 싱겁게 무혈입성한 왜군은 도륙과 방화로 분탕(焚蕩) 잔치를 했다. 그렇게 망하는데 딱 20일이 걸렸다.

역사가들조차도 많이 궁금해하던 발해의 망국 과정을 자세히 살펴보면, 926년 12월 31일에 거란족장(太祖) 야률아보기(耶律阿保機)가 정예기병 1만 명으로 부여성(扶餘城)을 침입했다는 전갈을 받았다. 이때 발해 국왕 대인선(大諲譔, 생몰연도 미상)은 고민하고 있는데, 노상(老相, 나중에 東丹國 國王이 됨) 장군이 자신에게 3만 대군을 내주면 물리치겠다고 자청해 신임하고 보냈다. 뭔가 이상하여 책사였던 야율할저(耶律轄底)를 찾아 거란족의 침공에 대한 해결방책을 논의하고자 했으나 그는 이미 도주해서 거란족으로 돌아갔다. 그때야 야율할저가 책사(策士)가 아니라 첩자(諜者)였다는 사실을 알게 되었다. 부여성(扶餘城)에서 홀한성(忽汗城 一名 上京城)까지 400km 장정에 노상 장군(老相將軍)의 3만 병정은 방어는커녕 거란족 병력에 가세해서 상경성(上京城)을 1월 9일에 포위했다. 국가 비상동원령을 내렸으나 발해 귀족들은 거란국 혹은 고려국에 귀순은 하였지만 동원에 응하지는 않았다. 겨우 3일은 버티었으나 끝내는 1월 12일에 항복을 선언했다. 이틀 뒤 1월 14일에 비로소 항복례(降伏禮)로 "하얀 옷을 입고, 밧줄로 자신의 몸을 묶으며, 양을 뒤에 끌고, 그 뒤에는 대신 300명을 데리고 항복의식을 올렸다(王素服藁索牽羊, 率臣遼主三百餘人出降)."[710] 라고 『발해고(渤海考)』에서 적고 있다. 당시 무식한 촌노들의 표현으로 "좀 다 먹은 쌀자루만을 쥐고 있었다."라고. 머리에 조금이라도 먹물이 들었다는 사람들은 "백성들로부터 믿음을 얻지 못하면 국가사직은 쓰러지고 만다(民無信, 國不立)."[711]라고 했다. 발해(渤海)는 이렇게 12일 만에 망했다. 그래도 오래 버틴 셈이다. 백제는 나당연합군이 기벌포(伎伐浦, 오늘날 서천군 장황읍)에 상륙한 날짜가 660년 8월 29일. 웅진성(熊津城)에 겨우 3일을 버티다가 9월 1일에 의자왕(義慈王)은 자신의 심복이었던 예식진(禰寔進, 615~672)에게 끌려 나와 소정방(蘇定方)과 김유신(金庾信)이 들고 있는 술잔에다가 '항복의 술(降伏酒)'을 채웠다.

그렇다면 BC 753년 건국하여 1453년 5월 29일에 동로마 콘스탄티노플(Constantinople)에서 멸망하기까지 2,206년간의 세계 제1의 제국으로 군림했던 로마 대제국(Roman Great Empire)도 멸망하는 데는 불과 57일이다. 로마 황제 콘스탄티누스(Constantinus, 1405~1453) 11세는 오스만 튀르크 술탄(Sultan) 메흐메드(Mehmed, 1432~1481) 2세에게 함락되었다. 멸망 과정을 생생하게 재구성한 소설 『황제와 술탄(2020)』을 김형오(金炯旿, 1947년생)께서 집필했다. 그는 2012년까지 국회의장으로 있다가 퇴임 후 7년간 자료를 모아 2016년에 소설을 발표했다. 현재까지 34쇄의 롱테일(long-tail) 대박을 쳤다. 로마 황제의 비망록(備忘錄) 형식을 빌려서 불꽃 튀기는 전략의 대결을 한 장의 그림처럼 생생하게 그렸다. 로마 황제 콘스탄티누스 11세는 48세 백전노장(百戰老將)답게 i) 육지는 개미 한 마리도 못 들어오는 3중 철벽방어(鐵壁防禦)에다가 ii) 바다에도 새우 한 마리도 못 들어오게 붐 쇠사슬을 설치하고 38척의 통제선으로 봉쇄를 했던 일명

'블록체인 전략(Bloc-Chain Strategy)'을 구사했다. 오늘날도 데이터 보안을 위해 '블록체인 시스템(bloc-chain system)'을 사용하고 있으며, 최근에는 우리나라 금융시스템에서도 블록체인 시스템을 도입하고 있다.

 이에 반해 로마 황제(皇帝)에게 도전했던 이슬람 술탄 메흐메드(Mehmed) 2세는 21세의 새파란 젊은이로 패기(覇氣) 하나만은 하늘을 찔렀다. 그의 전략의 요지를 언급해 보면 i) 3주간(1453년 4월 3일부터 4월 23까지) 함락 프로젝트(Fall Project)를 설계했다. ii) 병력은 로마 수비군(의용군 포함)은 7,000명인데 공격하는 술탄병력은 8만 명으로 10배가 참전했다. iii) 오르반(Orban)이 설계한 공성전용(攻城戰用) 포탑(砲塔, Turret), 다르다넬스 대포(Dardanelles Cannon) 70문을 특수 제작해서 사용했다. 극비공성계책(極祕攻城計策)은 성벽 밑에 폭약 장전과 폭파로 성벽을 무너뜨리는 것이다. 그리고 난 뒤에 320척의 전선(戰船)으로 로마성벽을 완전 포위한다. iv) 갈라타 성탑(Galata Castle Tower), 그곳은 당시 제노바 식민지였기에 3겹 붐 쇠사슬(boom chain)과 통제선 38척으로 봉쇄하고 있었기에 묘수를 찾지 못했다.

그런데 메흐메드 2세 술탄은 작전계획대로 다 추진했음에도 3중 성벽도 무너뜨리지 못했고, 3중 붐 쇠사슬의 봉쇄를 뚫지 못했다. 결국은 3주를 탐색전에 다 허송세월을 하고 보니 도저히 안 되겠다는 결론을 얻었다. 메흐메드 술탄 2세는 작전실패로 지도자 권한(leadership)에서도 한계를 드러내고 말았다. 4월 19일 23시 58분경 더 이상 전쟁을 못 하겠다는 종전선언을 하고자 전략회의를 개최했다. 술탄뿐만 아니라 참석자 모두가 하나같이 한숨만 내쉬고 있었다. 술탄인지 술판인지도 몰랐으며, 분명한 건 우리말론 개판이었다.

이때 이름도 모르는 젊은 신참 간부(新參 幹部) 한 명이 메흐메드 2세 술탄에게 따질 듯이 대들었다. 그의 주장은 i) 여기서 로마제국에게 형편없이 깨졌다는 실상을 내보여, 로마제국 군대에게 승리를 자만하도록 심리전(心理戰, psychological warfare)을 전개하자고. 실제로 여기서 도전을 중단한다면 역사적 비웃음만 살 것이다. ii) 모두가 다 아는 뻔한 작전만으로 세월을 보낼 게 아니다. iii) 10년 전에도 베네치아(Venice)에서 배가 육지로 올라갔다. 바이킹 해적(Viking pirate)들은 빈번히 배를 육지로 이동하고 있다. 이제 우리는 금각만(Golden Horn Bay) 입구에 쇠사슬이 설치되었다고 왜 갈라타 언덕(Galata Hill) 200m를 배가 왜 못 넘어갑니까? 모두가 조용했다. 그리고 포기할 게 아니라 심기일전(心氣一轉)해야 한다고.

술탄이 참패했다는 소문과 같이 육전(陸戰)이고, 해전(海戰)도 2일간 조용히 개미 한 마리도 움직이지 않았다. 소문을 가세해 술탄이 패전으로 민중 반란을 피해 도주를 했다니 등 별의별 헛소문만이 로마 황제 귀에 들어갔다. 1453년 4월 20일 그날 심야(深夜)에 해발 200m의 갈라타 언덕(Galata Hill, 제노바의 식민지)에다가 통나무 레일(log rail)을 깔았다. 그리고 그 위에 기름칠하는 사람들 뒤에는 베식타스(Besiktas)의 배들이 갈라타 성벽(Galata Wall)으로 300척이 다 옮겨졌다. 전선(warship) 모두가 금각만(金角灣, Golden Horn Bay)에 '연잎에 물방울처럼(like water droplets on a lotus leaf)' 띄워졌다. 곧바로 로마 황제의 뒤 성벽으로 전선(戰船)들이 쏜살같이 향했다. 2일간 주야로 '소낙비와 천둥과 번개(Rainagyş ýagýan ýagyşyň öňünde ýyldyrym we ýyldyrym)' 같은 포성과 번쩍임으로 야단법석을 떨었다. 1453년 5월 29일 04:00경에 승전고(勝戰鼓)가 울렸다. 술탄과 병정은 동쪽 하늘의 떠 있는 그믐달과 샛별을 보면서 "이제 오스만튀르크의 새벽이 밝아온다(Indi Osmanly Türkiyäniň daňy daň atýar)."라고 외쳤다. 이렇게 로마제국의 2206년 역사는 57일 만에 역사의 어둠 속으로 빠져들었다.[712]

짓궂은 친구가 '위에서 언급한 역사적 전쟁함수(歷史的戰爭函數, historical war function)로 오늘날 미국(美國) 혹은 우리나라가 전쟁으로 망하는데 며칠 걸리겠느냐?' 역사적으로 봐서 로마는 2206년이고 미국은 미국 건국(美國建國)은 1776년 7월 4일에서 계산하면 248년이기에 6~7일(57일X11.24%) 정도로 산출된다. 우리나라는 산출할 것도 없이, i) 1950년 6·25 전쟁 때 3일 혹은 ii) 1910년 8월 29일 경술국치(庚戌國恥)처럼 아무런 항전 한 번도 못 하고 넘겨주었던 전례(前例)를 제시하여 답변을 대신한다.

오늘 대구에서 일어나는 모든 일이 그대로 대구의 미래가 된다
· · · · ·

지금부터(BP) 46억 년 전 우주(宇宙)에서 지구(地球)라는 별이 생성되었다. BP 700만 년 전에 아프리카 초원에서 인류가 출현하여 오늘날까지 변화를 거듭하면서 먹거리를 찾아서 이동해 왔다. 인류출현(人類出現)부터 인간의 눈에는 세상만사가 변했다(Everything in the world changes). 주기적인 계절(기후), 조산·조수 운동 등의 자연현상, 때로는 예측도 못 했던 비정형적이고 비주기적인 천재지변(지진, 화산폭발 등)과 같은 변화도 있었다. 이런 변화를 보고 세상만사(世上萬事)는 변화하고 유전한다고 봤다. 동양에서는 중국 동주(東周, BC 770~ BC 256) 때 카멜레온 도마뱀(chameleon)이 하루에 몇 번이나 주변 환경에 따라 몸 색깔을 바꾸는 걸 유심해 봤다. 도마뱀의 모양을 본떠 '바꿀 역(易)'을 창안했다. 세상만사의 변화를 예측하고자 '주역(周易, The Change)'이라는 철학을 탐구하기 시작했다. 물론 이전에 하역(夏易)과 은역(殷易)이 있었지만, 『주역(周易)』을 공자(孔子)가 많이 다듬어서 유교경전이 되었다. 물론 같은 시기에 서양에서도 BC 500년경 그리스(Greek)의 철학자 헤라클레이토스(Heraclitus, BC 535~BC 475)도 "같은 강물에 두 번 다시 발을 들어놓을 수 없다(You cann't step into the same river twice)."[713]라는 세상만사(世上萬事)가 변혁한다는 변화의 철학을 갈파(喝破)했다.

인류출현(人類出現) 이후에 문자로 기록이 있는 시대변화를 큼직하게 7개로 구분해 타임라인(time-line)으로 구분해 보면 i) 석기시대(石器時代)는 BP 330만 년에서 BP 5,000년까지, ii) 청동기 시대(靑銅器時代)는 BP 5,000년에서 BP 1,500년, iii) 철기시대(鐵器時代)는 BC 500년부터 BP 1,200년까지, iv) 고대시대(古代時代) BC 500년에서 AD 500년까지, v) 중세시대(中世時代) AD 500년에서 AD 1500년까지, vi) 근대시대(近代時代) AD 1500년부터 AD 1800년까지, vii) 현대시대(現代時代) AD 1800년부터 오늘날까지로 구분하고 있다. 오늘날 끊임없이 변하는 9가지로는 i) 기술(technology), ii) 자연환경(environment), iii) 생물 다양성(diversity), v) 경제(economy), vi) 정부와 정치(government and politics), vii) 경제학(economics), vii) 사회와 가치(society and values), viii) 미래 일자리(future of work), ix) 미래의 학습(future of learning) 등이 있다.

사실 캠브리지 대학교(University of Cambridge) 사회과학자 루크 켐프(Luke Kemp)[714]가 BC 3000년에서 AD 600년까지 생멸했던 수십 개의 문명을 분석한 결과 문명의 평균수명은 340년 정도였다. 세계역사를 통해서 로마제국, 몽골제국, 오스만튀르크 제국, 무굴제국, 대영제국, 대일본제국 등 124개의 제국의 평균수명은 250년 정도였다. 최근 일본에서는 난카이 대지진(南海大地震)을 '130년 주기'에 입각해 예측하듯이, 경제, 산업 및 금융에도 경기주기(business cycle)에 착안해 예측하곤 한다. 1930년 대 소련의 니코라이 콘드라티예프(Nikolai Kondratiev, 1892~1938)는 물리학의 전파(파동)이론을 경제학에다가 적용해 경제(사업)의 사이클(business cycle)을 주장했다. 이를 받아들인 케인즈의 비즈니스 사이클(Keynes's Business Cycle)은 "순환의 주요 원인은 기업의 미래 매출과 이익에 대한 기대의 변화이다. 이러한 기대의 변화는 새로운 자본 장비에 대한 수요와 그에 따른 투자의 변화로 이어진다."[715]라고 주장했다.

미래의 변화를 읽는 방법은 옛날이나 오늘이나 기본적으로는 같다. 불경에서는 "전생 알고자 한다면 이승에서 지금 받고 있는 게? 미래의 삶을 알고 싶다면 오늘 생(生)을 위해서 뭘 하고 있는지(欲知前生事, 今生受者是. 欲知來生事, 今生作者是)?"[716]라는 석가모니(釋迦牟尼)의 말을 생각해 봐야 한다. 고려 시대 예문관 대제학, 시랑(侍郞)과 국학교수(國學敎授)를 역임하신 추적(秋適, 1246~1317)이 쓴 『명심보감(明心寶鑑)』에서 "미래를 알고 싶다면, 과거와 현재의 연장선을 그으면 그 선상에 있다(欲知未來者, 先察己然)."라고 했다. 좀 더 쉽게 풀이하면 '화려했거나 암울했던 그 과거 속에서 미래가 언제나 둥지를 튼다(The future always nests in the past, whether glorious or dark).'이다. 최근 우크라이나와 러시아의 전쟁에 대하여 우크라이나(Ukraine)의 미래전망을 하버드 대학교 스티븐 월트(Stephen Martin Walt, 1955년생)[717] 교수의 기고문에는 "우크라이나의 운명은 우크라이나에서 무슨 일이 일어나는지에 따라 결정될 것이지, 이번 (크루스, Krus) 작전에 따라 결정되지 아니다(Ukraine's fate will be determined by what happen in Ukraine, and not by this operation)."[718]라고 했다. 이를 바꿔말하면 대구의 미래는 대구시장이 무슨 정책을 시행하느냐에 좌우되는 게 아니고, 대구에서 오늘날 무슨 일이 일어나고 있는지에 따라 대구 미래가 결정된다.

3. 아무것도 하지 않은 죗값으로 우리는 강제로 죽음에 끌려간다

우린 아무것도 하지 않아서 아우슈비츠(Auschwitz)로 끌려가는 거다

1940년 5월 20일, 나치독일 히틀러는 소련으로부터 점령했던 오늘날 폴란드의 '5월의 해변(영어로 May Beach, 독일어 Auschwitz)'에 살인공장(독가스실)을 설치했다. 여기에 유대인(猶太人), 소련 포로병, 장애인(障礙人), 집시 및 동성연애자(同性戀愛者)를 잡아서 아무런 이유 없이 독가스로 죽였다. 이곳에서 400만 명이 희생되었는데 그 가운데 250만 명이 유대인(猶太人)이었다. 당시 유대인 일화 하나를 소개하면 나치친위대(SS)가 유대인 젊은이를 체포하여 유대인 트럭에 강제로 집어 넣어졌다. 그는 "내가 뭘 잘못했나? 아무것도 하지 않았는데."라고 강력히 항의했다. 이를 지켜보고 있던 유대인 노인이 "젊은이, 우리는 아무것도 하지 않아서 이렇게 죽는다오. 목숨을 걸고 저항도 하지 않았지. 아무것도 하지 않는 죗값이 죽임이라네(Young man, we die like this because we did nothing. We risked our lives and did not resist. The price for doing nothing is death)."라고 말한다. 아무것도 할 수 없는 게 아니라, 아무것도 하지 않았다. 초기에 히틀러(Adolf Hitler, 1889~1945)를 동조했던 사람들이 유대인이었고, 각자 자리에서 아무것도 하지 않았다.

대구시민(大邱市民)으로 오늘날 GRDP 꼴찌를 30여 년 동안 지속했는데도, 아무도 대책강구를 하지 않았으니 꼴찌를 고수하는 건 당연했다. 바둑에 고수(高手)라면 어떤 변명(辨明)도 하지 않고 조용히 자기가 두었던 바둑을 복기(復碁)하면 한 알, 한 알 되짚어봤을 것이다. 대구시민의 한 사람으로 무슨 잘못을 했는지 대충이라도 복기(復碁) 한번 해보자면 i) 꼴찌를 한두 번 했으면 창피했을 것이다. 남들이 어떻게 하고 있는지 살펴봐야 했는데? ii) 깃발만 보고 모여든 오합지졸(烏合之卒)이 되어 '우리가 남이가(We are the ones who deserve it)!' 하는 생각으로 "못 먹어도 고(Even if we can't eat it, it's okay)!"만 외치기를 30년간 해왔다. iii) 경제는 꼴찌라고 치더라도, 지방자치단체 청렴도(地方自治團體 淸廉度)라도 상위권을 유지할 수 있는 '청렴대구(淸廉大邱)'라는 이미지를 지속해야 했는데, 이것마저 아쉽다. 한마디로 아우슈비츠로 끌려가면서 '잘못은 하나도 없어요. 아무것도 하지 않았는데요.'라고 항의하는 유대인 젊은이 모습이 대구시민의 미래 모습에다가 겹쳐지고 있다.

단적인 변화사례(變化事例)로 제품이나 산업의 '수명주기(壽命週期, life

cycle)'는 '사람의 한 세대'와 비슷하게 대략 30년을 주기로 변한다. 1990년대 일본은 소니 스마트폰(Sony Xperia) 하나를 만들어도 '모노 쭈꾸리(物作, もの-つくり)'[719] 정신을 살려 25년 이상 내구성으로 '고장 없는 최고품질(故障のない最高品質)'을 생산했다. 이에 같이했던 미국의 모토롤라(Motorola Mobility Inc.), 핀란드의 노키아 스마트폰(Nokia Corporation)은 30년 수명주기에 맞춰서 고품질을 제작했다. 그러나 스마트폰은 6개월마다 유행하는 기호품이라는 사실을 알았던 삼성(Samsung)과 애플(Apple)은 수명주기(life cycle)에 6개월에 맞췄기에 오늘까지 살아남았다.

이와 유사한 '산업(혹은 산업단지)의 수명주기(Life Cycle of Business)'에 대해서 대구시는 고민하지 않았고, 변혁할 시기를 다 놓치고 말았다. 아직도 '황금알을 낳는 거위가 폐경기도 없이 알을 낳는다(The goose that makes golden eggs lays eggs without menopause).'라고 대구시민은 확신하고 있다. 경제엔 문외한이지만 i) 대구시 산업의 1940~1950년대는 일제의 병참기지로 군수산업(military industry as a logistics base)의 기반에다가 6·25 전쟁 이후 생필품 생산의 경공업(輕工業, light industry)이 대류였다. ii) 1980년부터 2000년까지 30년 산업의 수명주기(life cycle)에 따른 변혁, 교체 혹은 재생사업의 기회를 놓치고 말았다. 그때 이탈리아 밀라노의 패션(fashion)을 벤치마킹하겠다고 밀라노 프로젝트(Milano Project)에 빠져 대략 8천억 원의 재원을 쏟아부었음에도 '도약의 발판(spring board for a leap forward)'은 마련되지 않았다.[720] iii) 2010년에 불어온 환경, 기술 및 디지털 산업의 붐(boom)까지도 다른 지역에 비해 외면했거나 아니라면 하는 척 일했을 뿐이다. 그 결과는 GRDP 꼴찌가 답변을 대신하고 있다. 지금까지도 기술혁신(technological innovation), 물류변혁(logistics transformation), 신생투자(new investment) 등에서 대구시·군·구의 홈페이지를 검색해 봐도 산단재생사업(産團再生事業, Industrial Complex Regeneration Project) 등에 전력투구하는 모습을 보이지 않고 있다.

도시의 수명(壽命, life cycle)에도 아파트 지구 및 주거지 재건축, 도로의 각종 시설물(가구, 교통시설 등) 및 지하매설물(상하수도, 배수시설 등)의 내용연수(耐用年數)에 따라 대체로 30년을 주기로 도시재생사업(都市再生事業)을 한다. 1853년 나폴레옹 3세가 조르주 외젠 하우스만(Georges Eugène Haussmann, 1809~1891)으로 하여금 파리 재개발사업(Haussmann's renovation of Paris)을 기원으로 하여[721] 영국은 1949년에 도시주택재생에 관한 주택법을 제정했고, 1954년에 관련 법령을 강화했다.[722] 런던의 대표적인 도시재생사업을 밀레니엄 돔(Millenium Dome)과 2012년 엘리자베스 여왕 올림픽 공원(Queen Elizabeth Olympic Park)을 건립했다.[723] 일본(日本)도 도시문제 해결과제로 '도시는 성장의 원동력이고, 창의성과 혁신의 중심지이지만, 도시화 문제의 복잡성은? 빈곤, 빈부 격차, 성별, 빈민가 거주, 기본 서비스, 교통, 범죄와 안전, 폐기물 관리 및 온실가스 배출 등을 종합적으로 해결해야 한다.'라는 도시재생사업의 철학을 가지고 있었다.

우리나라는 2013년 4월 13일부터 도시재생법이 시행되었다.[724] 도시재생사업으로는 i) 경제 재생형, ii) 일자리 재생형, iii) 특화 재생형, iv) 우리 동네 살리기 및 v) 국가 및 지방자치단체 인정사업 등으로 분류하고 있다. 도시재생사업을 하지 않으면 i) 도심 공동화 현상(都心空洞化, doughnut pattern) ii) CBD 슬럼화(slumism), iii) 야간도심이 콘돔 혹은 바늘 공원화(犯罪街路化) 등 우범지역으로 변모, iv) 부동산 및 경제활동 열악화 등 각종 도시문제로 만신창이(滿身瘡痍)가 된다. 최근에는 도심 재생사업(CBD revitalization project)을 통해 산업 활성화, 일자리 창출, 지역 소비 촉진 및 지가·경기 활성화(gentrification)[725] 등으로 도시의 생명력을 다시 부여

하게 되었다.726 저출산·고령화에 따른 '썰렁해진 도시에 인정이 넘치고 살을 맞대면서 모여 살기로(In a city that has become cold, people are full of humanity and are living together face to face)'한 일본 도야마시(富山市, とやまし)727의 콤팩트 시티(Compact City, コンパクトシティ)는 실험대상이 되고 있다.728 2004년 도야마 콤팩트 시티(Doyama Compact City)에 도전 당시 기본 전략은 '인구감소의 시대를 대비해 상업, 비즈니스, 문화 등의 도시기능을 집적화(集積化)함으로써 중심 시가지의 활성화(In preparation for the era of population decline, revitalization of the city center by concentrating simultaneous functions such as commerce, business, and culture)'729에 방점을 두었다. 실제로 담당하는 도시정비부 도시정책과 담당 직원의 말을 빌리면 "(왜 실패했는가 하는 질문에) 교외화로 인구밀도가 절반으로 떨어지면 주민 1인당 도로와 하수도 유지 갱신비(更新費)가 2배로 늘어나 콤팩트 시티(密集都市)의 방향타를 놓고 말았다."730 구체적인 문제점으로 "교통시설의 쇠퇴, 중심 시가지(central business district)의 매력 상실, 비싼 도시관리의 행정적 비용, CO_2 배출량의 증대, 시·정·촌(市町村, しちょうそん) 합병에 의한 유사 공공시설의 병존, 사회자본의 적절한 유지와 관리, 많은 사람들은 전국의 지방 도시에 공통적이 도전이다."라고 끝을 맺었다.731

하늘의 죄는 모두가 용서하나, 자신의 죄는 아무도 용서할 수 없다

대자연의 섭리(大自然之攝理)는 부모님의 마음과 같다. 인간이 될 자식이라고 꾸중도 하고, 체벌도 하면서 해야 할 일을 하도록 한다. 그러나 절대로 고칠 수 없는 정도라면 '내버린 자식'으로 취급한다. 이렇게 내버린

자식이 되는 건은 인간만이 아니라, 국가에서 볼 때는 지방자치단체가 '내
버린 아이(abandoned child)' 취급
을 받을 수 있다. 대구(경북)을 두고
외지인들은 좋게는 TK 공화국, TK
섬나라 혹은 '고담 대구(Gotham
Daegu)'라고 하나 심하게는 "보수로
포장된 꼴통 동네(neighborhood
packed with conservatives)"라는 표현도 한다. 해방 이후 1980년대까지
경제와 인구 규모에서 '3대 도시 대구'라던 영광은 간데도 없이 '맡아놓은
꼴찌 대구(Daegu, which took last place)' 혹은 'NATO(Not Action Talk
Only) 대구'라는 창피스러운 별명을 갖게 되었다.

고리타분한 이야기를 한다면 어릴 때 동네 형(兄)들이 배우는 맹자 공
손추(孟子 公孫丑)의 한 구절을 훈장께서 설명하는 걸 엿들었다. "『서경(書
經) 태갑편(太甲篇)』에 나오는 말인데. 하늘에 지은 죄는 용서 받을 수 있으
나, 스스로 만든 죗값은 누구에게도 떠넘기지 못한다(天作孽, 猶可違, 自作
孽, 不可活)."732라고 했다. 여기서 스스로 죄를 짓는다는 게 i) 아주 작게는
작업에 있어 해야 할 때 할 일을 하지 않은 것(Not doing what you should
have done when you should have done it)이고, ii) 크게는 인생관에서 자신
이 주인공인데 엑스트라 역할만 하는 것(In life, you are the main charac-
ter, but you only play an extra role)이다.733

이런 이야기를 서양에서는 어떻게 풀이하고 있는지 기독교 성경을 살펴
봤다. 신명기(Deuteronomy 28:15~68)에서는 "섭리(攝理)를 따르지 않으면
저주가 따르게 될 것이고, 나중에는 내버려지게 된다."734 그런 결과는 "아
침엔 저녁이었으면 좋겠고, 저녁엔 아침이었으면 좋겠다."735라는 현상을

말하고 있다.[736] 레위기(Leviticus 26:14~16)에서는 "반성하도록 재앙을 주는데도 아무런 반성이 없으니 망하도록 내버려 둔다."[737]라고 했다. 대구시에 최근에 생겨났던 안 좋은 사건이나 사고들이 모두가 반성할 계기를 마련했는데도 여전하다니. 남는 것은 무엇일까를 생각만 해도, 대구시 젊은 이들을 위한 '미래의 양날개(the two wings of the future)'에 해당하는 i) 먹거리도 ii) 일자리도 현재 우리들의 생각을 넘어서지 못할 것이다.

아직도 '3대 도시 대구(Daegu, 3rd Largest City)'의 옛 영광을 생각하게 하는 것으로 지역경제의 상대적 침체(相對的 沈滯, relative stagnation of regional economy)에서 벗어나 주기를 진정으로 바라고 있음이다. 대구의 여름철 기온을 3℃ 이상 떨어지도록 나무를 심어 과거 대프리카(Daegu+Africa)라는 오명(汚名)에서 벗어나게 했던 'M 나무 시장(M's Tree Mayor)'이 인구회자(人口膾炙)되는 건 진정으로 시민의 마음을 알아서 시정(市政)에 반영해 주는 정치지도자(政治指導者)를 그리워하고 소환하는 현상이다. 이런 현상들은 모 시장(市長)의 말씀처럼 '듣보잡(듣도 보도 못한 잡놈)'[738, 739]의 헛소리가 아닌, 가장 기본적이며, 상식적인 시민의 작은 바람이다.

4. 기름 미꾸라지(미래 먹거리)를 잡는 '은밀한 그물' 짜기는?

기름 미꾸라지(미래 일자리) 잡는 통발 만들기

먼저, 현재 선진국에서 설왕설래하고 있는 미래변혁을 초래할 10대 이론(理論)을 살펴보면 i) 기술적 특이점: 초지능의 부상(technological singularity: the rise of super-intelligence), ii) 기후 변화와 환경 붕괴: 시간과의 경쟁(climate change and environmental collapse: a race against time), iii) 지구 외 접촉: 우주의 동반자를 찾아서(extraterrestrial contact: the search for cosmic companions), iv) 세계 경제 변화: 새로운 강대국의 부상(global economic shift: the rise of new powers), v) 트랜스 휴머니즘: 기술로 강화된 인간성(trans-humanism: humanity enhanced by technology), vi) 자원 부족과 갈등: 생존을 위한 싸움(resource scarcity and conflict: the fight for survival), vii) 정치 및 사회 혁명: 변화의 바람(political and social revolutions: winds of change), viii) 세계적 팬데믹: 감염병의 위험(global pandemics: the peril of infectious diseases), ix) 자동화 및 일자리 대체: 노동력 혁명에 적응(automation and job displacement: adapting to a workforce revolution), x) 에너지 혁명: 미래의 지속 가능성에 동력을 공급(energy revolution: powering the future sustain) 등이 미래 변화를 취해야 할 방아쇠(trigger) 혹은 격발화제(trigger topics)가 되고 있다.

짤막하게 해명을 덧붙인다면 i) 현재의 인공지능(artificial intelligence)이 기하급수적(幾何級數的)으로 개선·발전하여 사회와 인간 존재에 전례 없는 변혁을 불려오는 초지능(super-intelligence)의 시대가 닥쳐온다.[740] ii) 기후변화(climate change)와 환경 붕괴(environmental collapse)는 지구 생태계와 인간 문명 자체에 심각한 위협에 대비해 천연자원 보호조치에 시간과 경쟁까지 하게 된다.[741] iii) 우주 동반자를 찾고자 외계와 접촉(extraterrestrial contact)은 새로운 통찰력을 제공한다.[742] iv) 중국과 인도와 같은 신흥 경제권(新興經濟圈)은 기존 서방 강대국의 지배권에 도전함에 따른 세계경제 환경의 변화와 잠재적 영향을 끼친다.[743] v) 오늘날 인간성마저도 트랜스 휴머니즘(trans-humanism)에 윤리·철학에도 사회적 의문을 제기한다.[744]

그리고 iv) 유한한 자원의 고갈은 생존을 위한 다양한 세계적 갈등의 확대, 자원안보의 강화 등에 따른 혁신적인 접근 방식이 필요하다.[745] iiv) 불평등, 정치적 부패, 사회적 불의 등의 격화와 격변을 목격할 것이며, 기존 권력에 도전(challenge existing power structures), 협치와 인권의 본질을 재정의(再定義)해야 한다.[746] iiiv) 세계적 코비드 19 팬데믹(COVID 19 pandemic)을 경험했듯이 앞으로 빈번한 팬데믹(global pandemics)으로 의료 인프라, 국제 협력, 공중 보건, 세계적 복지에 강력한 예방조치가 필요하게 된다.[747] ix) 자동화와 로봇기술의 지속적 발전이 인간의 노동력을 대체(代替)하고, 기술적 혼란이 산업을 재편(再編), 실업과 일자리의 개념 재정의(再定義), 노동력의 기술 향상, 사회경제적 불평등 해결을 위한 새로운 해법이 필요하다.[748] x) 기후 변화에 맞춘 에너지 혁명, 핵융합 발전에서 고효율 태양전지판, 재생 에너지 기술의 획기적인 발전으로 녹색에너지 혁명(blue energy revolution)을 향한 지속 가능한 방안(powering the future sustain)을 찾아야 한다.[749] 미래 일자리 혹은 미래 먹거리를 마련하는데 이와 같은 미래의 변화들은 마치 기름 미꾸라지와 같이 빠져나가게 만든다.

이와 같은 미래의 10대 변화를 대비하는 도시 혹은 지방자치단체는 '기름 미꾸라지(미래 먹거리)'를 잡을 통발을 마련하고 있다. 개인적으로는 못 빠져나가게 하고자 모래를 같이 움켜쥐는 방안에 착안하고 있다. 그렇게 하지 않고서는 청년들이 일자리를 찾아 떠나는 도시(a city where young people leave in search of jobs)가 된다. 기름 미꾸라지 통발을 설치한 곳에는 몰려드는 미꾸라지를 퍼올리듯이 일자리를 찾아 모여드는 도시(a city where young people gather in search of jobs)가 된다. 달리 표현하면 저출산·고령화 지구촌의 태풍 속에서도 젊은이들이 모여드는 명실상부(名實相符)한 '젊은이의 도시'가 된다.

노벨상 수상자들의 지혜를 빌려 '은밀한 그물 짜기'를 한다면?

여기서 '은밀한 그물 짜기(secret networking)'란 의미는 BC 600년경 산스크리트(Sanskrit)어에 '인드라 얄라(Indra jala, 天蓋巨網)'에 기원하고 있다. 즉 그때는 하늘을 다 덮는 거대한 그물이 있었다. 고대 인도 신화에서는 인드라(Indra, 因陀羅)라는 그물은 신이 선견성(善見城) 위의 하늘을 그걸로 다 덮었다. 거대한 거물은 마치 오늘날 거미줄과 같은 방공망 혹은 통신망과 같았다. 불법(佛法)의 세계에서는 불법의 그물(法

網)로 덮여있었다. '인다라망경계문(因陀羅網境界門)'750이란 화엄철학(華嚴哲學)에서 법망 자체가 '온 세상'을 뜻하고 있다.751 이 거대한 그물코마다 온갖 진주 알과 지혜가 주렁주렁 엮여 있었다. 기독교 성경에서도 "천국은 마치 바다에 치고 각종 물고기를 모는 그물과 같으니 그물에 가득하면 물가로 끌어내고 앉아서 좋은 물고기는 그릇에 담고 나쁜 건 멀리 내다 버려라"752, "시몬(베드로)에게 이르시되 '깊은 데로 가서 그물을 내려 고기를 잡아라!' 시몬이 대답하여 이르되 '선생님, 밤이 새도록 수고하였으되 잡은 것이 없지마는 말씀에 의지하여 내가 그물을 내리겠습니다.' 하고 그렇게 하니 고기를 잡은 것이 심히 많아 그물이 찢어지는지라."753라고 했다. 미래의 먹거리 혹은 일자리를 위해서 이렇게 진주 알과 같은 정책과 지혜로 다른 지방자치단체와 달리 네트워킹작업을 하는 것을 '은밀한 그물 짜기'라는 옛 표현을 빌려본다.

사실 대구의 미래 일자리 혹은 미래 먹거리를 위해 노벨상 수상자(Winners of Nobel Prize)의 지혜를 빌리는 방법은 i) 대통령(大統領)이나 혹은 국무총리(國務總理) 같은 국가지도자는 국내에서 개최하는 국제적 행사에 참석하는 노벨상 수상자와 인터뷰를 할 수도 있다. ii) 세계적 유수의 언론기관 등을 국가기관에서 초빙하여 국제학술대회(國際學術大會) 등의 행사를 할 수 있으며, 강의나 대담방송(對談放送)을 하는 방안이 있다. iii) 하버드(Harvard) 혹은 시카고(Chicago) 등 명문대학교(名門大學校) 졸업생이란 학맥으로 은사(恩師) 혹은 선배(先輩)가 노벨상 수상자라면 연구소나 대학 강의실을 급습하여 인터뷰하는 방법도 있다. iv) 국가지도자의 지위(the position of a national leader), 명문대학교 학맥(prestigious university degree), 국제학술대회(international academic conference) 등의 주최자(主催者)가 아닌 경우에는 마지막 비대면 방안(非對面方案, Non-face-to-face method)으로 그분들이 공개했던 노벨재단의 공식적인 공개사이트(The official website of the Nobel Prize, NobelPrize.org), 언론의 인터뷰, 저서에 공개한 이론 등을 수집·정리해서 이용하는 방안만이 남아있다. 그래서 여기는 네 번째 이삭줍기 방법(the fourth way to pick up ears of wheat)을 사용하여 노벨상 수상자들의 지혜를 빌리고자 한다.

2021년 노벨 경제학상 수상자였던 데이비드 카드(David Edward Card, 1956년생)가 1994년 9월에 "1992년 4월 1일에 뉴저지의 최저임금이 시간당 4.25달러에서 5.05달러로 인상되었다. 최저임금제 법률에 관한 영향을 평가하기 위해 패스트 푸드(fast-food) 식당 410곳을 실사(實査)해 고용 성장(雇傭成長)을 비교하여 최저임금 인상의 효과를 측정했다. 5.05달러로 인상해 지급했던 매장에 고용 변화를 분석했다. 결론은 최저임금 인상으로 고용이 감소했다는 징후는 발견하지 못했다(We find no indication that the rise in the minimum wage reduced employment)."754라고 했다. 이와 같은 연구논문의 결론을 우리나라는 지난 2022년 대선에 최저임금 인상을 놓고 '최저임금을 인상하면 일자리가 줄어든다.'755라고 상식적인 주장을 했다.

최저임금제 아래 시급 인상은 최저임금이란 특성상, 즉 최저임금 노동자(대부분 아르바이트생 등)는 임금을 받은 즉시 식량과 부식을 사야 하고, 집세, 전기요금, 수도요금 및 학비 등을 곧바로 지급할 수밖에 없다. 이로 인해서 국내 수요시장의 소비 혹은 생산에 '100%에 가까운 진작 효과(Nearly-100% stimulating effect)'를 발휘한다. 이는 단시간이라서 일자리를 감소시키는 데는 영향력을 갖지 못했다.

그동안 언론에 공개된 노벨상 수상자의 일자리 혹은 먹거리에 관련된 기사를 간추려보면 i) 2018년 6월 19일 앵거스 디턴(Angus Stewart Deaton, 1945년생)[756] 미 프린스턴대학교 공공정책대학원(Public and International Affairs and the Economics Department at Princeton University) 교수가 "3만 달러의 시대에 접한 한국 사회가 추구해야 할 가치는 정치·경제 엘리트의 지대추구 행위(rent-seeking behavior)를 제어할 수 있는 공공정책(public policies)을 실시해야 한다. 강력한 혁신과 일자리 확보하는 경제 목표를 달성할 수 있다."[757]라고 했다. ii) 최근 노벨 경제학 수상자들이 제시했던 일자리 시장(노동시장 혹은 고용시장)에서는 일자리가 넘쳐나도 실업 상태가 일어나는 탐색 마찰(search frictions)이라는 개념을 선진국에서는 도입했다.[758] 즉 고용주와 취업자의 가치관, 목표, 입장, 인식 등에 기인한 불일치를 말한다.[759] 우리나라에서는 이를 '미스 매칭(mis- mathing)'이라고 말하고 있다.

그리고 iii) 2013년 4월 4일 우리나라 현오석(玄旿錫, 1950년 문경 출생) 부총리는 노벨 경제학상 수상자 스탠퍼드 대학교 앨빈 엘리엇 로스(Alvin Elliott Roth, 1951년생)[760]를 만나서 자문을 요청했다.  "성장률 둔화에 대응하는 성장과 고용의 선순환 구조를 정착시켜라. 고용률 제고를 위해서 구인·구직시장의 효율화, 여성의 경제활동 여건 개선, 노동시장의 효율화가 관건이다(Establish a virtuous cycle of growth and employment in response to the slowdown in growth. In order to increase the employment rate, the key is to improve the efficiency of the job market, improve conditions for women's economic activities, and improve the efficiency of the labor market)."[761]라고 진단과 비결을 제시했다. 2023년

10월 10일 미 하버드 대학교수로 노벨 경제학상을 수상한 클로디아 골딘 (Claudia Dale Goldin, 1946년생)는 미국의 200년 동안의 데이터를 분석하여 여성의 성차별, 노동시장에 격차 등을 규명한 노동시장의 여성의 장벽(障壁)과 천정(天井, ceiling)을 분명하게 제시했다는 공로로 노벨 경제학상을 수상했다.[762] 그는 한국 노동시장의 문제점 처방전으로는 '여성 친화적 기업문화를 정착하여 저출산 문제까지 해결할 것(Establishing a female-friendly corporate culture to solve the problem of low birth rates)'을 제안했다.[763]

5. 노벨상 수상자의 자문이 대구의 일자리 창출에 도움이 안 돼!

과거와 현재의 차이, 그리고 현실과 이론의 차이 때문일까?

우리나라 조선 시대 숭유억불책(崇儒抑佛策)에 의해 유교경전(儒敎經典)을 중시하여, 특히 국왕이 될 왕세자(王世子)로서 반드시 읽어야 할 3대 제왕서(帝王書)는 i)『대학연의(大學衍義)』, ii)『한비자(韓非子)』,

iii)『정관정요(貞觀政要)』였다. 왕세자가 아닌 왕자들은 절대 읽지 못했던 책이다. 특히 조선 시대 가장 금기시했던『맹자(孟子)』는 "백성은 귀중하고, 다음이 국가사직이면, 국왕이야 가벼울 뿐이다(民爲貴, 次之社稷, 王則輕)."라는 혁명적인 사고를 갖지 못하게 금기시했다. 제왕서『대학연의(大學衍義)』에서 "마음에 없으면 눈앞에 보여도 못 보게 되고, 귀로 들어도 그 소리라는 사실로 들리지 않으며, 입으로 먹어도 그 맛을 모르게 된다(心不在焉, 視而不見, 聽而不聞, 食而不知其味)."[764]라고 했다.

하급공무원들이 진급하여 상급자가 되면 입장뿐만 아니라 평소의 소신마저 바뀌게 된다. 부서에 따라 혹은 직위에 따라서 주장과 공방의 역할도 달라진다. 하급공무원은 현장담당자로 현재시점(現在時點, present time-point)에서 문제 해결을 해야 하는 반면에 상급자는 문제 해결한 결과를 보고 평가하기에 타임 라인(time line) 상 현재시점이 아닌 과거시점(過去時點, past time-point)에서 사건을 본다. 하급공무원은 현실적 입장(realistic position)이라면 상급자는 법규적 이론에 가까운 입장이거나 혹은 정무적인 입장(theoretical and political position)이다.

특히 경제학자들은 과거 경제적 각종 현상을 과거 사건을 현재시점 잣대로 분석해서 원칙이나 방정식을 도출한다. 따라서 경제문제가 해결되었거나 시장 실패(market failure) 혹은 정부 실패(government failure)가 이뤄진 뒤에서야 비로소 분석의 면도칼을 들이대기에 과거 사실들이 현재시점에서 분석된다. 그 결과에는 반드시 시차적 오류(parallax error)가 생기게 된다. 과거 시점에 시행했던 담당 공무원의 사고와 현재 시점의 잣대는 많이 변동한다. 영리함과 지혜의 긍정적인 상징으로 부엉이 혹은 올빼미가 언급되고 있다. 1820년 독일 하이델베르크대학교(Heidelberg University) 철학자 게오르그 프리드리히 헤겔(Georg Friedrich Hegel,

1770~1831)은 자신의『법철학 기본 노선(Rechts die Philosophie)』에서 "미네르바의 부엉이(올빼미)는 황혼이 되어서야 비로소 비행을 시작한다(die Eule der Minerva beginnt erst mit der einbrechenden Dämmerung ihren Flug)."라고 했다.765

따라서 오늘날 일자리 찾기에 혈안이 된 젊은이들도 지방자치단체장도 그리고 담당 공무원에게도 노벨 경제학상 수상자의 자문은 '잠꼬대 헛소리(sleep talking nonsense)'로만 들린다. 이는 '일자리 잡기(job hunting)'라는 현실문제를 해결하고자 하는 구직자와 과거 경제적 현상 혹은 사실들을 현재의 잣대로 분석하는 학자 사이에는 i) 과거(過去)와 현재(現在)의 시점 차이가 있다. ii) 현실로 접하는 구직자와 과거 경제적 각종 현상을 분석하는 학자들의 상이(相異)한 입장 혹은 타임 라인(time line) 상에 시차가 분명히 존재한다. 노벨경제학상 수상자의 이론(혹은 자문)은, i) 정책 입안 및 수립 과정, ii) 정책의 현장 시행에서 각종 여건 변화, iii) 실행정책(實行政策)의 결과평가 및 환유(環流, feedback)를 통한 개선·발전 과정들이 있게 된다. 이는 정책입안자 혹은 국정(시정) 현장의 공무원들이 하는 현실적인 고민이다. 이론과 현실이 다름을 우리나라에서 최고 엘리트라는 서울대학교 총장님이셨던 분도 국무총리로서 현실적 국정에서 정책실패(policy failure)를 많이 했다.

그래도 노벨상 수상자의 말은 영향력과 설득력이 크다

인류에 공헌을 기반으로 시상하는 노벨재단이 지난 2010년에는 지구촌 인류의 '일자리'에 대해서 주목해 i) 정책과 실업 관계, ii) 노동시장을 분석 연구한 경제학자 3명을 공동수상자로 선정했다. iii) MIT 교수의 피터 다이아몬드(Peter A. Diamond, 1940년생), 노스웨스턴대학교 테일 모텐슨(Dale T. Mortensen, 1939년생), 그리고 런던 정경대학 크리스토퍼 피서라이즈(Christopher A. Pissarides, 1948년생) 교수가 수상자로 선정되었다.[766] 이들 수상자의 연구실적에 대해서는 노벨재단의 보도자료를 기반으로 요약하면, i) 피터 다이아몬드는 공동수상자 3명이 공동으로 탐색 시장(search market)을 위한 이론적 프레임 워크(theoretical framework)에 대한 연구를 했다. 모델링(模型化, modeling)을 통해서 실업(失業, unemployment), 일자리의 공석(job vacancies), 임금 규제(wage regulations)와 경제 정책(economic policy)에 끼치는 영향을 계측하는 모델을 만들었다.[767] ii) 탐색 시장(search market)이란 고용주가 근로자를 찾고 구직자가 일자리를 찾을 때, 그들은 즉시 서로 찾지 못하고, 탐색과정을 갖게 된다. 이런 탐색 활동에서 시간과 자원이 필요하고, 시장의 마찰은 덜 효율적인 결과를 초래한다. 심하게 말해서는 일자리가 아무리 넘쳐나도, 구직자는 구직에 허덕이게 된다. iii) 재정적(財政的) 혹은 경제적(經濟的)인 각종 법제적 규제(various legal regulations)와 현실적 경제 정책이 실업, 구인 공석, 임금에 어떤 영향을 미치는지를 이해하는 데 도움을 주었다. 이런 탐색 시장은 주택시장(housing market)에도 똑같이 적용되고 있다.[768]

우리나라는 코로나 19 팬데믹(COVID-19 Pandemic)에서 벗어나고자 안간힘을 쓰고 있는데, 미래의 일자리 혹은 먹거리까지는 걱정하지 못했다. 그런데 후진국이라고 생각했던 아프리카에서, 특히 2021

년 5월 18일에 남아프리카공화국 프레토리아 대학교(University of Preto-ria)에서는 노벨상 수상자 5명과 '미래의 일자리(The Future of Work)'라는 논제로 온라인 대화를 개최했다. 참석했던 노벨상 수상자는 브라이언 슈미트(Brian Schmidt, 2011년 물리학상), 크리스토퍼 피서라이즈(Christopher Pissarides, 2010년 경제학상), 조셉 스티글리츠(Joseph Stiglitz, 2001년 경제학상), 무하마드 유누스(Muhammad Yunus, 2006년 평화상) 그리고 아브히지트 바네르지(Abhijit Banerjee, 2019년 경제학상) 등이 모여 i) 일하는 삶을 위한 '새로운 일상(New Normal)'은 뭘까? 일하는 장소의 다양성, 지구촌의 고령화에 따른 노동시장의 변화, 코비드 19 팬데믹(COVID 19 pandemic)이 지구촌 인류의 노동시장을 어떻게 변화시킬지 등에 대해 지구촌의 젊은이들과 대화를 나눴다.

이젠 지구촌 이야기를 떠나서 우리나라의 현실에서 미래의 일자리를 위해 어떻게 준비해야 하는지를 언급한 학자의 주장으로 옮겨간다면, 지난 2020년에 세계은행(World Bank)에서 사회적 보호와 일자리를 위해서 실무팀 수석경제학자이며, 지난 3년간 한국개발연구원(Korea Development Institute)에서 연구했던 조윤영(Yoonyoung Cho, Senior Economist, Social Protection and Jobs)[769] 박사가 세계은행 저널에 기고한 '미래의 일자리'라는 우리나라의 준비사항을 짚어보고 있어 이를 요약하고자 한다."i) 탐색 마찰(search friction)을 제거하기 위해서 노동시장 정보 시스템과 일자리 매칭(labor market information system and job matching) 및 중개 정책도 기술의 발전으로 제공되는 빅데이터와 분석에 활용해야 한다. ii) 국가의 강력한 정보 기술을 기반으로 하는 한국 노동시장 정보 시스템(labor market information system)은 공공고용서비스로 지원되어야 한다.[770]

이어서 iii) 우리나라에 빈번히 발생하는 각종 미스 매치(mis-match)를 최소화하기 위해 빅데이터 분석 및 AI와 같은 기술적 진보를 시스템에 도입하여 서비스 플랫폼(service platform)의 효율성과 정확성을 개선해야 한다. iv) 이를 통해 구직자는 자신의 요구 사항에 맞는 맞춤형 정보, 직업 훈련 및 현장 지원을 받을 수 있어야 한다. v) 한국의 다양한 공공고용 정보 플랫폼(public employment information platform)이 연결되고 상호운용되어 효율적인 고용 서비스와 빅데이터 분석을 통해 노동 및 기술 정책을 알릴 수 있게 해야 한다. vi) 이런 방식으로 구직자는 개인 프로필과 선호도(personal profile and preferences)에 적합한 훈련 및 일자리 시장정보에 동시 액세스가 가능해야 한다. 이러한 상호 운용성은 기업과 개별 근로자가 근무 및 훈련 내용과 보험료에 대한 자세한 정보를 저장하는 고용 보험(EI) 시스템(employment insurance system)으로 확장되어야 한다."[771]

현실적으로 우리나라는 앞에서 노벨 경제학상 수상자들이 언급한 '탐색 마찰(search friction)'이란 미스 매치(mis-match)가 심각하다. 대표적으로 i) 구인자와 구직자 사이에는 (1) 임금 수준, (2) 기술 수준, (3) 근로 여건, (4) 근무방식(임시, 정규, 재택, 상시 등) 등에서 불합치가 생긴다. ii) 이런 불합치를 최소화 혹은 조율하는 피벗 기어(pivot gear) 혹은 피벗 풋(pivot foot)과 같은 법제적 시스템이 없어 맞물려 돌아가지 않는다. iii) 복잡한 디지털 행정망 혹은 CAS(Computer-aid system)들이 각각의 목적에 충실하다가 보니 전체적 조화를 이루는 '맞물린 톱니바퀴의 효과(cog-wheel effect)'를 내지 못하고 있을 뿐만 아니라 단독적인 시스템만이 겉돌고 있다.

현재 취업난 속에 구인난 현상이 발생하고 있는 가운데 하나가 '뒷문 취업'이 음성적으로 비대(肥大)해져 있다. 세계적으로 공개적 노동시장을 통해 구인은 34.5% 정도이다.[772] 그러나 우리나라 구인시장은 10% 내외가 공개구인, 속칭 '앞문 취업(front-door employment)'이지만 나머지 90%는 비공개 구인(closed employment)이다. 비공개 노동시장을 일명 '뒷문 취업 (back-door employment)'이라는 사내 채용(직원 가족 혹은 퇴직자 재취업 등), 하청(下請) 혹은 연관업체의 인력에서 채용, 인턴·아르바이트 채용, 홍보기관에 자원봉사자 등으로 활동하다가 임용된다. 일반적으로 10명 이하 소수인력을 비공개 채용하는 건 인사담당자의 상식이다. 관공서 혹은 공공기관에서 세칭 '짜고 치는 고스톱(sweetheart dealing)' 구인 관행은 구직자를 슬프게 하고 더 나아가서 시민을 조롱하고 있다.

최근 우리나라에서는 국회의원 혹은 국무위원 등의 권력을 이용한 '아빠 찬스(Dad Chance)' 혹은 '엄마 찬스(Mom Chance)'가 빈번하게 언론에 밝혀지고 있다. 심지어 국회의원들 사이 '자녀 취업 품앗이'라는 괴기한 현상도 생겨나고 있다. 마치 중국 제(齊)나라의 역아(易牙)는 주군 환공(桓公)이 사람 고기를 못 먹었다는 소리를 듣고 곧바로 자신의 세 살배기 아들을 삶아(易牙就殺己兒子) 환공(桓公)에게 인육 대접하고 자신이 바라던 자리를 차지하게 되었다.[773]

사회적 윤리로 보면 역아(易牙)는 한 가정에서 천륜을 버리는 비윤리적 (非倫理的)이지만, 오늘날 우리나라의 '엄마 찬스(Mom Chance)' 혹은 '아빠 찬스(Dad Chance)'가 취업과 대학(대학원) 입시에서 '공정과 상식(fairness and common sense)'이란 정부를 굳건하게 믿었던 수십만 명에게 일생동안 패배자 혹은 낙방의 아픔을 안겨다준 반사회적인 범죄(anti-social crime)다. 역아의 비윤리에 비하면 사회적 피해는 천양지차(天壤之差)다.[774] 오늘날 우리나라에서는 '능력 없으면 니네 부모를 원망해. 있는 우리 부모 가지고 감 놔라 배 놔라 하지 말고. (권력은 두말할 것 없이) 돈도 실력이야.'라는 세태충격(世態衝擊) 속에서 '일자리 사냥(job hunting)'도 허우적거리면서 세태충격에서 빠져나오지 못하고 있다.

6. 서문시장 열쇠·시계 수리공이 말하는 미래 일자리 만들기

미래 일자리는 지금 우리가 무슨 일을 하고 있는가를 알아야!

앞에서 "우크라이나의 미래(운명)는 우크라이나에서 무슨 일이 일어나는지에 따라 결정될 것이지. 이번 작전(Krus Operation)에 좌우되는 건 아니다."라고 했던 하버드대학교(Harvard university) 스티븐 월트 (Stephen Martin Walt) 교수의 말처럼 우리나라의 '미래 일자리(future job)' 혹은 '미래 먹거리(future food)'는 지금 우리가 무슨 일을 하고 있는지를 살펴보면 짐작이 된다. 같은 논리로 대구시의 미래도 대구시가 지금 하는 일에 좌우되고 있다.

가장 단순하면서 확실하게 파악하기 위해 대한민국 대통령실(과거 청와대)의 홈페이지에서 '일자리 정책'이란 키워드(key word)로 검색해 정리해 봤다. 검색 결과를 나열하면 i) 중동 Big 3 정상외교로 약 107조 원 규모의 '거대한 운동장(huge playground)'이 만들어져, ii) 골목상권(商圈)이 붐빌 수 있도록 소상공인 지원을 면밀하게 챙길 것, iii) 국민을 위한 상생 금융 (相生金融) 가속화 → 정부와 은행 협력, 민생금융 2조 3,000억 원 지원이라는 정책이었다.

그리고 ix) 강원지역 대학생들과 만나 직접 소통, 청년들의 도전 지원 약속(挑戰支援約束), x) 산업·기업 정책 방향 논의 관련 브리핑, xi) 공교육 혁신(公敎育 革新)으로 지역 살리는 계기 되길, xii) 정부위원회 정비계획 발표, viii) 세계시장이 내 시장이라는 자신감으로, 더 과감하게 뛰어들 것, ix) 어르신 종합선물 세트, x) 부산을 대한민국 제2 도시로 육성할 것, xi) 대한민국 어디서나 살기 좋은 지방시대, xii) 민간이 끌고 정부가 미는 역동적 경제(力動的 經濟)다.

다시 이어 xiii) 정부는 우리 기업·국민이 국제무대서 활발하게 기업활동을 교류할 수 있도록 환경을 만들어 줘야, xiv) 국제무대서 더욱 활발하게 교류할 수 있도록, 글로벌 중추국가(中樞國家)를 실현할 것! xv) 기적을 일군 어르신들을 잘 모시는 것은 정부의 책임, xvi) 하반기 경제 정책, 최우선 과제는 수출 확대, 이권 카르텔은 철저히 타파해야, xvii) 대한민국 국민과 기업이 진출해 있는 모든 나라의 정상과 만남, xviii) 약자 복지 지향(弱者福祉志向)과 노동 약자를 보호할 것, xix) 교육혁신(敎育革新)은 지역이 주도, 중앙정부는 쥐고 있는 권한을 지역으로 이전시켜야 할 것이었다.775

이에 대해서 과연 미국에서는 무슨 일을 하고 있는지를 알아보고자 백악관(The White House) 사이트에서 '일자리 정책(job creation policy)'이란 키워드로 검색한 결과를 나열하면 i) 미국 투자 및 미국 근로자 투자에 대한 행정 명령(executive order), ii) 새로운 비즈니스 급증: 행정 데이터 분석을 통한 비즈니스 애플리케이션 붐 공개, iii) 8월의 고용 상황, iv) 행정부가 회복 준비 직장을 지원하고 경제를 강화하기 위한 새로운 조치 발표, v) 백악관이 지속 가능한 해양 관리를 발전시키기 위한 새로운 전략 발표, vi) 소규모 기업으로부터의 기록적인 조달에 대한 대통령의 성명이었다.

또한 vii) 실업률 맥락(The Unemployment Rate in Context), viii) 비용을 절감하고, 좋은 일자리를 창출하고, 전국의 지역사회를 활성화하는

지 강조하기 위해 다섯 번째 미국 투자 투어 시작, ix) 규제 설계(regulation design)를 통한 경쟁 시장 촉진, x) 국내 제조업과 미국 일자리를 지원하는 연방 연구개발에 대한 행정 명령(executive order), xi) EPA 구매 권장 사항을 사용하여 미국산 지속 가능한 제품 및 서비스에 대한 연방 구매를 극대화하기 위한 규칙 확정, xii) 노동력 공급이 팬데믹(pandemic)에서 회복, xiii) 노동절 며칠 후, 바이든-해리스 행정부가 미국 투자를 통해 좋은 일자리를 촉진하는 행정 명령(executive order) 발표 의제, xiv) 해리스 부통령이 전국 경제기획 투어를 시작한다는 것이다.

그리고 xv) 팩트 시트(fact sheet): 바이든-해리스 행정부가 세 번째 미국 투자 투어를 시작, 전국의 지역사회에 이로운 역사적 투자를 선전, xvi) 팩트 시트(fact sheet): 백악관이 바이든-해리스 행정부의 노력으로 미국 해운 산업에 대한 새로운 민간 부문 투자를 발표, xvii) 산업 및 연방 정부에서 등록된 견습제도(見習制度)의 사용을 확대하고 노사 포럼을 촉진하는 행정 명령(executive order), xviii) 팩트시트(fact sheet): 제조업 붐 속에서 바이든 대통령은 국내 제조업과 미국 일자리를 지원하는 연방 연구 및 개발에 대한 행정 명령(executive order) 등이 있었다.[776]

미국 백악관의 홈페이지(The White House)에서 '일자리 정책(job creation policies)'을 시행하는 데 특징은 i) 정책 사항을 현장 점검(fact check)한 결과를 보고하고, ii) 취업 혹은 실업 통계까지 공개하며, iii) 우리나라에서는 단 한 번도 없었던 행정명령(行政命令, executive order)이 미국에선 5번이나 발령되어 과오 시정(mistake correction)과 타이밍(timing)을 놓치지 않고자 적시성에 집중했다. 우리나라의 일자리 정책은 유식하게 표현하면 '보이지 않는 손(invisible hand)'에 의해 저절로 결정되는 자유 고용시장(free employment market)이었다. 이에 반해 미국 일자리 정책의 시행은

'보이는 주먹(visible fist)'에 작동시키고 있는 수정 자유 노동시장(modified free employment market)으로 보였다.

서문시장 열쇠·시계 수리공이 말하는 '미래 일자리 만들기'

답답함은? 2024년 2월 1일부터 의과대학 정원 2,000명까지 확대함에 대해 '의료정책 추진 반대 집단행동'을 보여줌에 현장 이탈, 사직, 임용 포기, 계약 포기, 휴학, 소송 및 단식 등으로 2024년 9월 19일현재까지 의사집단도 행정부서도 아무런 출구기획(出口企劃)도 조율하려는 노력도 없이 단지 '둘 다 죽자'는 치킨게임(chicken game)으로 흐르고 있다. 이런 현상에 얼마나 답답했든지 천공 스님께서 지난 9월 16일 13278강 정법강의(正法講義)에서 "의사는 수리공. 존중할 가치 없어. 의사 니들은 돈 벌기 위해 수리하는 것뿐이다. 의사 수를 늘리지 말자는 건 니들 밥통을 줄이기 때문에 안 된다는 거잖아. 잘들 한다. 국민들이 니들 밥벌이용이냐?"라고 호되게 꾸중을 했다. 물론 그분의 속뜻은 행정부 당국에 대해서도 '뒤집어 생각하라는 여운(aftertaste that makes you think back)'을 남기고 있다.

여기서 '수리공(修理工)'이라고 공개적으로 한 말은 아마도 한자 그대로 "수학(修學) 혹은 수도(修道)를 통해 이치(理致)를 깨달은 숙련기술자(工者)"라는 뜻이다. 오늘날 용어로는 전문가, 박사 혹은 의사 등을 지칭했다.

현실 속에서 각종 문제점을 해결하며, 현세의 이치를 터득하였기에 학문적 이론보다는 강력한 위력을 발휘한다는 의미를 내포하고 있다. 그래서 미래 먹거리 혹은 미래 일자리에 대해서 허심탄회하게 해법을 얻고자, 국민학교(오늘날 초등학교)만 마치고, 서문시장에서 열쇠·시계 수리공을 해왔던 친구에게 '미래 일자리 만들기'라는 현실적인 자문을 구했다.

그러자 죽마고우(竹馬故友)는 백전노장(百戰老將)의 열쇠 수리공답게 "세상에 안 열리는 자물쇠는 없다."라고 말문을 열었다. "첫째로 자물쇠는 하나이나 열쇠는 수백 가지에서 수천 가지나 된다." 그리고 "둘째로 열쇠가 아닌 안전핀으로도 망치로도 자물쇠를 열 수 있다."라고 했다. 즉 일자리 만들기는 일자리 창출정책만이 아닌 i) 복지정책에서도, ii) 주택개발정책에서도, iii) 고령자 고용 확대인 일명 '세금 나눠주기(tax sharing)'처럼 보여도, iv) 젊은이들의 결혼 장려정책도 일자리 창출의 피벗 풋(pivot foot) 역할을 한다는 게 현실이다. v) 심지어 기관장의 관심도만으로도 1~3%의 일자리 창출 효과를 올릴 수 있다. vi) 대구시는 대기업 타령만을 하고 있는데, 삼양식품의 2023년도 매출고는 50조 원으로 대구시 GRDP 63조 원에 79%를 넘어서고 있고, "지구촌을 넘어서 우주로 나간다."라는 슬로건을 그들은 실적으로 보여주고 있다. vii) 지난 2019년부터 '똘똘한 한 채'라는 부동산투기 기법이 유행했듯이 지방자치단체의 일자리 창출에서 '똘똘한 지방기업'을 키워야 한다.

그 친구는 한 고객이 맡겨놓은 세칭 고급시계 속된 말로 '오버워치(over watch)'의 뒷면을 뜯어놓고 말을 이었다. "여기는 시계의 동력을 제공하는 무브먼트(movement)인데 이곳을 보면 톱니바퀴만 보이지? 고급 시계라는 스위스제 롤렉스는 4개의 톱니바퀴(gear wheel)와 2개의 톱니바퀴 조작기(gear ratios)로 돌아가고 있다."[777]라고 했다. 커피잔을 내려놓으면서 다시 다른 시계를 뜯어서 뒷면을 보여주면서 "최근 태엽(胎葉) 감기(winding) 와 세팅 파트(set part)가 있는 현대 시계는 디자인에 따라서 2~3개에서 많게는 6개까지 다양한 톱니바퀴(gear)를 갖고 있다"778, "이렇게 많은 톱 니바퀴가 서로 맞물려 돌아가는데 어느 것 하나라도 겉돌거나 이빨이 맞 지 않으면 시간이 맞지 않는다. 이렇게 맞물려 돌아가는 톱니바퀴 효과 (cogwheel effect) 때문에 고생하시는 분은 개복수술을 하는 집도의(執刀 醫)들이다."라고 했다. "집도의(surgeon)가 왜?" 친구는 얼굴을 쳐다보면서 "개복수술을 요사이는 하지 않으니? 갈비뼈 등이 서로 맞물려서 개복해 수술 공간을 확보하고자 수백 번 가까이 반복해 벌리는데 진땀을 뺀다."

여기까지 이야기를 마치고 돌아오는 길에 곰곰이 생각했다. 시계는 2~6 개의 서로 맞물려서 돌아가는 톱니바퀴를 '콕 휠(cog-wheel)'이라고 한다. 그런데 기찻길이 서로 교차하여 연결되어 움직이는 시스템을 상호연결 시 스템 혹은 영어로 인터로킹 시스템(interlocking system)이라고 한다. 국가 나 지방자치단체는 법제적 시스템(legal system), 사회적 시스템(social sys- tem), 경제적 시스템(economic system), 군사적 시스템(military system), 도 시·환경적 시스템(urban and environmental system) 등이 고도 상호연결 시스템(advanced interlocking system)으로 형성·작동되고 있다. 이들 시스 템 간에 속된 말로 i) 톱니의 이빨이 맞지 않거나 ii) 헛바퀴만 돌기도 한다. iii) 때로는 상반된 방향으로 돌아가겠다고 마찰음까지 낸다. iv) 이를 때는 양쪽 톱니의 이빨을 맞추거나 v) 사로 반대 방향(상하 혹은 좌우)으로 돌아 가는 경우는 피벗 기어(pivot gear)를 만들어 중간에 끼워야 한다.

이런 현상을 구체적으로 볼 수 있는 곳이, 우리나라 차도(車道) 옆 보 행자 안전 울타리(safety fence) 안쪽엔 서로 맞물려 있는 인터로킹 브릭 (inter-locking brick)을 깔고 있다. 블랙홀(black hole)과 같은 복잡하고 광범위한 연구과제는 200여 명 전문가가 공동 협업한다. 전공 분야가 다른 학자들이 인터로킹 연구(interlocking study)로 해법을 찾아내고 있다. 머지않아 지구촌의 일자리 창출의 해법을 찾고자 수천 명의 전문가(학자)들이 인터로킹 연구분석(interlocking research analysis)을 해야 한다.

7. '일자리 창출' 관련 우리나라 법제 시스템을 해체해 보면?

G2 영광의 일본과 D3 영광의 대구가 아직도 옛 영광에서 헤쳐나오지 못하는 모양새

현재 시점에서 세계 속에 일본이란 국가와 우리나라 대구시의 위상이 흡사하다. 미국 하버드 대학교에서 일본과 대구시가 학생들의 연구과제가 되고 있다. 뭔 소리인가? 1980년대 일본의 도쿄

땅을 다 팔면 미국 전체 2배를 사고도 돈이 남았다는 '거품경제(bubble economy)'로 세계 제2위 경제대국(G2)의 영광에 푹 빠져서 오늘날 디지털 혁신을 게을리했다. 그 결과는 서서히 꼴불견을 드러나고 있다. 이같이 대구시도 1980년대는 대통령이란 국가지도자를 2명, 그 이후 2명을 더 배출하는 바람에 국내 제3대 대도시(D3) 영광에다가 풍패지향(豊沛之

鄉, 제왕을 많이 배출한 곳)으로 안주를 만끽했다. 다른 한편으로는 '거품 정치 (bubble politics)'로 인해 다가올 미래준비를 국가지도자가 '대구에 크게 한 주먹 집어주기' 혹은 '대구에 대기업 보따리 풀기'가 가능하다고 확신했 다. 이렇게 30년을 허송세월했다는 건 GRDP 꼴찌 기록과도 일치하고 있 다. 오늘날 일본과 대구시가 '과거 영광에 푹 빠져 30년 허송세월'했던 닮 은 모양새는 i) 일본의 거품경제 ▷ 국가재정 건전성 ▷ 장인정신(物造精 神) ▷ 고급인력의 해외 유출 ▷ 연공서열의 종신고용제라는 고령자의 기 차놀이를 하고 있다. ii) 대구시도 거품정치 ▷ 지방재정 건전성 ▷ 선비정 신(혹은 우리가 남이가?) ▷ 고급인력의 역외 유출 ▷ 연공서열의 계급제(공무 원)라는 유치원생의 기차놀이를 하고 있다.

마치 사슴이 '영광의 왕관(Crown of Glory)'이라고 자랑스럽게 생각했던 뿔로 인하여 사자의 공격에 몰리고 있는 순간에 영광스러운 뿔이 나뭇가 지에 끼여서 죽게 된다는 이솝의 우화처럼, 소니(Sony), 닌텐도(Nintendo) 등이 지구촌 천하를 호령했던 일본의 전자제품도 일본의 모노 쓰구리(物 造) 정신 일명 장인정신(匠人精神)으로 급격한 변화을 무시하고 안주했다. 뿐만 아니라, 재정 건전성을 추구하는 바람에 반도체(semiconductors), 바 이오테크놀로지(biotechnology) 및 배터리(batteries) 등에 과감한 혁신과 미래 투자에 소홀히 하는 바람에 절호의 투자 기회를 놓치고 말았다. 지 구촌은 생산성 혹은 능력급으로 변했는데 연공서열(年功序列)에 머물고 있으니 고급인력은 당연히 해외(역외)로 유출될 수밖에 없다.

대구시(大邱市)는 과거 일제강점기에 대륙 침략의 발판이 되는 병참기지 로 군수물자 생산과 경공업으로 기반을 잡았던 국내 3대 대도시로 등극 했다. 그 영예를 부인할 수 없다. 이 같은 역사적 사실까지도 명약관화하 다. 하버드대학교(Harvard University) 경영대학원 게네스 로코프(Kenneth

Rogoff) 교수의 저서 『이번만은 다를 거야(This Time Is Different)』[779]는 지난 거품 정치에 했던 행동거지를 하나하나 짚어보게 했다. 한마디로 대구의 미래 일자리(future jobs)와 미래 먹거리(future food)에 대해서는 밝은 모습을 기대할 수 없다. 물론 지금도 벗어날 수 있고, 재도약해서 과거의 '제3대도시 대구' 영광을 찾을 수 있다. 문제는 그것보다는 '거품 정치의 따사로운 욕탕(warm bath of bubble politics)' 안에서 두 눈을 감고 '대기업 선물 보따리'를 생각하는 게 무엇보다도 행복하게 생각하고 있기 때문이다.

법령이란 거미줄이 우리의 미래 손발을 묶는다면?

우리나라는 법령의 홍수 속에서 살고 있다. 법률가(法律家)마저도 현행 법령 숫자를 모르고 있다. 국회의원도 법령끼리 상반된 입법 취지로 국민의 실생활에서는 마찰음(摩擦音)을 내고, 법률행위가 장벽이

된다는 사실을 알지 못하고 있다. 어떤 면에서는 자신들의 정치적 목적을 달성하기 위해서 앞뒤 가리지 않고 경쟁적으로 법률제정을 하고 있다. 여기서는 지방자치 입법을 제외한다. 국가입법만으로 현행 실정법을 살펴보면 국가법령정보센터의 법령통계에서 2024년 9월 20일 현재 총 법령 건수는 86,687건으로, 법률 20,428건, 대통령령 34,858건, 국무원령 257건, 각령 1,765건, 총리령 1,980건, 부령 27,389건으로 산출되고 있다. 현행 법률과 대통령령만을 법령으로 한정해 최근 증가 현상을 살펴보면

2020년 법률 1,524건 / 법령 4,699건, 2021년 법률 1,580건 / 법령 4,841건, 2022년 법률 1,595건 / 법령 4,924건, 2023년 법률 1,640건 / 법령 5,160건, 2024년 법률 1,652건 / 법령 5,397건으로 증가했다.

이렇게 수많은 법령이 서로 맞물려 돌아가는 게 대부분이다. 그와 반대로 당리당략(黨利黨略), 이익 집단(利益集團, 속칭 이권 카르텔)에 의해 만들어진 법령으로 특정 집단의 이익은 보호하나 공익을 저해하기도 한다. 물론 이런 건 다른 기존 법령과 마찰음을 내는 것도 적잖다. 미래의 일자리를 창출, 관리·감독하는 고용·노동에 관련된 국가법령은 2024년 9월 20일 현재 고용·노동부의 통계(Statistics from the Ministry of Labor and Employment)로는 123건의 법률, 121건의 시행령과 122건의 시행규칙이 있다. 물론 이에 따른 지방자치단체에서 제정한 자치입법의 건수도 대동소이(大同小異)하다. 노동·고용시장(labor and employment market)에서 이들 국가법령과 자치법령이 한 치 오차도 없이 이빨이 맞아서 맞물려 돌아간다면 일자리 창출에서는 아무런 문제가 없다. 그러나 그렇게 이상적인 우리나라가 아니다. 국가는 물론이고 지방자치단체에 규제가 많아서 기업을 못 하겠다는 아우성은 국가법령들이 맞물려 돌아가지 않고 부작동 혹은 노동·고용에 손발을 묶고 있다는 아우성이다. 단적으로 중소기업체(中小企業體)나 농촌에서는 일손 부족(일할 사람이 없다.)으로 야단법석을 떨고 있는데 한편으로는 일자리를 구하기가 '하늘에 별 따기'보다 어렵다고 한다. 이런 모순이 발생하는 건 법제적 시스템(legal system)이 맞물려 돌아가지 않는다는 실증이다.

한편 최근 우리나라의 일자리 정책에 대하여 지난 2022년 3월 9일 대통령선거 후보자의 대선 공약과 2024년 4월 10일 국회의원 선거의 각 정당의 공약을 살펴봤으나 뚜렷한 정책이 없었다. 한마디로 정책대결이 아닌 프레임 전쟁(frame war)을 했다. 2022년 대선에서 등장한 프레임이 수비 측면에선 '재집권과 적폐청산'을 키워드로 하고 공격 측면에서는 '정권교체와 친북(종북)좌파' 프레임(frame)을 내걸었다. 2024년 총선에서도 정권교체에 성공하여 공방 역할을 하는 정당이 뒤바뀐 상황에 수비 측면에서는 386 운동권 청산, 종북좌파, 반국가세력을 프레임(frame)으로 하였다. 각인된 행동은 범죄 322번과 대파 875원 등을 보여주었다. 이에 반해 공격 측면에서는 '검사 독재 심판', '친일망국(親日亡國)'을 프레임(frame)으로 기억되는 행동은 경제 293번이었다. 최근 우리나라의 정치현장에서는 정책으로 국민의 마음을 사로잡기보다 '푸짐한 말 잔치(sumptuous feast of words)', '말 폭탄(word bomb)' 혹은 '격발 이슈(stimulating issue)' 등을 가미한 프레임(frame)을 동원해 세상을 흔들며 사람들을 움직여보자는 새로운 선거전략으로 자리 잡고 있다.

따라서 '프레임 전쟁(frame war)'의 포화 속에서 '일자리 창출정책'은 안중에도 관심에도 없었다. 하는 수 없이, 지난 2017년 대선에서 갑론을박(甲論乙駁)했던 일자리 창출(고용노동)정책을 살펴보기로 한다. 한정된 시간, 인력 및 지면 등의 여건 제한으로 관심도(關心度)가 높은 일자리 창출정책(job creation policy)과 임금정책(wage policy)에 한정해 더듬어보고자 한다. 일자리 창출정책을 세분하여 i) 고용량 증대 정책(high capacity expansion policy), ii) 고용 질적 향상 정책(employment quality improve-ment policy), 그리고 iii) 실직자 생계 지원(재취업을 위함) 시책(livelihood support for the unemployed)이 있었다. 고용량 증대 정책에서는 (1) 근무(노동) 시간 단축(job sharing), (2) 공공일자리 확대, 그리고 (3) 청년 고용할당제를 공약화했다. 고용 질적 향상 정책으로 (1) 상시(지속)적 일자리와 (2) 정규직 직접 고용제(regular direct employment system) 강화를 제시했다. 실업자 생계 지원에서는 (1) 실업급여 확대와 (2) 구직 촉진 수당 도입 공약들이 제시되었다. 노동시간 단축에서 ① 실노동시간 단축과 ② 공공기관의 칼퇴근제 시행을 병행하자고 했다. ③ 심지어 유급휴가 30일제까지 병행하자는 방안도 있었다. 공공일자리 확대에는 공기업 5% 청년고용 의무화를 법제화하는 방안도 제시되었다.

그리고 임금정책(wage policy)으로는 i) 최저임금제(minimum wage system), ii) 최고임금제(maximum wage system) 및 iii) 교섭임금제(negotiated wage system)를 실시하는 방안들이 거론되었다. 최저임금제의 현실화를 위해서 (1) 근로감독을 강화하는 방안, 최고임금제 도입 시에는 (2) 고소득 세율인상 방안이 덧붙어야 한다. 그리고 교섭임금제(negotiated wage system)를 도입할 경우 (3) 초기업 교섭 확대와 단체협약 효력을 확장하는 방안을 공약으로 언급했다.

마지막으로 고용 질적 향상 정책(policy to improve employment quality)에서는 ① 비정규직 사용-부담금제, ② 정규직 전환 지원금, ③ 동일 가치 노동 동일 임금 법제화(legislation of equal pay for equal work), ④ 기간제 사용 휴지기 도입(introduction of temporary suspension period), ⑤ 비정규직 사회보험료 사용자 부담, ⑥ 불법 파견과 불법 사내 하청 방지, ⑦ 파견 수수료 인하, ⑧ 공공기관의 파견근로자 공급사업, ⑨ 공공기관 간접고용도 정규직 전환 등이 언급되었다. 또한 실직자 생계지원 정책에서 ① 실업급여 확대(expand unemployment benefits), ② 청년취업 활동비 제공, ③ 장기실업자, 폐업자 및 영업자 구직 촉진 수당 지급, ④ 실업급여 기간 및 수준의 현실화를 제시했다.

현재 시점에서 일자리 창출을 위해서 i) 입법 취지 혹은 제정목적과 다른 효과를 내고 있거나 ii) 공익상 기여 하는 법익(法益, legal Interests)보다

이익집단(interest group, 이권 카르텔)을 위해 작동되어 사회적인 부작용을 야기하는 경우, iii) 아예 당리당략을 위해서 제정되었기에 사회 혹은 경제 활동에 국민의 수족을 묶는 경우까지도 있다. iv) 시대적 변화로 노동사용자에게 부담이 되거나 시한법(時限法, time limit law) 혹은 일몰법(日沒法, sunset law)으로 폐지되어야 할 시스템들이 없잖아 있다.

8. 미래 일자리는 당신의 디자인에 따라 만들어집니다!

미래 일자리에 대한 불편한 진실(Inconvenient Truth)

미래 일자리는 오늘날의 부작용과 불합리(side effects and ir-rationality)를 모두 개선해 참신한 모습으로 다가올 것이라는 단순한 희망만은 절대 갖지 말아야 한다. 인류가 지구촌에 출현한 이후에 700만 년 이상 사람들이 꿈꿔 왔던 이상적인 세상은 단 1번도 나타나지 않았다. 미래라고 동떨어진 세상이 창조되지 않는다. 과거와 현재의 연장선에서 이어진다는 게 사실이고 현실이다(It is true and real that it is an extension of the past and the present). 오늘 우리나라에 나타나는 '부모 찬스(Parents' Chance)'가 과거에는 더욱 심했으나 당연한 것으로 생각하고 불합리하다는 생각조차도 못 했을 뿐이다. 현재에 있는 모든 것이 과거에도 있었고, 미래에도 있다. 한마디로 솔로몬(Solomon)이 전도서(Ecclesiastes)에서 "태양 아래 새로운 건 없다(There is nothing new under the sun)."라고 했다.

현재시점에서 미래 일자리를 생각하면 인공지능(artificial intelligence), 첨단로봇(advanced robots), 완전자율 드라이브 시스템(fully autonomous drive systems) 등의 첨단과학들이 모두 가진 자의 이익을 위해 이용되기 때문에 불편한 진실이지만 오늘날 젊은이들이 꿈꾸는 그런 세상은 오지 않는다. 솔직하게 까놓고 말하면 i) 사회관계망(SNS), 인공지능(AI) 등으로 인해 유명 맛집에는 대기 줄은 더욱 길어질 뿐이다. ii) 글로벌 홈 워크(global home work) 혹은 온라인망을 통해서 국제적 무한경쟁(international unlimited competition)에 이미 돌입했다. 이로 인해서 균등한 취업 기회와 최저임금제는 힘없이 무너졌다. 미래 일자리는 한마디로 '국경 없이 직장 없이 단기계약의 일자리(short-term jobs without borders and without jobs)'만이 생겨날 뿐이다. 세칭 미래 일자리는 '긱 워커(gig worker)'로 '긱 경제(gig economy)'만을 독버섯처럼 번창하게 만들고 만다.

이와 같은 현상은 지난 2000년 초에 글로벌 전자상거래(global e-commerce)가 생겨나면서 상품 대신에 노동을 팔기 시작했다. 처음에는 글로벌 웹(global web)을 통한 웹 디자이너(web designer), 웹 소설(web novel), 웹툰(web toon) 등에서 자유기고인(free lancer)이 활동을 시작했다. 이제는 글로벌 홈 워크(global homework)가 튼튼한 국제적 시장으로 자리를 잡았다. 우리나라의 노동시장에 법제화된 최저임금제(minimum wage system)는 국제시장에서는 무능하다. 이런 현상을 앞장서서 챙기는 기업체와 공공기관이 글로벌 홈 워크(global homework)를 이용해 홈페이지(Homepage)와 각종 정보통신 시스템을 구축해 관리를 맡기고 있다.

특히 이들 대부분은 '24시간 서비스'를 목표로 콜센터(call center) 및 컨택센터(contact center)를 지구 반대편에 설치하고 있다. 이같이 터전을 잡은 미래 일자리가 2020년 COVID 19 팬데믹을 계기로 대면 거래(contact transactions) 및 직장 근무제를 비대면 경제(uncontact economy) 혹은 유연근무제(flextime system)로 전환함에 따라 '새로운 당연한 세상(new normal)'을 슬그머니 만들어 놓았다. 여기서 생겨난 부작용이 어떠한 법제적 보호를 받지 못하게 '혼자서 알몸(naked alone)으로'의 단기계약 근로자(gig worker)만을 양산하고 있다. 이로 인해 승자독식(勝者獨食, Winner takes all)과 빈익빈 부익부(貧益貧富益富, The rich get richer and the poor get poorer) 현상은 더욱 심각하게 된다. 미국 구글 전 회장(CEO) 에릭 슈미트(Eric Emerson Schmid, 1955년생)는 "인공지능(AI)은 돈의 전쟁이고, 돈의 놀이다(Artificial Intelligence is a war of money and a game of money)."라고 단언하고 있다.

이와 같은 현상을 초래함에는 국가지도자에게 가장 큰 책임이 있겠지만 '미래 일자리에서 보금자리를 틀고 행복을 누려야 할(You must build a nest and enjoy happiness in your future job)' 젊은이 당사자들도 수수방관(袖手傍觀)하는 데 일익을 담당했다. 최근 우리나라에서는 심지어 그렇게 하도록 국가지도자들을 '공정과 상식(fairness and common sense)'으로 꼬드겨780'작은 개인적 얻음(small personal gain)'이란 뭔가를 챙겼다. 오늘날 젊은이들처럼 자신의 작은 것만 챙기고자 한다면 선배들의 학생운동을 통해서 민주화 물꼬를 돌렸던 그들의 희생은 시궁창에 쏟아버리는 구정물로 천박하게 되었다. 젊은이들의 정치참여에 자신들의 일자리를 챙기지 못한 대가는 자신의 작은 사익에 '누군가는 몇 곱절의 피눈물로 갚아야 한다(Someone has to pay with several times the amount of blood and tears)'. 당연히 국가지도자는 청나라 고염무(顧炎武, 1613~1682)의 『일지록(日知錄)』에 "천하의 흥망에는 필부(匹夫)에게도 책임이 있다(天下興亡, 匹夫有責)."781라고 했다는 말을 인용할 것이다. 그러나 무덤에 누워있는 맹자가 벌떡 일어나와 "당신 국가지도자들이 고기를 먹겠다는 바람에 백성들이 굶어 죽게 된 것은 가축을 몰아서 백성을 먹게 한 결과가 아니냐(率獸而食人)?"라고 반박 논리를 제시해 그들을 멀쑥하게 만들 것이다.782

AI 반도체(HBM)처럼 미래 일자리 시장을 디자인하자!

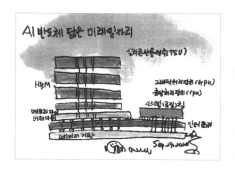

2024년 노벨물리학상 수상자로 AI 머신러닝(machine learn-ing) 선구자였던 프린스턴 대학교 분자생물학과 교수 존 홉필드(John J. Hopfield, Princeton University, NJ, USA)와 캐나다 오타와 대학교 명예교수 제프리 힌턴(Geoffrey E. Hinton, University of Toronto, Canada)을 선정했다. 이들은 분자생물학의 신경망을 인공지능에 접목하여, '인공신경망을 이용한 머신러닝을 가능하게 하는 기초적인 발견과 발명을 위해(for foundational discoveries and inventions that enable machine learning with artificial neural networks)' 기여한 공로로 수상하게 되었다.783 'AI, 인간보다 똑똑해져 통제 불능 상태위험을 우려(AI becomes smarter than humans, risking loss of control)'할 정도로 새로운 지평을 열었다. 이로 인한 미래 일자리에 대해서 간략하게 살펴보자 한다.

태초 지구촌에 출현한 사람의 말을 빌리면, 세상에는 아무것도 없었다. 오늘날의 거대하고 화려한 도시도 인간이 만든 것이고, 도시 속에 흐르는 문화도 누군가 디자인했다. 따라서 삼라만상(參羅萬像)은 설계한 대로 혹은 디자인한 사람의 의도에 따라 움직이게 된다. 과거는 움직이지 못해도 현재와 미래는 디자인해서 움직일 수 있다. 조지 오웰(George Orwel, 1903~1950)이 1949년에 쓴 『1984년(Nineteen Eighty-Four)』소설 속 '빅 브라더(Big Brother)'처럼 독재자로 모든 걸 원격조정할 수 있다.[784] 미래 일자리를 꿈자리처럼 만들고자 한다면 반드시 자신의 손으로 미래를 디자인해야 한다. 살아있는 병아리가 되고자 한다면 스스로 계란(鷄卵) 껍질을 깨뜨리고 나와야 한다(If you want to be a living chick, you have to break the eggshell yourself). 그렇지 않고 남이 깨뜨려 주는 것은 에그 프라이(egg fry)를 만들고자 탁~ 하는 순간 당할 뿐이다.

미래 일자리에 가장 영향을 끼친 요인으로는 인공지능(artificial intelligence)이 될 것이다. 인공지능도 인간이 디자인한 반도체에 의해서 움직이고 판단하게 된다. 현재 인공지능(AI)을 움직이는 핵심반도체는 크게 봐서 i) 고대 역폭 메모리(high bandwidth memory), ii) CXL(compute express link)과 그리고 iii) PIM(processing in-memory)이 있다. CXL과 PIM은 아직 시장을 그다지 개척하지 못하여 HBM만이 인공지능계를 주름잡고 있다. HBM이란 반도체의 기본 얼개는 i) 코딩한 로직 회로설계의 청사진(기판)인 패키지 서브 스트레이트(package substrate)와 ii) 일반 드램 메모리를 6~13층(개)을 쌓은 드램 다이(DRAM Die)로, iii) 이들 메모리를 맞물려 돌아가게 시스템 관통 전극(TSV, Through Silicon Via)을 통해, iv) 메모리와 중심처리 장치작동을 결합·완충 역할을 하는 인터 포저(Inter-poser)로, v) 연산·분석·결합 등의 데이터를 처리는 컴퓨터의 중앙처리장치에 해당하는 시스템 로직 칩(system logic chip)에 의해 인간의 지능을 대신하고 있다.

인공지능이 통제하는 미래 일자리 시장도 HBM(high bandwidth memory)의 회로기판 설계처럼 노벨 경제학 수상자들이 주장하는 '시장설계(Market Design)'를 하지 않고서는 우리의 바람을 저버릴 것이다. 미래의 노동시장은 인류를 위하는 만큼 전 인류(全 人類)의 모든 양상의 노동을 포용할 수 있어야 한다. 아날로그 노동(analog labor)과 디지털 노동(digital labor), 대면 노동(face-to-face labor)과 비대면 노동(non-face-to-face labor), 육체노동과 정신노동, 기계적 노동과 감정 노동(感情勞動, emotional labor)[785], 가시적 노동(visible labor)과 비가시적 노동(invisible labor) 등을 모두 고려해야 한다. 이를 위해서는 과거 노동의 양상, 전통과 관습 등에 기반을 두어야 한다. 즉 가장 먼저 i) 인간의 신체 어느 부위를 주로 사용하느냐에 따라 발 노동(이민노동, 택배, 플랫폼 노동 등), 입 노동(口業, 종교적 설교, 강의 및 의정·정치), 손 노동(手工, 농경축산 및 제조작업), 머리 노동(brain, 사무직, 금융, 교육, 연구 등) 및 가슴 노동(感情勞動, 오늘날 감정 노동, 복지사업, 육영사업 등) 등이 있다. ii) 자신들이 보호할 이익을 위해 방벽(wall) 혹은 블록(bloc)을 형성하는 것으로 경제적 블록(economic bloc, OECD, NAFTA, EU 등), 군사적 블록(military bloc, NATO, Five Eyes, AUKUS, 북·중·러 군사동맹), 이념적 블록(ideological bloc, 공산진영, 자유진영, 그리고 제3 진영)이 있다. iii) 연계성 극대화 체인(chain)을 살펴보면 자연생태계의 먹이사슬(food chain)처럼 물류의 공급을 중심으로 하는 공급사슬(supply chain), 부가가치를 극대화하는 가치사슬(value chain) 등을 구축한다. iv) 은밀한 그물을 짜기를 통해 이익을 극대화했던 산업은 고기잡이(漁撈)에서, 통치자의 의

도에 따르게 법제화(法制化)한 법망(法網)이었다. 오늘날은 통신망, 경제적 공급망, 공유경제를 가능하게 하는 네트워크 경제(network economy)를 주로 한다. v) 법제화 혹은 각종 네트워킹을 가능하게 디자인하는 사람에 따라서 국가지도자, 엘리트 정치인, 대중경제(大衆經濟) 및 공유경제 등이 가능하게 된다. 정치인들은 법제적 디자인(legal design)도 가능하지만 때로는 언론을 통한 프레임 디자인(frame design)을 통해서도 세상을 자신들이 바라는 대로 만들어 가려 한다. 이를 국가지도자의 입장에 보면 정권창출(政權創出)이고, 대의명분은 국민행복시대(國民幸福時代)를 여는 길이다.

미래 일자리는 미래를 살아가는 사람들에겐 자신들의 꿈을 꽃피우고, 이상을 펼칠 터전이다(For those living in the future, it is a place where their dreams can blossom and their ideals can unfold). 따라서 삶의 터전을 마련한다는 취지에서도 정치참여(政治參與)는 기본이다. 작게 자신의 사회관계망(social network system), 노동관계망(勞動關係網), 국가정책망(國家政策網)에도 접촉하여 미미한 사항이라도 참여와 설득으로 '은밀한 그물 짜기(secret networking)'를 해나가야 한다. 아무리 훌륭한 국가지도자라고 해도 젊은이들의 미래까지 챙겨주지는 않는다. 챙겨준다고 해도 '빛 좋은 개살구(bright apricot)'로 이용만 당하고 만다. 미래함정(未來艦艇)의 함장(艦長)이 되지 않고서는 그 함정이 나가는 방향도 알지 못한다. 자기 인생의 주인공이 되어라. 그리고 자신이 배의 선장이 되어야 미래의 바다는 선장이 쥔 손안 해도(海圖)에 따라 항해한다(The future sea sails according to the chart in the captain's hand).

부록

인용 문헌 (참고자료)

1) 老子 道德經, 上善若水: "流水不爭先, 美花春爭先, 愚者取短見, 賢者待長遠"

2) 淮南子, 原道訓: "夫道者, 覆天載地, 廓四方, 柝八極, 高不可際, 深不可測, 包裹天地, 稟授無形 ; 原流泉浡, 沖而徐盈 ; 混混滑滑, 濁而徐清···水下流不爭先 故疾而不遲···"

3) 박미정, 사라진 옛 지명을 찾아서 가르뱅이, 새방골, 시니어매일(seniormaeil.com), 2022.1.26., "지명의 유래는 와룡산이 귓바퀴처럼 생겼다고 해서 '괘이방', '갈뱅이'라고 구전되었다가 발음 편의상 가르뱅이라고 불렀다고 전한다. 고려 이전부터 마을이 형성되었으며, 한일합방 전에 '괘이동'으로 명명되었다. 또한 가르뱅이란 옛날 마을 입구까지 동쪽으로부터 내려오는 달서천과 와룡산 기슭에서 흐르는 샛강이 모여 지나갔던 곳으로 개울가에 있는 마을, 즉 '강에 걸려 있는 마을'이란 뜻에서 걸 '괘'와 마을 '리', 또는 (동네 방: 뱅이)를 합하여 '괘이동' 또는 가르뱅이로 부르게 되었다고 전한다."

4) 박주희, 대구에도 龍지명이 15개 전설 각양각색에 재미도, 영남일보, 2012.1.6.

5) 최병천, 2024년 총선, '승패의 방정식'은 이미 정해져 있다, 한국일보, 2023.9.2., "···3대 참패와 3대 압승은 두 가지가 달랐다. 첫째, 투표율이 급등했다. ··· 둘째, 혁신과 확장을 주도하면 승리했다. ··· 선거는 '51% 종합예술'이다. 지지층을 결집하되, 중도 확장에 성공해야만 51%가 가능하다. 혁신과 확장 없이, 반사이익만으로는 승리하지 못한다. ···"

6) Kang Shin-who, The Korea Times, The Korea times, Updated : 2008.12.22., "Koreans have been taught since elementary school that they are "ethnically homogeneous." Most take it for granted. However, with a growing number of imm igrants coming to South Korea, the country is rapidly transforming into a multicultural society. This slow but gradual transition toward multiculturalism is raising the question whether Korea is really as homogeneous as taught. ··· Children are still taught at school that all Koreans are of the same ancestry. The Ministry of Education, Science and Technology has no immediate plans to completely erase the term 'homogeneous Korean people,' thought it has toned down the parts emphasizing it. ···"

7) Diversity in South Korea, Abroad Guide(diversityabroad.com), 2023.11.18., "South Korea is a largely homogenous country and historically, this has presented many challenges for mixed-race Koreans. Known as members of 'multicultural families', Koreans with at least one parent who is not fully ethnically Korean continue to experience discrimination in Korea."

8) 한반도 900차례 외침, 자학사관의 과장, 중앙일보, 2021.3.5., 936회 침략 당한 한민족 대체 어디서 온 셈법일까, 매일경제, 2017.2.13., 한반도의 운명을 결정한 전쟁 900회, 민족화해협력범국민협의회(kcrc.or.kr), 2014.12.14.

9) Korea Society, Transition to a Multicultural Society, Korea.net Search, Oct. 30 to Nov. 19, 2023, "Koreans have regarded themselves as a ethnically homogenous country. However, the rapid growth of foreign workers, international students, and marriage immigrants has made the acceptance of and coexistence with diverse cultures one of the key issues

of today's Korean society. As of 2020, foreigners living in Korea made up around 3.3% of the country's population, and 46% of them were Chinese. In addition, the percentage of international marriages drastically increased as well, reaching 7.2% in 2021. As a result, the number of people living in multicultural families (with members of different nationalities or races) has exceeded 1.09 million. …"

10) South Korea Will Become A Multiracial, Multicultural Country Next Year, Uo HoRang(uofhorang.com), October 30th, 2023, "South Korea Is Set To Become The First Multiracial And Multicultural Country In Asia (Among OECD Nations), The proportion of foreigners in the country will surpass 5% of the total population, entering the OECD threshold. This is much faster than Japan (2.38%), which embraced foreign workers before South Korea. …"/ 외국인 비율 내년 5% 돌파… '다인종·다문화 국가' 준비됐나? 중앙일보, 2023.11.12. / 한국, 내년부터 다인종 국가, 한국경제(hankyung.com), 2023.10.27., "한국, 내년부터 다인종 국가, 외국인 250만 시대 (3) 외국인 비중 5% 돌파 전망 일본을 제치고 아시아선 처음 외국인 융화정책 재정비해야 …"/ 곧 인구 5%가 외국인… 한국, 내년부터 OECD 기준 '다문화 국가' 더퍼블릭(thepublic.kr), 2023.11.1., "불법체류자 약 43만 명을 포함하면 현재 외국인 비율은 5.7%로 한국은 이미 다인종·다문화 국가가 됐다는 분석도 나온다. 1일 법무부와 행정안전부 등에 …"/ '다인종 국가' 한국(횡설수설/구자룡), 동아일보, 2020.10.31. / 한국이 다인종, 다문화 국가가 되고 있다, GQ korea. 2023.10.30. / 내년 인구 감소 시작…4년 뒤엔 '다문화 국가', 연합뉴스, 2020.10.16.

11) 韓非子,喩老: "千丈之堤, 以螻蟻之穴潰 ; 百尺之宝, 以突隙之烟焚."/ 三國志,魏志應璩,雜詩: "細微可不慎, 堤潰自蟻穴."

12) 민경석, "청년유출 문제, 대책 있나" 대구시의회, 일자리투자국 행감서 집중 질타, 영남일보, 2021.11.15. / 임성수, 대구시-중진공 '대구형 청년재직자 그린 내일채움공제' 사업 나서. 2021.9.26. / 김덕용, 20대 청년 매년 평균 6000명 대구 떠난다, 세계일보, 2021.7.11. / 김명환, 대구 28년간 인구순유출 증가… 20대 인구 가장 많아, 대구일보, 2023.4.20.

13) George Orwell (Author), Erich Fromm, 1984, Signet Classic (January 1, 1961) 328 pages, … perfectly possible that O'Brien had really forgotten the photograph. And if so, then already he would have forgotten his denial of remembering it, and forgotten the act of forgetting. How could one be sure that it was simple trickery? Perhaps that lunatic dislocation in the mind could really happen: that was the thought that defeated him. O'Brien was looking down at him speculatively. More than ever he had the air of a teacher taking pains with a wayward but promising child. 'There is a Party slogan dealing with the control of the past,' he said. 'Repeat it, if you please.' "Who controls the past controls the future: who controls the present controls the past," repeated Winston obediently. "Who controls the present controls the past," said "O'Brien, nodding his head with slow ap-

proval. Is it your opinion, Winston, that the past has real existence?"

14) 鮑彪 和 吳師道, 戰國策, "欲以究天人之際, 通古今之變, 成一家之言, 述往事思來者, 前事之
不忘, 後事之師. …" / 司馬遷, 史記, 列傳, 太史公自序, "… 不韋遷蜀, 世傳呂覽；韓非囚秦,
說難, 孤憤；詩三百篇, 大抵賢聖發憤之所爲作也. 此人皆意有所郁結, 不得通其道也, 故
述往事, 思來者. 於是卒述陶唐以來, 至于麟止 …"

15) 흐르는 강물처럼(A River Runs Through It, 1992), 1992년에 개봉한 로버트 레드포드 연출, 크레
이그 셰퍼, 브래드 피트 주연의 영화. 전 시카고 대학 교수 노먼 맥클레인(1902~990)이 자신의 실화
를 토대로 1976년에 출판한 소설을 원작으로 한 영화이다. 아름다운 자연 풍경을 배경으로 예술적
인 경지에 도달한 플라이 낚시의 환상적인 장면과 더불어, 가족 간의 사랑과 아픔 그리고 인생의 참
의미를 잔잔하게 그려낸다.

16) Donald R. Prothero(1954년) is a Professor of Geology at Occidental College and Lecturer
in Geobiology at the California Institute of Technology. He teaches Physical and Histori-
cal Geology, Sedimentary Geology, and Paleontology. His specialties are mammalian
paleontology and magnetic stratigraphy of the Cenozoic. His current research focuses
on the dating of the climatic changes that occurred between 30 and 40 million years ago,
using the technique of magnetic stratigraphy.

17) Donald R. Prothero, Carl Buell, Evolution: What the Fossils Say and Why It Matters, Co-
lumbia University Press; Later prt. November 6, 2007. 408 pages, "Over the past twenty
years, paleontologists have made tremendous fossil discoveries, including fossils that
mark the growth of whales, manatees, and seals from land mammals and the origins of
elephants, horses, and rhinos. Today there exists an amazing diversity of fossil humans,
suggesting we walked upright long before we acquired large brains, and new evidence
from molecules that enable scientists to decipher the tree of life as never before."

18) 이상희, 인류의 진화(아프리카에서 한반도까지 우리가 우리가 되어온 여정), 동아시아 출판사,
2023.6.19., "이와 같은 '가설'의 주요 배경은 19세기 찰스 다윈의 '진화론'에 기반한 '사람도 진화의
산물'이라는 고인류학의 대전제였다. '창조론'이 사람은 원래부터 이 상태로 창조되었다는 과학적 반
증을 하지 못하는 한 '인류 진화'의 '잠정적 가설'은 '상대적'일지라도 아직 '진리'다. '진화는 사다리
가 아니라 덤불(Evolution is not a ladder but a bush)'이라고 논증한 미국의 고인류학자 도널드
프로세로에 의하면 진화는 '잠정적 가설'이기도 하지만 현재도 진행되는 '사실'이다."

19) 이상희, 전게서, 제9장 단군의 자손, "오히려 국경이 없었던 시절, 바다(서, 남해)가 땅이었던 시절에
한반도에 살고 있던 고인류는 한민족이 아니라, 인류였다는 사실을 살펴볼 수 있다."

20) Britanica(britannica.com), Increasing brain size, "… Hominin brain expansion tracks so
closely with refinements in tool technology that some scholars ignore other factors that
may have contributed to the brain's increasing size, such as social complexity, foraging
strategies, symbolic communication, and capabilities for other culture-mediated behav-

iours that left no or few archaeological traces. ⋯ The evolution of relative cranial capacity and dentition patterns in selected hominins."

21) 신동호, 인간의 최대 수명은 120살, 더 사이언스 타임즈, 2006.4.19., "실제로 대부분의 포유류의 수명은 신체가 성장하는 성장기의 5~6배이다. ⋯ 아이다호 대학의 동물학자인 스티븐 오스태드 교수는 2150년이 되면 150살까지 사는 사람이 나올 것이라는 데 돈을 걸었다. 그는 그때가 되면 약이나 유전자 치료로 노화의 주범인 유해 산소에 의한 세포의 손상을 막을 수 있게 돼 150살까지 사는 사람이 나온다고 주장했다. 그러나 시카고 대학의 전염병학자인 제이 올쉔스키 교수는 그때가 되어도 130살 이상 사는 사람은 없을 것이라고 주장한다. 그는 인공 장기가 나와 망가진 기관을 교체해도 다른 곳이 노화되거나 부작용이 생겨 130살까지 살기가 어렵다고 주장한다. 인간의 최대 수명을 획기적으로 늘리기는 어렵다는 것이다."

22) 조흥섭, 인류, 3천 년 전부터 '정보의 외장화'로 뇌 용량 줄였다, 한겨레신문, 2021.10.25., "인류의 두뇌 용량이 3000년 전부터 급속히 줄어들기 시작했으며 그 이유는 집단지성에 의존하게 됐기 때문이라는 연구결과가 나왔다. 인류가 지식을 외부에 저장함으로써 에너지 다소비 기관인 뇌를 축소하는 효율화를 달성했다는 내용이다."

23) The phrase "digital " means the experience of forgetting information that you believe a digital device, like a computer or smartphone, will store and remember for you.

24) Jonathan Jarry M.Sc., Digital Amnesia Has Been Exaggerated, McGill University, Office for Science and Society(mcgill.ca), 24 Feb 2023, "The idea that we forget so many things because we rely on our computers to remember things for us has a few nagging problems. ⋯ Do you know your best friend's phone number? In the 1990s, I had my best friend's phone number memorized, and I'm pretty sure I remembered it just now after thinking about it for a minute. But the phone numbers I use today? They don't live in my head. They live on my phone."

25) 이해나, "전화번호 뭐더라"⋯ 디지털 건망증 의심 증상 뭘까? 헬스조선, 2020.11.25.

26) DEAN FALKCHARLES HILDEBOLTKIRK SMITHM. J. MORWOODTHOMAS SUTIKNAPETER BROWNJATMIKOE. WAYHU SAPTOMOBARRY BRUNSDENFRED PRIORSCIENCEVOL. The Brain of LB1, Homo floresiensis, Science NO. 571908 APR 2005, 242-245, "The brain of Homo floresiensis was assessed by comparing a virtual endocast from the type specimen (LB1) with endocasts from great apes, Homo erectus, Homo sapiens, a human pygmy, a human microcephalic, specimen number Sts 5 (Australopithecus). ⋯"

27) ANN GIBBONS SCIENCEVOL, Human Ancestor Caught in the Midst of a Makeover, Science, NEWS OF THE WEEK NO. 597723 APR 2010, 413-413

28) LEE R. BERGERDARRYL J. DE RUITERSTEVEN E. CHURCHILLPETER SCHMIDKRISTIAN J. CARLSONPAUL H. G. M. DIRKSJOB M. KIBII SCIENCEVOL, Australopithecus sediba: A New Species of Homo-Like Australopith from South Africa. Science, NO. 597509 APR 2010,

"Despite a rich African Plio-Pleistocene hominin fossil record, the ancestry of Homo and its relation to earlier australopithecines remain unresolved. Here we report on two partial skeletons with an age of 1.95 to 1.78 million years. The fossils were. …"

29) JOB M. KIBIISTEVEN E. CHURCHILLPETER SCHMIDKRISTIAN J. CARLSONNICHELLE D. REEDDARRYL J. DE RUITERLEE R. BERGER SCIENCEVOL. A Partial Pelvis of Australopithecus sediba. Science REPORT, NO. 604809 SEP 2011, 1407-1411,"The fossil record of the hominin pelvis reflects important evolutionary changes in locomotion and parturition. The partial pelves of two individuals of Australopithecus sediba were reconstructed from previously reported finds and new material. …"

30) Trenton W. Holliday, Body Size, Body Shape, and the Circumscription of the Genus Homo, University of Chicago Press Journals logo, Current Anthropology Volume 53, Number S6 December 2012 / MICHAEL PRICE, Genes reveal how our pelvis evolved for upright walking, Embryonic tissue samples also indicate when during pregnancy the pelvis takes shapem Science, 17 AUG 2022, "The wide, basin-shaped human pelvis is a defining physical feature of our species. Without it, we couldn't walk upright or give birth to big-brained babies. Now, a new study of human embryos has pinpointed the window in embryonic development during which the pelvis begins to look humanlike and identified hundreds of genes and regulatory RNA regions that drive this transformation. Many bear the hallmarks of strong natural selection for bipedalism, the authors conclude."

31) 産道(さんどう)とは, お産のときに赤ちゃんの通り道になる部位のことを言います. 骨盤の道を骨産道, 子宮頸部や腟, 外陰部のことを軟産道と言います.

32) 第1期は, 本格的な陣痛から徐々に子宮口が開いていきます. 子宮口が全部開く (全開) と約10cmまで廣がりますが, 一般的には 5-6cmまで少しずつ開いていきます. そして, 5-6cmを越えると分娩の進行が加速し,さらに陣痛も強まってきます.

33) 윤신영, 인간은 제3자 도움받아 태어나는 사회적 존재, 동아일보(사이언스), 2012.4.7., "인간 이외의 동물들이 낳는 새끼의 머리는 산도(産道)보다 크지 않습니다. 하지만 인간 태아의 머리는 산도보다 많이 큽니다. 진화 과정에서 태아의 머리가 커졌는데 산도는 그만큼 커지지 않았기 때문입니다. …"

34) Philipp Mitteroecker PhD, Barbara Fischer PhD, Evolution of the human birth canal, American Journal of Obstetrics and Gynecology Expert Review, 18 July 2023

35) What is Socrates midwifery? Maieutic Definition & Meaning-Merriam-Webster :"Asking a series of questions was considered by Socrates a method of 'giving birth'to the truth, and a related word, maieutic, defined as 'relating to or resembling the Socratic method of eliciting new ideas from another,' comes from the Greek word meaning 'of midwifery.'"

36) 8 Oldest Professions in the World (oldest.org) : 1. Toolmaker : Originated: 2.6 million years ago / Country of Origin: Gona, Ethiopia. 2. Hunter/Butcher : Originated: disputed

but estimated to be over 1.8 million years ago / Country of Origin: Tanzania. 3. Clothier/ Tailor : Originated: between 100,000 - 500,000 years ago / Country of Origin: somewhere in Africa. 4. Storyteller : Originated: estimated at less than 200,000 years ago / Country of Origin: somewhere in Africa. 5. Artist : Originated: over 67,000 years ago / Country of Origin: oldest cave paintings found in Spain / 6. Musician : Originated: about 50,000 years ago / Country of Origin: oldest instruments found in Germany. 7. Farmer: Originated: about 12,000 - 13,000 years ago / Country of Origin: Ancient Mesopotamia (modern-day Iraq, Jordan, Syria, Israel, Palestine, southeastern Turkey and western Iran). 8. Builder: Originated: between 10,000 - 15,000 years ago / Country of Origin: Ancient Mesopotamia (modern-day Iraq, Jordan, Syria, Israel).

37) Genesis 1:28, "God said unto them, Be fruitful, and multiply, and replenish the earth, and subdue it: and have dominion over the fish of the sea, and over the fowl of the air, and over every living thing that moveth upon the earth."

38) HENRY M. MORRIS III, D.MIN., Humanity's First Job, The Institute for Creation Research(www.icr.org), SUNDAY, AUGUST 09, 2015: "Man's First Job Description: When God made the garden 'eastward in Eden' (Genesis 2:8) and placed Adam there, Adam was to 'dress [serve] and keep [guard]' that special and lavishly designed estate (Genesis 2:8-15) in the unique role as initial occupant, but more broadly as God's steward for Earth. There were no instructions on how to serve and guard, only the general 'orders' from the Owner to the steward."

39) Genesis 43:16, "When Joseph saw Benjamin with them, he said to the steward of his house, 'Take these men to my house, slaughter an animal and prepare a meal ; they are to eat with me at noon.'"

40) Wikipedia, Movius Line,"··· Alternatively the settlers moving to Asia may have known how to make handaxes but passed through a 'technological bottleneck', that is a region where suitable materials to make them were lacking."

41) Acheulean industries are found in Africa, Europe, the Middle East, and Asia as far east as Kolkata, India (East Asia was characterized by a tool tradition called the chopper chopping-tool industry). ··· / Chopper chopping-tool industry, certain stone tool traditions of Asia, probably of later Pleistocene age, characterized by roughly worked pebble chopper (q.v.) tools. These traditions include the Choukoutienian industry of China (associated with Homo erectus), the Patjitanian industry of Java, the Soan industry of India, and the Anyathian industry of Myanmar (Burma).

42) Wikipedia, Hallam L. Movius, "In 1948 he proposed the existence of a Movius Line dividing the Acheulean tool users of Europe, Africa and western Asia from the chopping tool

industries of East Asia."

43) 임관혁(대전고등검찰청), 가장 오래된 직업, 성매매, 법률신문, 2023.10.4., "인류가 농경을 시작하여 사유재산과 계급 분화가 나타날 때부터 성매매(매춘)가 시작되었을 것으로 보지만, 일회적인 성매매는 인류가 탄생한 순간부터, 아니 호모 사피엔스가 독립된 종으로 분화하기 이전부터 있었을 거라고 추정한다. 그래서 매춘부는 사냥꾼과 함께 인류 최초의 직업이라고 불린다. 인류 최초의 서사시 길가메쉬 이야기에서도 신전에서 매춘을 하는 여사제가 나오고, 수메르의 우르크에서는 여사제들이 매춘업소를 운영했다는 기록이 전해진다. 이처럼 고대에는 성(聖)과 성(性)이 구별되지 않았으며, 성(性)과 생식능력은 자연 또는 신이 준 선물로서 주술적 힘이 있다고 생각했다. 고대 그리스에서는 아프로디테 신전에서 몸을 파는 유녀(遊女) '헤타이라(Hetaira)' 외에 하급창녀 '포르노이(Pornoi)'가 있었는데, 포르노이와 그들의 손님에 관한 기록물이 바로 포르노그래피(pornography)였으며, 여기서 성관계 영상과 이미지를 뜻하는 포르노(porno)가 파생했다. …"

44) History fades in sunlight and mythology does in moonlight.

45) Story, Te hī ika - Māori fishing, Tangaroa, god of the sea., Victoria University, vol. 2 of the Journal of the Polynesian Society, p. 387., "… The moon (marama) appears as a male in Maori myth, and so we are told that Marama took to wife two daughters of Tangaroa, and it is also said that the moon is the husband of all women."

46) 淮南子·覽冥訓, "羿請不死藥於西王母, 姮娥竊以奔月, 悵然有喪, 無以續之."/ 太平御覽, 卷四引張衡 靈憲, "嫦娥, 羿妻也, 竊西王母不死藥服之, 奔月 … 嫦娥遂託身於月, 是爲蟾蜍."

47) Chang'e (/ tʃɒŋ.ə/ CHONG-ə; Chinese: 嫦娥; pinyin: Cháng'é), originally known as Heng'e, is the goddess of the Moon and wife of Yi, the great archer. Renowned by her beauty, Chang'e is also known for her ascending to the moon with her Yu Tu, the Moon Rabbit and living in the Moon Palace (广寒宮). She is one of the major goddesses in ancient Chinese mythology.

48) 嫦娥, 原稱恆我, 姮娥,常娥, 是中國神話人物, 是卽爲美艷溫柔的仙女, 爲后羿之妻. 神話中爲了保持年輕美貌, 遂偸食西王母賜予后羿的不死藥而奔月, 此卽嫦娥奔月神話.

49) The believe that Anningan, the moon god, raped his sister, the sun goddess, and that every night, he chases her to possess her again. Annigan starves as he runs, getting smaller every night, then disappears to hunt, before slowly coming back to his full self.

50) Several indigenous peoples on the continent call their moon god Mawu, a companion of the sun goddess Liza. When they finally meet and make love, we have an eclipse.

51) ジャータカ神話(古事記):"月にうさぎが住んでいるというのは,なじみのあるお話ですね.インドの説教仏話「ジャータカ(本生)神話」には,月にうさぎがいる理由を説明した物語があります. 昔,菩薩は轉生してうさぎになりました.うさぎはサル,キツネ,カワウソと一緒に森の中で暮らしていました.あるとき,天國の王·帝釋天が老人に変身し,それぞれの動物に施しを求めまし

た.サルは果物,キツネは肉,カワウソは魚と,それぞれ自分のために用意していた食べ物を差し出します.ところが草を食べるうさぎは,自分の食べ物を差し出すことができません.そこで老人に火をおこしてほしいと頼み,自らの肉を差し出すため,火の中へ飛び込んだのでした.ところが,帝釋天が神通力でおこした火は涼しく,うさぎの体が焼けることはありませんでした.帝釋天はうさぎの行爲を讚えて月にうさぎの形を刻みました.うさぎの最後には諸說あり,死んでしまったうさぎを月へあげたとも,一度死んだうさぎを生き返らせたともいわれています."

52) Wikipedia, Jataka Tales, "The Jātaka (meaning Birth Story, related to a birth) are a voluminous body of literature native to India which mainly concern the previous births of Gautama Buddha in both human and animal form. Jataka stories, were depicted on the railings and torans of the stupas. According to Peter Skilling, this genre is "one of the oldest classes of Buddhist literature. Some of these works are also considered great works of literature in their own right. …"

53) 인도 불경 12부경의 하나로 석가모니 부처가 거쳐온 전생의 육도의 행업 즉 본생(本生)들을 이야기 형식으로 풀어놓은 것이다. 팔리어 삼장에는 모두 550가지의 본생담이 22편으로 나뉘어 기록되어 있으며, 한역 대장경에는 『생경』·『백연경』·『현우경』·『잡보장경』 등이 모두 이런 종류의 이야기들로 이루어져 있다. 유대교의 탈무드와 비슷하게 불교 신자가 아니더라도 가볍게 읽고 생각해 볼 거리를 제공하는 우화가 많으며, 본생경 자체의 번역본은 물론 몇몇 이야기는 아동의 시선에 맞춰 동화로도 개작되어 유통되고 있기도 하다. i) 어리석은 토끼와 현명한 사자, ii) 원숭이 왕과 악어, iii) 달토끼(月兎) 등이 있다.

54) 本生經(자타카, Jataka), "狐, 獺, 猴, ▨每天到修道者處听道. 某年天旱, 修道者欲遷, 四獸欲挽留各自尋找食. ▨子自忖无能爲力, 于是自投火中, 把自己作爲食物. 修道者顯露帝釋天眞身, 將▨繪于月上, 作爲紀念."

55) 배은경(울산발전연구원 문화재센터장), 전시실 귀퉁이의 별도끼와 달도끼, 경상일보, 2013.7.3., "… 하늘과 태양을 숭상하고 별과 달을 유물에 투영한 사람들. 유물에서 찾을 수 있는 하늘이야기만 늘어놓아도 족히 수십 가지는 넘지 싶다. 언젠가 이 무수한 상상의 유물들을 낱낱이 하늘이야기로 가득 담아보고 싶은 욕심을 마음에 가득 품어본다."

56) 1968년 4월부터 1970년 3월까지 『월간 중앙』에 연재된, 일제 강점기 부산과 일본 시모노세키를 운항하던 관부 연락선을 주제로 한 이병주의 장편 소설.

57) Muhammad: The Messenger of God - Harvard Education(hypl,harvard.edu), "Muhammad performed devotions each year on Mount Hira, outside of Mecca. One night during the month of Ramadan, Muhammad reported having a strange encounter while half-asleep in a cave. An angel commanded him, 'Recite!' Twice Muhammad asked, 'Recite what?' The third time the angel replied: 'Read! In the name of your Lord who created: He created man from a clinging form. Read! Your Lord is the Most Bountiful One who taught by [means of] the pen, who taught man what he did not know.' (Qur'an, 96:1-5).

Muhammad recited this and then awoke, feeling 'as though the words were written on [his] heart.' He ran down the mountain, but he heard a voice from the sky: 'Muhammad, you are the Messenger of God, and I am Gabriel.' Looking up, Muhammad saw an angelic form standing astride the horizon, repeating the message. …"

58) Britannica(britannica.com), Why is Ramadan on the 9th month?, "Because the Muslim calendar year is shorter than the Gregorian calendar year, Ramadan begins 10 - 12 days earlier each year, allowing it to fall in every season throughout a 33-year cycle."

59) Wikipedia, Sheikh Edebali, "İmâdüddin Mustafa bin İbrâhim bin İnac al-Kırşehrî(1206-1326), often known as Sheikh Edebali (Turkish: şeyh Edebali), was an Arab Sunni Muslim Sheikh of the Ahi brotherhood, who helped shape and develop the policies of the growing Ottoman State. He became first Qadi of the Ottoman Empire. He was the father of Rabia Bala Hatun (wife of Osman Gazi, the founder of the Ottoman Empire)."

60) Wikipedia, Flag of Turkey, "… In accounting for the crescent and star symbol, the Ottomans sometimes referred to a legendary dream of the eponymous founder of the Ottoman house, in which he is reported to have seen a moon rising from the breast of Sheikh Edebali whose daughter he sought to marry. When full, it descended into his own breast. Then from his loins there sprang a tree, which as it grew came to cover the whole world with the shadow of its green and beautiful branches. Beneath it Osman saw the world spread out before him, surmounted by the crescent."

61) 김정아, 헷갈리지 마세요! '초승달', '그믐달' 차이점, 조선일보, 2017.10.20., "북반구와 남반구의 초승달 혹은 그믐달의 모양은 정반대로 보인다. … 세계를 정복했던 로마인들은 '달은 거짓말쟁이다.'라는 격언까지 말했다. 라틴어 '점점 작게(Decrescendo)'의 머리글자 D자를 닮은 달은 점차적으로 커지는 초승달이고, '점점 크게(Crescendo)'의 머리글자 C자를 닮은 달은 점차 작아지는 그믐달이다. 북반구에 살던 로마인들도 초승달과 그믐달을 구분할 때는 오늘날 우리처럼 손톱을 이용해 구분했다. 왼손 엄지손가락의 흰색 부분은 초승달, 오른손 그믐달이라고 생각했다."

62) 金富軾, 三國史記, 新羅本紀第八, "神文王(682年6月)… 又置工匠府監一人, 彩典監一人. …"

63) 김정환, 삼국시대 국기와 초승달기의 이동 이슬람은 신라국기를 쓰고 있다. 2023.1.23., "… 현재도 쓰이고 있는 국기는 신라국기로 주로 이슬람권에서 쓰이고 있다. 초승달 영화도 있다. 신라의 달밤도 있지 않은가? 즉 신라 멸망 이후 초승달 표식을 쓰는 세력이 이슬람세력을 이루었음을 알 수 있다." / 개천절, 초승달 그리고 금성, 온라인 독서, 2022.10.15., "달의 모양과 위치 변화 2022년 음력 10월 3일(양력 10월 27일 달 모양) 일식과 금성 몽골 국기의 초승달과 금성 대문구문화 유적 아사달. … 즉, 초승달이 뜬 음력 10월 3일에 단군은 나라를 세우신 것이다. 삼국사기(백제본기 의자왕 20년 6월)에 의하면 '백제는 보름달이요, 신라는 초승달…'"/ 민초는 사랑이다. 국기에 달과 별이 있는 이유, 2023.4.26., "신라는 불교 국가입니다. 그런데 국기에 초승달이 그려져 있습니다. 그리고 소말리아의 국기에도 별이 그려져 있지만 소말리아는 이슬람 국가가 아닙니다. 저도 똑같은 의미입니다. …"

64) 金富軾, 三國史記, 百濟本紀, 義慈王二十年六月, "… 有一鬼入宮中, 大呼. 百濟亡. 百濟亡. 卽入地, 王怪之. 使人掘地, 深三尺許. 有一龜, 其背有文曰. 百濟同月輪, 新羅如月新. 王問之巫者曰. 同月輪者滿也. 滿則虧, 如月新者未滿也. 未滿則漸盈. 王怒殺之. 或曰, 同月輪者盛也. 如月新者微也. 意者國家盛,而新羅? 微者乎王喜."

65) What Newton's law is the spinning top? The Science Behind the Spin: The Physics of Spinning Tops Explained, January 26, 2022,brucecharlesdesigns.com, "As the top spins, it turns on an invisible vertical axis. According to Newton's third law of motion, also known as the law of the conservation of angular momentum, the top would continue to rotate on this axis/stay in motion as long as no external force acted upon it."

66) Is it just a coincidence that the moon's period of rotation and revolution are identical, so that we always see the same face? If not, how did this situation come to be? Scientific American(scientificamerican.com), 1999.10.21., "The moon keeps the same face pointing towards the Earth because its rate of spin is tidally locked so that it is synchronized with its rate of revolution (the time needed to complete one orbit). In other words, the moon rotates exactly once every time it circles the Earth. The same forces that create tides in the Earth's oceans (from the gravitational pull of the moon and, to a lesser extent, the sun) also act on the solid body of the moon. The Earth's gravitational force on the moon distorts the moon into a slightly prolate, or football, shape; in addition the moon's intrinsic form is somewhat egg-shaped. If the tip of the football/egg does not point toward the Earth, then gravitational forces exert a torque that makes the tip point back toward the Earth (in reality, the moon oscillates a small amount around perfect alignment, a motion called the lunar libration)."

67) [재미있는 과학] 8억5000만 년 전에는 1년이 435일이었대요, 조선멤버스(newsteacher.chosun.com), 2022.07.19.

68) 위키사전, 남세균(藍細菌) 또는 남조세균(藍藻細菌)은 광합성을 통해 산소를 만드는 세균을 일컬으며, 라틴어 계열의 언어로는 시아노박테리아(Cyanobacteria)라고 한다. 이전에는 남조류(藍藻類, Blue-green algae)라고 부르고 진핵생물로 분류하였으나 현재는 원핵생물로 분류하고 있다.

69) Ask Astro: How quickly is the Moon moving away from Earth? Astronomy(astronomy.com), 2022.8.23., "about 1.49 inches. Slowing Earth's rotation in turn speeds up the Moon's orbit, which must expand to conserve the total momentum of the Earth-Moon system. The Moon is moving away from Earth at about 1.49 inches (3.78 centimeters) per year."

70) The Moon is moving away from the Earth 3.8 cm(1.49 inches) every year. Why? Quora(quora.com), 2023.11.20., "The Moon raises tidal bulges in Earth's oceans but these bulges are not in perfect sync with the Moon's position. This causes the Moon to create

drag on the earth, slowing its rotation while at the same time the earth and its bulges accelerate the Moon in its orbit. Basically there is a transfer of energy from Earth's rotation to the Moons orbital revolution. This speeds the Moon up and sends it to a higher and higher orbit. Don't worry though, The time it will take for the Earth to stop spinning is longer than the lifetime of the Sun itself so that is not a problem we will ever have to worry about. Plus the further the Moon gets, the less the force is interacting between the Earth and Moon."

71) 울진대게와 붉은 대게 축제, 인플루언서, 2023.2.12., "2023년 2월 23일~26일 장소: 경북 울진군 후포항 왕돌초 광장 일원 … 음력 정월 보름이나 정초에 대게를 많이 잡게 해달라는 마음으로 거일 앞바다에서 하던 게 줄 당기기가 재현되기도 합니다." / 2023 울진대게와 붉은 대게 축제, 검냥이네 집, 2023.02.14., "울진 대게의 원조 거일리에서 부녀자들이 음력 정월 보름이나 정초에 대게를 많이 잡게 해달라는 …"/ 제주문화 탐방②_이생진시비부터 성산일출봉 돌아 신양리층까지, 언니의 아지트, 2023.1.4., "영등할망은 음력 2월 초하루에 귀덕으로 들어왔다가 해산물 씨뿌리고, 2월 보름에 성산으로 나간다."

72) Ki-Weon Seo, Seoul National University, WE'VE PUMPED SO MUCH GROUNDWATER THAT WE'VE NUDGED THE EARTH'S SPIN, THE SHIFTING OF MASS AND CONSEQUENT SEA LEVEL RISE DUE TO GROUNDWATER WITHDRAWAL HAS CAUSED THE EARTH'S ROTATIONAL POLE TO WANDER NEARLY A METER IN TWO DECADES, Advanced Earth and Space Scuence, 15 June 2023 :"Here, the researchers compare the observed polar motion (red arrow, "OBS") to the modeling results without (dashed blue arrow) and with (solid blue arrow) groundwater mass redistribution. The model with groundwater mass redistribution is a much better match for the observed polar motion, telling the researchers the magnitude and direction of groundwater's influence on the Earth's spin."

73) The Laurentide ice sheet was almost three kilometers (two miles) thick and covered North America from the Canadian Arctic all the way to the modern U.S. state of Missouri. Glacial retreat of the Laurentide ice sheet created such features as the Great Lakes.

74) 김민지, "지하수 끌어쓴 인류, 자전축 흔들었다" … 서울대 연구에 외신 주목, 서울신문, 2023.6.29., "지구 자전축에 문제가 생겼다. 답은 우리와 관련이 있다는 제목으로 서울대 지구과학교육과 서기원 교수 연구팀의 분석을 소개했다. 1993년부터 2010년 사이 80㎝ 정도의 자전축 이동이 있었고, 다른 그 어떤 요인보다 지하수 고갈이 자전축 변화에 가장 큰 영향을 줬다는 내용의 연구다."

75) 서기원(서울대학교 지구과학교육과 교수), 인간이 지하수 퍼내자 지구 자전축이 변했다. 언더스탠딩: 세상의 모든 지식, You tube, 2023.9.20.

76) 維基科科, 自由的百科全書, 老子(前571年—前471年),李氏,一說姓老,一說姓利,名耳或貞,字聃. 一称老聃,一字伯陽.世人尊稱爲"老子",生于東周的楚國苦縣厲鄉曲仁里(原屬陳國,今河南省鹿邑縣),師從商容,于東周春秋時周朝守藏室任柱下史. 中國春秋時代思想家,隱居邢台

广陽山.其著作被人們广泛称爲《道德經》,爲道家和道教的經典.

77) 老子, 道德 經河上公章句 : "是謂玄牝. 言不死之有, 在於玄牝. 玄, 天也, 於人爲鼻. 牝, 地也, 於人爲口. 天食人以五氣, 從鼻入藏於心. 五氣輕微, 爲精, 神, 聰, 明, 音聲五性. 其鬼曰魂, 魂者雄也."

78) 道德經:"大方無隅, 大器免成, 大音希聲, 大象無形."

79) Julie Watson, Climate change is already fueling global migration. The world isn't ready to meet people's changing needs, experts say, PBS, Jul 28, 2022 :TIJUANA, Mexico (AP) — Worsening climate largely from the burning of coal and gas is uprooting millions of people, with wildfires overrunning towns in California, rising seas overtaking island nations and drought exacerbating conflicts in various parts of the world. Each year, natural disasters force an average of 21.5 million people from their homes around the world, according to the U.N. High Commissioner for Refugees. And scientists predict migration will grow as the planet gets hotter. Over the next 30 years, 143 million people are likely to be uprooted by rising seas, drought, searing temperatures and other climate catastrophes, according to the U.N.'s Intergovernmental Panel on Climate Change report published this year.

80) Wikipedia, Australopithecus (/ˌɒstrələˈpɪθɪkəs/, OS-trə-lə-PITH-i-kəs;[[1] from Latin australis 'southern', and Ancient Greek π ί θηκο ς (pithekos) 'ape'[2]) is a genus of early hominins that existed in Africa during the Pliocene and Early Pleistocene.

81) Böhme, M.; Spassov, N.; Fuss, J.; Tröscher, A.; Deane, A. S.; Prieto, J.; Kirscher, U.; Lechner, T.; Begun, D. R. (2019). "A new Miocene ape and locomotion in the ancestor of great apes and humans". Nature. 575 (7783): 489-493.

82) Wikipedia, Danuvius guggenmosi is an extinct species of great ape that lived 11.6 million years ago during the Middle - Late Miocene in southern Germany. It is the sole member of the genus Danuvius. The area at this time was probably a woodland with a seasonal climate. A male specimen was estimated to have weighed about 31 kg (68 lb), and two females 17 and 19 kg (37 and 42 lb). Both genus and species were described in November 2019.

83) '직립보행' 흔적 1160만 년 전 고대 원숭이 화석 발굴, 약 600만 년 전 인류 조상 첫 직립보행 학설 '흔들', 연합뉴스, 2019.11.8., "침팬지와 갈라져 '직립 보행'이라는 인류만의 특성을 형성한 시기는 약 600만 년 전으로 추정돼 왔으며, 인류 진화 역사에서 분수령으로 여겨져 왔다. 하지만 이보다 약 500만 년 앞선 시점에 두 발로 서서 걸은 흔적이 있는 고대 원숭이 화석이 발견돼 인류의 직립보행 진화에 대한 기존 학설이 흔들릴 수도 있게 됐다. 독일 튀빙겐대학의 고인류학자 마델라이네 뵈메 박사가 이끄는 국제 연구팀은 바이에른주의 화석 매장지인 '해머슈미데(Hammerschmiede)'에서 발굴된 1천160만 년 전 고대 원숭이 화석에 대한 연구 결과를 6일 발간된 과학저널 '네이처(Nature)'에 발표했다. 연구팀은 해머슈미데에서 발굴된 1만5천여 점의 화석 중에서 '다누비우스 구겐

모시(Danuvius guggenmosi)'로 명명된 고대 원숭이 화석 37점을 찾아냈다."

84) 김수연, "기후변화에 따라 인류 진화"… 과거 200만 년 기후 분석해 규명, 조선일보, 2022.4.4., "기후변화와 인류 진화의 연관성이 최초로 규명됐다. 인류가 기후변화에 따른 식량 자원에 적응하기 위해 아프리카에서 유라시아로 이동했다는 사실을 과학적으로 밝혀낸 것이다. 3월 14일 기초과학연구원(IBS) 기후물리연구단은 슈퍼컴퓨터 알레프(Aleph)를 활용해 과거 200만 년 동안의 기후 자료를 생성하고 화석, 고고학 자료를 결합해 연구를 수행했다고 밝혔다. 부산대 석학교수인 악셀 팀머만 단장이 이끄는 연구팀은 독일·스위스·이탈리아 연구진과의 이번 연구를 공동으로 진행했다. 연구 결과는 국제 학술지 네이처에 게재됐다."

85) Wikipedia, Persistence hunting, "Persistence hunting, also known as endurance hunting or long-distance hunting is a variant of pursuit predation in which a predator will bring down a prey item via indirect means, such as exhaustion, heat illness or injury. Hunters of this type will typically display adaptions for distance running, such as longer legs, temperature regulation, and specialized cardiovascular systems. … Humans are some of the best long distance runners in the animal kingdom; some hunter gatherer tribes practice this form of hunting into the modern era. Homo sapiens have the proportionally longest legs of all known human species, [3][10][11] however all members of genus Homo have cursorial adaptions not seen in more arboreal hominids such as chimpanzees and orangutans. …"

86) Wikipedia, Ambush predators, "Ambush predators usually remain motionless (sometimes hidden) and wait for prey to come within ambush distance before pouncing. Ambush predators are often camouflaged, and may be solitary. Pursuit predation becomes a better strategy than ambush predation when the predator is faster than the prey. [1] Ambush predators use many intermediate strategies. For example, when a pursuit predator is faster than its prey over a short distance, but not in a long chase, then either stalking or ambush becomes necessary as part of the strategy."

87) Wikipedia, Homo erectus (/ˌhoʊmoʊ əˈrɛktəs/; meaning "upright man") is an extinct species of archaic human from the Pleistocene, with its earliest occurrence about 2 million years ago. [2] Its specimens are among the first recognizable members of the genus Homo.

88) 위키피디아, 호모 에렉투스, "호모 에렉투스(는 신생대 제4기 홍적세(플라이스토세)에 살던 멸종된 화석인류이다. 호모 에렉투스는 아프리카를 떠난 최초의 인류이다. [1] 52 200만 년 전에서 10만 년 전에 아프리카, 아시아, 시베리아, 인도네시아, 루마니아 등에 걸쳐서 생존하였다. 조지아의 드마니시를 비롯해 아시아 본토에서도 호모 에렉투스의 유골이 발견되었다. 대략 150만 년 전 이전에 히말라야산맥을 넘어 아시아까지 진출하였던 것으로 추정된다. 호모 에렉투스는 뗀석기로 매머드와 같은 큰 짐승을 사냥하거나 가죽을 벗기고 살점을 잘라 냈던 것으로 보인다. 언어를 사용하기 시작

했을 것이고, 고기를 불로 익혀 먹음으로써 단백질을 풍부하게 섭취할 수 있었을 것이다. 이러한 여러 변화는 그들의 두뇌가 발달할 수 있는 좋은 조건으로 작용하였을 것이며, 그들의 두개골 용적이 1,000cc 전후로 커진 점은 이러한 주장을 뒷받침하는 한 증거라고 할 것이다.

89) Kim Ji-myung, 15,000-year-old rice, Korea Heritage Education Institute, The Korea Times, 2019.5.5., "In a lecture on Korean history for foreign CEOs in 2011, I showed a photo of a few samples of the earliest cultivated rice grains which were discovered in 1998 at Soro-ri, a small village in central Korea. Common sense had it then, and still in 2019, that rice farming moved from China to Korea and Japan. At that time, I was unaware that "Archaeology: Theories, Methods and Practice." a popular archaeology textbook by professor Colin Renfrew and writer Paul Bahn, had already revised the source of rice for mankind from China to Korea since its 2004 edition. The Soro-ri discovery was first reported by Lee Yung-jo, a professor at Chungbuk National University, and other Korean archaeologists. Radioactive dating of the 59 unearthed burnt grains of rice had pushed back the date for the earliest known cultivation of the plant to somewhere between 14,000 and 15,000 years ago. … The samples from the Soro-ri site and three peat layers were sampled and analyzed at both Geochron Lab in the U.S. and AMS Lab at Seoul National University immediately after recovery…Probably because of the continued argument, new radiocarbon measurements for Soro-ri samples were made at the NSF Arizona AMS Laboratory in 2009. Both the ancient rice samples and surrounding peat from the Soro-ri site were dated. The AMS results confirmed that the ages of the rice and peat soil were 12,520±150 and 12,552±90 BP, respectively, according to Lee. …"

90) Dr David Whitehouse, World's 'oldest' rice found, BBC News, 21 October, 2003,"Scientists have found the oldest known domesticated rice. The handful of 15,000-year-old burnt grains was discovered by archaeologists in Korea."

91) 청동기, 한국민족문화대백과사전(encykorea.aks.ac.kr), "우리나라에서 청동기를 주로 사용한 시대는 이처럼 서기 전 2,000년기 말경에 시작되는 청동기시대와 서기전 4~3세기경을 전후해 철기와 함께 사용되기 시작하는 초기 철기시대로 나누어 살필 수 있다."

92) 한반도 첫 인류 열쇠 가덕도 인골, 한국일보 혹은 KBS1 파노라마, 2014.9.10., "2011년 유라시아 동쪽 끝 부산 가덕도에서 발굴된 약 7,000년 전 신석기 시대의 인골은 그 같은 비밀을 풀어줄 열쇠로 꼽힌다. 한국의 토질에서는 고인골마저 쉽게 부식되지만 가덕도 인골 48채는 형태가 온전한 상태로 발굴됐다. 게다가 일부 개체에서 현생 유럽인의 47%가 지닌 독특한 모계 유전자 H형 미토콘드리아 DNA가 검출돼 고고학계를 깜짝 놀라게 했다. …"

93) Biological Traces from Europe Found in Prehistoric Bodies in Korea, KBS Radio, 2014.9.12., "Biological Traces from Europe Found in Prehistoric Bodies in Korea: (Anchor): In 2011, 48 human remains and many relics dating back seven thousand years to the

Neolithic Era were found on Busan's Gadeok Island. The discovery was groundbreaking in itself, but even more astonishing is the latest DNA analysis, which suggests possible ties between the European and Korean peoples. Scientists have found biological traces of Europeans in the bodies that are no longer found in modern-day Koreans. ··· Dr. Harald Meller of the State Museum of Prehistory in Germany stressed the importance of studying the connection between Korean and ethnic European races. ···"

94) Saioa López, Lucy van Dorp, and Garrett Hellenthal, Human Dispersal Out of Africa: A Lasting Debate, National Library of Medicine(ncbi.nlm.nih.gov), Evol Bioinform Online. 2015; 11(Suppl 2): 57 - 68,"··· we report the ongoing debates regarding how and when our ancestors left Africa, how many waves of dispersal there were and what geographical routes were taken. We explore the validity of each, using current genetic literature coupled with some of the key archeological findings."

95) Wikipedia, The Sahara Pump Theory, "The Sahara pump theory is a hypothesis that explains how flora and fauna migrated between Eurasia and Africa via a land bridge in the Levant region."

96) Mongolia: Severe Winter - Dzud (2022 - 2023), As of 18 January 2023, reliefweb.int, "A natural phenomenon, unique to Mongolia, arising from summer drought followed by heavy snowfalls combined with extreme cold, resulting in insufficient grazing pastures and livestock mortality. The usual peak period for livestock death is February to April."

97) Xinhua Headlines: Locust outbreak threatens food security in East Africa, international response urged, Xinhua, 2020.2.22. / Locust upsurge in East and Horn of Africa, Final Report, reliefweb.int, 15 February 2022.

98) Isaiah 40:3, "What is the voice of one calling in the wilderness."

99) J.P. Egonyu, S. Subramanian, C.M. Tanga, T. Dubois, S. Ekesi, S. Kelemu, Global overview of locusts as food, feed and other uses, Global Food Security, Volume 31, December 2021, " i) Locusts are highly nutritious, hence they can be excellent sources of food and feed. ii) Locusts have been traditionally consumed in 65 countries for millennia. iii) They are rich in industrial products like chitin, oil and bioactive proteins. iv) Technologies for efficient harvesting and processing of locusts are needed. v) Widescale insecticides sprays against locusts compromise their safety. ···"

100) 충북 단양 금굴, 우리역사넷(contents.history.go.kr), "구석기시대의 동굴 유적이다. 1994년 충청북도 기념물 제102호로 지정되었다. 전기 구석기부터 청동기시대에 이르는 거의 모든 시기의 유물층이 발견되어 각 문화층의 성격을 찾아볼 수 있다. 이 유적은 8개의 층위로 나누어지는데 외날찍개, 주먹도끼, 안팎날찍개 등의 도구가 아래로부터 차례로 발굴되었으며, 쌍코뿔소, 하이에나, 짧은꼬리원숭이, 너구리, 멧돼지 등의 짐승 화석도 발견되었다."

101) Wikipedia, Toba catastrophe theory, "The Toba eruption (sometimes called the Toba supereruption or the Youngest Toba eruption) was a supervolcano eruption that occurred around 74,000 years ago during the Late Pleistocene at the site of present-day Lake Toba in Sumatra, Indonesia. It is one of the largest known explosive eruptions in the Earth's history. The Toba catastrophe theory holds that this event caused a severe global volcanic winter of six to ten years and contributed to a 1,000-year-long cooling episode, leading to a genetic bottleneck in humans."

102) Mount Tambora and the Year Without a Summer, UCAR(scied.ucar.edu), 2012, "The summer of 1816 was not like any summer people could remember. Snow fell in New England. Gloomy, cold rains fell throughout Europe. It was cold and stormy and dark - not at all like typical summer weather. Consequently, 1816 became known in Europe and North America as 'The Year Without a Summer.'"

103) UCAR, CENTER FOR SCIENCE EDUCATION(scied.ucar.edu), 2012, "Earth's average global temperature dropped three degrees Celsius. The effect was temporary. Eventually, even the smallest particles of ash and aerosols released by the volcano fell out of the atmosphere, letting in the sunshine. The Year Without a Summer had many impacts in Europe and North America."

104) John Hawks, The so-called Toba bottleneck simply didn't happen, John Hawks Net(johnhawks.net), 2018.2.9., "The hypothesis that human populations were reduced to 10,000 individuals after the Toba eruption is currently unsupported, as AMH populations were always relatively low, started to decline around 150 ka, and continued to decrease until ~30 ka. ···"

105) Ambrose, Stanley H., Late Pleistocene human population bottlenecks, volcanic winter, and differentiation of modern humans, Journal of Human Evolution, Volume 34, Issue 6, June 1998, Pages 623-651, "··· The largest populations surviving through the bottleneck should have been found in the largest tropical refugia, and thus in equatorial Africa. High genetic diversity in modern Africans may thus reflect a less severe bottleneck rather than earlier population growth. ··· Volcanic winter may have reduced populations to levels low enough for founder effects, genetic drift and local adaptations to produce rapid population differentiation. If Toba caused the bottlenecks, then modern human races may have differentiated abruptly, only 70 thousand years ago."

106) CHRISTINA LARSON, Fossils found in Israel are 'last survivors' of 'missing' type of extinct humans, Times of Israel, 24 June 2021, "Researchers say 'Nesher Ramla Homo' may have lived alongside Homo sapiens for over 100,000 years, and may have interbred with our species. ··· AP— Bones found in an Israeli quarry are from a branch of the human

evolutionary tree and are 120,000 to 140,000 years old, Israeli scientists reported Thursday. A team of anthropologists spent years analyzing the fragments of a skull, lower jaw bone and tooth that were uncovered in Nesher Ramla southeast of Tel Aviv in 2010, comparing them to hundreds of fossils around the world from different eras."

107) Wikipedia, Toba catastrophe, How many humans died in the Toba catastrophe?, "It killed most humans then alive. It created a population bottleneck in Central Eastern Africa and India that affected the genetic inheritance of all humans today. According to the theory, only 10,000 (perhaps only 1,000) pairs of humans survived the disaster."

108) 곽노필, 인류는 어떻게 토바 화산 대폭발의 화를 면했나, 한겨레신문, 2021.7.22., "… 당시 북반구인 동유럽과 아시아에는 인류의 사촌격인 네안데르탈인과 데니소바인이 살고 있었다. 이들에겐 토바 화산 폭발에 따른 기후 변화가 생존의 큰 위기였을 것이다. 연구진은 시뮬레이션 결과 이들은 특히 심각한 기온 저하에 노출됐을 것으로 예측됐다고 밝혔다. 이때 약해진 생존의 동력이 결국 멸종으로 이어졌을지도 모를 일이다."

109) Wikipedia, Border Cave is an archaeological site located in the western Lebombo Mountains in Kwazulu-Natal. The rock shelter has one of the longest archaeological records in southern Africa, which spans from the Middle Stone Age to the Iron Age.

110) 토계(kimjh), 현생인류의 기원(묘한 글) 아프리카 기원설, 봄동산의 햇살(blog.naver.com), 2022.12.13., "남아프리카 보더 동굴에서 BP 69,000년의 유골이 발견된 건 이 사건과 관계가 있는 것이다. 토바화산의 폭발로 발생한 화산재가 인도 중앙지역에는 6m, 레이시아에선 9m나 쌓여있는 곳도 있다. 이는 당시 화산재의 대부분이 수마트라섬의 서북쪽으로 날아갔다."

111) 고영철, [향토문화] 1만9000~2만5000년 전 추정, 사계리 사람 발자국 화석, 제주환경신문, 2020.12.8., "제주시 안덕면 사계리 바닷가, 플라이스토세(홍적세) 말기(1만9000~2만5000년 전)에 살았던 사람 발자국이 발견되어 국가지정문화재 천연기념물 제464호(2005년 9월 8일 지정) 지정되었다. … 안덕면 사계리와 대정읍 상모리 경계 해안 일대로 1920년대까지만 해도 모래밭이었으나 기후변화와 해안 시설물 등으로 인한 해류 이동의 변화로 점차 모래가 유실되어 발자국 100여 점의 화석층이 드러났다."

112) Sohn Y.K. ; Yoon W.S. ; Ahn U.S. ; Kim G.B. ; Lee J.H. ; Ryu C.K. ; Jeon Y.M. ; Kang C.H., Stratigraphy and age of the human footprints-bearing strata in Jeju Island, Korea: Controversies and new findings, Journal of Archaeological Science: Reports, vol. 4, December 2015, pp. 264-275, "… Two researchers that discovered the footprints and their colleagues have argued that the footprints belong to Paleolithic 'hominids' that lived in the Late Pleistocene (c. 19,000 - 25,000 cal yrs BP). …"

113) Wikipedia, Haplogroup A is a human Y-chromosome DNA haplogroup, which includes all living human Y chromosomes. Bearers of extant sub-clades of haplogroup A are almost exclusively found in Africa (or among the African diaspora), in contrast with hap-

logroup BT, bearers of which participated in the Out of Africa migration of early modern humans. The known branches of haplogroup A are A00, A0, A1a, and A1b1; these branches are only very distantly related, and are not more closely related to each other than they are to haplogroup BT.

114) The Horn of Africa (HoA) is a large peninsula and geopolitical region in East Africa. Located on the easternmost part of the African mainland, it is the fourth largest peninsula in the world. It is composed of Ethiopia, Eritrea, Somalia and Djibouti; broader definitions also include parts or all of Kenya, Sudan, South Sudan, and Uganda. The term Greater Horn Region (GHR) can additionally include Burundi, Rwanda, and Tanzania.[4] It lies along the southern boundary of the Red Sea and extends hundreds of kilometres into the Guardafui Channel, Gulf of Aden, and Indian Ocean and shares a maritime borders with the Arabian Peninsula region of Western Asia.

115) Wikipedia, Nubian Swell, "The Nubian Swell is a geologic structural uplift in northern Africa that trends east to west and separates the lower Nile of Egypt from the Sudan basin. The Nubian Swell has been geologically active since early Mesozoic times, and portions of it are still active. The Nile traverses the uplift through geologic fractures and faults, and four of six cataracts of the Nile occur at places that the river crosses the uplift."

116) Allison K. Thurmond a, Robert J. Stern a, Mohamed G. Abdelsalam a, Kent C. Nielsen a, Mamdouh M. Abdeen b, Emily Hinz a, The Nubian Swell, Journal of African Earth Sciences, Volume 39, Issues 3-5, JuneAugust 2004, Pages 401-407, "··· This 500 km wide zone of uplifted Neoproterozoic crystalline basement and Paleozoic sediments and parallel troughs extend westward for more than 800 km from the flanks of the Red Sea Hills. The Nile in this region is called the Cataract Nile and is in a youthful stage, particularly in northern Sudan where it is incised in the Neoproterozoic crystalline basement. The northern Cataract Nile flows through the rapids of the Batn el Hajar or 'Belly of Stones' region, characterized by structurally controlled 90° turns, frequent bifurcation and disruption by several cataracts, and near-absence of floodplains. ···"

117) Frank Furedi, The changing meaning of disaster, Center for Science and Technology Policy Research, The University of Kent, Canterbury CT2 7NY(sciencepolicy.colorado. edu), 25 April 2007. pp. 482~489, "It suggests that the shift from the expectation of resilience to that of vulnerability is best understood as an outcome of a changing cultural conceptualisation. ···"

118) Alan R. Templeton is an American geneticist and statistician at Washington University in St. Louis, where he is the Charles Rebstock emeritus professor of biology. From 2010 to 2019, he held positions in the Institute of Evolution and the Department of Evolutionary

and Environmental Biology at the University of Haifa. He is known for his work demonstrating the degree of genetic diversity among humans and, in his opinion, the biological unreality of human races.

119) Alan R Templeton, Haplotype trees and modern human origins, National Library of Medicine(pubmed.ncbi.nlm.nih.gov), Am J Phys Anthropol. 2005: Suppl41 pp.33-59, "··· Haplotype trees can be used to reconstruct past human gene-flow patterns and historical events, but any single tree captures only a small portion of evolutionary history, and is subject to error. A fuller view of human evolution requires multiple DNA regions, and errors can be minimized by cross-validating inferences across loci. An analysis of 25 DNA regions reveals an out-of-Africa expansion event at 1.9 million years ago. Gene flow with isolation by distance was established between African and Eurasian populations by about 1.5 million years ago, with no detectable interruptions since. A second out-of-Africa expansion occurred about 700,000 years ago, and involved interbreeding with at least some Eurasian populations. ···"

120) Wikipedia, Abbassia Pluvial, "The Abbassia Pluvial was an extended wet and rainy period in the climate history of North Africa, lasting from c. 120,000 to 90,000 years ago. As such it spans the transitional period connecting the Lower and Middle Paleolithic. As with the subsequent Mousterian Pluvial (c. 50,000 to 30,000 years ago), the Abbassia Pluvial brought wet and fertile conditions to what is now the Sahara Desert, which bloomed with lush vegetation fed by lakes, swamps, and river systems, many of which later disappeared in the drier climate that followed the pluvial. African wildlife that is now associated with the grasslands and woodlands south of the Sahara penetrated the entire North African region during the Abbassia Pluvial. Stone Age cultures (notably the Mousterian and the Aterian[citation needed] industries) flourished in North Africa during the Abbassia Pluvial. The shift to harsher climate conditions that came with the end of the pluvial may have promoted the emigration of modern Homo sapiens out of Africa to the rest of the globe."

121) Wikipedia, Mousterian Pluvial, "The Mousterian Pluvial is a mostly obsolete term for a prehistoric wet and rainy (pluvial) period in North Africa. It was described as beginning around 50,000 years before the present (BP), lasting roughly 20,000 years, and ending ca. 30,000 BP."

122) Wikipedia, Rebecca L. Cann (born 1951) is a geneticist who made a scientific breakthrough on mitochondrial DNA variation and evolution in humans, popularly called Mitochondrial Eve. Her discovery that all living humans are genetically descended from a single African mother who lived 200,000 years ago became the foundation of the Out of

Africa theory, the most widely accepted explanation of the origin of all modern humans. She is currently Professor in the Department of Cell and Molecular Biology at the University of Hawai'i at Mānoa.

123) Rebecca L. Cann, Mark Stomeking and Allan C. Wilson, Mitochondira DNA and human evolution, Nature 325, Jan.1, 1987, pp.31-36, "Mitochondira DNAs fron 147 people, drawn from five geographic populations have been analysed by restriction mapping. All these mitrochondrial DMAs stem from one woman who is postulated to have live about 200,000 years ago, probably in Africa. All the populations examined except the African population have multiple orign, implying that area was colonized repeatedly."

124) Wikipedia, Mitochondrial Eve,"Cann laid the experimental groundwork for the concept of Mitochondrial Eve, and the consequent Out of Africa theory. From late 1970s she had collected mtDNA samples from women of different ethnic backgrounds, such as from Asia, South Pacific, Europe and Americans of African descent. The data were used in her PhD thesis in 1982. Following her research, a junior graduate student Mark Stoneking added samples from aboriginal Australians and New Guineans. In 1987, after a year of delay, their collective paper was published in Nature in which their findings indicated that all living humans were descended through a single mother, who lived ~200,000 years ago in Africa. The theoretical mother of all humans popularly became the Mitochondrial Eve, and the underlying concept directly implies recent African origin of modern humans, hence, the tenet of the so-called Out of Africa theory."

125) Spencer Wells, Deep Ancestry: Inside the Genographic Project, National Geographic Society(nist.gov), October 26, 2009

126) 스펜서 웰스(채은진 번역), 인류의 조상을 찾아서 제노그래픽 프로젝트(Deep Ancestry : Inside the Genographic Project), 말글빛냄, 2007년 8월 27일, "'인종의 용광로'와 같은 뉴욕의 한 거리에서 여러 사람의 DNA를 가지고 현존하는 모든 이들의 조상을 추적한다. … 장장 4년 동안 전 세계 35만 명의 DNA를 수집 분석해 우리의 근원에 대한 해답을 과학적 방법을 통해 찾는다. … 남자들은 Y 염색체를 갖고 있는데, 수많은 세대를 거치면서 아버지에서 아들로 전달된 이것의 근원은 6만 년 전 아프리카에 살았던 한 남자입니다. 당시 그가 유일한 남자는 아니었지만 세대를 거치면서 그의 Y 염색체만이 살아남아 오늘날 살아 있는 모든 남성에게 복제되었을 것입니다. 여성의 경우에는 미토콘드리아라는 세포 구조에 DNA가 들어 있습니다. 이것은 남녀 모두 가진 것이지만 오직 모계로만 유전자가 전달됩니다. 근원은 역시 한 여성으로 15만 년에서 20만 년 전에 아프리카에 살던 여성입니다. 그녀는 인류 가계도에서 가장 꼭대기에 있습니다. … 놀랍게도 아프리카 내부에는 외부보다 더 다양한 DNA가 존재합니다."

127) 윤정모, (한민족 대서사시) 수메르 3, 인류 최초의 도시 혁명(장편소설), 서울 다산책방, 2011, p.309, "단군 이전의 역사를 그려낸 한민족 대서사시 『수메르』 제3권. 인류 최초의 문명이자 세계

문명의 원류가 된 수메르가 한민족에 의해 건설되었다는 가설을 토대로 한 3부작 소설로, 수메르 영웅 대서사시이자 한민족 판타지이다."

128) 에블린 에예르(Évelyne Heyer, 김희경 번역), 유전자 오디세이(L'odyssée des génes, Paris, Flammarion, 2020), DNA가 말해주는 인류 역사의 대서사시, 사람in, 서울, 2023. P 307

129) What makes Sapiens different from other races is that they create myths. Using imagination and language, we create and communicate new worlds, alternatives, and possibilities.

130) Our ancestors were not more intelligent than other races, just more sociable than them. In other words, they formed inter-group or social bonds through symbolic culture, moved to new environments, and overwhelmed dispersed and isolated races through quantitative increase.

131) Homo sapiens conquered the world because of its unique language. The Cognitive Revolution occurred between 70,000 to 30,000 years ago. It allowed Homo sapiens to communicate at a level never seen before in language. As far as we know, only Homo sapiens can talk about things we have never seen, touched, or smelled.

132) Yuval Noah Harari, Sapiens, A Brief History of Humankind Hardcover - Illustrated, February 10, 2015, 464 pages, "Ants and bees can also work together in huge numbers, but they do so in a very rigid manner and only with close relatives. Wolves and chimpanzees cooperate far more flexibly than ants, but they can do so only with small numbers of other individuals that they know intimately. Sapiens can cooperate in extremely flexible ways with countless numbers of strangers. That's why Sapiens rule the world, whereas ants eat our leftovers and chimps are locked up in zoos and research laboratories."

133) 이영철, 인류 역사의 10대 터닝포인트, 브런치스토리(brunch.co.kr), 2023.10.7.

134) 우발 하라리(김명주 번역), 멈출 수 없는 우리 1, 인간은 어떻게 지구를 지배했을까?, 주니어 김영사, 2023, pp. 21~22, "불을 사용하면서, 인간은 특별한 존재로 거듭났다. 동물은 보통 힘을 쓸 때 몸을 이용해 강한 근육, 커다란 이빨, 날카로운 발톱을 이용한다. 인간은 불 덕분에 신체 조건과 상관없는 무한한 힘을 손아귀에 넣었다. 불붙은 막대기만 있으면 약한 인간 혼자서 몇 시간 안에 숲 전체를 태워 수천 그루 나무를 파괴하고 수천 마리 동물을 죽일 수 있었다. 불은 이렇게 사자를 쫓아내 주고, 온기와 빛을 가져다주었어. 하지만 가장 중요한 점은 불 덕분에 고대 인간이 요리할 수 있게 되었다. 불을 사용하기 전에, 인간은 날것을 먹느라 시간과 힘이 많이 들었다. 잘게 잘라 오래 씹어야 했으니까. … 그 결과 사람들 몸이 변하기 시작했다. 이빨과 위가 작아졌고, 무엇보다 자유 시간이 아주 많이 생겼다."

135) Lindsay B. Baker, Physiology of sweat gland function, The roles of sweating and sweat composition in human health, Temperature (Austin). 2019; 6(3): 211259, "… The development of sweat glands on the tls body enabled them to endure long periods of exposure to the sun, enabling them to travel long distances."

136) 언제부터 한반도에 사람이 살았을까, 우리역사넷(contents.history.go.kr), "단양 금굴 동굴과
인류의 진화. 충북 단양의 금굴 유적지에서는 외날찍개, 주먹도끼와 같은 70만 년 이전에 사용된 유
물들이 많이 발굴되었다. …"

137) Wikipedia, Hallam Leonard Movius(November 28, 1907 - May 30, 1987) was an Ameri-
can archaeologist most famous for his work on the Palaeolithic period. He was born in
Newton, Massachusetts and attended Harvard College, graduating in 1930. After receiv-
ing his PhD from Harvard and serving in the 12th Air Force in North Africa and Italy dur-
ing World War II, he returned to Harvard and became a professor of archaeology there.
Eventually he also became curator of Paleolithic Archaeology at Harvard's Peabody Mu-
seum of Archaeology and Ethnology. In 1948 he proposed the existence of a Movius Line
dividing the Acheulean tool users of Europe, Africa and western Asia from the chopping
tool industries of East Asia.

138) 길문숙, 구석기인의 백가이버 칼, 주먹도끼, 박물관 사람들, 2023. 겨울, 제8호(fnmk.org.), 5면,
"미국 캘리포니아에 있는 빅터밸리대학에서 2년 동안 고고학을 공부하다가 학비를 벌기 위해 군에
입대한 그는 1974년부터 동두천에 있는 미군 2사단 공군부대 기상관측병으로 일하고 있었다."

139) [Visual History of Korea] Cutting-edge Stone Age tool Jeongok-ri handaxe of Korea,
Korea Herald, Feb. 12, 2022, "When an Acheulean-like handaxe, a Paleolithic period tool,
which was the cutting-edge tool of Hominins back in the Stone Age, was found in Korea
by Greg Bowen, a young US airman who in 1978 was stationed in Korea, the discovery
placed Korea on the paleo-archeology map of the world. Bowen was out on a date with
his future wife Yi Sang-mi when he found a biface handaxe, the stone handaxe which was
chipped on both sides of the blades (four sides), in Jeongok-ri located about two hours'
drive north of the capital city Seoul, along Hantan River in Gyeonggi Province."

140) Henri Louis François Bordes, né le 30 décembre 1919 à Rives en Lot-et-Garonne et mort
le 30 avril 1981 (à 61 ans) à Tucson en Arizona, est un préhistorien français qui a apporté
une contribution majeure à la connaissance du Paléolithique et a défini une nouvelle
approche de l'étude des ensembles de mobilier archéologique. Il a également écrit des
romans et des nouvelles de science-fiction sous le pseudonyme de Francis Carsac.

141) 그렉 보엔, 나무위키(https://namu.wiki), "애리조나 대학교 고고학과 학생이었던 보웬은 심상치
않은 모양의 돌을 여러 점을 찾았고 이것을 프랑스의 고고학 권위자에게 소포로 부쳐서 알렸다. 그
리고 프랑스의 교수는 서울대 고고학과 김원용 교수에게 유물을 보내어 조사를 요청했다. … 보웬에
게도 이 유적지 발견은 큰 명예였으며 이 공로로 세계 고고학계에 알려져 제대 후 애리조나 대학교에
서 석사 학위를 받고 각종 유적 발굴에 참여하기도 했다."

142) 길문숙, 상게서, 7면, "여러 발굴현장에서 일하던 그는 1988년부터 애리조나주 나비호 인디언 보

호구역 발굴현장 책임자를 역임하다가 1998년에 퇴직했다. 2005년 경기도 연천군의 초청으로 27년 만에 전곡리를 다시 찾아 남긴 말은 지금도 주먹도끼를 발견한 순간을 떠올리면 가슴이 뛴다. 그때 난 세상에서 가장 행복한 사람이었다. … 전곡리를 다시 못 찾을 거라 생각했다. … 사랑하는 나의 아내 상미를 선물로 주신 한국 땅을 영원히 잊지 않을 것이다."

143) 구석기시대, 디지털무주문화대전(grandculture.net/muju) 2023.11.7., "석영제 자갈돌뿐만 아니라 흑요석, 유문암, 안산암, 셰일 등의 돌감을 이용하여 외날찍개(chopper), 쌍날찍개(chopping tool), 주먹도끼(handaxe), 자르개(cleaver), 긁개(scraper), 찌르개(point) 등을 제작했다. 석기제작에는 직접떼기 수법이 가장 일반적으로 적용되었다. 이후 12만 년~4만 년 전에는 석기 제작 기술이 훨씬 발달하게 됨으로써 톱니날 석기와 뚜르개, 새기개(burin) 등이 등장하였고 르발루아(Levallois) 기법과 박편을 정밀하게 다듬는 2차 가공법도 나타나게 되었다. 4만 년~1만 년 전에는 간접떼기와 눌러떼기 수법이 새롭게 등장하며 끝날 긁개(end-scraper), 긁개, 뚜르개, 찌르개 등 좀 더 소형화된 석기들이 출현하였다."

144) Wikipedia, The Tabun Cave is an excavated site located at Nahal Me'arot Nature Reserve, Israel and is one of the Human Evolution sites at Mount Carmel, which were proclaimed as having universal value by UNESCO in 2012.

145) The Last Ice Age, Meaning & Human Survival, Study(study.com), 2023.11.8., "Humans were (and still are) definitely alive during the Ice Age. Scientists and anthropologists have found evidence of human remains existing nearly 12,000 years ago. The current interglacial period began around 10,000 years ago. Before then, most humans lived in the Southern Hemisphere."

146) Wikipedia, Movius Line, "… Alternatively the settlers moving to Asia may have known how to make handaxes but passed through a 'technological bottleneck', that is a region where suitable materials to make them were lacking."

147) Acheulean industries are found in Africa, Europe, the Middle East, and Asia as far east as Kolkata, India (East Asia was characterized by a tool tradition called the chopper chopping-tool industry)… / Chopper chopping-tool industry, certain stone tool traditions of Asia, probably of later Pleistocene age, characterized by roughly worked pebble chopper (q.v.) tools. These traditions include the Choukoutienian industry of China (associated with Homo erectus), the Patjitanian industry of Java, the Soan industry of India, and the Anyathian industry of Myanmar (Burma).

148) Wikipedia, Hallam L. Movius, "In 1948 he proposed the existence of a Movius Line dividing the Acheulean tool users of Europe, Africa and western Asia from the chopping tool industries of East Asia."

149) 구석기시대의 맥가이버칼, 주먹도끼, 충청타임즈(cctimes.kr), 2019.4.16. / 최경원, 한류미학1, 출판사 더블북, 2020,9.11. 436면 / [책마을] 주먹도끼는 구석기시대 '맥가이버칼'이었다, 한국경제

(hankyung.com), 2020.9.11.

150) 한국민족문화대백과사전, 단양 금굴 유적(丹陽金窟遺蹟), "충청북도 단양군 가곡면에 있는 구석기에 사람이 살았던 석회암 동굴… 1994년 충청북도 기념물로 지정. 우리나라에서 가장 이른 시기(약 70만 년 전)부터 3000년 전까지 사람이 살았던 석회암 동굴 유적으로 해발 135m 높이에 있다. 동굴은 깊이 80m, 너비 6m, 높이 90m에 다다르고, 사람이 살기에 넉넉하며, 나들이가 남쪽 한강을 앞으로 바라보고 있어 사냥과 물고기·조개잡이에 알맞은 굴이다. … 이 유적의 발굴은 1983년부터 1985년까지 세 차례에 걸쳐 이루어졌다. 그 결과 모두 14개의 자연지층이 밝혀졌고, 그중 7개의 문화층을 찾았다. 제일 아래층인 1문화층(Ⅷ지층)에서는 큰 찍개, 큰 옛 주먹도끼들이 나왔다. 제작수법과 유물의 갖춤 새 및 짐승·지층으로 볼 때, 70만 년 전 곧선사람(Homo erectus)이 짧은 기간 동안 옛 큰 꽃사슴을 잡아먹으면서 살았던 것으로 보인다. 찍개·옛 주먹도끼·긁개·주먹 자르개 등은 큰 짐승 잡기에 필요해서 제작된 석기로 옛 전통을 지니는 것들이다. 그 뒤에 바로 둘째 간빙기를 맞이해 큰물이 나 210m 높이까지 물이 들었던 흔적이 남아있기도 하다. …"

151) フリー百科事典, 藤村 新一, "藤村 新一(ふじむら しんいち, 1950年 (昭和25年) 5月4日)は, 日本の元考古學硏究者. 特定非營利活動法人「東北旧石器文化硏究所」元副理事長. 發掘に携わった遺跡から次々と「新發見」をしたことから「神の手 (ゴッドハンド)」と呼ばれ, 一躍脚光を浴びたが, 後に自作自演によるものだったことが判明した旧石器捏造事件を引き起こした人物として知られる. 捏造發覺後再婚し, 妻の苗字を名乗っているため, 藤村は旧姓である. 宮城縣出身.

152) 旧石器捏造事件とは：ニコニコ大百科(dic.nicovideo.jp) 旧石器捏造事件 / Toyo Keizai(toyokeizai.net) 魔がさすことから「世紀の捏造」は始まる. 旧石器捏造事件を描いた『石の虚塔』を讀む. / 隱された事實を暴き, 歴史の歪曲正す 毎日新聞(日本新聞協會, press-net.or.jp) 2022.6.30. "埋めた石器を正式な發掘作業で掘り出し, ,調査団が數十万年前の石器だと認定·發表して初めて捏造になります. だから, 發掘最終日まで取材を續け, 埋めた. …"

153) Archaeological probe dismisses 'findings' of disgraced Fujimura, The Japan Times, May 27, 2002, "The Japanese Archaeological Association on Sunday concluded that none of the alleged stone tools that disgraced archaeologist Shinichi Fujimura said date back to the Paleolithic period have any academic value. The decision by the association's special investigative committee, announced at the group's general assembly held in Tokyo, comes 19 months after the shocking revelation that Fujimura, once a star amateur archaeologist, fabricated his finds at what were claimed to be ancient ruins in northern Japan."

154) Hideko Takayama, Archeology: With A Wave Of God's Hand, Newsweek(newsweek. com), 2001.10.21., "Shinichi Fujimura once boasted that he could see 500,000-year-old landscapes. An amateur Japanese paleontologist with an uncanny knack for finding buried relics, he was rumored to have supernatural powers, and colleagues gave him the

nickname 'God's Hand.' For 20 years Fujimura's discoveries illuminated Japanese prehistory; he unearthed evidence of ancient settlements at some 42 sites across the country, and, based largely on his work, paleontologists theorized the existence of a primitive human ancestor that had migrated across a land bridge from continental Asia as early as 1.2 million years ago. It seemed that the most advanced people in the world at the time were in Japan, says Charles T. Keally, an American archeologist at Sophia University in Tokyo. They were rewriting the story of human evolution."

155) 「旧石器發掘ねつ造」, 每日新聞, 2000.11.5., "一人で誰もいない現場で穴を掘り, 石器を埋めるところを每日新聞はビデオ撮影し, 確認した. 調査団は同27日 『70万年以前や約60万年前の石器を發見』 と發表したが, 藤村理事長は4日になって每日新聞の取材に応じ, 石器を埋めていたことを認めた. さらに, 同遺跡で今年, 發見された石器の大部分のほか, 前期旧石器時代の遺跡とされている北海道新十津川町の總進不動坂遺跡で今年, 見つかった石器のすべてが自分の工作だった事實を明らかにした. 上高森遺跡は高校の日本史教科書に1998年版から記載されているが, 今回の2遺跡でのねつ造發覺で, 遺跡の信ぴょう性が大きく搖らぎ, 我が國前期旧石器時代に關する研究は根底から見直しを迫られる可能性が出てきた."

156) Yesteryear, Is it true that there are more people alive today than dead? The Guardian (theguardian.com/notesandqueries/query) : I) I doubt it. About twenty years ago I heard that the dead outnumber the living by thirty to one. (Jonathan, Lancaster, U.K.) ii) No. To a rough approximation, there are about ten times more dead people than living ones. (Robert Hanstock, Pangbourne England) iii) No. It is estimated that 90 - 100 billion (thousand million) have lived and died to date. There are about 6 billion alive today.(Bill Green, Bebington England) iv) Not even close. It is estimated that in the 50,000 years of human history, more than 100 billion (in the American sense of billion as a thousand million) human beings have been born. Most estimates run somewhat higher. There are fewer than 6.4 billion alive today. There are, then, about 15 dead, probably more, for every living person on earth. The story about more alive than dead began to circulate rather widely back in the late sixties or early seventies, but I have not been able to locate the source. Does anyone know?(William Dunlap, Hamden, Connecticut USA) v) If all the people in the in the world lined up in the first rank of a rectangle of people, and all their ancestors going back to the first human from 5 million years ago filled in the ranks behind them, then the rectangle would be 6,000,000,000 long but only 15 deep.(Hazel Ruxton, Glasgow UK) vi) The 15 deep theory only accounts for those lines of descent that manifest themselves now. What about the countless lines that have died out over the ages, that are now unrepresented by those living today?(Martin Palmer, Manchester) vii) Not even close. It is estimated that in 50,000 years of human history, more than 100 billion (in the American

sense of billion as a thousand million) human beings have been born. Most estimates run somewhat higher. There are fewer than 6.4 billion alive today. There are, then, about 15 dead, probably more, for every living person on earth. The story about more alive than dead began to circulate rather widely back in the late sixties or early seventies, but I have never been able to locate a source. Does anyone know?(William Dunlap, Hamden, Connecticut USA) vii) Yes. If you believe in Darwin's unproven, unscientific theory of evolution you will believe it's false. But if you only give the thought a chance and really wrap your brain around the fact that the world has been around for only 6000 years, it's easy math if you check population growth. I know I'll get a lot of negative replies for this one. (Martin Smit, Cape Town, South Africa) viii) Working on a philosophical level, you could say that there has always been more people alive than dead, as you can't really count a dead body as a person. This would even work with the utterly fictitious idea that the earth has only been around for 6000 years.(James Black, Essex England) ix) Ha ha. Listen to everyone who thinks they're right. The only one's I'd really trust (without hesitating too much- if I had to) would be the people with openly open minds. I.e. 6000 years- I'm open to that. Evolution, macro vs micro- I'm open to that. Men coming from nothing when effected by nothing resulting in the big bang and single celled things becoming the amazingly/irriducibly complex human beings (from which we've DEvolved)- I'm open to that too. I think if you're open, you'll find more truth & experience more joy.(Jamie, Thorold Canada) x) Everybody feels they are right- some are confident, some are open. I'm definitely open to all of these possibilities, but science has it's say(irriducible complexity, creation- i.e. Einsteins clearly stated belief for existence, micro vs macro evolution). Personally that say has led me to be more inclined to the 6000 years theory (and this is ALL THEORY) but I remain open. Thus, if I had to choose today I'd say there are more alive today than ever before. But I'm (hopefully) always open for more info to bring more fact/ truth(Jamie, Thorold Canada). ···"

157) WHO chief declares end to COVID-19 as a global health emergency, UN News Global perspective Human stories(news.un.org/en/story), 5 May 2023, "The head of the UN World Health Organization (WHO) has declared 'with great hope' an end to COVID-19 as a public health emergency, stressing that it does not mean the disease is no longer a global threat. ··· According to WHO's Coronavirus Dashboard which has collated key statistics since early in the pandemic, the cumulative cases worldwide now stand at 765,222,932, with nearly seven million deaths: the precise figure currently stands at 6,921,614."

158) 국외 발생 현황, 코로나바이러스감염증-19, 질병관리청(ncov.kdca.go.kr), 2024.2.22., "전체 국 가 발생 현황. 코로나바이러스감염증-19 환자 총 748,403,997명(사망 6,947,522명) (2023년 07월

19일 00시 기준)"

159) 홍정규, "2100년 인구 반토막. 2500년 민족 소멸" 연합뉴스, 2010.4.21., "지금 같은 저출산 추세가 지속하면 2100년 우리나라에서 한민족 수가 절반으로 줄고, 2500년이 되면 거의 사라진다는 전망이 제기됐다."

160) 인생은 타타타(Tathata), 돌담넘어(blog.naver.com/eekj01), 2022.2.2., "타타타(Tathata)는 산스크리트 어(語)로 '본래 그러한 것'이라는 뜻인데, 한자로는 '여여(如如)'라고 표기합니다. …"

161) 萬法一如【佛光大辭典】, 萬法指一切諸法, 即一切所有存在(者)之總稱;「一」爲不二之義;「如」爲不異之義. 一切諸法皆由因緣生起, 故無常, 無我, 而無固定不變之實體, 即無自性, 乃空性平等者. 即萬法以空爲性而歸於一理, 故稱萬法一如.

162) Tathātā, Wikipedia, "Tathātā (/ˌtætəˈtɑː /; Sanskrit: तथाता; Pali: tathatā) is a Buddhist term variously translated as 'thusness' or 'suchness', referring to the nature of reality free from conceptual elaborations and the subjectobject distinction. Although it is a significant concept in Mahayana Buddhism, it is also used in the Theravada tradition. The Buddha referred to himself as the Tathāgata, which can mean either 'One who has thus come' or 'One who has thus gone', and can also be interpreted as "One who has arrived at suchness'."

163) Khaled Hadj Ibrahim(Arabic: خالد حاج إبراهيم, [ˈxaːled ħaːdʒ ɪbˈrahiːm]; born 29 February 1960), better known by his mononym Khaled (Arabic: خالد), is an Algerian raï singer, musician and songwriter. He began recording in his early teens under the name Cheb Khaled (شاب خالد, Arabic for "Young" Khaled, with "Cheb" as a common title for male raï singers).

164) Khaled - C'est La Vie : "On va s'aimer, on va danser / Oui, c'est la vie, la la la la la (RedOne) / On va s'aimer, on va danser / Oui, c'est la vie, la la la la la / On va s'aimer (ouais), on va danser. …"

165) Doris Day (born Doris Mary Anne Kappelhoff; April 3, 1922 - May 13, 2019) was an American actress and singer. She began her career as a big band singer in 1939, achieving commercial success in 1945 with two No. 1 recordings, "Sentimental Journey"and "My Dreams Are Getting Better All the Time" with Les Brown and His Band of Renown. She left Brown to embark on a solo career and recorded more than 650 songs from 1947 to 1967.

166) Doris Day, Que Sera, Sera(Whatever Will Be, Will Be) :"When I was just a little girl / I asked my mother, what will I be / Will I be pretty? Will I be rich? / Here's what she said to me / Que sera, sera / Whatever will be, will be / The future's not ours to see / Que sera, sera / What will be, will be …"

167) The Beatles were an English rock band formed in Liverpool in 1960, comprising John Lennon, Paul McCartney, George Harrison and Ringo Starr. They are regarded as the most influential band of all time and were integral to the development of 1960s counter-

culture and the recognition of popular music as an art form. Rooted in skiffle, beat and 1950s rock 'n' roll, their sound incorporated elements of classical music and traditional pop in innovative ways. The band also explored music styles ranging from folk and Indian music to psychedelia and hard rock. As pioneers in recording, songwriting and artistic presentation, the Beatles revolutionised many aspects of the music industry and were often publicised as leaders of the era's youth and sociocultural movements.

168) Beetles, Let It Be : "When I find myself in times of trouble / Mother Mary comes to me/ Speaking words of wisdom. / Let it be! And in my hour of darkness/ She is standing right in front of me / Speaking words of wisdom / Let it be Let it be, let it be, let it be, let it be··· / And when the broken-hearted people/ Living in the world agree / There will be an answer / Let it be / For though they may be parted there is / Still a chance that they will see / There will be an answer / Let it be···"

169) The Lord's Prayer : "Our Father in heaven, hallowed be Your name, Your kingdom come, Your will be done on earth, as it is in heaven. Give us today our daily bread. Forgive us our debts, as we also have forgiven our debtors, and lead us not into temptation, but deliver us from the evil one. For Yours is the Kingdom, and the power, and the glory, forever, Amen."

170) William Procter Matthews III (November11, 1942~November12, 1997) was an American poet and essayist.

171) CIARA CURTIN, Fact or Fiction?: Living People Outnumber the Dead, Scientific America(scientificamerican.com), MARCH 1, 2007: "Booming population growth among the living, according to one rumor, outpaces the dead···"

172) John No, Ble Wilford, 9 PERCENT OF EVERYONE WHO EVER LIVED IS ALIVE NOW, Share full article, The New York Times, Oct. 6, 1981.

173) Deveey E.S, The Human Population, Scientific America Vol 203, 1960

174) 一然, 駕洛國記, 三國遺事 : "凡(九)一百戶, 七萬五千人. 多以自都山野. 鑿井而飮, 耕田而食."

175) 인구, 한국민족문화대백과사전(encykorea.aks.ac.kr), 2023., "인구는 인간 집단의 계수(計數)로서 정치적, 경제적, 사회문화적으로 구획된 일정한 지역 내에 거주하는 주민이다. 그 지역에 사는 외국인이나 이민족도 포함된다. 인구총수 추이만 보면 삼한시대 482만 명, 통일신라 시대 675만 명, 고려 초기 780만 명, 조선 초기 991만 명, 일제강점기 초기 1,293만 명을 거쳐, 현재는 남한만 5천만 명이 넘는다."

176) Sasha Warren, How the Earth and moon formed, explained, The University of Chicago(news.uchicago.edu) : 2024.2.22., "The Earth formed over 4.6 billion years ago out of a mixture of dust and gas around the young sun. It grew larger thanks to countless collisions between dust particles, asteroids, and other growing planets, including one

last giant impact that threw enough rock, gas, and dust into space to form the moon.he Earth formed over 4.6 billion years ago out of a mixture of dust and gas around the young sun. It grew larger thanks to countless collisions between dust particles, asteroids, and other growing planets, including one last giant impact that threw enough rock, gas, and dust into space to form the moon. ···"

177) Earth History, Wikipeida, "The history of Earth concerns the development of planet Earth from its formation to the present day. Nearly all branches of natural science have contributed to understanding of the main events of Earth's past, characterized by constant geological change and biological evolution. The geological time scale (GTS), as defined by international convention, depicts the large spans of time from the beginning of the Earth to the present, and its divisions chronicle some definitive events of Earth history. (In the graphic, Ma means 'million years ago'.) Earth formed around 4.54 billion years ago, approximately one-third the age of the universe, by accretion from the solar nebula."

178) 지구 종말까지 90초··· 우크라 전쟁, 기후변화가 앞당긴 '운명의 날 시계' BBC 코리아뉴스(bbc.com), 2023.1.26., "인류 멸망까지의 시간을 상징적으로 보여주는 '운명의 날 시계(The Doomsday Clock)'가 자정 90초 전으로 앞당겨졌다. 시계가 만들어진 이래 그 어느 때보다 '종말'에 가까워진 시간이다. '지구 종말 시계'라고도 불리는 이 시계는 1947년 냉전이 시작되던 때 핵무기에 대해 우려를 표한 과학자 단체들에 의해 제작됐다."

179) 김태종, "지구종말시계, 종말까지 90초··· 작년과 같지만 안정 의미 아냐", 연합뉴스, 2024.1.24., "美 핵과학자회(BSA)는 23일(현지시간) '지구 종말 시계'의 초침을 지구 종말을 의미하는 자정까지 '90초'를 유지한다고 밝혔다. 레이첼 브론슨 BSA 회장은 '전 세계 분쟁 지역은 핵확산 위협을 안고 있고, 기후 변화는 이미 죽음과 파괴를 야기하고 있다'며 'AI와 생물학적 연구와 같은 파괴적인 기술은 안전장치보다 더 빨리 발전하고 있다'고 지적했다. 그러면서 '지난해와 (90초로) 변함이 없는 것은 세계가 안정적이라는 표시가 아니다.'라며 자정까지 90초는 매우 불안정한 것이라고 강조했다."

180) Jane Corbin, Doomsday Clock stays at 90 seconds to midnight, BBC News, 23 January, 2024, "The Doomsday Clock - which shows how symbolically close the world is to nuclear Armageddon - is to remain at 90 seconds to midnight. Scientists have listed reasons for keeping its hands the closest they have ever been to 'Doomsday' - but stopped short of nudging it further forward. The threat of a new nuclear arms race, the Ukraine war and climate change concerns were all factors, they said."

181) Mathew 24:12~14, "Because of the increase of wickedness, the love of most will grow cold, 13 but the one who stands firm to the end will be saved. 14 And this gospel of the kingdom will be preached in the whole world as a testimony to all nations, and then the end will come."

182) Mathew 24:34, "Truly, I say to you, this generation will not pass away until all these things take place."

183) There have been five mass extinctions in Earth's history, Our World in Data(ourworldindata. org), 2022.11.30.: "There have been five big mass extinctions in Earth's history - these are called the Big Five. Understanding the reasons and timelines of these events is important to understand the speed and scale of species extinctions today. When and why did these mass extinction events happen?"

184) What is the sixth mass extinction and what can we do about it?, World Wildlife Fund(worldwildlife.org),"The planet has experienced five previous mass extinction events, the last one occurring 65.5 million years ago which wiped out the dinosaurs from existence. Experts now believe we're in the midst of a sixth mass extinction."

185) Mass Extinction: What Happened 65 Million Years Ago?, AMNH(amnh.org) : "What are the 5 major extinctions? Top Five Extinctions : i) Ordovician-silurian Extinction: 440 million years ago. ii) Devonian Extinction: 365 million years ago. iii) Permian-triassic Extinction: 250 million years ago. iv) Triassic-jurassic Extinction: 210 million years ago. v) Cretaceous-tertiary Extinction: 65 million Years Ago."

186) Max Roser, Fertility Rate, The World In Data(ourworldindata.org/fertility-rate), 2014, "The global average fertility rate is around 2.3 children per woman today. Over the last 50 years the global fertility rate has halved. And over the course of the modernization of societies the number of children per woman decreases very substantially. In the pre-modern era fertility rates of 4.5 to 7 children per woman were common. At that time the very high mortality at a young age kept population growth low. As health improves and the mortality in the population decreases we typically saw accelerated population growth. This rapid population growth then comes to an end as the fertility rate declines and approaches 2 children per woman...The long second section presents the academic research that answers the question why the number of children per woman declined. Particularly important are 1) the empowerment of women in society and in relationships - through education, labor force participation, and strengthened women's rights-and 2) the increased well-being and status of children. ···"

187) [사회] "15년간 280조 투입한 저출산 대책 실패··· 수요자 중심 전환", YTN, 2023.3.27., "김영미 부위원장은 한국보건사회연구원의 보건복지포럼 3월호를 통해 지난 15년 동안 280조 원의 재정을 투입했지만, 결과적으로 초저출산의 추세 반전에는 실패했다면서 이같이 밝혔습니다. 김 부위원장은 정책 공급자인 정부 말고 수요자인 국민 입장에서는 그동안의 정책을 긍정 평가하기 어렵고 냉정한 현실 진단과 정책 평가가 필요한 시점이라고 저출산 대책 실패···"/ 尹 "저출산 정책 15년간 280조 투입··· 왜 실패인지 파악해야", 동아일보, 2023.3.28., "윤석열 대통령이 '과학적 근거에 기반해

서 저출산 정책을 냉정하게 다시 평가하고, 왜 실패했는지 원인을 제대로 파악해야 한다'고 말했다."

188) 홍윤기, [단독] "280조 쏟고도 저출산 반전 실패… 부처별 따로 정책에 효과 뚝", 서울신문, 2023.3.27., "저출산고령사회위원회 김영미 부위원장이 2006년부터 지난 15년 동안 280조원의 재정을 투입했는데도 저출산 추세를 반전시키는 데 실패했다고 진단했다."

189) Why South Korea predicts its end will come in 2750, The Washington Post(washingtonpost.com) , 2014.8.30., A recent study, conducted by the National Assembly Research Service in Seoul, predicts that the country will reach zero inhabitants by 2750.

190) Could South Korea's Low Birth Rate Really Mean Extinction? NBC News(nbcnews.com),2014.8.27., "A national study predicts South Korea's population of 50 million will disappear by 2750 if current birth rates continue. …"

191) South Koreans Could Be 'Extinct' by 2750, Business Insider(businessinsider.com), 2015.6.19., "A 2014 study commissioned by the national legislature concluded that South Koreans could 'face natural extinction by 2750 if the birthrate were…"

192) The Effect of Overpopulation on the Economy, Population Media Center(populationmedia.org), 2022.11.17., "Overpopulation creates an increase in demand for goods and services, leading to rising prices putting a burden on the poorest sections of…"

193) Anton Anderson Memorial Tunnel - City of Whittier, City of Whittier Alaska(whittieralaska.gov), "This unique design that enables a single lane of traffic to travel directly over the railroad track saved tens of millions of dollars over the cost of… The privately operated, 2.6-mile, dual mode Anton Anderson Memorial Tunnel (aka Whittier Tunnel) connects the cities of Porter and Whittier on Prince William Sound, 65 miles southeast of Anchorage, Alaska."

194) 서한기, 저출산 때문에… "2060년엔 노동력 900만명 부족", 연합뉴스, 2016.3.21., "심각한 저출산으로 우리나라 경제규모를 유지하는 데 필요한 노동력이 2024년부터 모자라기 시작해 2060년에는 900만 명이 넘는 노동력이 부족할 것이라는 추정이 나왔다."

195) What are the problems caused by South Korea's low birth rate? Education reform is needed to alleviate South Korea's, East Asia(eastasiaforum.org), 2023.4.19., "The persistence of an abnormally low fertility rate will have serious consequences for South Korea's economy. The most obvious problem will be a decline in the economically active population (15-64 year olds) from 37.4 million in 2015 to 20.6 million in 2065 — a drop of more than 55 per cent in 50 years."

196) Edward Gibbon, Wikipedia, "Edward Gibbon FRS (/ˈɡɪbən/; 8 May 1737[1] - 16 January 1794) was an English essayist, historian, and politician. His most important work, The History of the Decline and Fall of the Roman Empire, published in six volumes between 1776 and 1789, is known for the quality and irony of its prose, its use of primary sources, and its polemical criticism of organised religion."

197) The History of the Decline and Fall of the Roman Empire, Wikipedia, "The History of the Decline and Fall of the Roman Empire, sometimes shortened to Decline and Fall of the Roman Empire, is a six-volume work by the English historian Edward Gibbon. The six volumes cover, from 98 to 1590, the peak of the Roman Empire, the history of early Christianity, the emergence of the Roman State Church, the rise of Genghis Khan and Tamerlane, the decline of the Roman Empire and the fall of Byzantium, as well as discussions on the ruins of Ancient Rome. Volume I was published in 1776 and went through six printings. Volumes II and III were published in 1781; volumes IV, V, and VI in 17881789. The original volumes were published in quarto sections, a common publishing practice of the time."

198) 아버지가 권해준 '로마제국 쇠망사', 외울 만큼 읽어, 조선일보, 2016.3.11., "윈스턴 처칠 (1874~1965)은 같은 가문 출신인 다이애나 왕세자비와 함께 영국인이 가장 존경하는 정치인으로 꼽혀요. 처칠은 '로마제국 쇠망사'를 평생 즐겨 읽었는데… 처칠은 이 책에서 정치가라면 어떻게 행동해야 하는지에 대한 지혜를 구할 수 있었다고 해요. 재미있는 것은 '로마제국 쇠망사'는 바로 재무장관을 지낸 처칠 아버지의 필독서였죠. …"

199) Roland Quinault, Winston Churchill and Gibbon, Cambridge University Press, 2 December, 2009, "Winston Churchill decided to read The decline and fall of the Roman Empire at the age of twenty, in 1895. At that time he was a cavalry subaltern at Aldershot and he thought it would be more agreeable to read Gibbon than to pile up statistics. His resolve was strengthened by the advice of his old headmaster at Harrow: 'Gibbon is the greatest of historians, read him all through.' Churchill began reading Dean Milman's eight-volume edition of Decline and fall in the summer of 1896. He was then posted, with his regiment, to Bangalore, in India, where he read Gibbon lying on his champoy during the after lunch siesta: Churchill also read Gibbon's autobiography, before concluding what he described as 'a delightful companionship of six months with Gibbon'. He then moved on to Macaulay, but soon concluded that he was 'not half so solid as Gibbon'."

200) Steve Theodore, Did a drop in birth rates play a big role in the decline of … MA in History, Brown University, Quora(quora.com), "Why did Rome's population decline rapidly in the late Roman Empire era? Essentially, high imperial Rome was an aberration — an artificial growth which could only exist because the power of the Roman state enabled it. The late-Roman world was an overall period of population loss, as both climate change and significant plagues affected demographics all over Europe."

201) A. M. Devine, THE LOW BIRTH-RATE IN ANCIENT ROME: A POSSIBLE CONTRIBUTING FACTOR, Rheinisches Museum für Philologie(jstor.org/stable), Neue Folge, 128. Bd., H. 3/4 (1985), pp. 313-317 (5 pages) : "There is considerable evidence to show that Roman

society in the late Republic and early Empire was afflicted by a low birthrate. Augustus in 18 B.C. found it necessary to pass the lex Iulia de maritandis ordinibus in the hope of raising the birth-rate by penalizing the unmarried and the childless. In 9 A.D. he attempted to supplement this law with the lex Papia Poppaea. The very existence of this legislation indicates that the problem of childlessness was widespread and long-lasting, a view which is further supported by references to this subject in Latin literature!."

202) Gaius Julius Caesar Octavianus (later known as Augustus Caesar) was the great-nephew and adopted son and heir of Julius Caesar. After the assassination of Julius Caesar, Augustus Caesar formed the Second Triumvirate along with Mark Antony and Marcus Aemilius Lepidus.

203) Wikiwand, 鹽野七生, 日本作家 / 維基百科, 自由的 百科全書 : "塩野七生 (日語：しおの ななみ，1937年7月7日~) 是日本作家，出生在東京府東京市瀧野川區 (現東京都北區). 塩野七生畢業於學習院大學文學部哲學科，1963年至1968年遊學義大利，歸國後在雜誌「中央公論」發表《文藝復興的女人們》，1970年移居義大利，作品以義大利爲中心的古代至近代的歷史,代表作爲《羅馬人的故事 (日語：ローマ人の物語])．作品 : 《文藝復興的女人們》(1969年), 《凱撒吉耳抑或優雅的冷酷》(1970年), 《海都物語》(上·下卷, 1980年), 《君士坦丁堡的陷落》(1983年), 《羅得斯島攻防記》(1985年), 《我的朋友馬基維利—佛羅倫斯的興亡》(1987年), 《勒潘多海戰》(1987年), 《馬基維利語錄》(1992年), 《羅馬人的故事 (日語：ローマ人の物語])》(全15卷, 1992年—2006年), 《羅馬滅亡後的地中海世界》(上·下卷, 2008年—2009年), 《十字軍物語》(全4卷, 2011年—2012年), 《希臘人的故事》(全3卷, 2015年—2017年)．"

204) David P. Womersley, Edward Gibbon, The History of the Decline and Fall of the Roman Empire, Abridged, January 1, 2001. 795 pages, "··· In the working-class residential areas, it was difficult to even walk due to the influx of children. ···"

205) 오늘날 튀르키예(터키)의 카파도키아 지역의 질레(Zile)로 당시 소아시아 젤라(Zela)라고 했음.

206) 7가지 포기로는 수학 포기, 대학 포기, 취업 포기, 연애 포기, 결혼 포기, 자녀 포기, 주택 포기 등으로 절망사회를 대변하고 있음.

207) [최순실 게이트] 돈이 부족한 게 아니다. 도둑이 너무 많다 - 비즈한국(bizhankook.com), 2016.11.02., "개인 돈이 아닌 청와대의 뭉칫돈, 즉 세금이 개인에게 출처도 없이 전달된 사건일 수도 있다. 박근혜 대통령은 최순실이 ··· 박근혜. 큰 도둑은 꼬리가 잡혔지만 잔당들은 남은 1년 활개를 칠 것이다. 끝까지 눈을 부릅뜨자. 나라에 정말 돈이 없는··· 정말 없는 것이라면 이런 도둑들이···" / [일반] 세금이 모자란 게 아니라 나랏돈 도둑이 너무 많다. pgr21(pgr21.com) 2018.6.27., "이명박 박근혜 정권 입맛에 맞는 활동을 해온 자유한국당 비례대표 신보라 의원이 설립(2011)하고 2013년까지 대표로 있었던 우파 청년단체 청년이 여는 미래인지 뭔지 하는 데가 2억 6천만 원에 가까운 세금을 보조금으로 받아 쓰면서 그 돈을 가지고 슈킹처먹은 사실이 드러났습니다."/ 홍지인, 강민경,

이재명 "나라에 돈이 없는 게 아니라 도둑이 너무 많다." 연합뉴스(yna.co.kr), 2022.3.4., "더불어민주당 이재명 대선 후보는 4일 "나라에 돈이 없는 게 아니라 도둑이 너무 많다"고 말했다."

208) 司馬遷, 史記卷八十七, 李斯列傳第二十七: "至秦, 會莊襄王卒, 李斯乃求爲秦相文信侯呂不韋舍人, 不韋賢之, 任以爲郎. 李斯因以得說, 說秦王曰:「胥人者, 去其幾也. 成大功者, 在因瑕釁而遂忍之. 昔者秦穆公之霸, 終不東幷六國者, 何也? 諸侯尙衆, 周德未衰, 故五伯迭興, 更尊周室. 自秦孝公以來, 周室卑微, 諸侯相兼, 關東爲六國, 秦之乘勝役諸侯, 蓋六世矣. 今諸侯服秦, 譬若郡縣. 夫以秦之彊, 大王之賢, 由灶上騷除, 足以滅諸侯, 成帝業, 爲天下一統, 此萬世之一時也. 今怠而不急就, 諸侯復彊, 相聚約從, 雖有黃帝之賢, 不能幷也. 秦王乃拜斯爲長史, 聽其計, 陰遣謀士齎持金玉以游說諸侯. 諸侯名士可下以財者, 厚遺結之, 不肯者, 利劍刺之. 離其君臣之計, 秦王乃使其良將隨其後. 秦王拜斯爲客卿."

209) 위키백과, 율리우스법, "…정식적 혼인에 관한 법률(Lex Iulia de Maritandis Ordinibus, BC18): 사회계층 간의 혼인에 대한 제한규정(이를 통해 이 법령은 축첩의 간접적 기초로 여겨지며, 이후 유스티니아누스 때 재규정 된다). 간통의 억압에 관한 법률(Lex Iulia de Adulteriis Coercendis, BC17): 이 법률은 간통을 추방으로 처벌했다. 두 죄인들은 다른 섬으로 보내지고(dummodo in diversas insulas relegentur), 이들의 재산은 몰수된다. 아버지들은 간통을 저지른 딸과 그 상대를 죽이는 게 허용되었다. [5] 남편들은 특정한 상황하에서 간통 상대를 죽일 수 있었고 간통을 저지른 아내와 이혼해야만 했다. 아우구스투스 본인도 자신의 딸 율리아(판다테리아섬으로 추방)와 딸의 장녀(소 율리아에 대해 이 법률이 적용되어야 했었다. 타키투스는 아우구스투스가 실제 요구된 법률보다 아우구스투스 본인의 집안에 더 엄격했다며 질책한 바가 있었다(편년사 III 24)."

210) 日, "독신세 도입으로 저출산 해결해야" vs "미혼자 벌칙 과세", 조선일보(chosun.com), 2017.9.8. / "독신에 더 많은 세금 매겨라" 일본서 '독신세' 신설 논란, 연합뉴스(yna.co.kr), 2017.9.7., 月 4500원 저출산세 걷겠다는 일본, 한국도 따라갈까, 매일경제(mk.co.kr), 2024.2.24., "일본이 출산율 감소를 막기 위해 2026년부터 국민 1인당 월 500엔(약 4500원) 수준의 세금을 징수하겠다는 계획을 밝혔다."

211) Bachelor tax, Wikipedia : "A bachelor tax is a punitive tax imposed on unmarried men. In the modern era, many countries do vary tax rates by marital status, so current references to bachelor taxes are typically implicit rather than explicit; and given the state of tax law is very complicated, as tax accountancy concepts like income splitting can come into play. Such explicit measures historically would be instituted as part of a moral panic or homophobia due to the important status given to marriage at various times and places (as in Ancient Rome, or in various U.S. state legislatures during the early 20th century). Frequently, this would be attached to racial (e.g., as part of Apartheid policies) or nationalistic reasons (as in Fascist Italy or Nazi Germany). More recently, bachelor taxes were viewed as part of a general tax on childlessness, which were used frequently by member states of the Warsaw Pact."

212) [심층 리포트] '고아수출' 부끄러운 1위, 동아일보(donga.com), 2001.2.19. / 고아 수출 1위 한국, 경북일보(kyongbuk.co.kr), 2006.5.11. / 한국, 경제대국? 세계 1위 '아동수출대국'! 프레시안(pressian.com), 2007.5.9. / OECD 고아 수출 1위 한국, 유기견 수출도 1위, 조선일보(chosun.com), 2012.12.5. / "전두환 정권, '아동 수출'로 한해 200억 벌었다", 프레시안(pressian.com), 2017.9.12. / 10명 중 4명 해외로… '고아 수출국' 오명 여전, KBS뉴스(news.kbs.co.kr), 2021.10.18. / 한국이 '고아 수출국' 1위 국가다?, 이데일리(edaily.co.kr), 2022.6.27. / [유병언 칼럼] 아기 수출하는 초저출산국, 부끄럽다, 한국경제(hankyung.com), 2023.1.10. / 아이 수출국 1위 불명예 韓…70~80년대 해외입양 급증 이유. 뉴스1(news1.kr), 2023.2.27. / [단독] '출산율 0.7명' 韓, 아동수출 '세계 5위'…10명 중 4, 머니투데이(news.mt.co.kr), 2023.10.5.

213) 솔까말, 나무위키, "솔직히 까놓고 말해서"의 줄임말. 주로 디시인사이드(네티즌) 등에서 자주 쓰이는 말로, 게시판에서 '솔직히', '까놓고', '말해서'로 검색해 보면 수십 개의 글이 나온다. '솔까'라고 더 줄여서 쓰는 경우도 많다. 같은 종류로 "듣보잡"은 '들어보자 하니 순전히 잡놈인데'라는 준말로 사용하고 있음

214) 조혜종, 새 인구론-인구의 공간적·사회적 접근-, 푸른길, 2008. p.48, "출생력 인자(出産力 因子)는 모든 생물과 함께 인간도 생태계의 한 구성원으로 인간의 재생산력도 순수한 인간의 생물학적 요소 외에 여러 사회환경적인 요인에 의하여 영향을 받게 된다. 여기서는 편의상 생물학적 인자, 사회문화적 인자, 경제적 인자로 구분한다."

215) Teat, Wikipedia, "A teat is the projection from the mammary glands of mammals from which milk flows or is ejected for the purpose of feeding young. In many mammals the teat projects from the udder. The number of teats varies by mammalian species and often corresponds to the average litter size for that animal. In some cases, the teats of female animals are milked for the purpose of human consumption. The quality of some domesticated animals is determined by the establishment of desired characteristics, such as teat size and placement."

216) 一然, 三國遺事, 駕洛國記: "開闢之後. 此地未有邦國之號. 亦無君臣之稱. 越有 我刀干, 汝刀干. 彼刀干. 五刀干. 留水干. 留天干. 神天干. 五天干. 神鬼乾等九干者. 是酋長領總百姓凡一百戶. 七萬五千人. 多以自都山野. 鑿井而飮耕田而食. 屬後漢世祖光武帝建武十八年壬寅三月禊洛之日."

217) Steven E. Falconer, Rural Responses to Early Urbanism: Bronze Age Household and Village Economy at Tell el-Hayyat, Jordan, Journal of Field Archaeology(jstor.org), Vol. 22, No. 4 (Winter, 1995), pp. 399-419 (21 pages)

218) 說文解字(shuowen.org) : "夫下曰 周制八寸爲尺, 十尺爲丈. 人長一丈. 故曰丈夫. 白虎通曰男, 任也. 任功業也. 古男與任同音. 故公侯伯子男. 王莽男作任. 從田力.言男子力於田也."

219) 女, 說文解字 : "婦人也. 象形. 王育說. 凡女之屬皆從女. 淸代 段玉裁. 說文解字注 : 婦人也. 男, 丈夫也. 女, 婦人也. 立文相對. 喪服經每以丈夫婦人連文. 渾言之女亦婦人. 析言之適人

乃言婦人也. 左傳曰. 君子謂宋共姬女而不婦. 女待人. 婦義事也. 此可以知女道婦道之有不同者矣. 言女子者對男子而言.子皆美偁也. 曰女子子者, 系父母而言也. 集韻曰. 吳人謂女爲姆. 牛居切. 靑州呼女曰姆. 五故切. 楚人謂女曰女. 奴解切. 皆方語也."

220) Bible Study(biblestudy.or) Meaning of Numbers : "The Number 10 : The number 10, in the Bible, is used 242 times. The designation "10th" is used 79 times. Ten is also viewed as a complete and perfect numeral, as is 3, 7 and 12. It is made up of 4, which represents the physical creation, and 6, which symbolizes man. As such, the meaning of 10 is one of testimony, law, responsibility and the completeness of order. We find, In Genesis 1, the phrase "God said" 10 times, which is a testimony of His creative power. God gave the Ten Commandments to man. Ten therefore represents man's responsibility to keep the commandments. A tithe is a 10th of our earnings and is a testimony of our faith in the Lord."

221) 世宗實錄 二十二卷, 世宗五年十一月十七日甲午 : "黃海道監司啓 : 瓮津住白丁梁貴珍年方九歲, 其父仁吉久患急疾, 聞食人肉便愈, 斷手指燒而食之, 其疾卽愈. 命旌閭, 復戶."

222) 世宗實錄 六十卷, 世宗十五年六月十一日壬辰 : "鄕藥集成方》成, 命權採序之, 曰: 自農,黃而下, 代有醫官, 以掌萬民之疾, 而名醫師之診病用藥, 皆隨氣施巧, 初非拘以一法. 蓋百里不同俗, 千里不同風, 草木之生, 各有所宜, 人之食飮嗜欲, 亦有所習, 此古昔聖人嘗百草之味, 順四方之性而治之者也. 惟我國天作一區, 據有大東, 山海寶藏之興,草木藥材之産, 凡可以養民生, 而療民疾者, 蓋亦無不備焉, 但自古醫學疎廢, 採取不時, 忽其近而求之遠. …"

223) 世宗實錄 七十六卷世宗十九年二月四日甲子 : "自去多設賑濟場於普濟,利泰二院, 賑濟四方流移飢民仰食者, 各千餘人. 每日官給米人一升五合, 竝給鹽醬, 四方浮瘇濱死者, 多就得生. 飢民無事飽食, 日久氣壯, 殆勝居民, 及春疫死者頗多. 至是, 傳旨漢城府, 今此致死者, 無乃未及賑濟場而死於中路乎? 抑在場而飢死乎? 是豈皆瘟疫所傷歟? 今後致死者, 具錄致死之由以啓. …"

224) 이영훈, 세종은 과연 성군인가, 백년동안, 2018.

225) 세종 재해석한 이영훈 전 서울대 교수, 주간조선(weekly.chosun.com), 2018.3.23., "'세종은 성군(聖君)이다.'라는 명제를. 이영훈(67) 전 서울대 교수의 저서 '세종은 과연 성군인가'라는 책을 접하면서 모든 게 무너져내렸다. 책장을 넘기면서 팝콘처럼 튀어나오는 실증 자료 앞에 반석 같았던 '성군 세종'이라는 통념은 맥을 추지 못했다. 실증사학자인 이 교수는 지난해 서울대에서 정년을 했다." / [이 한 권의 책] 세종은 과연 성군인가, 월간조선(monthly.chosun.com), 2018.4.3., "《세종은 과연 성군인가》 … 우리는 세종을 한글을 창제한 성군으로 기억하나, 그 시절 조선의 생활상이 어떠했는지에 대해선 … 세종 14년(1432년)에 제정된 '종모법(從母法)'도 노비의 양산을 가져왔다. 세종 시대는 기생의 전성시대이기도 했다. 세종은 1431년 관비(官婢)가 양인 남성과 낳…"

226) 城門失火, 殃及池魚 : "…另一說指宋城門失火, 人們取護城河中水滅火, 河中的魚因乾渴而死. 比喩無故受牽連而造成損害. 因爲附近工地坍陷, 害得我家的地基受牽連而鬆動, 正是城門失火, 殃及池魚…"

227) 世宗實錄六卷, 世宗元年 十一月 二十七日丁卯 :"上王因論檜巖寺僧徒犯姦盜事, 笑曰: "以吾心觀之, 對大臣與對小宦之時異. 彼僧徒常近婦女, 豈能不犯乎? 吾曾立法, 使僧徒不得役婢子, 爲此也. 其令婢子居於遠地, 而奴子輪番入役可也. 又有上策, 只給土田, 而革其奴婢, 則安有此弊? 僧徒雖親執薪饌亦可也." 諸臣皆出, 命留柳廷顯, 朴訔, 李原, 卞季良, 許稠, 趙末生, 元肅, 辟左右曰: 革寺社奴婢, 予之素所欲也. 但恐此屬逃入中國, 生變如尹彝, 李初之事. 以是未果頓革, 反令勿役僧徒, 以慰其心. 今乃自取, 又誰怨乎? 宜令臺諫上疏, 政府, 六曹亦宜請之. 卞季良曰: 宜只革婢子. 李原非之, 上亦不允."

228) 世宗實錄三十二卷, 世宗八年四月十七日庚辰 : "傳旨刑曹: 京外公處婢子産兒後, 給暇百日, 以爲恒式."

229) 世宗實錄五十卷, 世宗十二年十月十九日丙戌 : "謂代言等曰: "古者公處奴婢, 必令産兒七日後立役者, 矜其棄兒立役, 以傷小兒也. 曾命加給百日, 然臨産而立役身勞, 則未及其家而産者, 或有之, 若臨産月, 除役一朔, 何如? 彼雖欺罔, 豈過一月乎? 其令詳定所幷立此法. 又謂金宗瑞曰: 更改舊制, 雖曰不可, 然歷代繼世之君, 因其時宜, 或汰或設. 曩者郭存中掌汰冗官, 所減之錄, 至三千餘石, 厥後惟加設集賢殿, 宗學兩官耳. 今聞刑曹因事劇煩, 未察獄訟, 深以爲嫌, 稽之古制, 六部員或多或少, 今欲加設刑曹郞官二員, 合爲八員, 雖與他曹不同, 亦可也. 如是則專掌刑決之事, 庶爲便益, 其議諸兩議政以聞."

230) 성기홍, 출산 여성공무원에 반드시 60일 휴가, 연합뉴스, 1999.8.27., "앞으로 출산 여성공무원의 60일 출산휴가제가 강제규정으로 제도화되고, 임신한 여성공무원들도 한달에 하루씩 쉴 수 있는 보건휴가제도가 도입된다."

231) 여성공무원 출산휴가 90일 확정(11월 1일부터 적용) 경상북도(gb.go.kr) 2023.11.1.

232) 太宗實錄 21卷, 太宗 11年 6月 9日 戊戌 :"兵曹請毀僧徒草幕. 啓曰: 懶惰僧徒不居有名寺社, 規免役事, 於南山, 安巖, 沙乙閑等處, 搆草幕設齋, 聚男女伐松木雜木, 至堀木根. 請將草幕, 悉令破取; 淨業院外, 禁山內尼僧房, 亦令破取. 從之."

233) 世宗實錄二三卷, 世宗六年二月二十日丙寅 : "丙寅 京畿監司啓: 父母俱歿, 居計至貧, 年壯未嫁衣冠之女, 請令兄弟族親主婚, 定日催督, 及時婚嫁. 其資粧, 有蔭子孫則支米豆各二石, 其餘則米豆各一石. 從之."

234) 成宗實錄, 二四九卷, 成宗 二二年一月六日 癸未 : "傳旨議政府曰: 人倫之道, 莫重婚聘, 帝王之政, 要無怨曠. 若昔大猷, 咸重於斯, 仲春之令, 以會男女, 婚姻以時, 品物咸遂, 人和而氣和, 風淳而俗美, 陰陽順序, 災孽不作. 其在後世, 仁政漠然, 人懷(標) 梅之嘆, 世多向隅之悲, 干戾和氣, 職此之由, 興言及此, 良用兢惕, 方茲春陽, 萬物咸和, 婚姻之期, 正在於此. 念惟年壯之女, 或罹貧窶之苦, 一違其時, 流光荏苒, 或失怙恃, 家世多故, 哀年奄至, 空老幽閨, 爲民父母, 寧不惻然? 如此之人, 官給資財, 俾遂其禮, 已有典章, 惟爾有司, 如或未擧, 是爲文具, 其更明諭, 使上順天道, 下無怨女?"

235) 明宗實錄 28卷, 明宗17年2月5日 己未 : "傳曰: 凡婚嫁, 宜勿失時. 今者代末盡宗室女子, 必有家貧年壯未嫁者. 依祖宗朝故事, 令宗簿寺, 議定婚家, 官給婚資, 使不失時事, 言于禮曹.

【史臣曰: 昔唐 文宗擇族屬疏遠者, 使之出閣嫁女, 《綱目》以存厚, 特書與之. 況此官給資裝, 使勿失時乎? 上之厚德, 至矣.】

236) 世宗實錄 十卷, 世宗 二年 十二月 二十日 甲寅 : "慶尙道 彥陽人李新起妻一産三男, 賜米."

237) 세종실록 10권, 세종 2년 12월 20일 갑인 2번째 기사 / 경상도 언양 사람 이신기의 처가 세 쌍둥이를 낳아 쌀을 하사하다. / 세종실록 32권, 세종 8년 6월 29일 신묘 4번째 기사 / 세 아들 쌍둥이를 낳은 경상도 장기현 사람 구원길의 아내에게 쌀을 주게 하다. / 세종실록 35권, 세종 9년 1월 19일 무신 3번째 기사 / 경상도 고성에서 신백정의 처가 사내 2·여자아이 1의 세 쌍둥이를 낳다. / 세종실록 46권, 세종 11년 12월 8일 경진 3번째 기사 / 한꺼번에 세 쌍둥이를 낳은 한 금의 아내에게 상을 주다. / 세종실록 73권, 세종 18년 윤6월 2일 병인 2번째 기사 / 세 쌍둥이를 분만한 한막금의 아내에게 쌀콩을 내리다. / 세종실록 116권, 세종 29년 4월 9일 경자 1번째 기사 / 세 쌍둥이를 낳은 사노 귀산의 처에게 곡식을 하사하다.

238) History of slavery, Wikipedia, "Slavery was institutionalized by the time the first civilizations emerged (such as Sumer in Mesopotamia, which dates back as far as 3500 BC). Slavery features in the Mesopotamian Code of Hammurabi (c. 1750 BC), which refers to it as an established institution."

239) 古朝鮮「八條法禁」增多的理由- 鄭明析牧師 - 基督教福音宣教會(god21.net), 2011. 3. 11., "…在初期古朝鮮的八條法禁總共有八種, 然而如今卻只有三條被留傳下來. i) 殺人者卽刻處以死刑. ii) 害及他人者, 以穀物來補償. iii) 偸竊他人之物者…"/ 漢書, 地理志 燕條 : "i) 相殺, 以當時償殺, ii) 相傷, 以穀償, iii) 相盜, 男沒入爲其家奴, 欲自贖者人五十萬…"/ 三國志, 魏志東夷傳, 箕子八條禁法 : 昔箕子旣適朝鮮, 作八條之敎以敎之, 無門戶之閉而民不爲盜. 其後四十餘世, 朝鮮侯(准) 僣號稱王.陳勝等起, 天下叛秦, 燕, 齊, 趙民避地朝鮮數萬口.燕人衛滿, 離結夷服, 復來王之."

240) 犯禁八條, wikipedia(ja.wikipedia.org), "朝鮮の奴婢制度は, 箕子朝鮮の犯禁八條に始まった. そこでは他人の家に盗み入った者はその家の奴隷とする, 男なら奴, 女なら婢, と定められていた. 李氏朝鮮時代には, 兩班が奴婢を支配する強固な身分制の根據として, 犯禁八條が利用された. すなわち, 聖人箕子が朝鮮にやって來て犯禁八條を定めたが, その中に窃盗したら奴隷にされるとある. だから奴婢はもともとは聖人の教えを破った野蛮人であり, 兩班は聖人の教えを悟った文明人である. だから, 兩班が奴婢を奴隷にするのは朝鮮人を教化しようとした聖人箕子の思し召しである, という理由である."

241) 女子挺身隊(じょしていしんたい,旧字体：女子挺身隊) は, 大日本帝國が第二次世界大戰中に創設した勤勞奉仕団体のひとつで, 主に未婚女性によって構成されていた. 戰時日本の勞働力が逼迫する中で, 強制的に職場を配置換えする國家總動員法下の國民總動員体制の補助として行われ, 工場などでの勤勞勞働に從事した. 1944年8月の女子挺身勤勞令によって12歳~40歳の內地(日本)の女性が動員された. 日本統治下の朝鮮の女性への適用は檢討されたが, 適用されることはなかった. 1945年の國民勤勞動員令によって女子挺身隊は國民義

勇隊として改組され,消滅した.

242) Comfort women, Wikipesia, "Comfort women were women and girls forced into sexual slavery by the Imperial Japanese Armed Forces in occupied countries and territories before and during World War II. The term 'comfort women' is a translation of the Japanese ianfu (慰安婦), which literally means 'comforting, consoling woman'. During World War II, Japanese troops forced hundreds of thousands of women from Australia, Burma, China, Netherlands, Philippines, Japan, Korea, Indonesia, and other countries into sexual enslavement for Japanese troops; however, the majority of the women were from Korea. Many women died or committed suicide due to brutal mistreatment and sustained physical and emotional distress. After the war, Japan's acknowledgment of the comfort women's plight was minimal, lacking a full apology and appropriate restitution, which damaged Japan's reputation in Asia for decades. Only in the 1990s did the Japanese government begin to officially apologize and offer compensation."

243) Edward E. Baptist, Wikipedia, Edward E. Baptist (born 1970) is an American academic and writer. He is a professor of history at Cornell University, located in Ithaca, New York, where he specializes in the history of the 19th-century United States, particularly the South. Thematically, he has been interested in the history of capitalism and has also been interested in digital humanities methodologies. He is the author of numerous books. Baptist was born in 1970 in Cambridge, Massachusetts, but he grew up in Durham, North Carolina. He graduated from Georgetown University and in 1997 earned his doctorate from University of Pennsylvania, Philadelphia.(2002). Creating an Old South: Middle Florida's Plantation Frontier before the Civil War. University of North Carolina Press. / (2006). New Studies in the History of American Slavery. University of Georgia Press.

244) P.R. Lockhart, How slavery became America's first big business, Vox(vox.com), Aug 16, 2019, "Historian and author Edward E. Baptist explains how slavery helped the US go from a colonial economy to the second biggest industrial power in the world···Slavery, particularly the cotton slavery that existed from the end of the 18th century to the beginning of the Civil War, was a thoroughly modern business, one that was continuously changing to maximize profits. To grow the cotton that would clothe the world and fuel global industrialization, thousands of young enslaved men and women — the children of stolen ancestors legally treated as property — were transported from Maryland and Virginia hundreds of miles south, and forcibly retrained to become America's most efficient laborers. ···"

245) Robert Fogel, Wikipedia, "Robert William Fogel (/ˈfoʊɡəl/; July 1, 1926 - June 11, 2013) was an American economic historian and scientist, and winner (with Douglass North) of

the 1993 Nobel Memorial Prize in Economic Sciences. As of his death, he was the Charles R. Walgreen Distinguished Service Professor of American Institutions and director of the Center for Population Economics (CPE) at the University of Chicago's Booth School of Business. He is best known as an advocate of new economic history (cliometrics) - the use of quantitative methods in history."

246) Robert Fogel, Wikipedia, "··· [Slavery and Time on the Cross] Fogel's most famous and controversial work is Time on the Cross (1974), a two-volume quantitative study of American slavery, co-written with Stanley Engerman. In the book, Fogel and Engerman argued that the system of slavery was profitable for slave owners because they organized plantation production 'rationally' to maximize their profits. Due to economies of scale, (the so-called "gang system" of labor on cotton plantations), they argued, Southern slave farms were more productive, per unit of labor, than northern farms. The implications of this, Engerman and Fogel contended, is that slavery in the American South was not quickly going away on its own (as it had in some historical instances such as ancient Rome) because, despite its exploitative nature, slavery was immensely profitable and productive for slave owners. This contradicted the argument of earlier Southern historians."

247) Wikipedia, Time on the Cross: The Economics of American Negro Slavery : "'In their revised view slaves were hard working; slave labor was of superior quality. Indeed, this helps explain why large slave plantations were much more efficient than free Southern farms.' The authors predicted that if slavery had not been abolished, the price of slaves would have continued to rise rapidly in the late 19th century as more land was put into production for cotton. ···"

248) Ending modern-day slavery, Freedom Project, CNN(edition.cnn.com), 2023 : "Our Mission : i) Since 2011 CNN has been shining a light on modern-day slavery. ii) Traveling the world to unravel the tangle of criminal enterprises trading in human life. iii) Amplifying the voices of survivors. iv) Holding governments and businesses accountable. v) Slavery is not a thing of the past."

249) Protocol to Prevent, Suppress and Punish Trafficking in Persons Especially Women and Children, supplementing the United Nations Convention against Transnational Organized Crime, 15 November 2000, General Assembly resolution 55/25 : ···Article 3 — Use of terms : (a) Trafficking in persons shall mean the recruitment, transportation, transfer, harbouring or receipt of persons, by means of the threat or use of force or other forms of coercion, of abduction, of fraud, of deception, of the abuse of power or of a position of vulnerability or of the giving or receiving of payments or benefits to achieve the consent of a person having control over another person, for the purpose of exploitation.

Exploitation shall include, at a minimum, the exploitation of the prostitution of others or other forms of sexual exploitation, forced labour or services, slavery or practices similar to slavery, servitude or the removal of organs; (b) The consent of a victim of trafficking in persons to the intended exploitation set forth in subparagraph (a) of this article shall be irrelevant where any of the means set forth in subparagraph (a) have been used; (c) The recruitment, transportation, transfer, harbouring or receipt of a child for the purpose of exploitation shall be considered "trafficking in persons" even if this does not involve any of the means set forth in subparagraph (a) of this article; (d) "Child" shall mean any person under eighteen years of age.

250) The Guardian(theguardian.com), 2015.11.20., "Marcel Theroux investigates the scandal of adults with mental disabilities used as slave labour in South Korea, Adele talks to Graham Norton···" / Unreported World, Acast(rss.acast.com) : Slave (Series 2015 Episode 15) Marcel Theroux investigates the growing national scandal in South Korea of modern-day slaves, many of whom have learning ··· / Unreported World podcast - Free on The Podcast App(podcast.app) : 30 Yeas A Slave (Series 2015 Episode 15). Marcel Theroux investigates the growing national scandal in South Korea of modern-day slaves, many of whom have ··· / With Unreported World (Sorted by User rating Descending), IMDb(imdb. com) : "Marcel Theroux visits India to report on matchmaking schemes for disabled people ··· and businesses has a tight bond with North Korea. But rising regional···"

251) World Population Policies 2021: Policies related to fertility, United Nations(un.org) : "Seventy years ago, with the adoption of the first national population policy in India in 1952, the focus of population and family policies in developing countries with rapidly growing populations, was to lower fertility and curb population growth. According to the World Population Policies database, more than 20 years later, in 1976, 40 countries, accounting for almost two thirds of the world's population at that time and including almost all the largest developing countries, except for Nigeria, Ethiopia, Brazil and the Former USSR, had explicit policies to reduce fertility levels. Total fertility has fallen markedly over recent decades in many countries (United Nations, 2019), and it has begun to fall even in countries where fertility levels remain high. It is difficult to determine the direct effects of fertility and population policies on fertility levels within a country, since individual national policies are generally embedded in a wider institutional, economic, social and cultural context. However, it seems likely that direct measures, such as the provision of sexual and reproductive health care and broad access to family planning, in combination with the indirect impact of broader developments, such as the advancement of women in education and employment, the increased costs of raising a family

and cultural shift towards more egalitarian approaches by couples within households, have contributed to the global decline in fertility and family size. As of 2019, more than 60 per cent of governments globally (124 out of 197 countries or areas) had policies attempting to influence the current level of fertility with another 19 governments aiming to maintain its current fertility level, albeit with a growing number adopting pronatalist measures (55 countries or areas out of 143 countries or areas with such policies - see also table 1). Many governments have adopted implicit or explicit pronatalist family policies, such as offering baby bonuses and parental leave and/or tax-incentives as well as housing and income allowances related to the birth of a child. Subsidized fertility treatment, longterm job guarantees for new mothers/parents and affordable childcare and after-school care are some of the additional incentives adopted to raise fertility. While various approaches and initiatives to lower fertility have shown results globally (United Nations, 2019), reversing the long-term downward trends in total fertility that are the outcome of social, economic and cultural transformations, has proven to be much more difficult (United Nations, 2015). While some countries in Europe have been able to maintain their fertility levels or have even seen slight increases over a relatively short period (for example, France, Germany, and Hungary), there is a lack of evidence that these increases are stable and long term, and not merely a reaction by couples to take advantage of incentives provided by advancing the birth of their next child without increasing their ultimate family size. Even the COVID-19 pandemic, with direct and indirect implications for the health and socioeconomic well-being of populations worldwide, appears not to have interrupted the global trend towards lower fertility levels (United Nations, 2021). In summary, governments should anticipate that fertility will continue to decline globally. This ongoing trend is expected to lead, inevitably, to population ageing and also, potentially, to smaller populations in many countries worldwide. Countries near the onset of this transition need to take advantage of the demographic window of opportunity created by a shifting age distribution to bolster their economies, by providing education and job opportunities to their growing working-age populations, whereas countries with declining populations need to adjust to the new realities of an older and possibly smaller population. Continued support by governments, the private sector, civil society and international development partners to sustain sexual and reproductive health-care services, including access to family planning, is needed to continue to enable men and women to freely decide on marriage and family formation, including the timing and spacing of the children they wish to have."

252) "저출산시대 가족정책 방향은"⋯ OECD·복지부 국제 인구컨퍼런스 개최, 머니투데이

2019.10.28., "이 자리에는 △스테파노 스카페타(Stefano Scapeta) OECD 고용노동사회국장 △ OECD 사회정책전문가 윌렘 아데마(Willem Adema) 박사 △춘후아 마(Chunhua Ma) 중국사회 과학원 연구위원 △쿠리코 와타나베(Kuriko Watanabe) 일본국립사회보장·인구문제연구소 연구위원 등 해외 전문가와 △이철희 서울대학교 교수…" / OECD "저출산 韓, 유연근무제·육아휴직·아동수당 확대해야" 뉴시스, 2019.10.28. / 저출산 대응과 아동, 가족 정책을 위해 OECD와 머리 맞댄다. 정책브리핑. 2019.10.28. / "남성들 퇴근 후 '한 잔' 문화, 대통령이 바꿀 수 있나?" 오마이뉴스, 2010.03.11.

253) 안다영, 아이 권하지 않는 사회… OECD가 본 한국 저출산 이유, KBS, 2023.10.31., "한국의 여성 한 명당 출산율은 0.8명입니다. 경제협력개발기구, OECD 회원국 평균이 여성 한 명당 1.6명인데, 한국은 최하위권입니다. 두 번째로 출산율이 낮은 나라는 스페인으로 1.2명입니다. 한국은 끝에서 2등과도 상당한 격차가 있는 완전한 꼴찌인 겁니다. … 이주 문제에 대해서도 OECD 국가의 출산율을 유지하는 데 기여는 해왔지만, 많은 국가와 사례에서 볼 수 있듯이 한 세대가 지나면 이주민의 출산율이 원래 인구의 출산율과 수렴하는 것을 볼 수 있다고 설명했습니다. 따라서 효과는 있겠지만, 출산율의 엄청난 증가는 기대할 수 없다며, 이 또한 본질적인 해법은 될 수 없다고 아데마 연구원은 밝혔습니다."

254) Park Moo-jong, More Deaths than Births, The Korea Times. Opinion, 2021.1.28., "Fifteen years ago in 2006, David Coleman, a population expert and demographer at the Oxford Centre for Population Research, warned that South Korea could become the first country on the planet to lose its entire population because of its low birthrate. Six years ago in 2015, the National Assembly Research Service released a dreadful report that South Korea will be "empty" by 2750 without any effective efforts to halt its falling birthrate. Though the worst-case scenario predicts the situation after 735 years, it must have given the people the creeps: 'Koreans will be extinct by 2750.'"

255) David Anwyll Coleman (born 1946) is a demographer and anthropologist who served as the Professor of Demography at the Department of Social Policy and Intervention, University of Oxford from October 2002 until 2013, and a lecturer since 1980.

256) 채혜선, "한국다운 것 버려라"… 韓 인구소멸 경고했던 英 교수의 팩폭, 중앙일보, 2023.5.17., "데이비드 콜먼 옥스퍼드대(인구학) 명예교수가 17일 서울 강남구 포스코센터에서 한반도미래인구연구원 주최로 열린 '저출산 위기와 한국의 미래 : 국제적 시각에서 살펴보는 현실과 전망'을 주제로 열리는 심포지엄에서 주제발표를 했다. '외국인이라 교만하게 들릴지 몰라도 한국다운 것이 변해야 합니다.'… 17년 전인 2006년 유엔 인구포럼에서 한국의 저출산 현상이 지속하면 한국이 지구 위에서 사라지는 '1호 인구소멸국가'가 될 것이라고 전망하며 당시 '코리아 신드롬'이라는 … 콜먼 교수는 ▶근로시간 단축 등 과중한 업무 부담 개선 ▶고용 안정화 ▶직장의 보육 지원 확대 등을 예로 들면서 '기업이 선호하지 않는 방법 속에 해법이 있다.'라고 말했다. …"

257) 山田昌弘 (やまだ まさひろ, 1957年11月30日~) は, 日本の社會學者 (社會學修士). 專門は,

家族社會學.感情社會學,ジェンダー論,若者論.中央大學文學部敎授.「パラサイト・シングル」「婚活」といった造語を發案するなど,家族のあり方や若者の生き方についての硏究や發信で知られる.著書に『パラサイト・シングルの時代』(1999年),『家族ペット』(2004年),『「家族」難民』(2014年)など.東京都北區出身.東京大學大學院博士課程を1986年に單位取得退學した後,東京學芸大學敎授を経て,2008年より中央大學敎授を務める.實家は,自營業の父親が借金を抱えて子供も返濟に協力せざるを得ず,母親は病弱なうえに姑にいじめられ,「家族とは」と考えざるを得ない環境に置かれたことから,かつて社會學では地味な分野だったは家族社會學の道に進んだ.

258) 강진규, "한국, '저출산' 골든타임 끝나간다"… 日 교수의 '경고', 한국경제신문, 2023.10.24., "한국은 아이 키우는 것을 경쟁으로 인식합니다. 육아에서 체면 의식이 일본보다 더 강합니다."

259) Ashley Ahn, South Korea has the world's lowest fertility rate, a struggle with lessons for us all, NPR(npr.org), March 19, 2023, "… Why is Korean birth rate so low?(Causes of low fertility) : South Korea is facing a decline in childbirth because many young people are distancing themselves from marruage and having children due to the lack of decent job opportunities, high home price, and heavy private education fees. …"

260) Navigating the Consequences of Slowing Population Growth, Mongolia Weekly(mongoliaweekly.org), 2023.8.26., "In recent years, Mongolia's population growth has slowed significantly, with an average annual growth rate dropping from 2.2% between 2010 and 2020 to just 1.5% since 2020. This demographic slowdown can largely be attributed to the COVID-19 pandemic and economic difficulties faced by the country."

261) Altankhuyag Gereltuya, Dramatic fertility transition in Mongolia and its determinants: The demise of the pronatalist state, Asia-Pacific Population Journal(un-ilibrary.org), E-ISSN: 15644278 Vol. 23, No. 2, August 2008, Source: Asia-Pacific Population Journal, Volume 23, Issue 2, Apr 2009, p. 81 - 99 : "The move from a centrally controlled economy to a market-driven economy has had strong political implications for family planning and fertility in Mongolia. Under socialist rule, Mongolia had a strong pronatalist population policy under which those families having children were provided with generous benefits. The changes made to these policies have had a considerable impact on fertility and family formation in Mongolia. In the mid-1970s, the country started to experience a dramatic decrease in the level of fertility, which intensified when the country moved towards a market economy. The country experienced a drop in its total fertility rate (TFR) from 7.2 children per woman (of reproductive age) in 1975 to about 3 children in 1995, and it has remained constant at about 2.3 children since that time."

262) Edmondo De Amicis(21October 1846 to 11 March 1908) : "Edmondo De Amicis (Italian pronunciation: [ed'mondo de a'mi:tʃis];; 21 October 1846 - 11 March 1908) was an Italian

novelist, journalist, poet, and short-story writer. His best-known book is Cuore, a children's novel translated into English as Heart. …"

263) Heart, Wikipedia, "… It was issued by Treves on October 18, 1886, the first day of school in Italy, and rose to immediate success. Through its investigation of social issues such as poverty, Heart shows the influence of left-wing ideologies on De Amicis' work (he was later to join the Italian Socialist Party). …"

264) What is the summary of the heart by Edmondo De Amicis? Cuore, meaning 'heart' in Italian, is the fictional diary of a young boy's life in a Turin school. The narrator, Enrico, writes vividly of life in the classroom and in the local streets, portraying the achievements and setbacks, pleasures and pains of growing up in a late nineteenth-century Italian community.

265) 엄마 찾아 삼만리 원화, 디지털부천문화대전 : "...원화(原畵)란 육필 원고로서 만화를 간행하기 위해 그린 그림 원본이다. 『엄마찾아 삼만리』는 김종래(金鍾來)[1927~2001]가 1958년 발표한 고전 사극 만화로서, 작가가 직접 지문 및 대화와 그림을 쓰고 그렸다. 조선 시대를 배경으로 주인공인 소년 금준이 노비로 팔려나간 엄마를 찾아다니는 사모곡이다. 6·25 전쟁 전후의 사회를 조선 시대에 빗대어 그린 작품이다. '엄마찾아 삼만리 원화'는 2013년 2월 21일 문화재청에서 국가등록문화재 제539호로 지정하였고, 2021년 11월 19일 문화재청 고시에 의해 문화재 지정번호가 폐지되어 국가등록문화재로 재지정되었다. [형태] 『엄마찾아 삼만리』는 원래 지류(紙類)의 상권 220매, 하권 224매의 도합 444매로 구성되었으나, 현재 하권 1매가 유실되어 총 443매이다. 1958년 초판이 발간된 이후 1964년까지 원작자에 의해 세 차례 수정 후 재발간되어 수정한 흔적이 많이 남아 있다. 20.5X26.5㎝ 내외 크기의 필사본[만화 원화]이며, 1매(면)는 상하 2단, 2칸을 기본으로 대화 및 지문과 그림 등이 있다. 컷은 11.5X6.8㎝ 내외이며, 철장은 25.0X15.0㎝ 또는 32X20.0㎝ 내외이다. 지질은 최고급 수입 양지(洋紙)로 되어 있으며, 그림에 사용된 화료(畵料)는 묵즙(墨汁)이다. 원화를 이용하여 1964년까지 10쇄가 출간되었다."

266) '글뤽 아우프(glück auf)'라는 말을 자신들의 모토로 쓰고 있으며 이 인사말에서 이름을 따온 '글뤽아우프 복지회'라는 단체도 있다. 독일 광부들의 전통적인 인사말로, 광산에서 일할 때 사고가 생기지 않고 무사히 작업을 마치길 바라는 뜻의 인사다. 영화 국제시장에서는 '살아서 만납시다'로 번역되었다.

267) 박중현, 마약만큼 끊기 힘든 포퓰리즘의 유혹, 동아일보(donga.com), 2023.4.12., "처음엔 '재미 한번 보자'는 식으로 시작한다. 일단 발을 들이면 점점 더 깊이 빠져든다. 덜 독하고 부담이 적은 쪽에서 출발하지만, 결국 더 유해하고 파탄에 이르는 길로 접어들게 된다. 의존하는 사람들이 늘어나고, 이들을 통해 누군가 이득을 챙기는 구조가 굳어지면 다시는 원상태로 돌아가기 어렵다. 포퓰리즘은 이렇게 마약과 비슷한 점이 많다. 그래서 정치인이 국민 세금을 멋대로 퍼주는 인기영합주의 정책을 '정치적 마약'이라고 한다. …"

268) Fukunari Kimura, Japan's Model of Economic Development : Relevant and Nonrel-

evant Elements for Developing Economies, Research Paper No. 2009/22, United Nations University (UNU), World Institute for Development Economics Research(WIDER) April 2009 : "Japan was the first non-western country to accomplish successful industrialization, and the dominant perception of its 'industrial policy' had over-emphasized specific characteristics of Japan. However, from the perspective of today's development thinking, Japan's economic history shared a wide range of common factors in usual economic development: macroeconomic stability, human resource development, and economic infrastructure. Industrial policy in Japan sometimes worked well and sometimes did not, depending on how effectively it counteracted market failure and took advantage of market dynamism. We must note, however, that the external conditions faced by Japan were widely different from what today's developing countries face."

269) Argentina (ARG) and Japan (JPN) Trade - OEC World(oec.world) : "How is Argentina's economy compared to Japan? Comparison In 2022, Argentina ranked 56 in the Economic Complexity Index (ECI 0.11), and 47 in total exports ($87.2B). That same year, Japan ranked 1 in the Economic Complexity Index (ECI 1.99), and 4 in total exports ($728B)."

270) A century of decline, Briefing | The tragedy of Argentina, One hundred years ago Argentina was the future. What went wrong? Yesterday's news, The Economist, Feb 17th 2014 : "WHEN the residents of Buenos Aires want to change the pesos they do not trust into the dollars they do, they go to a cueva, or 'cave', an office that acts as a front for a thriving illegal exchange market. In one cueva near Florida Street, a pedestrian thoroughfare in the centre of the city, piles of pesos from previous transactions lie on a table. A courier is getting ready to carry the notes to safety-deposit boxes. This smallish cueva handles transactions worth $50,000-75,000 a day. Fear of inflation and of further depreciation of the peso, which fell by more than 20% in January, will keep demand for dollars high. Few other ways of making money are this good. 'Modern Argentina does not offer what you could call an institutional career,' says one cueva owner. …"

271) 母をたずねて三千里, ウィキペディア(Wikipedia) : "『母をたずねて三千里』(ははをたずねてさんぜんり) は,1976年1月4日から12月26日まで,フジテレビ系列で毎週日曜19:30 - 20:00 (JST) に全52話が放送された、日本アニメーション制作のテレビアニメ.世界名作劇場の2作目に当たる. エドモンド・デ・アミーチスの著作・ "Cuore" (『クオーレ』) のうち, Maggio (5月) の挿入話 "Dagli Appennini alle Ande" (アペニン山脈からアンデス山脈まで) を原作としたアニメ. 1882年のブエノス・アイレス(アルゼンチン共和國の首都)に出稼ぎに行ったまま,音信不通になっている母アンナ・ロッシを尋(たず)ねるべく,主人公のマルコ・ロッシがイタリア・ジェノヴァからアルゼンチンへと渡る姿を描く. 大きく分けて南米行きの船に乗るまでの日常ドラマと,渡航した後の旅物語の2つが物語の主軸となっており, 全編を通して記録映畫

のように主人公の言動を客觀的に描寫する姿勢が貫かれている. また主人公のマルコは旅の途中で何度も危機に陷り, そこで出會った多くの人に助けられ, また時には助け, その優しさに触れながら成長していく. 最終回でも旅中で世話してくれた人々の何人かに再會し, お礼を言いながらジェノヴァに歸って行くストーリーが描かれ, 「人々の思い遣りと思い遣りに對する感謝の氣持ち」も物語のテーマのひとつとして貫かれている.基本的なストーリーは原作に添ってはいるものの,もともと『クオーレ』という一つの小說の中の短編的な作品(エンリコが書き取りをする課題の中のストーリー)であるため,1年の長きにわたって放映するには壓倒的に量が不足していた. そのために日常生活の細かな描寫を始め, ペッピーノ一座などの原作にはない多くのキャラクターの登場, さらには『クオーレ』の他の短編のエピソードやバイアブランカまでの旅を付け足すなどといった形で, 話を大幅に膨らませている. マルコの家庭の背景やペッピーノ一座などの設定は, 脚本家の深澤一夫によるものとされ, 中でも後者は人形劇団·人形座時代の深澤の經驗を生かしたものである. また原作の中で,なぜマルコの母親がアルゼンチンまで出稼ぎに行くことになり, なぜマルコが一人で母親を探しにアルゼンチンまで行くことになったかという理由が書かれておらず, アニメを制作する際にこれらの設定を考えるのに苦勞したという. 最終的に, 父親は貧しい人のために無料で診察できる診療所を作ろうとして借金を抱え, その返濟および生活費を稼ぐため, 母親がアルゼンチンに出稼ぎに行くことになり, その後連絡が途絶えた母親を捜しに行きたくても, 父親は診療所を閉鎖する譯にもいかず, また兄も鐵道學校で機關士の見習いをしているので學校を休む譯にはいかず, その結果マルコがアルゼンチンに行く, という設定となった.」

272) 지역 떠나는 청년들 240430 [대구경북 TBC], TBC뉴스. 2024.4.4. / 일자리 찾아 대구 떠나는 청년들 '일자리 엑소더스' (대구), ch B tv 대구, 2023.7.5. / [대구경북 기자회견 #51] 대구·경북 떠나는 청년들, 헬로! 대구경북, LG HelloVision, 2020.11.19.

273) 정약용, 두 아들에게 보낸 편지, "지금 내가 죄인이 되어 너희들에게 아직은 시골에 숨어서 살게 하였다만, 앞으로는 오직 서울의 십리 안에만 가히 살아야 한다. 또 만약 집안의 힘이 쇠락하여 서울 한복판으로 깊이 들어갈 수 없다면 잠시 서울 근교에 살면서 과일과 채소를 심어 생활을 유지하다가 재산이 조금 불어나면 바로 도시 복판으로 들어가도 늦지는 않다."

274) 아버지 다산 정약용의 자녀 사랑의 예, 양육자료실(koreabumo.com), "지금 내가 죄인이 되어 너희들에게 아직은 시골에 숨어서 살게 하였다만, 앞으로는 오직 서울의 십리 안에만 가히 살아야 한다. 또 만약 집안의 힘이 쇠락하여 서울…" / [라이크뉴스][조선조 명문가의 교육철학] 나주 정씨 다산… (m.blog.naver.com). 2007.7.11., "서울살이의 방도를 들려준다. 그는 먼저 결코 서울 주변(수도권)을 떠나서는 안 되며, 가능하면 서울 한복판으로 들어가 살아야 한다고 당부한다."/ "문명 세계를 떠나지 말라", 네이버 블로그(blog.naver.com), 2024.2.1., "만약 벼슬길이 끊어져 버리면 빨리 서울에 붙어살면서 문화의 안목을 잃지 않도록 해야 한다. 지금 내가 죄인이 되어 너희들에게 아직은 시골에…" / DH Kim, 시(詩)·서(書)·화(畵)를 통해 본 18~19세기 한양(漢陽)의 향유, Korea Science(koreascience.kr), 2015, "…살기에는 도성 밖 십 리만 벗어나더라도 살 수 없는 공간으로

여기게 되었다. ⋯ 즉, 오직 서울의 십리 안만이 가히 살 수 있다."

275) Reddit, New Job Will Be traveling about 30000 Miles Per Year(reddit.com), 2021.9.11., "Like the title says I am starting a new job on the 20th. I will be driving within a 100 mile area and will be putting about 30000 miles per year on the car. I will also be hauling a lot of cargo so I need a lot of space in the back. My budget is about 18000. I was considering a used Kia Soul but I've seen mixed reviews. Any advice is greatly appreciated."

276) The history of iron casting part 1 - The C.A. Lawton Co.(calawton.com), 2019.4.17., "When did the Hittites start using iron? Archeologists believe that iron was discovered by the Hittites of ancient Egypt somewhere between 5000 and 3000 BCE. During this time, they hammered or pounded the metal to create tools and weapons."

277) The Hittites and Ancient Anatolia (article) - Khan Academy(khanacademy.org) : "The Hittites were an ancient Anatolian (modern-day Turkey) people who formed an empire between 1600-1180 BCE. The Hittites manufactured advanced iron goods, ruled over their kingdom through government officials with independent authority over various branches of government, and worshipped storm gods."

278) Iron Age, Wikipedia(en.wikipedia.org) : Earliest evidence, Souckova-Siegolová (2001) shows that iron implements were made in Central Anatolia in very limited quantities about 1800 BC and were in general use by elites, though not by commoners, during the New Hittite Empire (≈1400-1200 BC).

279) 오운홍, 한국사 미스터리5 : 가야인, 나라 세우러 온 것이 아니다. 시간의 물레, 2023.8.31. p.47

280) Genesis 23:16~18, "And Abraham hearkened unto Ephron; and Abraham weighed to Ephron the silver, which he had named in the audience of the sons of Heth, four hundred shekels of silver, current money with the merchant. And the field of Ephron which was in Machpelah, which was before Mamre, the field, and the cave which was therein, and all the trees that were in the field, that were in all the borders round about, were made sure. Unto Abraham for a possession in the presence of the children of Heth, before all that went in at the gate of his city."

281) Genesis 10:15, "Canaan was the father of Sidon his firstborn, and of the Hittites, Jebusites, Amorites, Girgashites, Hivites, Arkites, Sinites, Arvadites, Zemarites and Hamathites."

282) Hattusa: The Ancient Capital of The Hittites(goturkiye.com) : "Hattusa, located in Türkiye's Anatolian heartland province of Corum, is definitely worth visiting. The remnants of the Hittite Capital date back to the Bronze Age, around 2000 BC. The site was added to the UNESCO World Heritage list in 1986. The Hittites were a remarkable civilization. The kingdom stretched from the Aegean across Anatolia, northern Syria and to the Euphra-

tes river or in Türkiye."

이진아, BC 350년 "철기문명은 바닷길을 통해 확산됐다" 주간조선(weekly.chosun.com), 2022.2.10., "기원전 350년, 한반도에 남방으로부터 철기문화가 도착했다. 그때부터 어느 정도 동질적인 하나의 사회집단을 말하여 '가야'라는 말이 통용되기 시작했다. … 철기문명이 발상지인 터키에서 인도 아대륙에 처음 전해진 것이 기원전 2500년이다. 철기문명은 거기서 2000년 이상 머물러 있었다. 그랬다가 처음 동쪽으로 진출한 흔적이 기원전 500년 캄보디아에서 발견된다. 단 150년 후인 기원전 350년엔 인도네시아, 필리핀, 대만, 그리고 한반도까지 거의 동시에 철기문명의 흔적이 나타난다."

284) 나는 가야 해 / 하남석(2010), 오늘은 어디든지 떠나가 보자. 꽃바람 풀잎 내음과 나무 하나에도 감사하겠어. 난 그동안 연습장에 낙서처럼 의미 없이 살아왔어. 많은 세월 내가 나를 가두고 습관처럼 살아왔어. 바람같은 세월인데 한 번뿐인 인생인데. 그냥 이렇게 살 순 없어. 꿈을 꾸는 세상만큼 그만큼만 다가오네. 나는 가야 해. 나는 가야 해. 꿈을 찾아. 빈 하늘로 날아가는 새처럼. 희망의 나라를 펴네 하늘 높이. 부서지는 꿈들은 밤하늘에 별이 될 거야. 난 그동안 연습장에 낙서처럼 의미 없이 살아왔어. 많은 세월 내가 나를 가두고 습관처럼 살아왔어. 바람 같은 세월인데 한 번뿐인 인생인데. 그냥 이렇게 살 순 없어. 꿈을 꾸는 세상만큼 그만큼만 다가오네. 나는 가야 해 나는 가야 해. 꿈을 찾아. 빈 하늘로 날아가는 새처럼. 희망의 나라를 펴네 하늘 높이. 부서지는 꿈들은 밤하늘에 별이 될 거야. …"

285) 오운홍, 전게서, 2023.8.31. p.66~67

286) 상게서, p.64, "동남아시아지역에 '가야(Gaya)' 지명을 검색하여 요약하면, i) 동남아시아 철기 문명 시작은 인도에서 동남아시아 방향으로 인도화(Indianlization) 과정, ii) 미얀마와 한반도까지 그 넓은 공간이 거의 같은 시기인 BC 4세기에 출현, 즉 한반도 낙동강 유역에서도 BC 350년 철기 유적이 발견, iii) 철기 문명 전파에 중국본토나 일본 규슈로 간 흔적은 거의 없었다."

287) 상게서, p.60

288) "易曰 差以毫釐 謬以千里": 《礼記·经解》: "《易》曰: '君子愼始, 差若毫厘, 繆以千里'." / 《史記·太史公自序》: "故《易》曰: '失之豪釐, 差以千里'."

289) こししゅきゅう【狐死首丘】 故郷を忘れないことのたとえ. また, 物事の根本を忘れないことのたとえ. 注記「首」は, 頭を向けること. 狐は死ぬとき, 自分のすんでいた穴のある丘の方角に頭を向けるという意から. 「狐きつね死しして丘おかに首かしらす」と読み下す. 出典『礼記らいき』檀弓だんぐう·上.

290) 《礼記注疏》卷六《檀弓上》: "大公封于營丘, 比及五世, 皆反葬于周. 君子曰: 樂樂其所自生, 礼不忘其本. 古之人有言曰: 狐死正丘首.仁也." / 《楚辭補注》卷四《九章·哀郢》: "亂曰: 曼余目以流觀兮, 冀壹反之何時? 鳥飛反故鄉兮, 狐死必首丘. 信非吾罪而弃逐兮, 何日夜而忘之?"

291) 干闌(かんらん, gān lán): "中國で高床構造の建物をいう. 炭素14法による測定で, 今から6000~7000年前とされる浙江省の河姆渡(かぼと)遺跡から各種の柄(ほぞ),柄穴を加工した木造部材が出土したのをはじめ,同種の遺跡は新石器時代から歴史時代まで, 浙江, 江蘇, 湖

北, 雲南省などでも發見されている. 長江(揚子江)中·下流域から華南·西南地方にかけて, 先秦時代には華北·中原地方の木と土·日乾煉瓦と混合の構造とは別の木造建築の伝統が先行していたと考えられる. 今日でも華南·西南地方の少數民族の住宅には干欄式が多い." / 干欄式建筑, 維基百科: "台湾平埔族干欄屋, 干欄式建筑, 又称干欄屋, 高脚屋, 吊脚樓, 棚屋, 是一种特色民居建築, 其特点是 編竹苫茅爲兩重, 上以自處, 下居鷄豚, 謂之麻欄, 盛行于東南亞, 馬達加斯加, 台湾, 中國南部, 海南, 日本等的地區. 其种類雖有高架式, 高床式, 椿上屋等類型, 通常是木頭, 竹子所构屋梁, 并用茅草盖頂遮蔽的住屋, 也有柱椿頂端設範木, 較牢固的干欄式建筑.其主要特色是將其樓板垫高, 以樓梯上下住所. 日本的神社与谷倉是建在陸上的這類型建築物的著名例子, 而香港大嶼山大澳的大澳棚屋是建在岸邊的這類型的建筑物的著名例子."

292) 박종화, [게놈과 인류사] "한국인 주류, 남중국-동남아인의 복잡한 혼혈", 동아사이언스, 2020,6.30,"박종화 UNIST 교수팀이 한국인이 형성된 유전적 과정을 현대인 및 고대인 게놈 연구를 통해 새롭게 제시했다. 이에 따르면 수만 년 전부터 북아시아에 널리 퍼져 있던 동남아시아 유래 인류(선남방계)의 일부인 악마문동굴 신석기인이, 약 5000~4000년 전 남중국에서 동남아시아 및 동아시아 등지로 퍼져나간 새로운 인류(후남방계)와 만나 한국인의 조상을 형성한 것으로 나타났다. 다만 구체적인 인구집단의 이동 및 혼합 과정은 추가 연구가 필요할 것으로 보인다."

293) Jungeun Kim, Sungwon Jeon, Jae-Pil Choi, Asta Blazyte, The Origin and Composition of Korean Ethnicity Analyzed by Ancient and Present-Day Genome Sequences, Genome research foundation, Ulsan National Institute of Science and Technology, March 2020Genome Biology and Evolution 12(5) (researchgate.net) : "Koreans are thought to be an ethnic group of admixed northern and southern subgroups. However, the exact genetic origins of these two remain unclear. Also, the past admixture is presumed to have taken place on the Korean peninsula, but there is no genomic scale analysis exploring the origin, composition, admixture, or the past migration of Koreans. Here, 88 Korean genomes compared with 91 other present-day populations showed two major genetic components of East Siberia and Southeast Asia. Additional paleogenomic analysis with 115 ancient genomes from Pleistocene hunter-gatherers to Iron Age farmers showed a gradual admixture of Tianyuan (40Kya) and Devil's gate (8Kya) ancestries throughout East Asia and East Siberia up until the Neolithic era. Afterward, the current genetic foundation of Koreans may have been established through a rapid admixture with ancient Southern Chinese populations associated with Iron Age Cambodians. We speculate that this admixing trend initially occurred mostly outside the Korean peninsula followed by continuous spread and localization in Korea, corresponding to the general admixture trend of East Asia. Over 70% of extant Korean genetic diversity is explained to be derived from such a recent population expansion and admixture from the South."

294) 심재훈, "타밀어·한국어 유사단어 400~500개··· 가야 - 인도 교류 가능성 뒷받침", 2017.11.1., "인도 일정의 마지막 날 첸나이의 주정부 박물관을 찾았다. 19세기 영국 식민당국이 대영박물관 같은 시설을 염두에 두고 만들었다고 한다. 직원들이 한국인 기자를 보고 처음 건넨 말은 '엄마', '아빠' 였다. 타밀어로 엄마는 '음마', 아빠는 '아빠'로 발음된다. …"

295) 상게서, p.70, "(金官伽倻란 의미) 한반도의 경우 6가야 가운데 김해(金海, 철의 바다) 지역의 금관가야를 빼놓고 다른 가야를 왕국, 특히 국가로 볼 수 있는지에 대해 학계는 논의해야 한다. 김해 금관가야는 철생산기지(鐵生産基地)라기보다 i) 6 가야의 덩이쇠 집산지(鐵釘集産地)로써 중계무역기지(中繼貿易基地)로 볼 수 있다. 이와 달리 금관가야(金官伽倻)를 제외한 다섯 가야를 철 생산 재련기지로 볼 수 있다. 이와 같은 생산기지의 중심체를 지키는 성곽 등 안보체계를 놓고, 행정체계를 갖춘 국가의 통치체계로 볼 수 있느냐 하는 문제에 대해 선뜻 답할 수 없는 일이다."

296) 상게서, p.229, "김관가야(金官伽倻)란 i) 김해(金海, 철 바다)의 지리적 위치(地理的 位置)로 보아 낙동강과 남해가 이어지는 길목이라 철 생산물의 집합소가 되었고, 해상교역의 항구도시가 되었다. 또 하나 이곳에 철(鐵) 시장이 형성되어 국제시장(國際市場)뿐만 아니라 내수시장(內需市場)도 형성되었다. ii) 제철 공정상(製鐵 工程上)에 있어, 철광석에서 철을 뽑아내는 제련(製鍊)과 시우쇠(低炭素鋼)를 강철로 만들기 위한 제강(製鋼)과정과 대장간에서 강철을 두드려 벼르며 철기를 만드는 단야공정(鍛冶工程)을 거치게 된다. 고대에는 제강(製鋼)과 단야(鍛冶)를 합해 단야(鍛冶)라고 했다. 가야 시대는 제련(製鍊)은 철 생산기지에서, 단야(鍛冶)는 철수집상(鐵蒐集商)이 모여 있던 김해지역 금관가야에서 했다. iii) 물류과정(物流過程)에서 경쟁에서 선택되는 우수한 제품만 생존했던 당시는 김해의 철 유통관련 집단은 우수한 철 제품을 수출하기 위해 철 상품을 규격화하고 품질을 개선하는 작업을 했다. 이렇게 국내외시장과의 연결, 제철생산기지에서 수집해 단야공정(鍛冶工程)을 통해 품질개선을 하여 중계교역을 하는게 금관가야(金官伽倻)의 몫이었다."

297) 상게서, 한국사 미스터리5 : 가야인, 나라 세우러 온 것이 아니다. 시간의 물레, 2023.8.31. p.70

298) 에스코트(escort), 나무위키 2024.3.12, "호위(護衛)와 매춘(賣春)을 겸하고 있다. … 콜걸(call girl)이나 여성 에스코트로 불리는 사람들을 뜻하는 말로, 보통의 매춘업 종사자처럼 자신이 하는 일을 공공연하게 드러내거나 매춘업소에 소속되어 일하지 않는다. 대신 일종의 대행사 같은 업체에 소속되어 있다."

299) 오운홍, 한국사 미스터리5 : 가야인, 나라 세우러 온 것이 아니다. 시간의 물레, 2023.8.31. p.268, "대성동 57호 고분의 여전사는 철제품 수집상의 원팀이었다."

300) 창원 다호리 고분군(昌原 茶戶里 古墳群) - 한국민족문화대백과사전(encykorea.aks.ac.kr), "개설: 1988년 9월 3일 사적으로 지정되었다. 면적은 101,802㎡이다. 1988년부터 1991년까지 국립중앙박물관에 의해 6차에 걸쳐 발굴 조사되어 널무덤(木棺墓) 총 44기가 조사되었다. 이 고분군이 위치한 지역은 해발 433m의 구룡산 북서줄기와 이어지는 해발 20m 정도의 야산에서 북쪽으로 뻗어내린 야트막한 구릉이다. …"

301) 茶戶里遺蹟出土五銖錢(Osujeon Money Excavated from the Archeological Site in Dahori) 경상남도 창원시의 오수전은 진시황 때 주조된 반량전(半兩錢)의 형태를 본받아, 한(漢) 무제(武

帝) 원수(元狩) 5년(서기전 118년)에 각지의 군(郡)과 국(國)에서 주조되었다. 이로 인해 무게가 일정하지 않고 불량인 동전이 많아짐에 따라, 원정(元鼎) 3년(서기전 114년)에는 관영 공방에서 적측 오수전(赤仄五銖錢)을 주조하였으며, 후원(后元) 2년(서기전 87년)까지 상림삼관(上林三官)을 설치하여 오수전을 전문적으로 주조하였다. 이후 위진남북조 시기 양(梁) 무제(武帝)가 보통(普通) 4년(523년)에 쇠로 주조한 철제오수전을 발행하여 사용하기도 하였다. 이후, 당(唐) 고조(高祖) 무덕(武德) 4년(621년)에 개원통보(開元通寶)가 발행되면서 공식적으로 폐지될 때까지 약 730여 년 동안 유통되었다.

302) 五銖錢, 百度百科:"五銖錢是中國古代的一种銅制通貨. 錢上有 '五銖' 二篆字, 故名. 漢武帝于元鼎四年 (前113年) 下令禁止郡國鑄錢, 把各地私鑄的錢幣運到京師銷毀, 將鑄幣大權收歸中央. 中央政府成立專門的鑄幣机构, 卽由水衡都尉的屬官(鐘官,辨銅,技巧三官)負責鑄錢. 鐘官負責鑄造, 辨銅負責審查銅的質量成色, 技巧負責刻范. 面文 '五銖' 二字的錢最初鑄于漢武帝元狩五年(公元前118年), 重如其文, 被称爲五銖錢, 約3.5克一枚. 發展史：武帝五銖, 東漢前期五銖, 剪邊五銖, 董卓五銖, 直百五銖, 蜀五銖, 魏五銖, 沈充五銖, 太和五銖, 永平五銖, 永安五銖, 梁鐵五銖, 常平五銖, 隋五銖…"

303) 後漢書 東夷傳 韓條："…土地肥美, 宜五穀. 知蠶桑, 作 布. 乘駕牛馬. 嫁娶以禮. 行者讓路. 國出鐵,<濊>·<倭>·<馬韓> 從市之. 凡諸(貨)[貿]易, 皆以鐵爲貨…"

304) 三國志 魏志東夷傳 弁辰條："…爲之, 有似牢獄也. 國出鐵,<韓>·<濊>·<倭>皆從取之. 諸市買皆用鐵, 如中國用錢, 又以供給二郡. 俗喜歌舞飲酒. 有瑟, 其形似筑, 彈之亦有音曲…"

305) BIO 102 - Ch. 15 SmartBook Flashcards, Quizlet(quizlet.com) : "The first animals arose in the ocean about 570 million years ago. … In deep-sea hydrothermal vents, what … years old have been found in Greenland. 3.85 billion."

306) Stefan Bakumenko, Review of African Political Economy, Tand fon Linne(tandfonline.com), Journal homepage, Volume 50, 2023 : "This article explores how predatory economic processes play out in South Sudan, particularly in fuelling conflict and competition. It posits that issues of personal wealth and communal patronage are just as essential to understanding the conflict as politics, ideology and personal animosities. The article highlights the structural incentives for coercive economics and the commodification of labour. Exploring two case studies, it analyses how contests over the vital oil and cattle industries create insecurity in South Sudan, outlining the actors, methods and incentives involved in this economic violence. It concludes with opportunities for further research."

307) What does predatory mean in economics? Predatory Pricing: Strategic Theory And Legal Policy,United States Department of Justice (State.gov) : "In most general terms predatory pricing is defined in economic terms as a price reduction that is profitable only because of the added market power the predator gains from eliminating, disciplin-

ing or otherwise inhibiting the competitive conduct of a rival or potential rival."

308) Predatory Economic Practices, The Chinese Communist Party: Threatening Global Peace(state.gov) : "The PRC violates its World Trade Organization commitments and international norms and standards through massive subsidies to favored companies, intellectual property theft, forced tech transfer, and corrupt trade and investment practices…"

309) DAVID KINDNESS, What Is Predatory Pricing? Invest Opedia(investopedia.com), July 31, 2023 : "Predatory pricing is the illegal business practice of setting prices for a product unrealistically low in order to eliminate the competition. Predatory pricing violates antitrust laws, as its goal is to create a monopoly. However, the practice can be difficult to prosecute. Defendants may argue that lowering prices is a normal business practice in a competitive market rather than a deliberate attempt to undermine the marketplace. Predatory pricing doesn't always work, since the predator is losing revenue as well as the competition. The predator must raise prices eventually. At that point, new competitors will emerge."

310) Predatory Pricing: Definition, Example, and Why It's Used, Invest Opedia(nvestopedia. com) : "In a predatory pricing scheme, prices are set unrealistically low in order to eliminate competitors and create a monopoly. Consumers benefit from lower prices in the short term but suffer in the long term as the successful predator has eliminated choice and is free to raise prices."

311) 수익률 200% 청일전쟁으로 돈맛 본 일본… 판 키워 전쟁狂이, 한국경제(hankyung.com), 2022.8.17., "청일전쟁에서 일본이 챙긴 배상금은 랴오둥 반도를 반환하면서 받은 환부금 포함 3억 6000만 엔이다. 일본 1년 국가 예산의 3~5년 치인데(재정 규모가 7000만 엔에서 1억 엔까지 책마다 조금씩 다르다.) 세상에 이렇게 남는 장사가 없다. 물론 원가 계산은 해야 한다. 청일전쟁에 들어간 전비(戰費)는 한 달에 2000만 엔꼴로 9개월간 1억8000만 엔이 들어갔으니 투자금액 대비 200% 수익률을 달성했다. 이 돈을 일본은 뭐에 썼을까. 이 질문은 도박에서 돈을 딴 사람이 그 돈으로 무엇을 할까와 크게 다르지 않다. 제정신(?)인 도박꾼은 더 큰돈을 따기 위해 도박 자금으로 쓴다. 전쟁으로 번 돈의 절반인 1억8000만 엔을 일본은 육군과 해군 확장 비용에 투입한다(성격상 투자?). 나머지는 제강소(製鋼所)를 짓고 철도 부설, 전화 가설 등에 썼는데 넓게 보면 다 전쟁 관련 비용이다."

312) 청일 전쟁배상금, 나무위키(namu.wiki), 2024.3.9., "전쟁 이후 일본은 시모노세키 조약을 통해 청나라로부터 요동반도와 타이완 지역을 할양받고 은화 2억냥의 배상금을 받아냈다. 이는 당시 일본 정부 1년 예산의 4배에 달하는 액수였다. 이 막대한 전쟁배상금은 청일전쟁 이후 일본이 전쟁배상금과 같은 이권을 노리고 전쟁을 일으키는 군국주의화의 시발점이란 평가를 받기도 한다."

313) 남정욱의 종횡무진 경제사 이기면 남는 장사… 배상금 뜯어내며, 한국경제신문(hankyung. com), 2023. 10. 13., "청일전쟁에서 일본이 챙긴 배상금은 랴오둥반도를 반환하면서 받은 환부금

포함 3억6000만 엔이다. 일본 1년 국가 예산의 3~5년 치인데(재정 규모가 7000만 엔에서 1억 엔까지 책마다 조금씩 다르다), 세상에 이렇게 남는 장사가 없다."

314) 成金, ウィキペディア (Wikipedia) : 成金 (なりきん) とは, 將棋において低位の駒が金將に成駒することになぞらえ, 急激に富裕になった人を表す日本語. 同じ日本語では, 成り上がり者 (なりあがりもの), 出來星 (できぼし) とも呼ばれる. 英語およびフランス語において同樣の意味を指す人物はヌーヴォーリシュ (nouveau riche) と呼ばれる.

315) The 1930s and War Economy,(grips.ac.jp/te), 2024.5.14. : "Showa Depression 1930-1932 : Japan experienced the deepest economic downturn in modern history during 1930-32. This should not be confused with the banking crisis of 1927 (previous lecture). There were two causes of this depression. (1) Internally, the Minsei Party government (July 1929-April 1931, with prime minister Osachi Hamaguchi, finance minister Junnosuke Inoue, and foreign minister Kijuro Shidehara) deliberately adopted a deflationary policy in order to eliminate weak banks and firms and to prepare the nation for the return to the prewar gold parity (fixed exchange rate with real appreciation). The policy of deflation and return to gold was strongly advocated and implemented by finance minister Inoue. (2) Externally, Black Thursday (Wall Street crash) of October 1929 and the ensuing Great Depression in the world economy had a severe negative impact on the Japanese economy···"

316) National Press Club, 1950. 1. 12 : "So far as the military security of other areas in the Pacific is concerned, it must be clear that no person can guarantee these areas against military attack. But it must also be clear that such a guarantee is hardly sensible or necessary within the realm of practical relationship. Should such an attack occur··· the initial reliance must be on the people attacked to resist it, and then upon the commitments of the entire civilised world under the Charter of the United Nations which so far has not proved a weak reed to lean on by any people who are determined to protect their independence against outside aggression. But it is a mistake, I think, in considering Pacific and Far Eastern problems to become obsessed with military considerations. Important as they are, there are other problems that press, and these other problems are not capable of solution through military means. These other problems arise out of the susceptibility of many areas, and many countries in the Pacific area, to subversion and penetration. That cannot be stopped by military means···"

317) Michael Wu, Was Japan one of the poorest nations right before the Korean War and after WW2?, QUORA(quora.com) : "···After the Korean War, its devastated economy recovered and continued on its pre-war trajectory of catching up with the West. By the 1980s, it overtook Great Britain and Germany to become the world's second largest economy.

Japan's quick recovery from the ashes of World War 2 wouldn't have been possible with-out a highly skilled industrial workforce a legacy of its successful late 19th century mod-ernization program."

318) Steve Wright, What was Japan's involvement in the Korean War itself (not prior or af-ter)? QUORA(quora.com) : "···It was cheaper, faster and ultimately more efficient for the US military to order heavy machines from J factories than make them in the US and ship them from the States. The successful symbiosis between US demand and J supply set the stage for the next generation of this alliance; from 1950 to 1973, the GDP in Japan averaged an increase of over 10%, and much of the necessary capital for this growth first entered Japan in the form of military orders for equipment during the Korean War. ···"

319) Michael Wu, Was Japan one of the poorest nations right before the Korean War and af-ter WW2?, QUORA(quora.com) : "···After the Korean War, its devastated economy recov-ered and continued on its pre-war trajectory of catching up with the West. By the 1980s, it overtook Great Britain and Germany to become the world's second largest economy. Japan's quick recovery from the ashes of World War 2 wouldn't have been possible with-out a highly skilled industrial workforce a legacy of its successful late 19th century mod-ernization program···"

320) 言わぬが花 : "跳ね返り逃げ帰りしなやかな体軀, 蟠りしたたかに舌を巻く態度, 裏の路地 夢心地名前もないまま,彼等に触れ落ちていくだけ. 跳ね返り逃げ帰りしたたかな愛も, あら 可愛釘をさす首輪をつないで, 阿弥陀くじ逃げ腰で暇もないほどに, ほのかに香る後の祭り. 知りたくないことばかり目に映るのに···"

321) 金庸(1924年3月10日~2018年10月30日), 大紫荊勳賢, OBE, 本名查良鏞 (英語：Louis Cha Leung-yung), 男, 籍貫浙江海寧), 香港文學家, 武俠小說作家,社會活動家, 1948年移居香港. 與倪匡, 黃霑, 蔡瀾一起, 獲傳媒冠以「香港四大才子」之譽. 自1950年代起, 其以筆名「金庸」創作多部膾炙人口的武俠小說,包括《射鵰英雄傳》, 《神鵰俠侶》, 《倚天屠龍記》, 《天龍八部》, 《笑傲江湖》, 《鹿鼎記》等. 歷年來金庸筆下的著作屢次改編爲電視劇, 電影等影視作品, 對華人影視文化貢獻重大, 奠定他成爲華人知名作家的基礎, 素有「有華人的地方, 就有金庸的武俠」的稱讚.金庸早年於香港創辦《明報》系列報刊, 並在1980年代涉足政界, 曾任香港基本法起草委員會委員. 他因優秀的文學作品而被稱爲「香港四大才子」之一, 與古龍, 梁羽生合稱爲「武俠小說3劍客」. 2018年10月30日下午因病於香港養和醫院逝世, 享耆壽94歲.

322) 長江后浪推前浪(中國語)の日本語譯 - コトバンク(kotobank.jp) : "＜諺＞ (長江は後の波が前の波を押し進めるように) 世の中は絶え間なく變化し, 新しい世代が古い世代に取って代わる."

323) Graham Allison, Destined for War: Can America and China Escape Thucydides's Trap?,

Harvard Business School(hks.harvard.edu) : "CHINA AND THE UNITED STATES ARE HEADING TOWARD A WAR NEITHER WANTS. The reason is Thucydides's Trap, a deadly pattern of structural stress that results when a rising power challenges a ruling one. This phenomenon is as old as history itself. About the Peloponnesian War that devastated ancient Greece, the historian Thucydides explained: "It was the rise of Athens and the fear that this instilled in Sparta that made war inevitable." Over the past 500 years, these conditions have occurred sixteen times. War broke out in twelve of them. Today, as an unstoppable China approaches an immovable America and both Xi Jinping and Donald Trump promise to make their countries "great again," the seventeenth case looks grim. Unless China is willing to scale back its ambitions or Washington can accept becoming number two in the Pacific, a trade conflict, cyberattack, or accident at sea could soon escalate into all-out war. In Destined for War, the eminent Harvard scholar Graham Allison explains why Thucydides's Trap is the best lens for understanding U.S.-China relations in the twenty-first century. Through uncanny historical parallels and war scenarios, he shows how close we are to the unthinkable. Yet, stressing that war is not inevitable, Allison also reveals how clashing powers have kept the peace in the past -- and what painful steps the United States and China must take to avoid disaster today."

324) 유재동, "미-중 군사적 충돌 위험한 상황… 대만-한반도서 시작될 수도", 동아일보, 2020.8.18., "세계 최강국 간의 관계 악화는 한반도 정세에도 영향을 미칠 가능성이 높다. '투키디데스의 함정'이란 개념을 통해 미중 갈등의 위험을 경고해온 국제안보 분야의 석학 그레이엄 앨리슨 미국 하버드대 교수(80)는 동아일보 인터뷰에서 "미중 간 군사적인 충돌 가능성이 생각보다 높고 그 시발점은 한반도나 대만 등 제3 지역이 될 수 있다"며 "미중 갈등이 최악의 상황으로 치닫지 않도록 한국이 역할을 해야 한다"고 조언했다."

325) 미·중 패권경쟁과 우리의 대응방향, 국가안보전략연구원(nss.re.kr) : "미중 경제마찰은 이미 정보통신기술을 두고 벌이는 기술전쟁으로 비화되었으며, 조만간 환율, 국방. 및 안보 부문으로 급속히 확대될 가능성이 있다.

326) Kim Woo-jae, [Column] Again Yellow Peril, Hankyreh(english.hani.co.kr), 2021.4.6. : "'Our failure to properly deal with Germany and Japan early cost the world dearly later on. We dare not make the same mistake with China.' So said Steve Forbes, publisher of the US financial magazine Forbes. The battle for dominance between the US and China dates back to before the Donald Trump presidency."

327) Steve Forbes, QuoteFancy(quotefancy.com) : "Our failure to properly deal with Germany and Japan early cost the world dearly later on. We dare not make the same mistake with China."

328) [마이더스] 미중 패권 전쟁과 한국 반도체 산업의 미래, 연합뉴스, 2023.2.3., "미중 패권 전쟁과 반

도체 산업은 세계 경제·산업과 한국 반도체 산업·경제에 향후 10년 이상 영향을 미칠 전망이다. 이에 미중 반도체 산업 정책…" / 기술이 전쟁이다… 미중 반도체 경쟁과 한국의 대응, 피렌체의 식탁(firenzedt.com), 2024.3.7., "미국과 중국의 기술 패권 경쟁은 격화하는 양상이고, 그 핵심은 반도체다. 미국은 '칩스법'을 만들어 자국의 반도체 산업을 보호하고자 하고, 중국은 2025…"/ 미-중 '반도체 전쟁' 본격화…한국, '양자택일' 떠밀리나, 한겨레(hani.co.kr), 2024.3.10., "중국이 21일 미국 반도체 기업 마이크론을 전격 제재한다고 발표하면서 반도체 등 첨단 산업을…" / 미중 반도체 전쟁 현재는 미국의 우세, BBC(bbc.com), 2023.1.16., "미국의 중국 방해 전략. 바이든 행정부는 중국이 반도체 제조 기술에 접근하지 못하도록 노력 중이다. 지난 10월에는 기업 소재지와 무관하게 미국 기술이…" / 미중 반도체 전쟁 가열… "美, 中기업 추가 제재" vs "中, 자립…, 한국일보(hankookilbo.com), 2024.3.10., "조 바이든 미국 행정부가 중국 D램 생산 기업인 창신메모리테크놀로지(CXMT) 등을 포함한 중국 반도체 기업 6곳에 대해 추가 제재를 검토 중인 것으로…"

329) Joseph Robinette Biden Jr. (/ˈbaɪdən/ ⓘ BY-dən; born November 20, 1942) is an American politician who is the 46th and current president of the United States since 2021. A member of the Democratic Party, he previously served as the 47th vice president from 2009 to 2017 under President Barack Obama and represented Delaware in the United States Senate from 1973 to 2009.

330) Trump says will 'see what happens' with end of Seoul-Tokyo intel-sharing deal, Honhap News August 24, 2019 : "U.S. President Donald Trump has said he will see "what happens" regarding South Korea's decision to pull out from a military intelligence-sharing deal with Japan, referring to South Korean President Moon Jae-in and Japanese Prime Minister Shinzo Abe as his good friends. Asked about Seoul's decision Thursday to end the General Security of Military Information Agreement (GSOMIA) amid a bilateral dispute over trade and history, Trump told reporters, "We are going to see what happens." He made the remarks on Friday (Washington time) before departing for the Group of Seven talks in France. On a separate question, Trump said he is looking forward to meeting Abe there, describing the Japanese leader as "a great gentleman" and "a great friend" of his."

331) 대법원 판결, 대한민국 법원(scourt.go.kr), 2018.10.30.─선고 2012나44947 판결

332) M. E. Sarotte, Not One Inch: America, Russia, and the Making of Post-Cold War Stalemate,Yale University Press; First Edition (November 30, 2021). 568 pages

333) 和仁健太郎(大阪大學大學院國際公共政策研究科准敎授), 元徵用工訴訟問題と日韓請求權協定, 國際法學會エキスパートコメントNo.2019-8, 2019年7月29日 : "…戰前に日本企業により强制連行され强制勞働に從事させられたと主張する韓國人 (いわゆる「元徵用工」.日本政府は「旧朝鮮半島出身勞働者」と呼称) が日本企業に對し損害賠償の支拂いを求めて韓國の裁判所に提起したいくつかの訴訟については,2018年10月30日に大法院 (韓國の最

高裁判所）が被告（新日鐵住金）の上告を棄却し原告の勝訴を確定させる判決（韓國語原文,
張界滿·市場淳子·山本晴太による日本語譯）を言い渡して以降,同樣の判決が相次いでいます
（三菱名古屋勤勞挺身隊訴訟に關する2018年11月29日の大法院判決,三菱廣島徵用工訴訟
に關する同日の大法院判決など）. 日本政府はこの問題が1965年の日韓請求權協定により解
決濟みの問題だとして強く反發していますが（2019年7月19日外務大臣談話など）, 韓國は協
議要請（日韓請求權協定3條1項）にも仲裁付託（同2項·3項）にも応じておらず,この問題をめ
ぐる日韓兩國の見解の食い違いは,最近における日韓關係惡化の一因になっていま…"

334) 中國一点都不能少, 維基百科(zh.wikipedia.org) : "中國一点都不能少, 是2016年7月爲抗議
南海仲裁案在中國大陸出現的政治口号, 最早出現于中共中央机關報《人民日報》官方微博
發布的一張圖片."

335) 강제징용 생존 피해자 1명 '제3자 변제' 정부 해법 수용, KBS 뉴스(/news.kbs.co.kr),
2023.5.25., "앞서, 정부는 2018년 대법원의 배상 확정판결을 받은 강제징용 피해자 15명의 판결금
과 지연이자를 일본 피고 기업 대신 재단이 지급한다는 제3자 변제…" / [취재수첩] '법리 다툼' 대상
이 된 강제징용 배상금, 법률신문(lawtimes.co.kr), 2023.7.13. : "정부가 '제3자 변제 해법'을 수용
하지 않은 강제징용 피해자 4명에 대한 배상금을 법원에 맡겼지만, 이를 법원 공탁 공무원이 받아들
이지 않으면서." / 정부, 추가소송한 강제동원 피해자에게도 일본 기업 대신 '제2자 변제', 경향신
문(khan.co.kr), 2023.12.21. : "제3자 변제안은 행정안전부 산하 재단이 한국 기업 등 민간 기여를
통해 재원을 마련, 배상 확정판결을 받은 피해자들에게 일본기업 대신 배상금과 지연…" / 3자변제
대상 늘어나는데 줄 돈이 없다… 꼬여가는 강제징용, 중앙일보(joongang.co.kr), 2023.12.21., "당
장 21일 대법원 판결을 통해 일본 전범기업에 승소한 강제징용 피해자 11명이 3자 변제에 동의한다
해도 이들에게 1인당 1억~1억5000만원 규모의 배상금…" / 정부, 추가 배상확정 피해자에도 제3자
변제 해법 적용 재확인, 연합뉴스(yna.co.kr), 2023.12.28., "정부는 28일 일본 기업을 상대로 추가
로 대법원에서 손해배상 확정 판결을 받은 강제징용 피해자들에게도 기존과…"

336) 강제동원 생존피해자 3명 "제3자 변제 허용 안 해" 공식 입장, 한겨레(hani.co.kr), 2023.3.13.,
"강제동원 생존피해자인 양금덕(94)·김성주(95)·이춘식(99) 씨 대리인단은 13일 오전 '제3자 변제
를 허용하지 않는다'는 정부안 거부 의사를 담은 내용증명…" / [속보] 日 강제동원 생존피해자 "제
3자 변제 배상 거부" 서울신문(seoul.co.kr), 2023.3.13., "일본제철에 손해배상 소송을 제기한 원
고 4명 중 유일한 생존 피해자인 이춘식 할아버지도 이날 소송 대리인을 통해 '제3자 변제 거부' 취지
의 내용증명을…" / 법원, 강제동원 피해자 '제3자 변제' 공탁 거부…외교부 반발, 중앙일보(joon-
gang.co.kr), 2023.7.4., "중 정부의 '제3자 변제' 해법을 거부한 강제징용 피해자 4명의 배상금을 법
원에 공탁하려던 절차에 제동이 걸렸다. 광주지법은 일제강제동원피해자지원…" / 박진, 강제동원
피해자 '제3자 변제' 기각에도, KBS 뉴스(news.kbs.co.kr), 2023.10.10., "2023. 10. 10. ― 강제동
원 피해자 측이 '제3자 변제'를 거부하면 배상금 공탁 신청을 받아들일 수 없다는 법원의 판단에도
외교부는 법률 전문가의 의견을 바탕으로…"

337) 日本の土壤と文化へのルーツ, アイヌ民族と熊, 東邦大學(lab.toho-u.ac.jp), 2020.11.10.:

"…胆囊は,肝臓でつくられた胆汁を一時的に蓄えるための囊で, 脊椎動物全般にみられるが, 中には胆囊を欠く動物もある.胆囊がない動物として,馬, 鹿, 象…"

338) "TSMC 공장 증설 日규슈, 반도체 경제효과 10년간 180조 원", 연합뉴스, 2024.4.7., "세계 파운드리(반도체 수탁생산) 1위 업체인 대만 TSMC가 일본 제1공장에 이어 제2공장도 규슈 구마모토현. 아울러 닛케이는 TSMC 공장 증설과 일본 기업 라피더스의 홋카이도 공장 건설 등으로 2031년에는 일본 반도체 자급률이 2022년의 8.4배인 44%로 높아질 것으로 예상했다. 이 신문은 도요타자동차가 TSMC의 구마모토 공장 운영 자회사인 JASM에 출자한다는 점을 강조하면서 '일본과 대만이 협력을 심화해 경제 안보를 강화한다'고 평가했다." / TSMC 구마모토 1공장 문 열었다… 반도체 공장 건설로 경제 효과만 180조 원, 조선비즈(biz.chosun.com), 2024.2.24., "TSMC 구마모토 1공장 문 열었다. 반도체 공장 건설로 경제 효과만 180조 원 TSMC 구마모토 1공장 개소식 24일 개최 한 달에 12~28㎚ 제품 5만5000장 생산 소니 비롯한 일본 기업도 투자 예정 세계 1위 파운드리 기업인 대만 TSMC가 일본 규슈 구마…"

339) 이나리, 日, IBM·TSMC와 손잡고 반도체 강국 부활 꿈꾼다, [이슈진단+] 반도체 공급망 확보전③ 일본, 2027년 2나노 칩 양산 목표 ZDNet(zdnet.co.kr), 2023.8.23., "일본이 반도체 산업에서 부활을 꿈꾸며 다시 고개를 들고 있다. 일본 정부는 과거 2000년대 초 실패했던 반도체 정책의 수순을 다시 밟지 않기 위해 자국 기업과 글로벌 반도체 기업 간의 합작 회사 설립을 통해 파운드리 시장에 진출한다는 전략을 세웠다. 특히 미국 IBM, 대만 TSMC와 협력이 눈에 띈다."

340) "반도체 슈퍼을 ASML, 日 홋카이도에 기술 거점" - 아시아경제(asiae.co.kr), 2023.9.26., "네덜란드 반도체 장비기업 ASML이 일본 반도체 기업 라피더스가 공장을 건설 중인 홋카이도에 기술 거점을 마련한다. 26일 니혼게이자이신문(닛케이)에 따르면 내…"

341) There 100(there100.org), Our Global Policy Messages : We're advocating for change in line with our six global policy messages. Policy decisions and market design are often cited by our members as reasons why renewables are hard to procure and not as cost effective as fossil fuels in certain countries. RE100 members look to policymakers to enact measures that support corporate renewables sourcing and to accelerate the global transition to renewable electricity. The RE100 technical criteria also serve as a guide to those implementing policy on the procurement of renewable electricity and claims to its use. We are accelerating change towards zero carbon grids at scale. RE100 is the global corporate renewable energy initiative bringing together hundreds of large and ambitious businesses committed to 100% renewable electricity.

342) 타이완의 전시 전력공급 관련에 대해 미국 CIA에서 조사한 결과 LNG는 10일, 석탄은 39일 소모량을 비축하고 있어서 중국의 1개월간 포위만으로도 국가위험이 올 것이라고는 판단, 이로 인해서 해상풍력으로 재생에너지를 대체하겠다는 복안도 허상으로 끝날 것이다. 2011년 일본의 후쿠시마 원전 폭발사건으로 원자력발전을 2025년까지 완전폐기하는 것으로 원자력발전소 관련 법령에 40년 연한으로 되어 있어 2025년 이후에는 재검토해야 함

343) 박영선, '반도체 주권국가' 책 발간, 조선일보, 2024.1.7., "'반도체 제조의 3대 요소는 물·전기·사람인데 홋카이도는 물이 풍부하고, 풍력을 활용한 재생에너지로 생산 단가를 낮출 수 있으며, 잘 훈련된 노동력이 있다. 게다가 미국에서 가장 가깝다. ··· 2000년대 이후 삼성은 메모리 반도체 세계 1위를 유지하고 있지만 역설적으로 이것이 삼성의 최대 약점이기도 하다. 메모리 반도체에 편중돼 있는 포트폴리오 탓이다. 패키징, 칩렛 등 부가가치가 높은 영역으로 빠르게 확장해 가야 한다. 삼성과 SK하이닉스가 HBM과 칩렛을 활용한 패키징 분야에서 좀 더 큰 플레이어가 돼야 한다. ··· 관건은 물·전기·사람이 있느냐는 것이다. 특히 전기가 문제. 용인 클러스터가 2050년이 되면 10GW의 전력을 쓰게 되는데 이는 수도권 전체 수요의 4분의 1이다. 정부는 LNG 화력발전소 6기와 강원·경북의 석탄화력발전소, 원자력발전소에서 생산한 전력을 공급한다지만 난관이 많다. 속도전인 반도체 전쟁에서 송전 선로를 제때 구축할 수 있느냐, 그리고 RE100(재생에너지 100%)이다. 반도체 최대 수요 기업 중 하나인 애플은 2030년까지 RE100 달성 목표를 세우고 협력 업체들에 동참을 요구하고 있다. 삼성과 SK하이닉스도 RE100에 가입한 만큼 재생에너지 전력 공급원을 늘려가야 한다. 이에 대한 정부의 대안이 있는지 의문이다. ··· 그렇지 않다. 21세기 패권을 좌우할 반도체는 국가와 민간 기업이 완전히 한 몸으로 움직여야 한다. 정부·기업·학계로 구성된 국가반도체위원회를 컨트롤타워로 세우고 공동 대응해야만 이 전쟁에서 살아남을 수 있다. ··· 2019년 일본의 반도체 소재 수출 규제를 주무 장관으로 이겨냈을 때다. 대한민국 최대 수출 산업인 반도체 생산 라인이 멈출 뻔한 위기를 기회로 만들었다. 우리는 일본이 규제한 불화수소, 불화폴리이미드에 특허를 가진 국내 중소기업이 두 군데나 있다는 걸 알아냈고 적극 지원했다. 일본의 규제는 한국의 소·부·장 국산화를 촉진하는 결과를 가져왔다."

344) The Grand Chessboard: American Primacy and Its Geostrategic Imperatives. New York: Basic Books, 1997. ISBN 0465027253. Translated and published in nineteen languages.

345) Wikipedia, Zbigniew Kazimierz Brzeziński (/ˈzbɪɡnjɛf brəˈzɪnski/ ZBIG-nyef brə-ZIN-skee,[1] Polish: [[ˈzbiɡɲɛf kaˈzimjɛʐ bʐɛˈʑij̃skʲi] ⓘ;[a] March 28, 1928 - May 26, 2017), known as Zbig, was a Polish-American diplomat and political scientist. He served as a counselor to President Lyndon B. Johnson from 1966 to 1968 and was President Jimmy Carter's National Security Advisor from 1977 to 1981. As a scholar, Brzezinski belonged to the realist school of international relations, standing in the geopolitical tradition of Halford Mackinder and Nicholas J. Spykman,[2][3] while elements of liberal idealism have also been identified in his outlook.[4] Brzezinski was the primary organizer of The Trilateral Commission.

346) 王毅會見韓國外長康京和, 中華人民共和國外交部(mfa.gov.cn), 2017.8.6.: "王毅表示,中韓作爲近鄰和半島事務重要方, 保持溝通十分必要. 文在寅總統就任后曾表示愿意照顧彼此正█關切, 盡最大努力改善兩國關系. 但近日韓方倉促宣布...韓國只是美國巨大棋盤上的一个点…"

347) 나무위키, 限韓令, "2017년 초반부터 주한미군 THAAD 배치 논란으로 중국 정부가 자국 내 중국

인들에게 대한민국에서 제작한 콘텐츠 또는 한국인 연예인이 출연하는 광고 등의 송출을 금지하도록 명한 한류 금지령. 금한령(禁韓令)이라고도 한다. 이와 함께 비공식적인 [1] 행정명령으로 한국 상품에 대한 불매운동을 유도한다거나 혹은 중국에 진출한 한국업체에 대해 불이익을 주는 행위를 말한다."

348) 限韓令, 維基百科 : "限韓令是指2016年, 中韓關係因韓國部署薩德反導彈系統事件而緊張後, 中國將政治問題延伸到演藝圈, 大幅度限制韓國藝人來中國舉辦演唱會, 限制韓國電視劇的播放, 强行叫停兩國之間的民間演藝合作, 禁止兩國在綜藝節目領域展開合作, 不讓韓國民間文化產業公司來華投資. 不過中國當局一直否認實施過「限韓令」. 自2015年8月30日BIGBANG在重慶演出後, 就再也沒有韓國藝人在中國進行過演出. 一直到2023年5月韓星秋瓷炫參加《乘風2023》和2023年8月韓團exo在青島擧辦活動爲止. 在中韓合作或中國引進的韓國綜藝節目中. 原本中方有付版權費, 但在限韓令之下, 中方就不在再支付版權費, 其中就包括《Running Man》, 《我是歌手》等節目."

349) 구민교, [MT시평]거대한 체스판, 머니투데이(news.mt.co.kr), 2023.4.20., "우리나라 장기의 외통수와 같이 어떤 수를 써도 킹(왕)이 상대의 공격에서 벗어날 수 없는 상태, 즉 체크메이트가 되면 게임에서 진다. 민주당계 매파이자 체스게임의 열혈팬이던 브레진스키의 사상을 전격 수용한 이들은 역설적으로 9·11 테러사건 직후 부시 행정부에서 권력을 장악한 공화당 네오콘이었다. 덕분에 그는 2017년 작고할 때까지 전쟁광으로 비판받았다. 하지만 그에게 전쟁과 체스는 상대를 이기기 위한 행위라는 점에서는 같았다. 특히 그는 전쟁에서 체스판의 말(기물) 수와 활동성에 해당하는 물리적 군사력도 중요하지만 상대의 수를 미리 읽는 능력이 승부를 가르는 경우가 많다는 점에 주목했다."

350) TaftKatsura agreement, Wikipedia, "···Regarding Korea, Katsura observed that Japanese colonization of Korea was a matter of absolute importance, as he considered Korea to have been a direct cause of the recently-concluded Russo-Japanese War. Katsura stated that a comprehensive solution of the Korean problem would be the war's logical outcome. Katsura further stated that if left alone, Korea would continue to join improvident agreements and treaties with other powers, which he said to have created the original problem. Therefore, he stated that Japan must take steps to prevent Korea from again creating conditions that would force Japan into fighting another foreign war···"

351) Wikipedia, Owen Lattimore (July 29, 1900 - May 31, 1989) was an American Orientalist and writer. He was an influential scholar of China and Central Asia, especially Mongolia. Although he never earned a college degree, in the 1930s he was editor of Pacific Affairs, a journal published by the Institute of Pacific Relations, and taught at Johns Hopkins University from 1938 to 1963. He was director of the Walter Hines Page School of International Relations from 1939 to 1953. During World War II, he was an advisor to Chiang Kai-shek and the American government and contributed extensively to the public debate on U.S. policy toward Asia. From 1963 to 1970, Lattimore was the first Professor of Chinese

Studies at the University of Leeds in England.

352) Owen Latimore Report, August 1949, File number 100-24628, "···South Korea is a liabil-ity, not an asset, to U.S. interests and policies. The extent to which today's South Korean government will last is questionable, so the United States would do well not to go too deep···"

353) Wikipedia, Dean Acheson, "Dean Gooderham Acheson (pronounced /ˈætʃɪsən/ ATCH-iss-ən; April 11, 1893 - October 12, 1971) was an American statesman and lawyer. As the 51st U.S. Secretary of State, he set the foreign policy of the Harry S. Truman administra-tion from 1949 to 1953. He was also Truman's main foreign policy advisor from 1945 to 1947, especially regarding the Cold War. Acheson helped design the Truman Doctrine and the Marshall Plan, as well as the North Atlantic Treaty Organization. He was in private law practice from July 1947 to December 1948.[2] After 1949 Acheson came under par-tisan political attack from Republicans led by Senator Joseph McCarthy over Truman's policy toward the People's Republic of China."

354) Wikipedia, John F. Kennedy, "John Fitzgerald Kennedy (May 29, 1917 - November 22, 1963), often referred to as JFK, was an American politician who served as the 35th presi-dent of the United States from 1961 until his assassination in 1963. He was the youngest person elected president.[2] Kennedy served at the height of the Cold War, and the ma-jority of his foreign policy concerned relations with the Soviet Union and Cuba. A Demo-crat, Kennedy represented Massachusetts in both houses of the United States Congress prior to his presidency."

355) Rev. Edgar P. Roosa, Social Justice Themes in the Life and Writings of Pearl S. Buck, Pearl S. Buck Writing Center, Calendar of Events(psbwritingcenter.org) : "···In 1962 Presi-dent John F. Kennedy invited Nobel Prize winners from all over the country to the White House. Pearl S Buck who had won the Nobel Prize for literature in 1938 attended. In the course of the evening President Kennedy asked Ms. Buck what is to be done with Korea. Perhaps the Japanese could take care of them ··· Ms. Buck realized that Kennedy did not know much about Korea, since this country was small and surrounded by three great nations, Japan, China and Russia. So Ms. Buck said she was writing a book about Korea and when it was finished she would send the first copy to him. The weekend that the book The Living Reed was sent to the White House was the same weekend Kennedy was assassinated in Dallas, Texas, so he never got to read the book. Here is the summary of a story from The Living Reed···"

356) In 1962, John Kennedy said to Nobel Prize winner Pearl Buck, "I think the U.S. military is talking too much about our alliance, and I think they should withdraw from Korea. It

costs too much. I think we should change and instead let Japan take over Korea like in the old days."

357) Kim Jin-kook, A government of lemmings? - Korea JoongAng Daily(koreajoongangdaily), 2007.3.8., During the spring of 1980 in Seoul, John Wickham, the former commander of the USFK, likened Koreans to lemmings because he said Koreans followed the new military regime. This comment enraged Koreans. But Koreans are not the only ones who act like lemmings. In his book "Democracy in America," Alexis de Tocqueville worried about the tyranny of the majority. Since democracy began, there has been distrust about the masses. Plato advocated the rule of philosophers and Aristotle worried about mob rule. Populism is still widespread these days. Some Korean scholars even praise President Hugo Chavez of Venezuela as a "progressive populist." When differences of opinion do not narrow in a democratic society, then majority rule is the last resort.

358) Henry Scott Stokes, 42 SOUTH KOREAN CHRISTIANS ASK RECALL OF 2 TOP U.S. AIDES, The New York Times(nytimes.com), 1982.4.20.— John A. Wickham Jr., commander··· In August 1980 General Wickham said that Korean people are like 'lemmings' who are willing to follow any ··· Since then U.S. officials who handle Korean affairs for the Reagan Administration have made insulting comments about our country, the summary said. In August 1980 General Wickham said that Korean people are like 'lemmings' who are willing to follow any leader they get. In Febrary of this year Ambassador Walker compared student demonstrators to 'spoiled brats.' "The U.S. Government should look into the realities of increasing anti-American feeling, should recall General Wickham and Ambassador Walker and should apologize publicly for these people's remarks," the summary said.

359) 조유빈, "한국인은 들쥐 같다" 미군 발언, JP도 옹호했다, 시사저널, 2017.7.21., "5·18 당시 신군부 파병 승인한 한미합동사령부 사령관의 '레밍 발언'···JP가 두둔하자 신한국당 논평 내고 비난. 물난리 피해를 겪은 충북 지역의 자유한국당과 더불어민주당 소속 도의원들이 유럽 연수를 나간 사실이 최근 알려져 비난을 사고 있다. 특히 자유한국당 소속 김학철 충북도의원이 자신을 비판하는 여론에 대해 "국민들이 레밍(들쥐) 같다"고 해 논란은 더 확산되고 있다. 레밍은 우두머리 쥐를 따라 맹목적으로 달리는 습성을 지니고 있는 '집단 자살 나그네쥐'라고도 불리는 설치류다."

360) 트럼프 "한국은 부자 나라, 왜 미국이 지켜줘야 하나", 미국의 목소리(voakorea.com), 2023.5.1., "미국 공화당 대선 후보인 도널드 트럼프 전 대통령은 한국이 주한미군 주둔 비용을 더 내야 한다고 압박했습니다···" / "한국은 부자나라"··· '안보 무임승차' 또 꺼낸 대선후보, 매일경제(mk.co.kr), 2024.5.2., "30일(현지시간) 미국 타임지와 인터뷰한 트럼프 전 대통령은 '한국에서 군대를 철수할 것이냐'는 질문에 '나는 한국이 우리를 제대로 대우하길 바란다.'"

361) Nuclear South Korea? The hidden implication of hints at US troop withdrawal, Reuters/Yonhap), 2024.5.9. : Donald Trump, former US president and current Republican nominee, campaigns in Green Bay, WI, on April 2, 2024. Leading up to the US presidential election, Republican Party candidate Donald Trump and his advisers have been repeatedly hinting at pulling US troops out of the Korean Peninsula. While this could be an "art of the deal" tactic designed to pressure South Korea to shoulder more of the defense burden, experts say that Seoul needs to be prepared for indications that the US may adjust its grand strategy in a way that could have major ramifications for Korea's national security. "US forces on the peninsula, in my view, should not be held hostage to dealing with the North Korean problem because that is not the primary issue for the US," said Elbridge Colby, the former US deputy assistant secretary of defense for strategy and force development, in an interview with Yonhap News on Monday. "South Korea is going to have to take primary, essentially overwhelming responsibility for its own self-defense against North Korea," Colby said, adding that he would not leave US troops in Korea if it were up to him.

362) 孟子, 盡心章句上 : "窮則獨善其身, 達則兼濟天下…"

363) 周易, 繫辭下 : "神農氏沒, 黃帝堯舜氏作. 通其變, 使民不倦, 神而化之, 使民宜之. 易窮則變, 變則通, 通則久. 是以自天佑之, 吉無不利. 黃帝堯舜垂衣裳而天下治, 蓋取諸乾, 坤."

364) 周易, 繫辭傳下二章 : "刳木爲舟 剡木爲楫 舟楫之利 以濟不通 致遠以利天下 蓋取諸渙"

365) 창조산업지식백과, 창조경제란 무엇인가? : "독일은 문화·창조경제의 영역을 11개로 나누고 있다. 바로 음악산업, 도서 시장, 예술 시장, 영화산업, 방송산업, 공연예술 시장, 디자인산업, 건축 시장, 신문 시장, 광고 시장, 소프트웨어·게임산업이다." / 김기현, 김헌식, 창조경제의 창조산업 (부와 일자리 창출의 경제전략), 범한출판사, 2013.4.5. / 매일경제, 창조경제 : 창조경제는 2000년 8월 피터 코이가 비즈니스위크에 개인의 창의성과 아이디어가 핵심이 되는 새로운 경제체제 출현을 강조하면서 등장했다. 피터 드러커 경영대학원은 창조경제를 "신제품과 새로운 비즈니스, 콘텐츠를 창출하기 위해 지식재산권과 지식 노동자들에게 의존하는 산업들"로 정의한다. 2013년 박근혜 대통령이 취임하며 창조경제의 실현을 주요공약으로 내세워 재조명되었다. 박 대통령은 "창조경제를 구현하는 큰 축은 과학기술과 정보통신기술(ICT)"이라고 설명했다.

366) 2009.3.19. 이명박 대통령 국정연설, "최고의 복지는 일자리" 문화체육부 홍보지원국, 국정브리핑, 2009.7.22.

367) 박용하, 25년 만에… 일본에 역전당한 한국 경제성장률, 경향신문, 2024.2.16., "지난해 한국 경제성장률이 25년 만에 일본에 뒤진 것으로 나타났다. 달러로 환산한 일본 경제 규모는 저성장과 엔화 약세로 14년 만에 세계 3위에서 4위로 떨어졌다. 일본 내각부는 15일 지난해 일본의 실질 국내총생산(GDP) 성장률(속보치)이 1.9%라고 발표했다. 이는 한국의 1.4%에 비해 0.5%포인트 높은 수치다. 한국이 일본에 경제성장률에서 뒤진 것은 1998년 이후 25년 만에 처음이다." / 일본 작년 경제성장률, 25년 만에 한국보다 높았다, 한국일보, 2024.2.15. / 일본에 밀린 한국 경제… 25년 만에 받은 충격적인 성적표, KBS 뉴스, 2024.1.26. / 25년 만에… 일본에 역전당한 한국 경제성

장률, 경향신문, 2024.2.16. / 일본 2분기 6% 깜짝 성장…이대로면 올 25년 만에 한국 추월, 중앙일보, 2023.8.15. / 韓 작년 성장률 25년 만에 日에 뒤져… 日경제는 세계 4위로 추락, 한국경제, 2024.2.15.

368) YIC International Co., Limited(Y-IC.com) : " Japan Rapidus Chip 프로젝트는 전 세계적으로 인재를 모집하고 글로벌 파트너십을 강화할 계획입니다. 12월 14일, Nikkei Asia는 일본 정부가 지원하는 새로운 칩 제조업체인 Rapidus가 전 세계 인재를 모집하고 기존 공급 업체와 파트너십을 구축하여 후반에 최첨단 칩의 대규모 생산 목표를 달성할 것이라고 보고 했습니다. Atsuyoshi Koike는 "우리는 회사에 빠른 칩 설계에서 웨이퍼 처리, 칩 포장에 이르기까지 회사에 빠르다고 생각하기 때문에 '빠른' 또는 '빠른' 회사 Rapidus를 지명했습니다. 수요일 일본의 세미콘 무역 쇼에서. 아츠 요시 코이크는 "칩 생산 속도를 높이기 위해 국제 협력이 필수적이다. 그는 화요일에 Rapidus와 IBM의 발표를 공동으로 IBM의 2NM 프로세스 칩을 공동으로 생산할 것이며 12월 6일 벨기에의 연구소 IMEC와의 계약에 도달하여 극단적인 자외선 리소그래피 기술을 개발하여 고급 칩을 제조하는 데 중요한 기술입니다. 아츠 요시 코이이크는 "다행히도 우리는 IBM과 협력하도록 초대받았다. IBM이 없으면 고급 칩을 스스로 개발하기가 어려울 것이다." Rapidus Project는 다시 반도체 전력이 되려는 일본 노력의 일부입니다. 야심은 2027년 일본에서 2NM 기술 칩을 생산하는 것입니다. 대만, 중국, 중국, 한국의 TSMC는 3NM 프로세스의 대량 생산을 달성했으며 2025년에 2NM 프로세스의 대량 생산을 달성할 계획입니다. 그러한 생산 능력이 있습니다."

369) Rapidus 'last opportunity' to put Japan back on global chip map Friday, Briefly(briefly.co.za), May 17, 2024.

370) 鵜飼い(うかい)經濟, ナゴヤ經濟用語辭典, 2021年4月1日, : "飼い慣らした鵜でアユなどを捕る伝統的な漁で,日本最古の歴史書とされる「古事記」(712年) や「日本書紀」(720年) に記述がある. 東海地方では, 岐阜市の長良川鵜飼, 岐阜縣關市の小瀬鵜飼, 愛知縣犬山市の木曾川うかいがある. 長良川鵜飼と小瀬鵜飼は宮內廳式部職の鵜匠によって行われている."

371) 김영준, [월간중앙] 김영호 前 산자부 장관이 본 韓·日 경제전쟁의 본질 - "한국 정부, 설명책임 다해 일본 시민 마음 얻어야" 중앙일보, 2019.8.31., "…김영호 전 산자부 장관은 '가마우지 경제이론'의 주창자다. 1982년 한국 경제를 가마우지에 비유했다. 가마우지는 목줄(일본 부품·소재 산업)에 묶여 물고기(완제품)를 잡아도 삼키지 못하고 곧바로 어부(일본)에게 바친다. 한국 수출 구조의 취약점을 꿰뚫은 통찰이었다. 김 전 장관은 일본 와세다대학 100주년 기념 심포지엄에서 이 학설을 발표했다. 1988년 일본국제경제학회는 이를 검토해 이론의 적합성을 인정했고 연보에 실었다."

372) 小室直樹, 韓國の崩壞 : 太平洋經濟戰爭のゆくえ, 光文社, 1988年9月1日, 241 page

373) 가마우지 경제의 반대말로, 먹이를 부리에 저장했다가 새끼에게 먹이는 펠리컨처럼 한국의 소재·부품·장비 산업의 자립도를 높이고 부가가치를 창출해 파급효과를 만들어낸다는 의미이다.

374) 《삼국지》 위서 동이전 진한조에 나타난 미동(彌凍)이라고 붙여진 나라는 의성 안계지역 난미리미동국(難彌離彌凍國)과 밀양의 고자미동국(古資彌凍國 : 古自國) 등이 있었다. 고대어 '미리(彌離)'는 미르(mir, 일본어 미즈) 즉 물(水)의 고어이고, 미동(彌凍)은 물동이(水桶)로 저수지를 뜻함.

삼한시대 저수지였던 안계 대제지(大堤池), 밀량 수산제(守山堤)가 물동이나라(彌凍國)의 저수지였다.

375) 大學 : "物有本末, 事有終始, 知所先後, 則近道矣. 古之欲明明德於天下者, 先治其國. 欲治其國者, 先齊其家. 欲齊其家者, 先修其身. 欲修其身者, 先正其心. 欲正其心者, 先誠其意. 欲誠其意者, 先致其知. 致知在格物. 格物而后, 知至. 知至而后, 意誠. 意誠而后, 心正. 心正而后, 身修. 身修而后, 家齊. 家齊而后, 國治. 國治而后, 平天下.

376) 民以食爲天, 百度百科 : 王者以民人爲天, 而民人以食爲天.——西漢·司馬遷《史記·酈生陸賈列傳》王者以民爲天, 民以食爲天. 東漢·班固《漢書·酈陸朱劉叔孫傳》唐代的司馬貞爲《史記》做注釋時, 注明此話最早是管仲說的. 管仲曾說 : "王者以民爲天, 民以食爲天, 能知天之天者, 斯可矣." 此說始見于司馬貞《史記索隱》, 今本《管子》未見原句. 后人据此提煉爲成語 "民以食爲天".

377) 朝鮮經國典上 : "國以民爲本. 民以食爲天. 故輕徭薄賦. 以裕其食. 不幸被水旱霜蟲風雹之災. 隨其傷損之多寡. 蠲免賦役有差. 蓋所以厚其本也. 國家損分減免之法已自行之. 著在甲令. 有司…"

378) 朝鮮經國典 : "民者. 國之本而君之天. 故周禮獻民數於王. 王拜而受之. 所以重其天也. 爲人君者知", 高麗史118卷 : "東方自朝鮮之季離爲七十合爲三韓干戈爛而相尋生民之……食爲民天由牛出是以本國有禁殺都監所以重農事厚民生也."

379) 罪己詔, 維基百科 : "罪己詔是中國古代君主下發的反省詔書, 旨在承認自己的過失, 改變政策.《左傳》古称 "禹, 湯罪己" 中國古籍中記載的第一份 "罪己詔" 是《尚書》中記載的《湯誥》,《詩經》中的《周頌·小毖》是周成王的罪己詩,《尚書》中的《秦誓》是秦穆公偷襲鄭國導致秦晉殽之戰, 慘敗后所做的自我反省. 漢文帝則是第一位正式發下罪己詔的皇帝.

380) 湯旣黜夏命, 复归于亳, 作《湯誥》: "王歸自克夏, 至于亳, 誕告万方. 王曰 : "嗟! 爾万方有衆, 明听予一人誥. 惟皇上帝, 降衷于下民. 若有恒性, 克綏厥猷惟后. 夏王滅德作威, 以敷虐于爾万方百姓. 爾万方百姓, 罹其凶害, 弗忍荼毒, 并告无辜于上下神祇. 天道福善禍淫, 降灾于夏, 以彰厥罪肆台小子, 將天命明威, 不敢赦. 敢用玄牡, 敢昭告于上天神后, 請罪有夏. 聿(11)求元圣, 与之戮力, 以与爾有衆請命. 上天孚佑下民, 罪人黜伏, 天命弗僭, 賁(13)若草木, 兆民允殖. 俾予一人輯宁(15)爾邦家, 玆朕未知獲戾于上下, 栗栗危惧, 若將隕于深惧. 凡我造邦, 無從匪彝, 无卽慆淫, 各守爾典, 以承天休. 爾有善, 朕弗敢蔽 ; 罪当朕躬, 弗敢自赦, 惟簡在上帝之心. 其爾万方有罪, 在予一人 ; 予一人有罪, 无以爾万方. 嗚呼! 尙克時忱(20), 乃亦有終."

381) 論語, 述而編 第十一章 : "富而可求也, 雖執鞭之士, 吾亦爲之. 如不可求, 從吾所好."

382) 一日不作, 一日不食, 百丈懷海禪師 : "師凡作務執勞, 必先於衆, 衆皆不忍, 密收作具, 而請息之. 師云 : 「吾無德, 爭合勞於人?」師旣遍求作具不獲, 而亦忘食. 故有「一日不作, 一日不食」之言, 流播寰宇矣

383) Maslow's hierarchy of needs pyramid: Uses and criticism, Medical News

Today(medicalnewstoday.com), 2022.7.29. : "Maslow's hierarchy of needs is a model for understanding the motivations for human behavior. These include physiological needs, safety, love and belonging, esteem, and self-actualization. The psychologist Abraham Maslow created this model."

384) [Column] Is workfare the best welfare?, The Hankyoreh(english.hani.co.kr), 2008.3.4. : " The message of workfare is that you can receive a welfare allowance if you work, so the premise is that jobs are the best welfare. If you···"/ Yes, the best form of welfare is a job.,The Sydney Morning Herald(smh.com.au), 2019.9.10. :"hPrime Minister Scott Morrison is right that the best form of welfare is a job. He is also right that one aim of welfare should be "helping···" / A Job is the Best Form of Welfare. Pro Bono Australia(probonoaustralia.com.au), 2019.1.17. : "If 'the best type of welfare is a job', then we need to consider all options to provide paid work to anyone who wants it."/ How would you respond to someone who said that the best welfare, Quora(quora.com), 2021.4.28. : " So if the best welfare is a wage, then: the best health insurance is not being sick. Tell those who do get sick to go study medicine and ···"/"The Best Form of Welfare is a Job", Sydney Criminal Lawyers(sydneycriminallawyers.com.au), 2019.8.7. : "Scott Morrison continues to refuse to raise welfare payments, while telling people to just find a job despite the poor state of the economy."

385) 새누리당, 희망의 국민행복 시대를 열다 (대한민국 제18대 대통령 선거 백서). 드림 출판사. 2013.2.25.

386) 尹 "최고의 복지는 양질의 일자리··· 재정 아닌 민간 기업에서 나와" 뉴스스핀(newspim.com), 2023,3,14., "윤석열 대통령은 14일 '최고의 복지는 바로 일자리'라며 '양질의 일자리는 나라에서 재정으로, 세금으로 만드는 것이 아니라 민간에서, 기업에서 나온다'고 강조했다. 윤 대통령은 이날 오후 대통령실에서···"

387) 孟子,滕文公上 : "民之爲道也,有恒産者有恒心,无恒産者无恒心.苟无恒心,放辟邪侈,无不爲已."

388) Karl Heinrich Mark, Betrachtung eines Jünglings bei der Wahl eines Berufes, Trevirensia, 1947. 15 pages : "···Wir können den Job, an den wir als unsere Berufung geglaubt haben, nicht bekommen. Bevor wir uns auf die Suche nach Jobs machten, gab es schon einige Arbeitsplätze···"

389) Marx, Theorie des Mehrwerts : "Es liegt in der Natur der kapitalistischen Produktionsweise, einige Arbeiter zu überarbeiten, während der Rest als Reservearmee arbeitsloser Bettler erhalten bleibt."

390) Arbeit macht frei : Aufschrift am Gestapo-Gefängnis in der Kleinen Festung Theresienstadt. Der Spruch bzw. die Phrase Arbeit macht frei wurde durch seine Verwendung als

Toraufschrift an den nationalsozialistischen Konzentrationslagern bekannt. Durch die Pervertierung der ursprünglichen Bedeutung wird er heute als zynische und die Opfer verhöhnende Parole zur Verschleierung der menschenunwürdigen Behandlung in den Konzentrationslagern verstanden, in denen Zwangsarbeit der Unterwerfung, Ausbeutung, Erniedrigung und Ermordung von Menschen diente.

391) "Zu viel Arbeit macht Menschen krank" - GEW(www.gew.de), 2024.1.30. : "Dabei sei der Zweck des Arbeitszeitgesetzes, die Sicherheit und Gesundheit der Beschäftigten zu sch tzen, betont die Professorin. Wie die Vorgabe, Helme auf einer Baustelle zu tragen. „Zu viel Arbeit macht Menschen krank. 'Sie rät dringend davon ab, am Arbeitszeitgesetz, rumzudoktern.'"

392) Johann Wolfgang von Goethe, Wilhelm Meister's Apprenticeship : "Lied eines Harfenmusikers ; Wer hat noch nie tränenbeflecktes Brot gegessen, wer hat noch nie nächtelang geweint, schlaflos und voller Angst? ⋯"

393) Psalms 80:5 : "Thou feedest them with the bread of tears; and givest them tears to drink in great measure."

394) 擊壤歌, 維基文庫 : "本作品收錄於《古詩源》, 《文心雕龍·時序第四十五》梅注 : 「《帝王世紀》: 帝堯之世, 天下太和, 百姓無事, 有老人擊壤而歌曰 : 日出而作, 日入而息, 鑿井而飲, 耕田而食, 帝力何有於我哉!"

395) 列子, 仲尼十五(https://ctext.org/liezi/zhong-ni/zh) : "堯治天下五十年, 不知天下治歟, 不治歟? 不知億兆之願戴己歟, 不願戴己歟? 顧問左右, 左右不知. 問外朝, 外朝不知. 問在野, 在野不知. 堯乃微服游於康衢, 聞兒童謠曰 : 「立我蒸民, 莫匪爾極.不識不知, 順帝之則.」 堯喜問曰 : 「誰教爾爲此言?」童兒曰 : 「我聞之大夫.」問大夫, 大夫曰 : 「古詩也.」堯還宮, 召舜, 因禪以天下. 舜不辭而受之."

396) Matthew 6:11 : "Give us today our daily bread. And forgive us our debts, as we also have forgiven our debtors. And lead us not into temptation, but deliver us from the evil one⋯"

397) Matthew 6:25~30, "Therefore I tell you, do not worry about your life, what you will eat or drink; or about your body, what you will wear. Is not life more than food, and the body more than clothes? Look at the birds of the air; they do not sow or reap or store away in barns, and yet your heavenly Father feeds them. Are you not much more valuable than they? Can any one of you by worrying add a single hour to your life? "And why do you worry about clothes? See how the flowers of the field grow. They do not labor or spin. Yet I tell you that not even Solomon in all his splendor was dressed like one of these. If that is how God clothes the grass of the field, which is here today and tomorrow is thrown into the fire, will he not much more clothe you—you of little faith?"

398) 天生無祿之人, 百度百科 : "天不生无祿之人, 地不長无根之草", 諺語, 意思是人活在世

上不能不吃飯；也指人在世上不能白吃飯白拿俸祿. 意思是人活在世上不能不吃飯；也指人在世上不能白吃飯白拿俸祿. 元·佚名《看錢奴》一："便好道, 天不生无祿之人, 地不長无名之草. 吾等体上帝好生之德, 權且与他些福力咱."

399) Spider-Man: Far From Home, Fandom(movies.fandom.com) : "Nick Fury: Nick Fury: Uneasy lies the head that wears the crown. ··· Peter Parker: You can't have seen me because I'm not Spider-Man. ··· do not tell me to relax. I'm sorry···"

400) 晁(彳ㄠˊ)錯(前200年~前154年3月6日), 《史記》, 《漢書》, 《資治通鑑》本傳作鼂錯, 潁川(今河南省禹州市)人, 西漢初著名政論家. 晁錯年少時, 從張恢學申不害, 商鞅的法家學說；漢文帝時, 為太常掌故, 曾奉命從故秦博士伏生受《尚書》；成爲一位儒法兼備的人物之后, 晁錯上書說太子應深入了解申不害的言術, 于是漢文帝就讓晁錯任太子家令, 輔導太子劉啓. 晁錯能言善辯, 才能傑出, 深得劉啓的欣賞,被称爲"智囊". 公元前157年, 劉啓継位, 晁錯被封爲內史. 升任御史大夫時. 提出《削藩策》,試圖改變漢初各劉姓王割据, 朝廷資源不集中的局面. 在常年受大一統史觀熏陶的中央集權支持者看來, 其出發點從並沒有錯, 只是落實到具体行動上過于激進, 一不懂得分化瓦解對手, 二自己沒有嚴守法律的精神, 遂找不到諸侯王足够分量的罪責, 就以惩罰諸侯王犯下的小錯爲藉口, 在短時間內大量削減各主要諸侯王的封地, 引致諸侯逆意, 局勢迅速惡化.

401) 西漢 晁錯 論貴粟疏, 古文觀止 卷六漢文 : "···民貧, 則姦邪生. 貧生於不足, 不足生於不農, 不農則不地著, 不地著則離鄉輕家, 民如鳥獸, 雖有高城深池, 嚴法重刑, 猶不能禁也···"

402) 上揭書, 古文觀止 卷六漢文 : "···民者, 在上所以牧之, 趨利如水走下, 四方亡擇也. 夫珠玉金銀, 飢不可食, 寒不可衣, 然而衆貴之者, 以上用之故也. 其爲物輕微易臧, 在於把握, 可以周海內而亡飢寒之患. 此令臣輕背其主, 而民易去其鄉, 盜賊有所勸, 亡逃者得輕資也. 粟米布帛生於地, 長於時, 聚於力, 非一日成也；數石之重, 中人弗勝, 不爲姦邪所利, 一日弗得而飢寒至. 是故明君貴五穀而賤金玉···"

403) 上揭書 : "···神農之教曰:「有石城十仞, 湯池百步, 帶甲百萬, 而亡粟, 弗能守也.」以是觀之, 粟者, 王者大用, 政之本務. 令民入粟受爵至五大夫以上, 乃復一人耳, 此其與騎馬之功相去遠矣. 爵者, 上之所擅, 出於口而亡窮；粟者, 民之所種, 生於地而不乏. 夫得高爵與免罪, 人之所甚欲也. 使天下人入粟於邊, 以受爵免罪, 不過三歲, 塞下之粟必多矣."

404) 孟子·告子章句上·第四節 : 告子曰, 食色, 性也. 仁, 內也, 非外也；義, 外也, 非內也."

405) 孟子. 告子章句上·第六節 : 孟子曰："仁義礼智, 非由外鑠我也, 我固有之也, 弗思耳矣.故曰：'求則得之, 舍則失之.' 或相倍蓰而无算者, 不能盡其才者也. 詩經的：'天生蒸民, 有物有則.民之秉夷, 好是懿德.' 語出《孟子.告子章句上·第六節》孔子曰：'爲此詩者, 其知道乎！故有物必有則, 民之秉夷也, 故好是懿德.'" 語出《孟子.告子章句上·第六節》 孔子的吾未見有好德如好色者也. 語出自 《論語.子罕》,《論語.衛灵公》

406) 禮記 檀弓上 : "成人材之未就, 均風俗之不齊"

407) Comparative Advantage and Latecomer, China Economist(chinaeconomist.com), 2023.9.1. :"Latecomer advantage is a special development factor that applies to late-comers. It is crucial at all stages of development, but especially so in the middle-income stage and beyond. Bringing latecomer advantage into full play is essential for developing nations to converge with the advanced countries."

408) Justin Yifu Lin, The Latecomer Advantages and Disadvantages: A New Structural Economics Perspective Get access Arrow, Oxford Academic(academic.oup.com), April 2016 : "Modern economic growth is characterized by a process of continuous technological innovation, industrial upgrading and improvement in hard and soft infrastructure. Gerschenkron is right to postulate that in the process a developing country has an advantage of backwardness. If a developing country uses that advantage right, they will have faster economic growth than the advanced countries and achieve convergence to advanced country in one or two generations. The precondition for a country to use that advantage right is to follow the comparative advantage determined by its own factor endowment in the industrial upgrading and technological innovation. Regrettably, most developing countries attempted to defy their comparative advantages and jump directly to develop the advanced industries prevailing in the high-income countries. Their economies became uncompetitive, growth was unsustainable, and frequent crises struck. Instead of advantage, their backwardness becomes a disadvantage in achieving rapid, sustained growth."

409) Kim Ji-myung, The Koreans are coming, again, The Korea times, 2013.4.12. :"'The Koreans Are Coming' was the headline on the cover of the June 6, 1977 issue of Newsweek magazine. Koreans were shown with big smiles while marching forward holding a radio, calculator, iron bar, shirt, fish, ship and tire — our export items of that time. Thirty five years have passed since then. The so-called hallyu, or Korean Wave, has been the term describing the widespread love of Korean entertainment products such as popular music and TV dramas by people outside Korea. The government has been supporting the expansion of entertainment exports, as it did for the industrial products in 1970s and '80s. Entertainment and game industries got the lion's share of government support as a potential cash-cow of the national economy. The world may feel that the Koreans are coming again, this time with something soft—culture. Pop singer Psy's global success was an initial culmination of the hallyu that assured all Koreans of the potentiality of their creativity, although the singer himself confessed that it was a sheer accident that YouTube enabled. It was not in any way due to governmental support or policy. Frankly,

many Koreans by now abhor the terms hallyu or anti-hallyu because of all the exaggerations, over-coverage and lack of authentic research on the phenomenon."

410) The Han River is a major river which runs through Seoul. In the early 1960s, South Korean politicians admired what they called the "Miracle on the Rhein": the surprising postwar economic growth of West Germany, which is often called the Wirtschaftswunder (economic miracle). In his 1961 New Year's address, Chang Myon, prime minister of the Second Republic of South Korea, used the phrase to encourage South Koreans in achieving a similar economic upturn. He said : In order to achieve a so-called "Miracle of the Banks of the Han" ("한강변의 기적") comparable to Germany's, we should have austerity and diligence comparable to that of the Germans. In June 1962, General James Van Fleet, who led US forces in Korea during part of the Korean War, gave a speech in Los Angeles entitled "The Miracle on the Han".

411) UNCTAD classifies S. Korea as developed economy, Hankyerah(english.hani.co.kr), 2021.7.5., "This is the first time the UN agency has upgraded a member state's development status since its establishment in 1964. Lee Tae-ho, South Korea's senior envoy to the UN office in Geneva, speaks during a 68th Trade and Development Board meeting held by the United Nations Conference on Trade and Development in Geneva. The UN Conference on Trade and Development (UNCTAD) has reclassified South Korea as a developed economy. This is the first time the UN agency has upgraded a member state's development status since its establishment in 1964. "In the closing session of its 68th board meeting on July 2, the UN Conference on Trade and Development unanimously decided to move South Korea from Group A [Asian and African countries] to Group B [developed economies]," South Korea's Ministry of Foreign Affairs (MOFA) said Sunday."

412) "한국은 선진국" 공식 인정…UNCTAD '개도국→선진국' 지위 변경, KBS 뉴스, 2021.7.3., "UNCTAD는 제 68차 무역개발이사회에서 의견 일치로 우리나라를 선진국 그룹으로 지위를 변경하는 안건을 통과시켰습니다. 우리나라는 1964년 UNCTAD 설립 이래 개발도상국에서 선진국으로 지위를 변경한 첫 사례가 됐습니다. UNCTAD는 개발도상국의 산업화와 국제 무역 참여 증진을 지원하기 위해 설립된 유엔 산하 정부 간 기구로 195개 국가를 회원국으로 두고 있으며, 우리나라는 1964년 3월 가입했습니다. 아시아·아프리카 등 주로 개도국이 포함된 그룹 A, 선진국의 그룹 B, 중남미 국가가 포함된 그룹 C, 러시아와 동구권의 그룹 D로 구성돼 있습니다. 그동안 그룹 A에 속했던 우리나라는 이번에 그룹 B로 지위가 변경됐습니다. 이에 따라 미국 등 31개국이 속해 있던 그룹 B는 32개국으로 늘어났습니다. 이태호 주제네바 한국 대표부 대사는 역사적인 이정표라며 UNCTAD의 결정을 환영했습니다. 우리나라 경제 순위는 2018년 세계 10위권에 진입했다가 2019년 12위로 밀려났습니다. 하지만 지난해 다시 10위로 올라서고 1인당 국내총생산도 처음으로 이탈리아를 추월했습니다. 우리나라는 경제협력개발기구, OECD에서 여섯 번째로 큰 무역을 위한 원조 공여국입니다."

413) Jared Diamond, The Worst Mistake in the History of the Human Race, University of California, Davis(web.cs.ucdavis.edu), 1987 : "One answer boils down to the adage 'Might makes right.' Farming could support many more people than hunting, albeit with a poorer quality of life. ···"

414) Election System and Management in Korea, A-WEB Secretariat, 2014.7.10., "It would be more reasonable to expect to find roses growing on a garbage heap than a healthy democracy rising out of the ruins of Korea", Times noted in October, 1951., "Yet, as if to refute the pessimistic yet somewhat reasonable observation, South Korea managed to successfully establish strong and solid democracy, based on regular and transparent elections. The National Election Commission (NEC) of the Republic of Korea, an organization officially in charge of managing national elections, has helped the nation maintain clean and trusted election systems along with healthy election culture. The following video explains how this was possible."

415) 747 공약은 이명박이 대통령에 당선된다는 가정 하에 경제 부분에서 3개의 목표를 달성하는 것으로 구성되어 있다. 국내 경제성장률을 7%로 높인다. i) 10년 내에 1인당 국민소득 4만 불 시대를 연다. ii) 세계 7위권(G7에 버금가는)의 선진대국을 만든다.

416) 747 공약, 지식백과, "2007년 대선 때 등장한 이명박 대통령 당선자의 대표적인 공약 중 하나. 연평균 7% 성장과 10년 뒤 1인당 소득 4만 달러, 세계 7대 강국 진입 등을 말한다."

417) 산업별 취업유발계수, 대통령 직속 일자리위원회(webarchives.pa.go.kr) : 2019년 기준(0억 원당/명) 상위 10개 산업 : 농수산업 26.1, 기타 서비스 24.6, 음식점·숙박서비스 19.0, 도소매·상품·중계서비스 16.5, 사업 지원서비스 15.2, 교육 서비스 14.9, 보건·사회·복지서비스 14.8, 예술·스포츠 서비스 14.5, 음식료품 13.1, 은송 서비스 13.0, 하위 10개 산업 : 기계 장비 7.4, 운송 장비 7.3, 금융·보험서비스 7.2, 전기 장비 6.5, 화학제품 5.4, 부동산 서비스 5.0, 1차 금속제품 4.5, 컴퓨터·전자·광학기기 3.6, 전력·가스·증기 2.4, 석탄·석유제품 1.3 등으로 나타났음

418) 삼성, 5년간 450조 원 투자한다··· 신규채용은 8만 명, 산업뉴스, 2022.5.26. /삼성, 5년간 총 450조 투자·8만 명 신규 채용, 한국경제TV, 2022.5.24. / 강원일보 2022.5.24./ 서울이코노미뉴스, 2022.5.24./ 뉴스 토마토, 2022.5.24. / 부산일보, 2022.5.24.

419) The End of Work, Wikipedia, "The End of Work: The Decline of the Global Labor Force and the Dawn of the Post-Market Era is a non-fiction book by American economist Jeremy Rifkin, published in 1995 by Putnam Publishing Group. In 1995, Rifkin contended that worldwide unemployment would increase as information technology eliminated tens of millions of jobs in the manufacturing, agricultural and service sectors. He predicted devastating impact of automation on blue-collar, retail and wholesale employees. While a small elite of corporate managers and knowledge workers would reap the benefits of the high-tech world economy, the American middle class would continue to shrink and the workplace become ever more stressful. As the market economy and public sector decline, Rifkin predicted the growth of a third sector—voluntary and community-based service organizations—that would create new jobs with government support to rebuild decaying neighborhoods and provide social services. To finance this enterprise, he advocated scaling down the military budget, enacting a value added tax on nonessential goods and services and redirecting federal and state funds to provide a "social wage" in lieu of welfare payments to third-sector workers."

420) What Is Jobless Growth? and How Can We Fix It?, The World Economic Forum(weforum. org), 2023.5.4. : "The concept of jobless growth refers to a situation where economic growth does not lead to job creation. This phenomenon can occur when a country emerges from a recession, and despite an expanding economy, unemployment remains the same or worsens."

421) 가난의 구제는 나라도 못 한다(영어, Even a country cannot relieve poverty. 일본어, 貧困の救済は國でもできない. 중국어, 卽使是一個國家也無法消除貧窮. 인도네시아. Bahkan sebuah negara pun tidak bisa mengentaskan kemiskinan…)

422) 韓國のことわざに「가난 구제는 나라도 못한다 (貧困救濟は國でもできない)」という言 葉がある.

423) 秋適, 明心寶鑑, 順命篇 : "列子曰 痴聾痼瘂, 家豪富. 智慧聰明, 却受貧. 年月日時, 該載定. 算來由命, 不由人."

424) 賈誼, 鵬鳥賦 : "禍兮福所依, 福兮禍所伏;憂喜聚門兮, 吉凶同域."

425) The End of Poverty, Wikipedia, "The End of Poverty: Economic Possibilities for Our Time (ISBN 1-59420-045-9) is a 2005 book by American economist Jeffrey Sachs. It was a New York Times bestseller. In the book, Sachs argues that extreme poverty—defined by the World Bank as incomes of less than one dollar per day—can be eliminated globally by the year 2025, through carefully planned development aid. He presents the problem as an inability of very poor countries to reach the "bottom rung" of the ladder of economic development; once the bottom rung is reached, a country can pull itself up into the global market economy, and the need for outside aid will be greatly diminished or eliminated… The Millennium Development Goals : Sachs places a great deal of emphasis on the United Nations' Millennium Development Goals (MDGs) as a first step towards eliminating extreme poverty, which affected approximately 1.1 billion people worldwide at the time of publication. Sachs headed the United Nations Millennium Project, which worked from 2002 to 2005 to establish the organizational means to achieve the MDGs. He also offers some specific, immediate solutions, such as increasing the availability of anti-malarial bed nets in sub-Saharan Africa, and encourages debt cancellation for the

world's poorest countries. Sachs states that in order to achieve the goal of eliminating global poverty, clinical economics must be backed by greater funding; he argues that development aid must be raised from $65 billion globally as of 2002 to between $135 and $195 billion a year by 2015. Sachs argues that the developed world can afford to raise the poorest countries out of extreme poverty; he agrees with the MDG's calculation that 0.7 percent of the combined gross national product of first-world countries would be sufficient to achieve that goal."

426) Jeffrey Sachs, The End of Poverty: Economic Possibilities for Our Time, Penguin Books, 30 December 2005, 464 pages.

427) 孟子, 梁惠王上篇 第七章 : "…孟子曰, 不爲者與不能者之形何以異. 曰 挾太山以超北海, 語人曰 我不能, 是誠不能也. 爲長者折枝, 語人曰 我不能 , 是不爲也, 非不能也. 故王之不王, 非挾太山以超北海之類也. 王之不王, 是折枝之類也."

428) 貧困の連鎖とは : 貧困とは, 経済的に困窮しているだけでなく, 医療や敎育など, あらゆる選擇肢や機會が奪われた狀態です. 自力ではその狀態から拔け出すのはとても困難で, ますます惡い狀態に陷ることも珍しくありません. おとなになっても貧困が解消されないまま, その子どもや孫の世代まで貧困の狀態が連鎖してしまうケースも多發しています. 貧困の連鎖の原因や, 貧困の世代間連鎖について見てみましょう.

429) Poverty Trap: Definition, Causes, and Proposed Solutions, Investopedia(investopedia. com) : "A poverty trap is created when an economic system requires a significant amount of capital to escape poverty. When individuals lack this capital, they may also find it difficult to acquire it, creating a self-reinforcing cycle of poverty."

430) What is a real life example of a poverty trap?, Poverty Trap Definition, Causes & Effects - Lesson | Study Com(study.com) : "Lower levels of education lead to limited economic opportunities, causing the poverty trap to continue for yet another generation. For example, a boy whose parents have a small amount of income may have to drop out of school and work in a minimum wage job."

431) What are examples of poverty trap in sociology? Poverty Trap, Tutor2u(tutor2u.net) : "These barriers can include lack of access to education and training, lack of affordable housing and transportation, lack of affordable childcare, and discrimination in the labour market."

432) 富益富貧益貧, 日刊イオ(blog.goo.ne.jp), 2011.4.13. : "「부익부,빈익빈」という言葉が朝鮮にある. 漢字で書くと「富益富,貧益貧」となり, 「富める者は益々富み, 貧しい者は益々貧しくなる」という意味だ. 日本のような資本主義社會に住んでいると, 日本實感できることで, 金を持っている人間のところにはお金が集まり, 私のような貧乏人からはどんどんお金が離れていく. 零細企業が倒産しても政府はほったらかしだが, 大企業が倒産しそうになると, 「社會的

影響が大きい」などといって支援したりもする."

433) 世祖實錄 46卷, 世祖 14(1468)年6月18日 丙午 : "某相奴也, 賦役不可以衆同.」於是十家賦役, 一家兼之, 富益富貧益貧, 日以凋弊.' 役民之法, 累降諭書, 官吏尙且如此, 是豈予恤民之意耶? 監司統察一道, 何不檢擧, 以至如斯, 尙式不改, 當痛懲戒後. 一, 或陳: '革歸農之典, 立親着之法, 遠方小民, 贏糧信宿, 弊實不貲.' 是官吏不知立法之意故也. 非徒歸農, 以至疾病雜故, 如不願立訟, 則具辭告官, 官則聽之, 旣…"

434) 中宗實錄 12卷, 中宗 5(1511)年 9月 18일 辛未 : "…竭力於農桑, 而禾未登場, 織未下機, 已輸入於富家, 及其納稅, 與富家無異, 故富益富貧益貧. 非徒此也. 市井無賴之徒, 遊手而食粱肉, 衣紈袴, 尙不知小民之艱難. 況乎九重之內, 端居高拱, 安知衣食之自吾民膏血中來乎? 伏願聖上, 御珍衣玉食之時, 毋忘民事之勤苦焉. 掌令柳仁貴, 獻納成世昌, 啓安潤德,兪懷哲及王后族親從良事, 尙宮朴氏族親等事, 竝不允."

435) 肅宗實錄58卷, 肅宗42年12月24日庚戌 : "京城之人, 多以爲不便. 至於外方, 則盜賊因此熾盛, 所謂富民長利, 尤是窮民所難堪者. 民情莫不願罷, 其何可加鑄, 以致失望乎? 設令加鑄有利, 恐未及有裨於荒政, 而加鑄時工匠料布, 其費不貲, 無寧以其料布, 直用於賑資爲得矣. 上曰: 錢貨自古有弊. 卽今民間, 盜賊肆行, 而富益富貧益貧, 皆由於行錢之弊. 至於加鑄, 則殊涉重難, 廟堂益加熟講, 更爲稟定可也."

436) 承政院日記, 第六四九冊, 英祖3(1727)年11月11日 : "光佐曰, 若不可罷, 則末流之弊, 有可救之道, 小臣, 有劄記, 當仰達矣. 上曰, 守禦使更爲進來, 卿知錢弊乎? 文命曰, 錢豈無弊? 鄕曲間, 富益富貧益貧, 錢之弊也. 貪官汚吏, 作爲輕貨, 漸長貪風, 錢之弊也. 京外情債, 吏緣爲奸, 人心巧詐, 百弊滋生, 亦罔非錢之弊也. 然旣詐之人心, 無罷錢而復淳之理, 今雖罷錢而用楮貨, 其弊亦同, 若以銅鐵爲有弊, 則罷銅鐵, 可也. 今乃以錢弊而罷錢, 則楮貨常木, 旣用爲貨之弊, 亦何異於錢乎? 上曰, 楮貨亦私造耶? 文命曰, 楮貨, 亦豈無私造之弊乎? 上曰, 僞鑄印, 然後可私造矣."

437) 貧富論, 知乎專欄(zhuanlan.zhihu.com), 2021.3.29. : "所謂: 時无窮者亦无富, 皆爲其人自謀也. 富者, 其非生而爲富, 貧者, 其亦非生而爲貧, 富者富其勤, 貧者貧其惰, 故富益富, 貧益貧也, 是爲自然之理矣…"

438) Silver spoon, Definition, Meaning & Synonyms, Vocabulary(vocabulary.com) : "When a person is described as "born with a silver spoon in his mouth," it means that his family is very wealthy, and he is likely to lead a privileged life. If you picture a baby eating mashed bananas from a tiny spoon, this saying will make sense to you."

439) Spoon Class Theory, Wikipeida, 2016.10.24., "A golden spoon refers to those born to a chaebol or very rich family, a silver spoon to those born to a relatively well-off or middle-class family, and lastly a dirt spoon to those born to a low-income family."

440) Spoon class theory, Wikipedia, "The spoon class theory (Korean: 수저 계급론) refers to the idea that individuals in a country can be classified into different socioeconomic classes based on the assets and income level of their parents, and as a consequence, one's success in life depends entirely on being born into a wealthy family. The term appeared in 2015 and was first widely used among online communities in South Korea. Origin : The term is based on the English idiom "born with a silver spoon in one's mouth". In the past, European nobility often used silver dishes, and children were fed by nannies using silver spoons, which indicated the wealth of the family. In South Korea, this idea was taken further to establish several categories to classify individuals based on their family's wealth. Spoon classes : i) Diamond Spoon - within top 0.1% of population, with more than $3.2 million ~ $6.4 million annual salary or more than $16 ~ $32 million in assets. ii) Platinum Spoon - within top 0.5% of population, with more than $1.6million ~ $3.2 million annual salary or more than $8 ~ $16 million in assets. iii) Gold Spoon - within top 1% of population, with more than $800K ~ $1.6 million annual salary or more than $4 ~ $8 million in assets. iv) Silver Spoon - within top 5% of population, with more than $400K ~ $800K annual salary or more than $2 ~ $4 million in assets. v) Bronze Spoon - within top 10% of population, with more than $200K ~ $400K annual salary or more than $1 million ~ $2 million in assets. vi) Steel Spoon - within top 25% of population, with more than $100K ~ $200K annual salary or more than $500k ~ $1 million in assets. vii) Wooden Spoon - within top 50% of population, with more than $50k ~ 100k annual salary or more than $250k ~ $500K in assets. viii) Soil Spoon - those with $25K ~ 50K annual salary or more than $125K ~ $250K in assets. ix) Dirt Spoon - those with less than $25K annual salary or less than $125K in assets.

441) Matthew 13:12, "For to the one who has, more will be given, and he will have an abundance, but from the one who has not, even what he has will be taken away."

442) The rich get richer! | Cathedral of St. Matthew the Apostle in Washington(stmatthewscathedral. org), 2023.11.19. : "Such injustice is what Jesus denounces through this parable of the talents. At the end of the parable, Jesus says, "For to everyone who has, more will be given and he will grow rich; but from the one who has not, even what he has will be taken away" (Mt. 25:29). The rich get richer, the poor get poorer."

443) Percy Bysshe Shelley, "The rich get richer and the poor get poorer" is an aphorism attributed to Percy Bysshe Shelley.

444) The rich are getting richer (lots richer), KTLA(ktla.com), 2023.1.16. : "It was the poet Percy Bysshe Shelley who observed in the 19th century that the rich get richer and the poor get poorer. And things are no different today. Over the last couple of years, the wealthiest 1% of people worldwide have accumulated close to two-thirds of all new wealth created, the nonprofit Oxfam found."

445) The rich get richer, the poor get poorer, Wikipedia, "The rich get richer and the poor get poorer" is an aphorism attributed to Percy Bysshe Shelley. In A Defence of Poetry (1821, not published until 1840) Shelley remarked that the promoters of utility had exemplified the saying, "To him that hath, more shall be given; and from him that hath not, the little that he hath shall be taken away. The rich have become richer, and the poor have become poorer; and the vessel of the State is driven between the Scylla and Charybdis of anarchy and despotism." It describes a positive feedback loop (a corresponding negative feedback loop would be e.g. progressive tax). "To him that hath" etc. is a reference to Matthew 25:29 (the parable of the talents, see also Matthew effect). The aphorism is commonly evoked, with variations in wording, as a synopsis of the effect of free market capitalism producing excessive inequality. Andrew Jackson, the seventh President of the U.S. (18291837), in his 1832 bank veto, said that "when the laws undertake ⋯ to make the rich richer and the potent more powerful, the humble members of society ⋯ have a right to complain of the injustice to their Government."[2][3] The phrase also has connections to Martial's epigrams. In one of his epigrams, he states, "You will always be poor, if you are poor, Aemiliane. Now money is given to none except the rich."

446) Immiseration thesis, Wikipedia, "In Marxist theory and Marxian economics, the immiseration thesis, also referred to as emiseration thesis, is derived from Karl Marx's analysis of economic development in capitalism, implying that the nature of capitalist production stabilizes real wages, reducing wage growth relative to total value creation in the⋯"

447) What did Karl Marx say about the rich and poor? The rich get richer and the poor get⋯ richer. - IEA(Institute of Economic Affairs, iea.org.uk) : "The well-worn assertion that the rich get richer while the poor get poorer echoes Karl Marx's theory of immiseration which said that capitalists could only become richer by lowering wages, thereby reducing the living standards of workers until they had no choice but to revolt."

448) 지니계수, 통계청(kostat.go.kr),"소득의 불평등 정도를 나타내는 가장 대표적인 소득분배지표입니다. 지니계수는 0에서 1사이의 수치로 표시되는데 소득분배가 완전평등한 경우가 0, 완전불평등한 경우가 1입니다. 지니계수는 로렌츠곡선을 이용하여 계산할 수 있습니다."

449) 조세의 소득재분배 효과, 한국조세재정연구원(kipf.re.kr),"조세의 소득재분배 효과를 분석하기 위해 이용되는 대표적인 지수는 RS(The Reynolds-Smolensky) 지수이다. 동 지수는 조세부과 전 소득과 조세부과 후 소득에 나타나는 불평등 지수의 차이를 측정하는 것이다. 즉 조세제도의 적용으로 인해 나타나는 소득불평등도의 완화를 소득 재분배 효과라 정의하고 있다."

450) 論語, 季氏篇 第十六 : "孔子曰: 求. 君子疾夫舍曰欲之, 而必爲之辭. 丘也, 聞有國有家者, 不患寡而患不均, 不患貧而患不安. 蓋均無貧, 和無寡, 安無傾. 夫如是, 故遠人不服, 則修文德以來之, 旣來之, 則安之. 今由與求也, 相夫子, 遠人不服而不能來也, 邦分崩離析而不能守也,

而謀動干戈於邦內. 吾恐季孫之憂, 不在顓臾, 而在蕭牆之內也."

451) 주자(周子)는 중국 북송(960~1127)의 유학자 주돈이(周敦頤 : 1017~1073)의 존칭이다. 주자(朱子)는 중국 남송(1127~1279)의 유학자 주희(朱熹: 1130~1200)의 존칭이다.

452) 上揭書 : "…而謀動干戈於邦內. 吾恐季孫之憂, 不在顓臾, 而在蕭牆之內也…言不均不和, 內變將作. 其後哀公果欲以越伐魯而去季氏."

453) 정부실패, 나무위키, 2024.3.11., "政府失敗. 시장실패로 인한 시장의 비효율성의 제거를 위해 정부가 개입하였을 경우 본 목적을 달성치 못하고 시장의 비효율성이 유지되거나, 오히려 비효율성이 증대되는 현상을 정부실패라 한다. … 관료의 포획…"

454) Planned economy, Wikipedia, "A planned economy is a type of economic system where the distribution of goods and services or the investment, production and the allocation of capital goods takes place according to economic plans that are either economy-wide or limited to a category of goods and services. A planned economy may use centralized, decentralized, participatory or Soviet-type forms of economic planning. The level of centralization or decentralization in decision-making and participation depends on the specific type of planning mechanism employed. Socialist states based on the Soviet model have used central planning, although a minority such as the former Socialist Federal Republic of Yugoslavia have adopted some degree of market socialism. Market abolitionist socialism replaces factor markets with direct calculation as the means to coordinate the activities of the various socially owned economic enterprises that make up the economy. More recent approaches to socialist planning and allocation have come from some economists and computer scientists proposing planning mechanisms based on advances in computer science and information technology."

455) D. Hugh Whittaker, Timothy J. Sturgeon, Toshie Okita, Tianbiao Zhu, Compressed Development : An Introduction - Oxford Academic(academic.oup.com), September 2020. Pages 1-18: "The compressed-development era is characterized by 'thin industrialization'—a different path of economic development from previous eras—and 'double burdens' or 'double challenges' in the social sphere, which need to be addressed by an 'adaptive' developmental state…"

456) Unemployment, Wikipedia, "The recognition of the concept of 'unemployment' is best exemplified through the well documented historical records in England. For example, in 16th-century, England no distinction was made between vagrants and the jobless; both were simply categorized as "sturdy beggars", who were to be punished and moved on."

457) Unemployment, Wikipedia, "The closing of the monasteries in the 1530s increased poverty, as the Roman Catholic Church had helped the poor. In addition, there was a significant rise in enclosures during the Tudor period. Also, the population was rising.

Those unable to find work had a stark choice: starve or break the law. In 1535, a bill was drawn up calling for the creation of a system of public works to deal with the problem of unemployment, which were to be funded by a tax on income and capital. A law that was passed a year later allowed vagabonds to be whipped and hanged."

458) Unemployment, Wikipedia, "In 1547, a bill was passed that subjected vagrants to some of the more extreme provisions of the criminal law: two years' servitude and branding with a 'V' as the penalty for the first offense and death for the second. During the reign of Henry VIII, as many as 72,000 people are estimated to have been executed. In the 1576 Act, each town was required to provide work for the unemployed. The Poor Relief Act 1601, one of the world's first government-sponsored welfare programs, made a clear distinction between those who were unable to work and those able-bodied people who refused employment. Under the Poor Law systems of England and Wales, Scotland and Ireland, a workhouse was a place people unable to support themselves could go to live and work."

459) Unemployment, Wikipedia, "The Depression of 187379: New York City police violently attacking unemployed workers in Tompkins Square Park, Manhattan, New York City, 1874 Poverty was a highly visible problem in the eighteenth century, both in cities and in the countryside. In France and Britain by the end of the century, an estimated 10 percent of the people depended on charity or begging for their food."

460) 대한민국/ 실업, 나무위키, "대한민국의 경우에는 실업률은 낮으나 청년실업률은 상대적으로 많이 높다. 2021년 11월 기준 대한민국의 실업률은 3.1%지만, 청년실업률은 5.5%이다."

461) 실업률 2.1%의 함정, 좀비가 된 청년세대, 오마이뉴스(ohmynews.com), 2023.12.6., "우리나라 실업률이 경기 침체의 역풍을 뚫고 10월에 2.1%까지 떨어져 역대 최저 수준을 기록했다. 5.1%인 청년실업률도 G7 평균 8.7%, OECD 평균 10% 등과 비교조차 하기 어려운 눈부신 수치다. 숫자로만 보면, 한국경제가 자연실업을 넘어서는 고용 활황기를 맞이한 것이다."

462) 「통계청 실업률 '엉터리 통계'」 관련 해명자료, 통계청(kostat.go.kr), 정동욱, 통계과 전화번호 042.481.2265, 2011.3.17, "[언론보도 내용] □3월 17일 자 뉴스토마토의 "통계청 실업률 '엉터리 통계' 백수들은 서럽다" 제하의 기사에서 ○"어학원을 다니며 취업을 준비하는 사람, 고시를 준비하고 있는 사람, 편의점에서 아르바이트를 하며 기업 정규직 취업을 기다리는 사람 … 비경제활동인구에 포함되는 '백수'들은 실업률 통계에서 아예 처음부터 배제된다."라고 보도…/ [이슈체크K] '엉터리 구직자' 막겠다는 정부, 얼마나 되길래? KBS 뉴스(news.kbs.co.kr), 2023.2.4., "'엉터리 구직자'로 표현되는 부정 수급자와 의도적인 반복 수급자가 얼마나 되길래 정부가 예견된 논란에도 실업급여 제도를 손보려는 건지 살펴봤습니다."/ [비바100] 5월부터 달라지는 실업급여, '엉터리 구직자' 막을까? 브릿지경제(viva100.com), 2023.4.6., "고용노동부는 2023년 상반기를 시작으로 형식적 구직활동을 하거나 면접 불참, 취업 거부 시 구직급여를 받지 못하도록 실질적 제재를 강화

할 계획이다."/ 실업급여 깐깐해진다… '엉터리 구직활동'하면 미지급, SBS 뉴스(news.sbs.co.kr),
2023.1.30., "실업급여는 고용보험에 가입해 180일 이상 일한 뒤 비자발적으로 실직했을 경우 받게
됩니다. 최저임금의 80% 수준으로 최소 석 달 간 매달 185만 원씩…"

463) 송두한, 상게서, "실업률 2.1%는 크게 세 가지 요인에서 기인할 수 있다. 첫째는 단순히 취업자가
늘어 실업률이 내려간 경우고, 둘째는 실업자 지표에서 빠지는 '구직단념자'가 늘어 실업자가 줄어드
는 경우다. 그것도 아니면, 실업자를 실업자로 부르기 어렵게 만드는 엉터리 실업자 기준 때문이다.
문제는 파죽지세로 번지는 비정규직의 확산 추세인데, 2018년 7위(20.6%) → 2019년 4위(24.4%)
→ 2020년 2위(26.1%) → 2021년 1위(28.3%)에 올라섰다. 이 정도면 '비정규직 공화국'으로 불러
도 지나치지 않는다. 먼저, 실업자를 실업자로 부르기 어렵게 만드는 엉터리 실업자 기준을 살펴보
자. 실업률 2.1%는 노동인구 100명 중 98명이 취업했다는 의미로 사실상 전 국민이 일하는 것이나
마찬가지다. 완전고용하의 자연실업 수준도 넘어선 수치다."

464) "포항 영일만 앞바다 막대한 양의 석유와 가스 매장 가능성… 국민께 보고" 대통령의 말과 글
(president.go.kr), 2024.6.3. : "(국정 브리핑) 우리나라는 1966년부터 해저 석유가스전 탐사를 꾸
준히 시도해 왔습니다. 그 결과, 90년대 후반에 4,500만 배럴 규모의 동해 가스전을 발견해서 3년 전
인 2021년까지 상업 생산을 마친 바 있습니다. 지난해인 2023년 2월, 동해 가스전 주변에 더 많은 석
유가스전이 존재할 가능성이 높다는 판단하에 세계 최고 수준의 심해 기술 평가 전문기업인 미국의
Act-Geo社에 물리탐사 심층 분석을 맡겼습니다. 최근에 최대 140억 배럴에 달하는 석유와 가스가
매장되어 있을 가능성이 매우 높다는 결과가 나왔고, 유수 연구기관과 전문가들 검증도 거쳤습니다.
이는 90년대 후반에 발견된 동해 가스전의 300배가 넘는 규모이고, 우리나라 전체가 천연가스는 최
대 29년, 석유는 최대 4년을 넘게 쓸 수 있는 양이라고 판단됩니다. 금세기 최대 석유개발사업으로
평가받는 남미 가이아나 광구의 110억 배럴보다도 더 많은 탐사자원량이라 할 수 있습니다. … 최소
5개의 시추공을 뚫어야 하는데, 1개당 천억 원이 넘는 비용이 들어갑니다. … 오늘 산업통상자원부
에 동해 심해 석유가스전에 대한 탐사 시추 계획을 승인했습니다. …"

465) "포항 앞바다 석유·가스 펑펑 솟아나길" 경상매일신문(ksmnews.co.kr), 2024.6.4., "이철우 경
북도지사와 이강덕 포항시장은 3일 윤석열 대통령의 포항 영일만 앞바다에 140억 배럴의 석유, 가
스 매장 가능성 발표에 크게 환영한다고 밝혔다. 이 지사는 "이번 석유, 가스매장 가능성을 통해 탐
사와 시추를 구체화 시킨다면…"

466) 모용복, 영일만에 영그는 '산유국의 꿈' 경북도민일보, 2024.6.4., "윤석열 대통령은 3일 안덕근 산
업통상자원부 장관을 대동한 자리에서 국정브리핑을 통해 '포항 영일만 앞바다에서 막대한 양의 석
유와 가스가 매장돼 있을 가능성이 높은 물리탐사 결과가 나왔다.'라고 밝혔다. 매장량은 최대 140억
배럴에 이를 것으로 추정된다. 우리나라 전체가 천연가스 최대 29년, 석유는 최대 4년을 사용할 수 있
는 양이다. 현재 가치로는 삼성전자 시총의 5배(2천조 원)에 달한다. 윤 대통령은 이날 산업통상자원
부의 탐사 시추 계획을 승인했음을 밝히고, 내년 상반기까지 어느 정도 결과가 나올 것이라고 했다."

467) Ju-min Park and Jack Kim, South Korea's Yoon says vast amount of oil, gas reserve
possible off east coast, Reuter(reuters.com), June 3, 2024. : "SEOUL, June 3 (Reuters)

- South Korean President Yoon Suk Yeol gave the green light on Monday to conduct exploratory drilling for potentially vast oil and gas prospects off the east coast of one of the world's largest energy importers. 'Today, I approved the Ministry of Trade, Industry and Energy to go ahead ith the drilling for exploration deep in the east sea,' Yoon said. The project, with an estimated cost of more than 500 billion won ($363 million), will begin near the end of the year in the hope of finding energy reserves by the first half of next year, he said. The site was off the southeastern industrial port city of Pohang, Yoon said, with an industry ministry official adding that the prospects are in South Korea's Exclusive Economic Zone."

468) What does pitch mean in Genesis 6:14? Pitch Meaning - Bible Definition and References(biblestudytools.com) : "Pitch [N] [S] (Genesis 6:14), asphalt or bitumen in its soft state, called 'slime'(Genesis 11:3 ; 14:10 ; Exodus 2:3), found in pits near the Dead Sea (q.v.). It was used for various purposes, as the coating of the outside of vessels and in building. Allusion is made in Isaiah 34:9 to its inflammable character."

469) Genesis 6:14,"So make yourself an ark of cypress wood; make rooms in it and coat it with pitch inside and out."

470) Wikipeida, "Herodotus(Ancient Greek: Ἡρόδοτος, romanized: Hēródotos; c. 484 - c. 425 BC) was a Greek historian and geographer from the Greek city of Halicarnassus, part of the Persian Empire (now Bodrum, Turkey) and a later citizen of Thurii in modern Calabria, Italy. He is known for having written the Histories - a detailed account of the Greco-Persian Wars. Herodotus was the first writer to perform systematic investigation of historical events. He has been described as 'The Father of History', a title conferred on him by the ancient Roman orator Cicero."

471) Petroleum, wikipedia, "According to Herodotus, more than four thousand years ago natural asphalt was employed in the construction of the walls and towers of Babylon. Great quantities of it were found on the banks of the river Issus, one of the tributaries of the Euphrates. This fact was confirmed by Diodorus Siculus. Herodotus mentioned pitch spring on Zacynthus (Ionian islands, Greece).[4] Also, Herodotus described a well for bitumen (very thick oil) and oil near Ardericca in Cessia."

472) Petroleum, wikipedia, "In China, petroleum was used more than 2000 years ago. In I Ching, one of the earliest Chinese writings cites the use of oil in its raw state without refining was first discovered, extracted, and used in China in the first century BC. In addition, the Chinese were the first to use petroleum as fuel as early as the fourth century BC."

473) 石油昔談 (一) , 中國石油大學(xiaobao.cup.edu.cn), 北京, 2021.1.12., "在《易經》中, 有

'澤中有火'句.常言道,水火不容, 水中怎么會有火呢？ 這顯然是在水的上面有可燃物. 這种可燃物, 据地質學家王嘉蔭教授的考証. 很可能就是石油或天然气. 《易經》是一本古人用來占卜算卦, 向'天'或鬼神問吉凶的書, 一共有六十四卦, 每卦有卦詞, 爻詞, 以极其簡單而又難懂的語言, 來解釋吉凶. 這些卦詞, 爻詞說的却都是自然界存在的事物. 像'澤中有火' 這种石油或天然气燃燒的現象,正是客觀存在着的. 至于用這些現象來解釋吉凶, 那是另一回事…"

474) 周易 下經 第四九卦, 澤火革卦 : "革, 已日乃孚. 元亨利貞, 悔亡. 象曰 革水火相息. 二女同居, 其志不相得 曰革. 已日乃孚, 革而信之. 文明以說, 大亨以正. 革而當, 其悔乃亡. 天地革而四時成, 湯武革命. 順乎天而應乎人. 革之時, 大矣哉. 象曰, 澤中有火. 革, 君子以, 治歷明時. 初九, 鞏用黃牛之革. 象曰 鞏用黃牛, 不可以有爲也. 六二, 已日乃革之征, 吉无咎. 象曰, 已日革之, 行有嘉也. 九三,征凶貞厲, 革言三就有孚. 象曰, 革言三就又何之矣. 九四,悔亡. 有孚改命, 吉. 象曰, 改命之吉. 信志也. 九五, 大人虎變. 未占, 有孚. 象曰. 大人虎變, 其文炳也. 上六, 君子豹變, 小人革面. 征,凶. 居貞 吉. 象曰, 君子豹變, 其文蔚也. 小人革面, 順以從君也."

475) Han dynasty period bronze oil Lamp in Luoyang Museum, Henan, China.

476) Gao, Zhiguo (1998). Environmental Regulation of Oil and Gas. Kluwer Law International. p.8. / Rapp, George (1985). Archaeomineralogy. Springer. p.237. / Deng, Yinke (2011). Ancient Chinese Inventions. Cambridge University Press. p.40.

477) 三國史, 卷第四, 新羅本紀 眞平王條 : "三十一年 春正月 毛只嶽下地燒. 廣四步, 長八步, 深五尺 至十月十五日滅."

478) 三國史, 新羅本紀 卷第五: "太宗王四年秋七月…東吐含山地燃.三年而滅."

479) 高麗史 五十三卷 雜志七 五行一 : "五年二月辛巳內史洞宮災. 七年十月壬申宮闕都監及市廛三十八閭火. 十年三月壬午西京留守奏: '衣淵村地燒煙煤不絶長廣六尺許.' 十二月辛丑夜三司. 十一年正月辛亥寫…"

480) 世宗實錄 107卷, 世宗27年 1月22日 : "今已數十年矣. 以水沃之, 不能滅. 又聞道內五鎭, 曾有地燒, 尋爲雨水所滅. 慶尙道亦有民間喧說云: 土石所焚, 石硫黃出焉. 今考《本草》云: 石硫黃生東海牧羊山谷中, 礬石液也. 色如鵝子者謂之崑崙黃, 其赤色者曰石膏脂, 靑色者曰冬結石, 半白半黑者曰神驚石. 又云: 石硫黃, 太陽之精, 鬼焰居焉. 又云: 石硫黃稟純陽火石之精而結成, 性質通流, 含其猛毒."

481) 世宗實錄 93卷, 世宗 23年7月21日:"咸吉道觀察使馳報: 地燒有烟氣, 堀視之, 土石焦燫. 先是, 慶尙道 寧海, 咸吉道 鏡城, 亦有地燒, 土石俱焚, 數十年不滅. 前左議政崔潤德, 承旨趙瑞康. 金銚嘗見之, 至是乃啓, 上下其書于各道, 令開具其狀以聞."

482) 世宗實錄 108卷, 世宗27年4月12日 : "慶尙道監司啓: 寧海府治南一百二十步許山麓, 地燒始于丙辰二月, 至壬戌三月而滅, 長二百七十尺, 草木不生. 今二月初六日, 野火迎燒, 地燒復發, 長八尺廣四尺, 火焰熾盛, 晝則靑烟, 夜則火光, 臭同石硫黃, 雖雨不滅. 堀而視之, 土皆赤色.乃下諭書曰: 地燒之處, 石硫黃出焉. 卿其無弊, 深掘審視以啓."

483) 리스크 언급한 아브레우 "경제성 있는 탄화수소 누적 사실, SBS뉴스(news.sbs.co.kr), 2024.6.7., "'중요한 것은 우리가 이 분지에서 굉장히 큰 규모의, 상당한 규모의 경제성 있는 탄화수소가 누적돼 있다는 사실을 아직 찾지 못했다'며 '이것은 즉 리스크가 된다.'" / 탐사 성공률 20%는 높은 수준…탄화수소 발견 못한 건 리스크, 한국경제(hankyung.com), 2024.6.7., "기존에 뚫은 주작, 홍게, 방어 등 세 곳의 시추공에서 경제성 있는 규모의 탄화수소(석유·가스)가 누적돼 있다는 사실을 찾지 못한 점은 리스크일 수…"

484) 독도 바다에 묻힌 150조 그 정체는? 제주일보, 2008.7.22., "KAIST 이흔 교수 '메탄하이드레이트' 연구 : ▲ 메탄하이드레이트 독도를 감싸고 있는 동해 깊은 땅속에 막대한 규모의 천연가스로 활용할 수 있는 '메탄하이드레이트(methane hydrate)'가 묻혀있다. 지금까지 추정된 규모만 국내 천연가스 소비량의 30년 치에 해당한다. 금액으로 환산하면 150조 원을 웃도는 거대한 에너지 자원이다. 국내 연구진이 최근 독도의 '메탄하이드레이트'의 구조를 새롭게 밝혀내, 그보다 더 많은 양이 매장돼 있을 가능성을 제기했다."

485) JW Lee, KK Kwon, A Azizi, HM Oh, W Kim, Microbial community structures of methane hydrate-bearing sediments in the Ulleung Basin, East Sea of Korea, Marine and Petroleum, 2013 / SH Yeon, J Seol, Y Seo, Y Park, DY Koh, Effect of interlayer ions on methane hydrate formation in clay sediments, The Journal of J. Phys. Chem. B 2009, 113, 5, 1245-1248. / J Seol, DY Koh, M Cha, W Shin, YJ Lee, JH Kim, Experimental verification of anomalous chloride enrichment related to methane hydrate formation in deep-sea sediments, Wiley Online Library, 2012.

486) 제7광구, 정난이, "나의 꿈이 출렁이는 바다 깊은 곳. 흑진주 빛을 잃고 숨어 있는 곳. 제7광구 검은 진주 제7광구 검은 진주. 새털구름 하늘 높이 뭉실 떠 가듯. 온 누리의 작은 꿈이 너를 찾는다. 제7광구 검은 진주 제7광구 검은 진주. 조용히 맞은 세월 몸을 숨겨온, 위대한 너의 숨결 귀기울인다. 제7광구 검은 진주 제7광구 검은 진주. 이 세상에 너의 모습 드러낼 때는. 두 손 높이 하늘 향해 반겨 맞으리. 제7광구 제7광구 제7광구 제7광구 제7광구 제7광구."

487) 영일에서 석유가 나왔다, 조선일보, 1976.1.6. 1면 : "작년 12월 초 우리나라 영일만 부근에서 처음으로 석유가 나온 것은 사실. 정부는 본격적인 매장량 탐사 작업을 실시한다."

488) 조갑제, "尹 보니 1976년 박정희 포항 가짜 석유 파동 떠올라", 주간조선(weekly.chosun.com), 2024.6.4., "1조갑제 기자가 윤석열 대통령의 포항 앞바다 유전 시추 지시와 관련해 과거 자신이 취재한 경험을 언급했다. 앞서 조 기자는 1975년 박정희 전 대통령의 '포항 유전 가짜 파동'을 추적해 특종을 낸 바 있다. 조 기자는 3일 자신이 운영하는 '조갑제닷컴'에 "윤석열의 포항 앞바다 유전 가능성 발표와 박정희의 포항석유 대소동이 겹친다."/ 석유 발견 발표에 '위대한 영도자' 치켜세운 1976년 언론, 미디어오늘(mediatoday.co.kr), 2024.6.4., 윤석열 대통령이 직접 포항 영일만의 석유 매장 가능성을 거론하면서 시추 관련 언론 보도가 쏟아지고 있다. 1976년 박정희 정권 당시 원유 발견 소식도 함께 회자되고 있는데 당시 언론은 어떻게 보도했을까. 1976년 박정희 대통령은 연두 기자회견에서 "작년(1975년) 12월에 영일만 부근에서 우리나라 처음으로 석유가 발견됐다."

489) 純祖實錄 15卷 純祖條 : "純祖12(1812)年1月3月日丁丑. 平安兵使啓言: 賊徒七名捉來, 五名則捧遲晚梟首, 又捉松林民韓志謙查問, 則供內 '賊黨三百餘名, 今二十四日夜, 來據本里, 自稱先鋒者, 着甲胄持長劍, 乘駿馬, 乃是郭山居名不知洪哥, 二十六日夕, 賊魁所謂大元帥洪景來, 副元帥金昌始, 謀士禹君則, 率五百餘兵, 自多福洞來會…"

490) 전용해, 두산백과, "전용해(全龍海, 생년미상~1937), 별칭 김두선(金斗善), 평북 영변에서 출생, 1923년 가평에서 백백교를 창시, 민심 교화와 광명세계의 실현을 명분으로 포교, 신도들의 금품을 갈취하고 여신도를 속여 간음했다. 배반할 기미가 보이는 314명 신도를 죽이거나 생매장을 하였다. 1937년 수사망을 피해 도망치다가 자살하였다."

491) 범죄형의 대표 '백백교' 교주 전용해, 중앙일보, 2004.2.25., "우리나라 과학수사의 총본산인 국립과학수사연구소 시체해부실에는 범죄형 두개골의 표본으로 백백교 교주 전용해(일부 사전에는 전해룡)의 두부가 포르말린 용액에 잠겨 있다고 한다. 일제 때 조선 땅을 뒤흔든 희대의 살인사건을 일으켰던 '백백교'는 사이비 종교의 하나로 1937년 교주 전용해 등이 10여 년 동안 무려 350여 명의 신도를 살해한 사실이 밝혀지면서 세상에 알려졌다."

492) 한반도 통일시대 기반구축을 위한 2014 통일부 업무보고(보도자료), 통일부(unikorea.go.kr/s) 2014.2.6., "'한반도 통일시대 기반구축'을 위한 2014년 통일부 업무보고 △ 남북 동질성 회복을 위한 □ 통일부는 2.6(목) 오전 10:00부터 국방부에서 박근혜 대통령께 「2014년 통일부 업무계획」을 보고하였음. □ 통일부는 '통일 대박' 실현을 위해 한반도 신뢰…"

493) [Who Is ?] 김영호 통일부 장관, 2023.8.22., "(2014/10/23, 세계일보에 기고한 통일논단 칼럼에서 박근혜 대통령의 '통일대박론'은 '경제대박'이…" / 태영호, 박근혜 생일축하 선물 전달… "'통일 대박' 증명할 것", 쿠키뉴스, 2023.2.1., "태영호 의원은 "앞으로도 자유민주주의 이념이 북한 땅에도 꽃피는 그 날까지 목숨 바쳐 싸우겠다"며 "'통일은 대박'이라는 말씀이 진실임을 증명하도록 하겠다"고 다짐했다. / [장안구 국회의원 이찬열 보도자료] 2016.02.15.,"박근혜 대통령의 '통일 대박', '개성 쪽박'으로 돌아와 개성공단 폐쇄를 즉각 철회하고 정상화시킬 것- 초당적 남북 관계개선 협력기구 설치를 제안 - 개성공단 기업의 손실을…"

494) 통일은 대박, 신유의 앨범 '일소일소 일노일노'(3:14) : "대박이다 대박이야. 통일이 된다면, 서울남자 평양여자. 평양남자 서울여자. 서로 만나서 서로 좋아서. 사랑도 할 수 있겠네. 서울에서 평양까지. 맘먹으면 하룻길. 누가 누가 먼저 손을 잡을까. 먼저 고백을 할까. 사랑의 통일은 얼마나 걸릴까. 생각만 해도 설레는 마음. 가슴 뛰는 일인데. 상상만 해도 궁금해지네. 그게 언제쯤일까. 대박이다 대박이야…"

495) 윤석렬 북한 선제 타격 논란, 나무위키, "2022년 1월 11일 열린 '신년 기자회견'에서 '오늘 아침에도 북한이 미사일을 쐈고 위협이 계속되는데 이를 방지할 계획이 있느냐'는 질문에 '(북한으로부터) 마하 5 이상의 미사일이 발사되면, 핵을 탑재했다고 하면, 수도권에 도달해서 대량살상을 하는데 걸리는 시간은 1분 이내다. 요격이 사실상 불가하다', '조짐이 보일 때 3축 체제의 가장 앞에 있는 킬 체인(Kill-Chain)이라는 선제 타격밖에 막을 수 있는 방법이 지금 없다'고 밝혔다. 이에 대해 더불어민주당과 정의당은 즉각 한반도를 위기에 빠트릴 수 있는 호전적인 발언이라며 비판했다."

496) 2022 한반도, '선제타격' 윤석열과 '로켓맨' 김정은의 만남, 경향신문(khan.co.kr), 2022,3,19.,

"'강경대응'을 말했는데 '보란 듯이' 미사일을 쏘고 있다. 5월 임기 시작을 앞둔 윤석열 정부와 북한과의 관계가 순탄치 않을 전망이다." / 윤석열 정부의 대북 선제타격 전략 실현 가능성 있나, 미디어오늘(mediatoday.co.kr), 2022.6.9., "북한이 연이은 미사일 발사 실험을 한 데 이어 핵실험 가능성이 높은 것으로 관측되는 가운데 한국 정부가 북한의 핵·미사일 위협을 무력화할 수 있는…"

497) 김현정, "석유사업 도박하듯이 해", 한겨레 TV, 2024.6.10., "동해안 심해 가스전 개발 프로젝트 '대왕고래'를 두고 산유국의 꿈이 실현되는 것인지, 아니면 석유 게이트의 시작인지 논란이 계속되고 있습니다. 윤석열 대통령이 첫 국정 브리핑에서 직접 '동해 석유 가능성'을 언급해 혼란을 더욱 가중했다는 비판이 일고 있는데요. 설상가상으로 포항 앞바다 석유매장 가능성을 분석한 미국 지질탐사 컨설팅 회사 액트지오(Act-Geo)가 4년간 법인 자격을 박탈당했었고, 절세를 위한 페이퍼 컴퍼니일 수도 있다는 분석도 나오면서 신뢰성에 대한 의혹이 확산되고 있습니다. 우리의 준일쌤(김준일 시사평론가)이 이 모든 논란에 대해 '윤석열 대통령이 석유사업을 갬블링(Gambling 도박)하듯이 해 벌어진 일'이라고 평했는데요."

498) There Will Be Blood, Wikipedia, "There Will Be Blood is a 2007 American epic period drama film written and directed by Paul Thomas Anderson, loosely based on the 1927 novel Oil! by Upton Sinclair. It stars Daniel Day-Lewis as Daniel Plainview, a silver miner turned oilman on a ruthless quest for wealth during Southern California's oil boom of the late 19th and early 20th centuries. Paul Dano, Kevin J. O'Connor, Ciarán Hinds, and Dillon Freasier co-star. The film was produced by Ghoulardi Film Company and distributed by Paramount Vantage and Miramax Films. At the 2008 Berlin International Film Festival, it won the Silver Bear Award for Best Director and a Special Artistic Contribution Award for Jonny Greenwood's score. It grossed $76.2 million worldwide on a $25 million budget."

499) Exodus 7:1-24, "OK, so you've had the trigger warning now, in Exodus chapter 7 there will be blood, a plague of blood in fact. The LORD said to Moses, "Tell Aaron, 'Take your staff and stretch out your hand over the waters of Egypt - over the streams and canals, over the ponds and all the reservoirs' - and they will turn to blood."

500) Deuteronomy 11:26-32, "See, I am setting before you today a blessing and a curse— the blessing if you obey the commands of the Lord your God that I am giving you today; the curse if you disobey the commands of the Lord your God and turn from the way that I command you today by following other gods, which you have not known. When the Lord your God has brought you into the land you are entering to possess, you are to pro-claim on Mount Gerizim the blessings, and on Mount Ebal the curses. As you know, these mountains are across the Jordan, westward, toward the setting sun, near the great trees of Moreh, in the territory of those Canaanites living in the Arabah in the vicinity of Gilgal. You are about to cross the Jordan to enter and take possession of the land the Lord your God is giving you. When you have taken it over and are living there, be sure that you obey all the decrees and laws I am setting before you today."

501) 영국속담에 "Don't count your chickens before they are hatched(孵前勿數雛)"라는 말이 있다.

502) [단독] 동해에 석유구멍 24개… 석유공사, 10% 가능성 뚫는다, 중앙일보(joongang.co.kr), 2024.2.23., "2004년 11월 동해1·2 가스전이 본격적으로 천연가스 상업생산에 나서며 한국은 세계에서 95번째로 산유국이 됐다. 그러나 해당 시설들은 2021년 말 생산을 종료했다. 중앙포토 한국석유공사가 이르면 올해…" / "동해 성공률 20%는 높은 수준… 세계 최대 가이아나 16%였다", 중앙일보(joongang.co.kr),2024.6.7., "동해 석유·가스 매장 가능성을 분석한 미국 액트지오의 비토르 아브레우 고문이 입을 열었다. 아브레우 고문은 7일 기자회견에서 20%의 성공률은 굉장히 양호하고 높은 수준이라며…" / "동해 석유·가스 유망성 상당히 높다" 중앙일보(joongang.co.kr), 2024.6.8., "경북 포항 영일만 일대에 최대 140억 배럴의 석유·가스가 매장돼 있을 가능성이 있다고 분석한 미국 액트지오사의 비토르 아브레우 고문이 7일 오전 정부세종청사에서 영일만 심해를…"

503) 김민중, 한국 탐사시추 실적 고작 48공… 중국 4만8779공, 일본 813공, 중앙일보(joongang.co.kr), 2024.6.14., "13일 산업통상자원부에 따르면 1960년대부터 '한반도 인근 해역에 대규모 석유·가스가 묻혀 있을 수 있다'는 가능성이 제기됐다. 1969년 국제연합(UN) 산하 아시아 해상지역 광물자원 공동탐사 조정 위원회(CCOP)가 '동중국해(한국의 남해)에서 큰 석유·가스층이 발견될 수 있다'는 내용의 보고서를 발표한 게 대표적이다. 그러나 이 같은 가능성을 구체적으로 확인하기 위한 노력은 인접 국가인 일본·중국과 비교해 떨어진다. 현재까지 한국의 국내 석유·가스 탐사시추 실적은 48공인데, 일본은 813공으로 17배 가까운 수치를 나타냈다. 중국은 4만8779공으로 1000배를 넘는다."

504) 1959년 첫 석유탐사… 95번째 산유국, 꿈은 계속된다, 서울신문(seoul.co.kr), 2024.6.4. / "포항에 석유" 처음 아니다… '산유국 꿈' 65년 번번이 좌절, 한겨레(hani.co.kr), 2024.6.5. : "1979년 한국석유공사를 설립하며 본격적인 대륙붕 탐사가 시작됐고, 실제 울산광역시 앞바다 남동쪽에 있는 동해 가스전은 우리나라를 세계 95번째 산유국으로 만들어주었습니다. 1998년 국내 최초로 경제성 있는 천연가스가 발견된 것입니다. 우리나라는 15년 전부터 산유국이었답니다. 동해 가스전은 2004년 7월부터 천연가스와 초경질원유를 생산하고 있습니다."

505) 엘스비어 (Elsevier)출판사, 네덜란드 암스테르담, 1880년 창립, 의학과 과학, 기술 서적 전문 네덜란드의 출판사다. 학술 잡지도 다수 발행 CEO: 쿰살 바야지트 (2019년 2월 15일-)

506) As the world's leading scientific publisher, our high quality and trusted journals publish around 630K articles per annum which account for over 17% of global articles, and 28% of global citations, reflecting the quality of the work we publish.

507) 이상무, 액트지오 결과 검증한 해외 교수, 아브레우와 논문 같이 써… 석유공사 그런데도 "공정했다", 한국일보(hankookilbo.com), 2024.6.11., "문제는 해외 전문가 중 텍사스대학교 모릭 교수가 비토르 아브레우 액트지오 고문이 작성한 논문의 공동 저자로 참여했다는 점이다. 논문은 2003년 6월 미국 학술지 '엘스비어'가 발행한 해양·석유 지질학 저널에 실렸다. 이에 정치권을 중심으로 '함께

연구를 진행했던 학자가 아브레우 고문의 분석을 제3자 입장에서 객관적으로 했을지 의문'이라는 주장이 강하게 제기되고 있다."

508) 산업부 차관 "액트지오 계약 시 체납 사실 몰랐다… 죄송", SBS 뉴스(sbs.co.kr), 2024.6.10., "최남호 산업통상자원부 2차관은 동해 심해 가스전 탐사 분석을 수행한 미국 액트지오사의 체납 사실을 한국석유공사와의 계약 당시에는 몰랐다며.." / 산업차관 "액트지오 계약시 체납 몰랐던 점, 정부 대표 죄송", KBS 뉴스(news.kbs.co.kr), 2024.6.10., "정부는 동해 심해 가스전 탐사 분석을 수행한 미국 액트지오(Act-Geo)의 체납 사실을 한국석유공사와 계약 당시에는 몰랐다고 밝혔습니다." / 산업부 "액트지오 체납 사실 몰랐다, 죄송… 교차 검증 안 할 것", 경향신문(m.khan.co.kr), 2024.6.10., "정부와 한국석유공사가 동해 심해 석유 탐사 자료를 정밀 분석한 미국 자문업체 '액트지오'와 계약할 당시 세금 체납 사실을 몰랐던 것으로 확인됐다."

509) 주하은, 호주 최대 석유개발회사, 영일만 '가망 없다' 결론 내렸다, 시사인(sisain.co.kr), 2024.6.5., "호주 최대 석유개발회사 '우드사이드'가 영일만 일대 심해 탐사 사업이 "더 이상 가망이 없다고 생각한다(no longer considered prospective)."라는 결론을 내린 것으로 〈시사IN〉 취재 결과 확인됐다. 우드사이드는 2023년 8월 22일 자사 홈페이지에 게시한 2023년 반기 보고서에서 '탐사 포트폴리오를 지속적으로 최적화하여 더 이상 가망이 없는 광구를 퇴출시켰다. 여기에는 트리니다드 토바고 심해 5광구에서 철수하기로 한 결정과 캐나다, 대한민국, 미얀마 A-6광구에서 공식 철수 활동을 완료하는 것이 포함된다.'라고 밝혔다."

510) Oil 2024 - Analysis, IEA - International Energy Agency(iea.org) : "…Oil 2024 looks beyond the short-term horizon covered in the IEA's monthly Oil Market Report to provide a comprehensive overview of evolving oil supply and demand dynamics through to 2030. The report provides detailed analysis and forecasts of oil demand fundamentals across fuels, sectors and regions. It also outlines projected supply from planned upstream and downstream projects around the world. Our findings provide compelling insights on spare production capacity, product supply and trade flows, as well as the implications of surging output of natural gas liquids (NGLs) in this era of petrochemical-driven demand growth."

511) The World Will Be Swimming in Excess Oil by End of This…, WSJ(wsj.com), 2024.6. June 12, 2024 : " In advanced economies, demand is forecast to fall from around 45.7 million barrels per day in 2023 to 42.7 million barrels per day in 2030."/ Oil Demand May Peak This Decade, the IEA Says. OPEC … WSJ(wsj.com), 2024.6. June 12, 2024., "By 2030, daily supply capacity will reach almost 114 million barrels, eight million more than projected demand, the IEA forecasts. In comments…"/ Global Oil Markets to Tip Into Surplus by End of Decade, WSJ(wsj.com), 2024.6. June 12, 2024., "Oil-demand growth is forecast to slow down in the coming years, reaching 105.4 million barrels a day in 2030, as the rollout of clean-energy…"

512) 우설희, 한국갤럽 동해 석유·가스 매장 윤 대통령 발표 '신뢰 안 해' 60% '신뢰한다' 28%, 경향신문, 2024.6.14.

513) Resource curse, Wikipedia, "The resource curse, also known as the paradox of plenty or the poverty paradox, is the phenomenon of countries with an abundance of natural resources (such as fossil fuels and certain minerals) having less economic growth, less democracy, or worse development outcomes than countries with fewer natural resources."

514) What is Dutch Disease? Dutch Disease - Definition, Disadvantages, and How to Avoid, Corporate Finance Institute(corporatefinanceinstitute.com) : "Dutch disease is a concept that describes an economic phenomenon where the rapid development of one sector of the economy (particularly natural resources) precipitates a decline in other sectors. It is also often characterized by a substantial appreciation of the domestic currency."

515) Wikipedia, Blood diamonds (also called conflict diamonds, brown diamonds, hot diamonds, or red diamonds) are diamonds mined in a war zone and sold to finance an insurgency, an invading army's war efforts, terrorism, or a warlord's activity. The term is used to highlight the negative consequences of the diamond trade in certain areas, or to label an individual diamond as having come from such an area. Diamonds mined during the 20th21st century civil wars in Angola, Ivory Coast, Sierra Leone, Liberia, Guinea, and Guinea-Bissau have been given the label. The term conflict resource refers to analogous situations involving other natural resources. Blood diamonds can also be smuggled by organized crime syndicates so that they could be sold on the black market.

516) Norges Bank Investment Management(nbim.no) : "The aim of the fund is to ensure a long-term management of revenue from Norway's oil and gas resources, so that this wealth benefits both current and future generations. The fund's formal name is the Government Pension Fund Global."

517) 유럽, 미국보다 덜 일해… 세계 최대 투자자의 일침, 머니투데이(news.mt.co.kr), 2024.4.26., "1조6000억 달러(2200조 원) 규모의 노르웨이 국부펀드 최고경영자(CEO)가 유럽을 향해 '미국보다 덜 일하며 덜 야심적'이라고 일침을 냈다."

518) Qantas holding knife to Australia's throat: pilots, Australian Broadcasting Corporation(abc.net.au) 2011.10.29. :"Pilots have accused Qantas of 'holding a knife to Australia's throat' with its decision to ground all its planes over a long-running…" / CHINA PUTS KNIFE TO OUR THROAT. MORRISON, Herald Sun(heraldsun.com.au), 2020.12.1. : "Scott Morrison says China posting a doctored image of an Australian soldier with a knife to the throat of an Afghan child 'cannot be justified.…'"

519) Australia-China trade war, Wikipedia : "The AustraliaChina trade war is an ongoing trade war between Australia and China. The exact date of when the trade war began is

debated, however it is understood it began in either 2017 or 2018…"

520) Dubai World seeks debt moratorium, Aljazeera(aljazeera.com), 25 Nov 2009, "Wednesday's announcement pushed up the cost of insuring Dubai's debt against default and brought down bond prices, the Reuters news agency reported. Nakheel's Islamic bond prices fell more than 20 points to 87. The announcement came just hours after Dubai said separately that it raised $5bn from two local banks, the second instalment of what officials had said would be a $20bn borrowing programme…"

521) 모라토리엄 선언 이후는?, 한겨레(hani.co.kr), 2009.11.29., "한 두바이 정부가 자국 내 최대 국영 기업 두바이월드의 채무에 대해 '모라토리엄'(moratorium)을 선언함에 따라 전 세계 금융시장이 들썩였습니다."

522) Economy of the United Arab Emirates, Wikipedia(wikipedia.org), "Dubai has far smaller oil reserves than its counterparts. … The UAE government has worked towards reducing the economy's dependence on oil exports by 2030."

523) Fugu, Wikipedia, "The fugu (河豚; 鰒; フグ) in Japanese, bogeo (복어; -魚) or bok (복) in Korean, and hétún (河豚; 河魨) in Standard Modern Chinese is a pufferfish, normally of the genus Takifugu, Lagocephalus, or Sphoeroides, or a porcupinefish of the genus Diodon, or a dish prepared from these fish. Fugu possesses a potentially fatal poison known as tetrodotoxin, therefore necessitating meticulous preparation to eliminate poisonous components and prevent the fish meat from being contaminated…"

524) 복어, 위키백과, "복어(鰒魚, 보가지, Fugu)는 참복과 물고기 가운데 먹는 것을 부르는 말이다. 껍질, 알, 간에 테트로도톡신(Tetrodotoxin)이라는 독이 있다. 요리할 때는 독을 제거하고 먹는다. IUCN 지정 멸종 위기종이다."

525) 오상훈, 응급의학과, 해독제 없는 복어독, 중독 확인 때 대처법도 없나? 헬수조선, 2023.2.15., "복어 독의 치사율이 50%라는 점을 감안했을 때 천만다행인 일이었다. 복어 독의 성분은 '테트로도톡 신(tetrodotoxin)'이다. 신경세포의 나트륨 채널을 차단하는 전형적인 신경 독으로 청산가리보다 1000배 정도 강하다. 복어 한 마리에 들어있는 양으로 성인 13명의 생명을 앗아갈 수 있다고 한다. 해독제는 없다."

526) 蘇東坡拼命吃河豚：也値得一死, 知史百家, 歷史春秋網, 2020.5.2., "被譽爲「揚子江中第一鮮」「水族三奇味」及「江東四美」的河豚, 與大閘蟹齊名, 號稱「二月河豚十月蟹」. 自古以來, 對牠讚譽備至, 甚至有「不吃河豚, 焉知魚味？吃了河豚, 「百鮮無味」之說. 主流烹法「紅燒河豚」關於河豚的吃法, 在宋朝是與荻芽做羹, 此法延續至今. 而加醬紅燒的河豚, 則大盛於明朝, 卽使時至今日, 仍爲主流做法. 據說本法乃常熟的「牙行」經紀人李子寧所精製, 其味之佳, 一時無兩. 李家的紅燒河豚, 須先製醬. 其法爲：「前一年取上好黃豆數斗, 凡發黑, 醬色, 紫葷, 微有黑點者, 皆揀去不用；豆已純黃, 猶須逐粒細揀；然後煮爛, 用淮麥麵拌作『醬黃』, 加潔白細鹽, 覆紗罩在烈日中曬熟, 收入磁

甕，上覆磁蓋，用油火封口，藏到第二年內，名之爲『河豚醬』."

527) Fugu, Wikipedia, "The inhabitants of Japan have eaten fugu for centuries. Fugu bones have been found in several shell middens, called kaizuka, from the Jōmon period that date back more than 2,300 years. The Tokugawa shogunate (1603-1868) prohibited the consumption of fugu in Edo and its area of influence. It became common again as the power of the Shōgunate weakened. In western regions of Japan, where the government's influence was weaker and fugu was easier to get, various cooking methods were developed to safely eat them. During the Meiji Era (1867-1912), fugu was again banned in many areas. According to one fugu chef in Tokyo, the Emperor of Japan has never eaten fugu due to an unspecified "centuries old ban" In China, the use of the pufferfish for culinary purposes was already well established by the Song dynasty as one of the 'three delicacies of the Yangtze' (長江三鮮), alongside saury and Reeve's shad, and appears in the writings of the polymath Shen Kuo[15] as well as in the encyclopedic work Taiping Guangji. The scholar-statesman Su Shi famously remarked that the taste is worthy of death (値那一死).

528) 許筠, 東醫寶鑑: "鰒魚味善，如果沒有，備吃會死. 肉沒有毒，肝蛋有毒多. 以把肝蛋掉, 把脊裡黑血, 清理乾淨."

529) 정진환, 박명윤 박사 칼럼 세계의 별미, 복어(鰒魚), 치매신문, 2023.2.19., "일본 에도(江戶)시대 고바야시 잇사(小林一茶, 1763-1828) 시인은 "(복어 독이 무서워) 복어를 먹지 않는 바보들에게는 보이지 않는 후지산(ふぐを食べない愚か者には見えない富士山)"이라는 글을 남겼다. '복어 전문 조리사 자격증'을 처음 만든 것도 일본이다. ⋯"

530) Heavy water, Definition, Formula, Preparation, & Facts, Britannica(britannica.com), 2024.5.10., "Heavy water (D_2O), water composed of deuterium, the hydrogen isotope with a mass double that of ordinary hydrogen, and oxygen. Ordinary water has a composition represented by H_2O."

531) 차대운, 한수원, 중국 친산원전에 중수 80t 수출, 연합뉴스(yna.co.kr/), 2023.9.28., "한수원은 지난 6월 해상 운송 방식으로 친산 원전 측에 중수 80t을 보냈다. 중수(重水, heavy water)는 수소의 동위원소인 중수소와 산소 분자의 결합을 통해 만든 인공적인 물로, 원자로의 냉각재와 감속재로 쓰인다. 한수원은 지난 2021년 10월 친산 원전 측에 중수 80t을 320만 달러(약 43억 원)에 파는 계약을 체결했는데, 이번 운송으로 거래가 마무리됐다. 친산 원전 측은 압력관 교체에 따른 자체 중수수요가 늘어나 한수원 측으로부터 중수를 수입한 것으로 전해졌다. 중국 저장(浙江)성 자싱(嘉興)시에 위치한 친산 원전은 한수원이 운영하는 월성 2·3·4 호기와 동일한 중수로형 원전을 운영하는 중국 내 유일한 회사다. 2002년 상업 운전을 시작한 친산 원전은 압력관 교체 등 계속 운전을 위한 대규모 설비 개선을 추진 중이며 2020년부터 한수원에 기술 지원을 요청해 왔다. 한수원은 친산 원전과 지속적인 협력을 통해 삼중수소 제거설비 건설 등 후속 사업 수주도 기대하고 있다."

532) Can tritium be treated? ALPS Treated Water Q&A, 日本經濟産業省(meti.go.jp), 2022.8.30. : " 'Treated water' is water in which most of radionuclides are removed by purification systems such as ALPS (Advanced Liquid Processing System) to meet the regulatory standards for discharge, with the exception of tritium. 'Tritium' cannot be removed by purification, and remains in the treated water."

533) ALPS處理水って何？本当に安全なの？ 経濟産業省(meti.go.jp) : "東京電力福島第一原子力發電所の建屋內にある放射性物質を含む水について,トリチウム以外の放射性物質を,安全基準を滿たすまで淨化した水のことです." / 福島第一原發の ALPS 處理水の海洋放出をめぐる問題, 國立國會図書館デジタルコレクション(dl.ndl.go.jp), 2021.10.20. : "汚染水の多. くは,多核種除去設備（ALPS）等により,放射性物質の多くが除去される.しかし,. トリチウムは除去できず,トリチウム以外の放射性物質." / 【解說】 福島第一原發の處理水放出,その背景の科學は, BBC(bbc.com), 2023.8.27. : "東日本大震災によって福島第一原子力發電所でメルトダウンが起きてから12年後,日本ではこの原子爐の冷却に使われた,放射性物質を含む處理水を太平洋." / ALPS處理水」とは ~汚染水の淨化處理, 環境省(env.go.jp) : "「ALPS處理水」とは,東京電力福島第一原子力發電所で發生した汚染水を多核種除去設備（ALPS：Advanced Liquid Processing System）等によりトリチウム以外の放射性…"

534) [이지 사이언스] 원전서 나온 삼중수소, 금값 400배 초고가, 연합뉴스(yna.co.kr), 2024.3.16., "수소의 동위원소인 중수소(Deuterium)과 삼중수소(Tritium) … 판매하겠다는 계획을 갖고 있다. 현재 … 이를 대체하는 방법이 중수로 원전에서 핵분열 발전…" / [이지 사이언스] 원전서 나온 삼중수소, 금값 400배 초고가 자원? 매경증권(stock.mk.co.kr), 2024.3.16., "이를 대체하는 방법이 중수로 원전에서 핵분열 발전을 통해 나오는 중수 속 삼중수소를 삼중수소제거설비(TRF)로 분리하고 정제하는 방법이다."

535) What is the core of a hydrogen bomb? Fact Sheet: Thermonuclear Weapons, 2022.11.18. : "The innermost portion contains a hollow plutonium pit filled with some form of hydrogen fuel — most likely Tritium in gaseous form. As the outermost layer of the sphere explodes, heat and energy are directed toward the center using a series of explosive lenses, and the plutonium pit begins to shrink into itself." / Is heavy water used in hydrogen bomb? THE MANHATTAN PROJECT, The National WWII Museum(nationalww2museum.org) : "This type of hydrogen is called deuterium. It is literally heavier than normal water and so is called heavy water. When heavy water is applied to U-238, it allows U-238 to undergo fission. During the war, the Germans were focusing on this method to try to create an atomic bomb."

536) 장혜원, 핵원료 소재 중수 중국에 '헐값 처분', 스카이 데일리, 2024.5.16., "핵무장 등을 심도 있게 논의하는 가운데 문재인 정부 당시 영구 폐쇄된 원전 월성1호기의 '중수'가 중국에 헐값으로 팔리고 있어 논란이 가중될 전망이다. 중수는 핵연료를 만드는 우라늄 농축 과정에 반드시 필요하다. 16

일 한 에너지업계 관계자는 '한국수력원자력(한수원)은 문 정부였던 2021년 10월 중국 친산(秦山) 원전에 80t을 320만 달러(약 43억 원)에 파는 계약을 체결했다.'라며 '이는 t당 약 5000만 원, kg당 5만 원 수준'이라고 밝혔다. 이어 '중수 1kg 시세가 수백만 원을 호가하는 데 이를 헐값에 중국 원전에 팔아버린 것'이라고 지적했다. 그는 '월성원전을 가동하기 위해서 필요한 중수를 중국에 헐값에 넘긴 것'이며 '중국이 이를 사간 것 또한 사실상 월성원전의 영구폐쇄에 쐐기를 박기 위한 행보로 보인다'고 분석했다. 또 다른 관계자도 '중수를 냉각재로 사용하는 중수로는 천연우라늄 농축 과정 없이 핵 연료로 사용할 수 있다.'라며 '특히 중수는 핵폭탄 제조에 사용할 수 있어 우리나라는 한·미 원자력 협정 등에 따라 중수를 생산하지 못하고 캐나다에서 수입해 왔다.'라고 밝혔다."

537) Health effects, Facts about tritium - Canadian Nuclear Safety Commission(cnsc-ccsn. gc.ca), 2021.11.15. : "Tritium is a relatively weak source of beta radiation, which itself is too weak to penetrate the skin. However, it can increase the risk of cancer if consumed in extremely large quantities."

538) How long does tritium last? What is tritium and is it safe? TruGlo(truglo.com) : "The rated half life of tritium is approximately 12 years. This means that after twelve years, handgun sights will be approximately half as bright are when there were first sent to the dealer. Tritium gas occurs naturally in the atmosphere."

539) What is tritium used for? Facts about Radioactive Tritium-Cumberland County (cumberlandcountypa.gov) : "The most significant military use of tritium is as a component in thermonuclear (fusion) weapons. At some point in the future, tritium may be used in fusion reactors to produce electricity. How does tritium get into the environment? Tritium occurs naturally in the environment in very low concentrations."

540) What is tritium used for in medicine?, Tritium Uses - Learn Important Terms and Concepts - Vedantu(vedantu.com) : "In medicine, tritium is used for diagnosis and radio treatment. In Biology, it is used to mark hydrogen and study its metabolism."

541) How radioactive is tritium in watches? Radioactive materials in watches - BfS, Bundesamt für Strahlenschutz(.bfs.de), 2024.1.22. : "Watches containing Tritium-luminous paints show a Tritium activity of about 0.2~0.3 GBq on average. The dose caused is mostly below 20 µSv per year. This corresponds to about 1/100 of the annual natural radiation exposure which is 2 mSv on average in Germany."

542) Why is tritium useful? Facts about Radioactive Tritium - Cumberland County (cumberlandcountypa.gov) : "The radioactive properties of tritium can be very useful. By mixing tritium with a chemical that emits light in the presence of radiation, a continuous light source is made. This can be applied to situations where a light is needed but where use of batteries or electricity is not practical."

543) Facts about tritium, Canadian Nuclear Safety Commission(cnsc-ccsn.gc.ca),

2021.11.15., "Tritium is a radioactive isotope of hydrogen. ⋯ In the future, it may also be used to generate electricity in fusion reactors. ⋯ Canada and the ⋯ Tritium can be combined with phosphor to create glow-in-the-dark lighting such as exit signs, emergency lighting in buildings, and airport runway lights. It is also used as a tracer in biomedical research to study and diagnose heart disease, cancer and AIDS. In the future, it may also be used to generate electricity in fusion reactors. Where does tritium go? Small amounts of tritium are released to the environment, mostly from reactor operation and maintenance and during the manufacture of tritium light sources."

544) What are the uses of tritium in real life? Tritium,Wikipedia(wikipedia.org) : "Tritium is used as the energy source in radioluminescent lights for watches, night sights for firearms, numerous instruments and tools, and even novelty items such as self-illuminating key chains. It is used in a medical and scientific setting as a radioactive tracer."

545) What are commercial uses for tritium? Hisham Zerriffi, Tritium : The environmental, health, budgetary, and strategic effects of the Department of Energy's decision to produce tritium, Institute for Energy and Environmental Research(ieer.org), 2024.6.17. : "Tritium is a radioactive isotope of hydrogen which has both commercial and military applications. Tritium's commercial uses include medical diagnostics and sign illumination, especially EXIT signs. However, commercial tritium use accounts for only a small fraction of the tritium used worldwide."

546) Can tritium be used as a nuclear fuel? DOE Explains...Deuterium-Tritium Fusion Reactor Fuel(energy.gov) : "Deuterium and tritium are promising fuels for producing energy in future power plants based on fusion energy. Fusion energy powers the Sun and other stars through nuclear fusion reactions. Deuterium and tritium are isotopes of hydrogen, the most abundant element in the universe."

547) 평생 자란 동네에 원전이라니?⋯대구 SMR 건설에 주민 반발, 한겨레(hani.co.kr), 2024.6.19., "대구시 군위군 소보면 도산리에서 태어나 평생을 살아온 주민 김만곤(65) 씨가 격분해서 소리쳤다. 19일 오전 대구시 동인청사 앞 기자회견장에서 만난⋯" / TK신공항 들어서는 군위에 SMR 건설? 위험천만, 오마이뉴스(ohmynews.com), 2024.6.19.

548) 홍준표 "군위에 국내 최초 SMR 원자력 발전소 건설" 경북일보(kyongbuk.co.kr), 2024.6.6., [사설] 군위 첨단산단에 국내 1호 SMR⋯대구 신산업 날개 다나? 영남일보(yeongnam.com), 2024.6.7. / 대구 군위에 소형모듈원자로, SMR 건립 추진, TBC뉴스, 2024.6.7. / 대구 군위첨단산단에 소형모듈원자로 추진⋯"국내 1호 가능성" 연합뉴스(yna.co.kr), "2024. 6. 5. — 5일 대구시 등에 따르면 대구시는 이달 중 한국수력원자력과 군위 첨단산업단지에 SMR을 건설하기 위한 업무협약을 할 예정이다. 기술력 제공 등 SMR 건설⋯"

549) 분산에너지 활성화 특별법(약칭: 분산에너지법) [시행 2024. 6. 14.] [법률 제19437호,

2023.6.13.,제정] 산업통상자원부(신산업분산에너지과), 044-203-3907 제1장 총칙 제1조(목적) 이 법은 분산에너지 활성화를 위한 기반 조성 및 분산에너지 확대에 필요한 사항을 정함으로써 에너지 관련 첨단기술 활용을 통하여 분산에너지를 활성화하고 에너지공급의 안정을 증대하여 국민경제의 발전에 이바지함을 목적으로 한다.

550) 황주호, 신상화, 미국의 핵연료주기 관련 정책동향 분석, 경희대학교 한국원자력연구원, 2008.5. KAERI/CM-1072/2007 / 제4세대 원자료 개발동향, KDB미래전략연구소(rd.kdb.co.kr) , "높은 안전성, 경제성, 지속가능성 등의 기술적 목표로 개발중인 4세대 원자로는. 우리나라를 비롯 미국, 프랑스, 일본 등 원자력선진국 11개국으로 결성된. 제4세대…"

551) [사설] 군위 첨단산단에 국내 1호 SMR… 대구 신산업 날개 다나, 2024.6.7., "…아직 일반인에겐 낯설지만 SMR는 전기출력 300MWe 이하의 소형 원자로를 말한다. 안전성과 경제성이 높아 차세대 원전으로 각광받고 있다. 미국·러시아·중국 등 에너지 강국들의 개발 경쟁이 치열하다. 이는 원전에 대한 막연한 두려움을 가질 필요가 없다는 뜻이기도 하다. 군위 SMR는 대구 신산업을 추동할 든든한 에너지원으로 손색이 없다. 특히 오는 14일부터 시행되는 '분산에너지특별법'도 호재다. SMR를 갖춘 군위 첨단산단이 분산에너지 특화지역이 되면 30% 이상 싸게 전기를 쓸 수 있어서다. 대구의 미래 먹거리인 시스템반도체 육성에도 큰 역할을 할 것으로 기대된다. 분산에너지특별법으로 수도권에 집중된 반도체 기업군의 분산이 불가피하기 때문이다. 알다시피 반도체 기업은 '전기 먹는 하마'로 불린다. 저렴한 가격으로 전기를 마음껏 쓸 수 있는 군위 첨단산단이 주목받을 수밖에 없다."

552) 임미애 국회의원, 대구시의 성급한 SMR 유치 행정 규탄, 김천일보(gcilbo.kr), 2024.6.14. / 野 임미애, '洪시장 SMR 추진' 겨냥… 군위 주민 눈물, 정치, 매일신문(imaeil.com), 2024.6.14. / 임미애 국회의원, 대구시의 성급한 SMR 유치 행정 규탄, 데일리대구경북뉴스(dailydgnews.com), 2024.6.14.

553) 김동주, 소형모듈원전(SMR)에 대한 경제적 전략적 측면에서의 고찰, KOSEN Expert Report(kosen21.org), 2014.6.18., "최근 소형모듈 원전은 원자력 산업에서 상대적으로 'New product'라고 할 수 있다. 이는 소형모듈원전이 현재 통상적으로 사용되고 있는 대형원전에 대한 단순한 규모 측면에서의 차이만 가지는 것이 아니고, 원자력발전에서의 새로운 개념이라고 할 수 있기 때문이다. 새로운 기술적 해법과 상대적으로 용이한 건설방법은, 소형모듈원전의 작은 규모가 장점이 되도록 해줄 것이다. 소형 모듈 원전은 규모에 의한 경제성보다는 다중화를 통한 경제성을 가질 수 있다."

554) What is the levelized cost of SMR? Small modular nuclear reactors could be key to meeting Paris Agreement(woodmac.com), 2021.8.24., "The levelised cost of electricity (LCOE) for a new SMR is currently upwards of US$120 per megawatt-hour (MWh) for a typical market in Europe, the US or Japan. It compares well with other flexible supply options for renewable energy such as fossil fuel plants with CCS, bioenergy with CCS or hydrogen combustion."

555) SMR 개발 현황에 대해 알려주세요. 한국원자력연구원(https://www.kaeri.re.kr), 2022.7.29.,

"전 세계적으로 기후위기로 인한 위험성과 탄소중립에 대한 관심이 높아지며 화석연료를 대체할 수 있는 에너지원에 대한 기술개발의 필요성이 대두되고 있습니다. 그중에서도 온실가스와 미세먼지 발생량이 적은 원자력발전이 재조명되고 있습니다. 이에 따라 초기 투자비용이 낮고 안전성이 우수한 SMR시장의 확대가 예상되고 있습니다. 이와 관련하여 OECD에서는 지난 2016년에 '2035년까지 23개국이 총 21.8 GWe의 SMR을 건설할 것으로 전망'한다고 발표하였으며, 미국에서는 Moniz 전 DOE 장관이 'SMR의 성공 여부가 미국의 원전 건설 재개 여부를 결정할 것'이라고 언급한 바 있습니다. 현재 우리나라뿐 아니라 미국, 중국, 러시아 등 원자력 기술 선진국을 중심으로 72여 종의 SMR이 개발 중입니다. 대표적인 SMR로는 미국의 NuScale, 한국의 SMART 및 혁신형 SMR, 중국의 ACP100, 러시아의 RITM-200와 BREST-300이 있습니다."

556) Small modular reactors (SMR), International Atomic Energy Agency(iaea.org), E-New Letter, June. 2024 : "Many Member States are focusing on the development of small modular reactors, which are defined as advanced reactors that produce electricity of up to 300 MW(e). Small and medium-sized or modular reactors are an option to fulfil the need for flexible power generation for a wider range of users and applications. Small modular reactors, deployable either as single or multi-module plant, offer the possibility to combine nuclear with alternative energy sources, including renewables. Small modular reactors: flexible and affordable power generation. Global interest in small and medium sized or modular reactors has been increasing due to their ability to meet the need for flexible power generation for a wider range of users and applications and replace ageing fossil fuel-fired power plants. They also display an enhanced safety performance through inherent and passive safety features, offer better upfront capital cost affordability and are suitable for cogeneration and non-electric applications. In addition, they offer options for remote regions with less developed infrastructures and the possibility for synergetic hybrid energy systems that combine nuclear and alternate energy sources, including renewables. Many Member States are focusing on the development of small modular reactors, which are defined as advanced reactors that produce electricity of up to 300 MW(e) per module. These reactors have advanced engineered features, are deployable either as a single or multi-module plant, and are designed to be built in factories and shipped to utilities for installation as demand arises. There are more than 80 SMR designs and concepts globally. Most of them are in various developmental stages and some are claimed as being near-term deployable. There are currently four SMRs in advanced stages of construction in Argentina, China and Russia, and several existing and newcomer nuclear energy countries are conducting SMR research and development. The IAEA is coordinating the efforts of its Member States to develop SMRs of various types by taking a systematic approach to the identification and development

of key enabling technologies, with the goal to achieve competitiveness and reliable performance of such reactors. The Agency also helps them address common infrastructure issues that could facilitate the SMRs' deployment."

557) 에너지전환포럼(energytransitionkorea.org), 보도자료, 2012.7.18., "캐나다 브리티시 콜롬비아대학 라마나(Ramana) 교수의 분석에 따르면, 미국 에너지부에서 9년간 제공한 개발 및 건설비 지원금 16억 달러를 포함해도 SMR 건설단가는 6,500달러(725만 원) 수준이다. 실제로 마국 뉴스케일파워(NuScale Power)는 2003년 30MW SMR 건설단가 1,700달러/KW(약 189만 원) 정도로 평가했지만 지난해는 5배나 증가한 8,500달러(약 948만 원)로 추정하고 있는 것으로 드러났다. 뉴스케일 파워는 지난해 7월 14일, SMR 건설 컨소시엄인 유타자치전력협회(UAMPS)의 참여 지자체들에게 총 개발 및 건설 비용이 61억2천400만 달러에 이른다고 밝힌 바 있다. 이 금액을 건설단가로 환산할 경우 8,500달러/KW나 된다."

558) Small Modular Reactor (SMR) Economic Feasibility, Ontario Power Generation(opg.com), 2021.5.28. : "Small Modular Reactor (SMR) Economic Feasibility and Cost-Benefit. Study for Remote Mining in the Canadian North: A Case Study. Prepared by···"

559) Are SMRs the future of nuclear energy? csgmidwest.org. 2024.2.26., "According to Csizmadia, compared to typical, larger reactors, SMRs are more economical and can be scaled to local needs. They also are less costly to build, take less time to complete, have fewer risks and provide more flexibility on siting, proponents say."

560) What is the feasibility of SMRs? The Feasibility of Small Modular Reactors (SMRs) in the Energy Mix(sciencedirect.com) : "Moreover, SMRs have the potential to decrease the risk of delays in the construction of the power plant and provide many distinguished technological advances due to the flexibility of modular construction compared to large nuclear power plants (Vinoya et al., 2023)."

561) What is the feasibility of small modular reactor development and deployment in Canada? strategic plan for deployment of SMRs - Open Government Program(alberta.ca), 2022.3.28. : "The SMR Feasibility Study concluded that these SMR project proposals are commercially and technically feasible. However, it noted that additional factors, such as support from federal and provincial governments and the nuclear industry, are important in helping advance this new technology."

562) What is the cost of SMRs? Generation IV / Economic Modelling Compares Costs Of SMR To··· (nucnet.org) : "The total capital cost of the SMR would be $2,901/kW compared to $6,936/kW for the reference plant. It would take 1.5 years to build an SMR plant, while the 1,144-MW reference plant would take five years."

563) What is the benefit of SMRs? The Four Benefits of Small Modular Reactors - Decarbonization Channel(visualcapitalist.com), 2024.4.16. : "Visualized: The Four Benefits of Small

Modular Reactors. SMRs have greater siting flexibility compared to traditional reactors due to their smaller size and modular design. In addition, they can utilize land more effectively than traditional reactors, yielding a higher output of electrical energy per unit of land area."

564) Are SMRs environmentally friendly? Small but mighty: Unveiling the power of small modular reactors - Science(science.gc.ca),2024.2.12. : "SMRs, like nuclear power plants in general, are more environmentally-friendly than fossil-fuel based methods of generating electricity because they do not emit greenhouse gases while operating."

565) Why are SMR reactors safer? Small Modular Reactors explained - Energy - European Commission(europa.eu) : "SMRs have passive (inherent) safety systems, with a simpler design, a reactor core with lower core power and larger fractions of coolant. These altogether increase significantly the time allowed for operators to react in case of incidents or accidents.

566) AI 데이터센터 늘자, 전력 공급 대안으로 뜨는 이것은, 조선일보(chosun.com), 2024.6.13., "◇ Q4. SMR에 단점이 있다면? 아직도 검증받지 못한 경제성이다. 원하는 만큼만 설치하면 되는 SMR 의 특성상 더 경제적이라는 시각도 있지만, 기존 대형 원전만큼의 경제적 이득을 끌어내려면 '규모의 경제(대량생산으로 단가인하)'가 뒷받침돼야 한다. 그러나 아직 인허가 과정이 남은 국가가 대부분이 고, 초기 설치부지를 정하는 것부터가 난관이라 단숨에 '규모의 경제'를 달성하긴 쉽지 않을 수 있다."

567) What are problems with SMRs? Small Modular Nuclear Reactors Are Mostly Bad Policy- Our Commons.ca : "Small modular reactors won't achieve economies of manufacturing scale, won't be faster to construct, forego efficiency of vertical scaling, won't be cheaper, aren't suitable for remote or brownfield coal sites, still face very large security costs, will still be costly and slow to decommission, and still require…"

568) What is the controversy with small modular reactors? Small modular reactors produce high levels of nuclear waste(stanford.edu), 2022.5.31. : "Small modular reactors, long touted as the future of nuclear energy, will actually generate more radioactive waste than conventional nuclear power plants, according to research from Stanford and the University of British Columbia."

569) Why will SMR fail? Small modular nuclear reactors: a history of failure (climateandcapitalmedia.com), 2024.1.17. : "A study by Stanford and the University of British Columbia in 2022 pointed to yet another major issue for SMRs, waste. Their study showed that SMRs actually generate more radioactive waste than conventional nuclear power plants."

570) What are the risks of SMRs? Small Modular Reactors | Union of Concerned Scientists, Small Modular Reactors: Safety, Security and Cost Concerns(ucsusa.org), 2013.9.23. : "SMRs feature smaller, less robust containment systems than current reactors. This can

have negative safety consequences, including a greater probability of damage from hydrogen explosions."

571) EMERGENCY PLANNING, Emergency Planning Zone Sizing for Small Modular Reactors Regulatory History & Policy Considerations, Nuclear Regulatory Commission(rc.gov), 2013.5.30.

572) Addressing the issue of EPZ sizing for SMR, International Atomic Energy Agency(gnssn.iaea.org), 2017.9.4. : Addressing the issue of EPZ sizing for SMR CRP on Development of Approaches, Methodologies and Criteria for Determining the Technical Basis for Emergency Planning Zone(s) for Small Modular Reactor Deployment Technical Meeting on Challenges in the Application of the Design Safety Requirements for Nuclear Power Plants to Small and Medium Sized Reactors, September 4th, 2017 : "Design safety requirements vs EPZ : • Requirements in relation to emergency planning zones and distances are provided in the IAEA Safety Standard Series. No. GSR Part 7 and addressed in the associated lower level EPR publications. • It is not appropriate to consider emergency planning zones and distances as a design requirement (they are neither defined or determined in/by the design) • Emergency planning zones and distances sizing may be influenced by both design aspects and site related aspects"

573) 군위 SMR 사업, 첨단산업 유치 위한 것 · 온배수 문제 없어, 파이낸셜뉴스(fnnews.com), 2024.6.20., "이종헌 대구시 정책특보는 20일 오후 대구시청 동인청사 기자실에서 '군위 SMR 관련 기자설명회'를 갖고 이같이 밝혔다. 이 특보는 'SMR은 조기 상업화를 위한 글로벌 경쟁이 치열한…' 또 'SMR을 건설할 경우 냉각수로 사용되는 낙동강 물의 방사능 오염이라는 치명적인 결과를 불러올 것이 뻔하다'면서 '더구나 대구시가 지역 주민들에게 정확한 정보를 전달하고… 군위 SMR 사업…'" / 시민·환경단체, "SMR 군위 건설 계획 즉각 중단해야" BBC 뉴스(news.bbsi.co.kr), 2024.6.19., "…원전을 군위에 건설하겠다는 것은 대구를 넘어 영남마저 위험에 빠트리는 일"이라고 주장했습니다. 특히 "냉각수로 사용된 방사능 오염수의 낙동강 방류로 인해 천 300만 영남인의 식수원인 낙동강에 방사능 오염이라는 치명적인 결과를…"

574) 장마리, 최신소식 기후, 소형모듈원전(SMR)의 진실(greenpeace.org), 2021.9.17., "…한국의 SMR 짝사랑, 허상 위에 쌓은 모래탑…소형모듈원전(SMR)이 기후위기의 대안이자 사용후핵연료 폐기물과 사고 위험을 억제할 것이란 기대가 점차 커지고 있습니다. 그러나 경제성, 안전성, 그리고 기술성의 한계를 바로보면 이는 허상에 불과합니다."

575) 그린피스 기후에너지 캠페이너(장마리), 소형모듈원전(SMR)의 진실, 그린피스(greenpeace.org), 2021년 9월 17일, 소형모듈원전(SMR)이 기후위기의 대안이자 사용후핵연료 폐기물과 사고 위험을 억제할 것이란 기대가 점차 커지고 있습니다. 그러나 경제성, 안전성, 그리고 기술성의 한계를 바로 보면 이는 허상에 불과합니다. '소형' 원전도 위험하다. 원전은 끊임없이 대형화돼 왔습니다. 규모가 클수록 경제적 효율이 높아지기 때문입니다.

576) Jeremy Rifkin, The Third Industrial Revolution: How Lateral Power Is Transforming Energy, the Economy, and the World, St. Martin's Press; First Printing, September 27, 2011, 304 pages.

577) Klaus Martin Schwab (German: [klaʊs ˈmaʁtiːn ʃvaːp]; born 30 March 1938) is a German mechanical engineer, economist, and founder of the World Economic Forum (WEF). He has acted as the WEF's chairman since founding the organisation in 1971. In May 2024, WEF announced that Schwab will move from his role as Executive Chairman to Chairman of the Board of Trustees by January 2025. No successor has been named.

578) Fourth Industrial Revolution, Wikipedia(en.wikipedia.org) : "'Fourth Industrial Revolution', '4IR', or 'Industry 4.0' is a buzzword and neologism describing rapid technological advancement in the 21st century. The term was popularised in 2016 by Klaus Schwab, the World Economic Forum founder and executive chairman, who says that the changes show a significant shift in industrial capitalism.

579) Fourth Industrial Revolution, Wikipedia(en.wikipedia.org) : "The phrase Fourth Industrial Revolution was first introduced by a team of scientists developing a high-tech strategy for the German government. Klaus Schwab, executive chairman of the World Economic Forum (WEF), introduced the phrase to a wider audience in a 2015 article published by Foreign Affairs. "Mastering the Fourth Industrial Revolution" was the 2016 theme of the World Economic Forum Annual Meeting, in Davos-Klosters, Switzerland."

580) 제4차 산업혁명, 위키백과(ko.wikipedia.org), "제4차 산업혁명(第四次産業革命, Fourth Industrial Revolution)은 정보통신 기술(ICT)의 융합으로 이루어지는 차세대 산업혁명이다. 18세기 초기 산업혁명 이후 네 번째로 중요한 산업 시대이다. 이 혁명의 핵심은 빅 데이터 분석, 인공지능, 로봇공학, 사물인터넷, 무인 운송수단(무인항공기, 무인자동차), 3D프린팅, 나노기술과 같은 7대 분야에서 새로운 기술 혁신이다."

581) Fourth Industrial Revolution, Wikipedia(en.wikipedia.org) : "On 10 October 2016, the Forum announced the opening of its Centre for the Fourth Industrial Revolution in San Francisco. This was also subject and title of Schwab's 2016 book.[16] Schwab includes in this fourth era technologies that combine hardware, software, and biology (cyber-physical systems),[and emphasises advances in communication and connectivity. Schwab expects this era to be marked by breakthroughs in emerging technologies in fields such as robotics, artificial intelligence, nanotechnology, quantum computing, biotechnology, the internet of things, the industrial internet of things, decentralised consensus, fifth-generation wireless technologies, 3D printing, and fully autonomous vehicles."

582) 2024 대구 신산업을 이끌 '스타기업 신규모집'을 진행합니다! 행복한북구(blog.naver.com/buk_daegu), 2024.5.29., "대구에서는 미래 신산업을 이끌 중소기업을 발굴하고 집중 지원해 중

견기업을 육성하는 '대구 스타기업' 정책을 실시합니다. ⋯ 대구광역시 내 본사 사업장이 소재한 소기업 중 대구시 5대 미래산업에 해당하는 경우, 로봇, 반도체, 헬스케어, UAM, ABB(AI-Big data-Block chain. ⋯ 접수처: (재)대구지역산업진흥원 053-818-9564 E-mail daegu@riia.or.kr"

583) 대구시, 2024 문화와 ABB결합지원 사업 추진, 대구일보, 2024.4.18., "대구시는 2024 문화와 ABB결합지원 사업을 추진한다고 18일 밝혔다. 이번 사업은 지역 예술인들의 도전적이고 실험적인 기술융합예술 창·제작을 지원하고자 마련됐다. 2024 문화와 ABB결합지원 사업은 대구(예술)의 디지털 전환을 의미하는 '아트:디엑스(DX)'를 부제로 정했다. ABB 기술융합 완성도를 제고해⋯" / [공고] 2024 문화와 ABB결합지원 'NFT 제작지원 사업' 모집 공고, (재)대구문화예술진흥원 공식블로그, 2024.4.22. / 대구시, 문화와 ABB기술결합 사업 추진, 영남일보(yeongnam.com), 2024.4.19., "대구시가 지역 중점 추진 산업인 ABB(인공지능·블록체인·빅데이터)와 문화 예술을 결합한다.ABB 기술은 최근 새로운 창작 도구로 주목받고 있다. 국내 유명 작곡가가 심사한 작곡 공⋯"

584) World Economic Forum Annual Meeting(weforum.org), DAVOS-KLOSTERS, SWITZER-LAND, 1519 January 2024 : "'Rebuilding Trust' The 54th Annual Meeting of the World Economic Forum will provide a crucial space to focus on the fundamental principles driving trust, including transparency, consistency and accountability. This Annual Meeting will welcome over 100 governments, all major international organizations, 1000 Forum's Partners, as well as civil society leaders, experts, youth representatives, social entrepreneurs, and news outlets."

585) 2024 다보스포럼 총정리(newneek.co), 2024.1.22., "54회째인 올해 포럼에서는 어떤 얘기가 많이 나왔는지 키워드 3개로 정리했어요. 키워드 1: 인공지능(AI), 올해 다보스에서 가장 핫한 단어는 바로 인공지능(AI)이었어요. 공식 세션은 물론, 참가자들끼리 네트워킹하는 비공식 미팅에서도 AI 얘기가 끊이지 않았다고. 규제 어떻게 할까: 2022년 말에 챗GPT가 등장하며 생성형 AI에 대한 관심이 폭발적으로 높아졌잖아요. AI가 인간의 일자리를 빼앗거나 허위정보에 날개를 달아줄 수 있다는 등의 걱정도 커지며 규제해야 한다는 목소리도 나오고 있는데요. 챗GPT를 만든 오픈AI의 CEO 샘 알트만은 지금보다 훨씬 수준이 높아져 인간처럼 일을 처리할 수 있는 AI(=AGI·범인공지능)가 등장할 때를 대비해 많은 고민과 준비가 필요하다고 했어요. 돈이 될까: CEO들 사이에서는 어떻게 AI를 활용해 돈을 벌 수 있을지에 대한 관심도 뜨거웠고. 챗GPT가 생성형 AI의 가능성을 보여줬지만, 이걸 어떻게 사업에 적용할지에 대해선 다들 아직 뚜렷한 아이디어가 없기 때문. AI가 허위정보를 제대로 걸러낼 수 있을지, 어떤 식으로 규제가 이뤄질지 등에 대해서도 불확실한 부분이 많고요. 키워드 2: 전쟁, 러시아의 우크라이나 침공으로 시작된 전쟁이 거의 3년째 이어지고 있고, 이스라엘과 팔레스타인 하마스의 전쟁도 계속되는 중이에요. 전 세계 바닷길 무역의 핵심 중 하나인 홍해에서도 물리적 충돌이 이어지고 있고요. 다보스포럼에서도 전쟁이 세계 경제에 미칠 영향에 대한 얘기가 나왔어요. 두 개의 전쟁: 우크라이나 젤렌스키 대통령은 지원과 투자를 촉구하며 러시아에 반대하는 나라들이 힘을 모아야 한다고 했어요. 러시아 쪽은 포럼에 오지 않았고요. 헤르조그 이스라엘 대통령은 하마스가 인질로 붙잡은 1살짜리 아기 사진을 들고 나와서 '이런 상황에서 평화는 불가능하다.'

라고 했어요. 반면 팔레스타인 편을 드는 이란의 외무장관은 이스라엘이 전쟁을 멈춰야 중동 전체에 평화가 찾아올 거라고 했다고. 경제 파란불? 빨간불? 전쟁이 세계 경제의 성장률을 떨어뜨릴 수 있다는 걱정이 나왔어요. 전쟁이 길어지면 물가가 계속 들썩일 수 있고, 그러면 사람들이 기대하는 것보다 미국이 금리를 더 천천히 내릴 수밖에 없을 거라는 말도 있었고요. 다만 전쟁이 세계 경제에 미치는 영향이 그리 크지는 않을 거고, 물가가 서서히 잡히고 있다며 조심스럽게 긍정적으로 경제를 전망하는 목소리도 나왔다고. 키워드 3: 트럼프 시즌2, 사실 전쟁보다 더 핫한 주제는 트럼프 전 미국 대통령이었어요. 11월 미국 대선에서 트럼프가 다시 뽑히면 세계 경제와 국제 정치에 어떤 영향 미칠까 하는 얘기가 화제였다고. 트럼프가 대통령일 때 미국은 수입 제품에 관세를 매기는 등 무역 장벽을 세우고(=보호무역주의), 여러 나라가 힘을 모으기로 한 국제사회 모임이나 약속(예: 파리 기후협약)에서 빠졌는데요(=미국 우선주의). 세계 경제가 불안하고, 우크라이나 전쟁이 계속되는 상황에서 '트럼프가 대통령 되면 다 같이 힘 합치기 어렵지 않을까?' 하는 걱정이 나와요. CEO들은 '트럼프 정부 시즌2'가 사업에 어떤 영향을 미칠지 따져보느라 바쁜 눈치였다고."

586) 최준영, [르포 대한민국] 산업용 로봇 이용 세계 1위는 한국… 로봇 시장은 일본·독일이 장악, 2022.10.17., "산업용 로봇은 세계적으로 빠르게 증가하고 있다. 산업용 로봇의 보급 수준은 노동자 1만 명당 보급 대수를 가리키는 로봇 집적도로 평가되는데 2021년 국제로봇연맹 보고서(International Federation of Robotics Report)에 따르면, 세계 로봇 집적도는 노동자 1만 명당 126대에 이르고 있다. 10년 전인 2011년 55대였던 것과 비교해 보면 2배 넘게 증가하였다. 일상생활에서 로봇은 아직 호기심의 대상이지만, 산업 현장에서 로봇은 일상이 되고 있는 것이다. 대한민국은 2010년부터 10년 넘게 세계에서 가장 높은 로봇 집적도를 기록하고 있다. 대한민국의 로봇 집적도는 932대로 세계 평균의 7.3배에 이르고 있다. 세계 2위인 싱가포르(605대)와 3위 일본(390대), 4위 독일(371대)과 비교할 때 우리의 로봇 집적도는 압도적으로 높은 수준이다. 우리의 높은 로봇 밀도는 반도체를 비롯한 전자 산업 그리고 자동차 산업의 발전에 기인하고 있다. 전자 산업은 인간이 할 수 없는 초미세 공정 작업과 생산 과정에서의 초고속 검사를 위해 대량의 로봇이 필요하며, 자동차 산업의 경우는 숙련 인력보다는 로봇 활용도를 높이는 데 집중해 온 결과로 풀이되고 있다." / '로봇 밀도' 압도적 1위… 한국 제조업 1만 명당 1천 대, 한겨레(hani.co.kr), 2024.1.11., "산업 현장에서 로봇을 가장 많이 쓰는 나라는 한국으로, 로봇 밀도가 1012대였다. 노동자 10명마다 로봇이 평균 1대꼴로 배치돼 있다는 뜻이다. 2021년의 1000대보다 12대가 늘었다. 로봇 밀도가 네자리수인 나라는 한국이 유일하다."

587) Which country has the most robots 2023? Global Robotics Race: Korea, Singapore and Germany in the Lead(ifr.org), 2024.1.10. : "The top most automated countries measured by robot density are: The Republic of Korea (1,012 robots per 10,000 employees), Singapore (730 units) and Germany (415 units). This is according to the World Robotics 2023 report, presented by IFR."

588) 기술혁신으로 인한 일자리 감소, 포스트산업화, 함께하는 경제공부(blog.naver.com), 2024.2.4., "특히 인공지능과 로봇 기술의 발전으로 인해 인간의 노동력이 대체될 것이라는 전망 때문인데요.

실제로 지난 1월 다보스 포럼에서는 2020년까지 약 500만 개의 일자리가 사라질 것이라고 예측하기도 했습니다. 하지만 일각에서는 오히려 새로운 직업 창출로 이어질 수도 있다고 주장하는데요. 따라서 오늘은 미래 사회 변화 양상 중 하나인 포스트산업화시대란 무엇인지 살펴보고 그 원인 및 영향력 그리고 해결 방안까지 알아보도록 하겠습니다. 먼저 우리나라뿐만 아니라 전 세계적으로 저성장 기조가 지속되고 있는 가운데 저출산 고령화로 인한 인구구조 변화마저 가속화되고 있어 앞으로의 경제 성장률 또한 그리 높지 않을 것으로 예상됩니다."

589) The Future of Jobs Report 2023, World Economic Forum(weforum.org/publications), 30 April 2023. : "3. Jobs outlook, Macrotrends and technology are set to drive a mixed outlook for job creation and destruction in the next five years, across job categories and industries. Accordingly, this chapter's analysis estimates churn using anticipated structural changes reported by surveyed companies in the composition of their workforces between 2023 and 2027. This indicates that total expected job movement, including both new roles being created and existing ones being destroyed, represents 23% of the current workforce. This finding helps to illustrate situations whereby relatively modest changes in net job numbers across a country or industry can partly mask major underlying reconfigurations within a churning labour market."

590) In the above, World Economic Forum(weforum.org/publications), 30 April 2023. : "The net growth or decline of jobs can be estimated in a similar way to churn. Figure 3.3 displays how surveyed businesses expect jobs to grow or decline fastest, as a proportion of their existing labour force. AI and Machine Learning Specialists top the list of fast-growing jobs, followed by Sustainability Specialists and Business Intelligence Analysts. The majority of the fastest growing roles on the list are technology-related roles. The majority of fastest declining roles are clerical or secretarial roles, with Bank Tellers and Related Clerks, Postal Service Clerks, and Cashiers and Ticket Clerks expected to decline fastest."

591) In the above, World Economic Forum(weforum.org/publications), 30 April 2023. : "To approximate the total impact of job growth and decline, this report compares proportionate growth forecasts with estimates of the total number of workers in these roles based on ILO data for those countries in which data is available. Using this method as a means to obtain an indicative extrapolation of the size of global workforces, the Future of Jobs data set corresponds to 673 million workers in the full ILO data set of 820 million workers (see Figure 3.1). The Future of Jobs Survey is not structured in a way to derive estimates for the remaining 147 million workers, as sectors which employ these workers in large numbers could not be not surveyed in sufficiently large numbers to be able to report reliable predictions."

592) 인공지능과 기술혁신으로 향후 5년간 6900만 개 새로운 일자리, 인공지능신문(aitimes.kr), 2023.5.1., "일자리의 미래(Future of Jobs 2023)를 발표했다. 보고서에 따르면 향후 5년 동안 모든 직업의 거의 4분의 1이 인공지능과 데이터가 일자리 변화를…"

593) In the above, World Economic Forum(weforum.org/publications), 30 April 2023. : "Most occupations in sectors covered by the survey data set should at present expect to experience relative stability in overall employment numbers, but a structural churn between 10% and 40% over the next five years."

594) In the above, World Economic Forum(weforum.org/publications), 30 April 2023. : "Energy transition and climate-change mitigation jobs : Another area survey respondents expect to grow quickly, which currently employs a relatively small number of people, are jobs in renewable energy and those related to climate change mitigation. This is reflected in almost universal expectations of growth for Renewable Energy Engineers and Solar Energy Installation and System Engineers among respondents who identified these as common roles in their organisation. The same holds true for Sustainability Specialists and Environmental Protection Professionals that are expected to grow by 33% and 34% respectively, translating to growth of approximately 1 million jobs."

595) In the above, World Economic Forum(weforum.org/publications), 30 April 2023. : "A 31% increase in demand for Information-Security Analysts, leading to 0.2 million additional jobs. This is driven by increased adoption of encryption and cybersecurity which aligns with findings of the World Economic Forum's 2023 Global Risks Report50 that widespread cybercrime and cyber insecurity are a top 10 global risk in both the short and long term - and yet there is a current global shortage of 3 million cybersecurity professionals."

596) In the above, World Economic Forum(weforum.org/publications), 30 April 2023. : "Another job group that is facing both expectations of growth and decline in jobs are roles connected to Logistics. Localization of supply chains is expected to be one of the largest gross contributors to job growth but also a significant job displacer. Meanwhile, supply shortages and rising input costs are expected to be a major job displacer - second only to a global economic slowdown. As a result, the report finds some employers expect to hire more Heavy Truck and Bus Drivers, while others expect to reduce this workforce. On aggregate, respondents expect a net increase of 2 million, or 12.5% of this workforce. This expected growth may compound the current Driver shortages outlined in Chapter 1 of this report. In contrast, expectations regarding Car, Van and Motorcycle Drivers differ among respondents, but, overall see a net decline of 0.6 million (4%). Logistics Specialists, as well as Light Truck Drivers, should see small net increases."

597) Wikipedia, Sir Christopher Antoniou Pissarides FBA (/ˌpɪsəˈriːdiːz/; Greek: Χριστόφορος Αντωνίου Πισσαρίδης; born 20 February 1948) is a Cypriot economist. He is Regius Professor of Economics at the London School of Economics, and Professor of European Studies at the University of Cyprus. His research focuses on macroeconomics, labour economics, economic growth, and economic policy. In 2010, along with Peter Diamond and Dale Mortensen, he received the Nobel Prize in Economics, "for their analysis of markets with theory of search frictions."

598) Christopher Pissarides, The impacts of technological disruption on people and communities across the UK, The Institute for the Future of Work(ifow.org/new), June 23, 2021 :"Grounded in Sir Christopher Pissarides Nobel Prize-Winning research on market frictions the Pissarides Review will pilot a new, cross-disciplinary approach to evaluating disruption and modelling competing futures for work. Our overarching purpose is to help build a future of better work for the UK, with a focus on building capabilities, strengthening resilience, and reducing inequalities through better work···The Institute expects between 1530% of current jobs will be lost within the next decade. There is a growing consensus that current economic trends are in many ways driven by technological innovation, and that in addition to sectoral differences, some communities are disproportionately at risk from these changes."

599) Work Less Work More Enjoy Ourselves, Facebook(facebook.com), 2022,11,30 : "We will work less, and enjoy ourselves more, according to Nobel Loureate Christopher A. Pissarides. Learn more about the future of work···"

600) Prarthana Prakash, Nobel Prize-winning economist who said ChatGPT would result in a four-day workweek says the past 12 months have only further convinced him he's right, Sat, Dec 2, 2023 : "Pissarides, who won a Nobel Prize in 2010 along with two other academics for their research on the economic effects of unemployment, says earlier automation tech—like robotics—were also expected to yield better outcomes than relying solely on human labor. 'We've always believed that automation technologies would improve productivity—and they would improve sufficiently [to] be doing better with time', he told Fortune. Still, automation tools have long awakened 'alarmist' estimates of automation taking over a large chunk of jobs."

601) IMF, AI 유발 노동혼란·불평등 증가에 '심각한 우려' 경고, 연합뉴스(.yna.co.kr), 2024.6.18., "일자리 감소가 발생할 수 있다고 경고했다. 또 AI로 인해 보다 지능적인 로봇이 도입되면서 블루칼라 일자리의 자동화를 촉진해 소득과 부의 불평등을···" / 생성AI 영향받는 일자리 10년 내 3억 개 넘을 것. AI타임스(aitimes.com), 2023.3.28., "'챗GPT'를 비롯한 생성 인공지능(AI)이 앞으로 10년 동안 전 세계 주요 경제권에서 3억 개의 일자리에 영향을 미칠 것이라는 전망이 나왔다." / 'AI, 고숙련

직종 직격탄'… IMF "일자리 감소, 불평등 증가 대책…" SBS Biz(biz.sbs.co.kr), 2024.6.18.,"현지 시간 17일 파이낸셜타임스(FT)에 따르면 IMF는 이날 보고서에서 생성형 AI가 생산성 향상을 촉진하고 공공서비스를 발전시킬 수 있는 엄청난 잠재력이…" / "고소득자 AI 영향 더 많이 노출"… 일자리 걱정 안 해도 되는, 이데일리(m.edaily.co.kr), 2024.6.21., "인공지능(AI) 혁명이 인간의 일자리를 위협할 것이라는 우려가 커지고 있는 가운데 고소득 직업군이 AI의 영향에 더 많이 노출됐다."/ AI의 미래·교육·기업·일자리·사회에 미치는 영향, AI타임스(aitimes.com), 2020.9.2., "2030년 현재 직업의 3분의 1이 AI로 대체 선진 12개국", "AI로 생산성 40% 높이고 수익성 개선" 윤리·공정성·정의·자유 등에 미칠 '부정적 영향' 우려 / 인공지능 3억 인구 일자리 위협한다, 골드만삭스, 비즈니스포스트(businesspost.co.kr), 2023.3.28., "영국 파이낸셜타임즈에 따르면 골드만삭스는 인공지능기술이 전 세계에서 3억 명에 이르는 근로자의 일자리를 위협할 수 있다는 분석을…" / 생성형 AI, 세계 일자리 3억개 영향… 경제 성장 가속, 파이낸셜뉴스(fnnews.com), 2023.3.28., "동시에 전 세계 국내총생산(GDP)은 생성형 AI의 보급 덕분에 약 10년 동안 연 7% 증가할 전망이다. 파이낸셜타임스(FT)에 따르면 미 투자은행 골드만삭스…"

602) Carl-Benedikt Frey is the Dieter Schwarz Associate Professor of AI & Work at the Oxford Internet Institute and a Fellow of Mansfield College, University of Oxford. He is also Director of the Future of Work Programme and Oxford Martin Citi Fellow at the Oxford Martin School.

603) Michael A Osborne (DPhil Oxon) is an expert in the development of machine intelligence in sympathy with societal needs. His work on robust and scalable inference algorithms in Machine Learning has been successfully applied in diverse and challenging contexts, from aiding the detection of planets in distant solar systems to enabling self-driving cars to determine when their maps may have changed due to roadworks. Dr Osborne also has deep interests in the broader societal consequences of machine learning and robotics, and has analysed how intelligent algorithms might soon substitute for human workers. Dr Osborne is Professor of Machine Learning, an Official Fellow of Exeter College, and a Faculty Member of the Oxford-Man Institute for Quantitative Finance, all at the University of Oxford. He joined the Oxford Martin School as Lead Researcher on the Oxford Martin Programme on Technology and Employment in January 2015.

604) Carl Benedikt Frey & Michael Osborne, The Future of Employment: How susceptible are jobs to computerisation? Oxford Martin School(oxfordmartin.ox.ac.uk), 01 September 2013 : "Based on these estimates, they examine expected impacts of future computerisation on US labour market outcomes, with the primary objective of analysing the number of jobs at risk and the relationship between an occupation's probability of computerisation, wages and educational attainment. According to their estimates, about 47 per cent of total US employment is at risk. They further provide evidence that wages

and educational attainment exhibit a strong negative relationship with an occupation's probability of computerisation."

605) Dr Anders Sandberg, University of Oxford(ox.ac.uk) : "About. Anders Sandberg's research centres on estimating the capabilities and underlying science of future technologies, methods of reasoning about long-term···"

606) 로봇과 인공지능이 일자리를 바꾼다. 미래 일자리 어떻게, 서울시50플러스포털(50plus.or.kr). 2022.3.6., "'일자리의 미래'에 관해 연구한 옥스퍼드 대학교 프레이와 오즈번 교수에 따르면 가장 위협받는 직업을 보험업자, 회계 사무원, 도서관 사서, 화물 운송 대리점 그리고 전화 판매원을 꼽았다. 이 직업들 모두가 컴퓨터 프로그램으로 대체할 수 있는 직업들인 것이다. 컴퓨터 프로그램은 더 많은 데이터를 축적하고 빠르게 처리하고 인간보다 훨씬 정확하게 미래를 예측할 수 있다. 또 앞으로 15~20년 사이에 대체될 확률이 98%인 일자리에는 인공지능으로 쉽게 대체될 수 있는 일상적인 업무 비중이 큰 행정직과 은행 대출 담당자, 또 보험회사 직원, 스포츠 경기 심판도 포함된다. 가까운 미래에 사라질 위험이 높은 직업으로 전화 교환원과 매장 영업사원, 비서, 부동산 중개업자, 슈퍼마켓 계산원, 식당 웨이터, 요리사, 접수원, 안내원, 백화점이나 은행 창구 직원, 택시 운전사, 배달원, 관광 가이드, 치과기공사, 도축업자, 회계사 등이 있다. 고도의 기술력을 갖춘 사람들은 기술의 변화에 발맞춰 다른 새로운 직업이 나타나도 적응할 수 있고 새로운 기술에 익숙해질 만큼 준비 또한 충분하다. 하지만 낮은 수준의 기술력을 가진 노동자는 기계나 로봇으로 완전히 대체될 수 있다. 옥스퍼드 대학교 샌드버그 교수는 '당신이 하는 일이 몇 마디로 쉽게 설명할 수 있는 일이면 알고리즘이나 로봇으로 대체되고, 그렇지 않다면 살아남을 것입니다.'라고 말했다."

607) Jill Lepore, Are Robots Competing for Your Job? Probably, but don't count yourself out. The New Yorker(newyorker.com), February 25, 2019. :"Doomsayers insist that this time the employment apocalypse is really nigh··· 'If your job can be easily explained, it can be automated,' Anders Sandberg, of Oxford's Future of Humanity Institute."

608) Jill Lepore, Are Robots Competing for Your Job? Probably, but don't count yourself out. The New Yorker(getabstract.com), 2019 : "AI machines and online immigrants are stealing American jobs at an alarming rate. One study predicts that about half of American jobs could be performed by AI within 20 years. Economics Professor Richard Baldwin says that America also leaks significant numbers of jobs through global employment websites. He suggests that as humanity itself becomes marginalized in the workplace, people should avoid competing with AI, and instead hone skills that only humans can do."

609) Experts Have No Idea If Robots Will Steal Your Job, Harvard Business Review(hbr.org), 2014.8.8. : "Experts disagree about the future. That might seem un-extra-ordinary, but it's the conclusion of a new survey on robots from Pew."

610) Automation Doesn't Just Create or Destroy Jobs, Harvard Business Review(hbr.org), 2021.11.2. : "When jobs require specialized skills, wages rise because fewer people can

meet demand for these skills. Wages also rise when workers are···"

611) Why Robots Won't Steal Your Job, Harvard Business Review(hbr.org), 2021.3.19. : "People just entering the workforce usually struggle to land roles with higher salaries because they have to compete with senior candidates. This···"

612) Nahia Orduña, Why Robots Won't Steal Your Job, Harvard Business Review, March 19, 2021 : "Where your work meets your life. See more from Ascend here. Science-fiction films and novels usually portray robots as one of two things: destroyers of the human race or friendly helpers. The common theme is that these stories happen in an alternate universe or a fantasy version of the future. Not here, and not now — until recently. The big difference is that the robots have come not to destroy our lives, but to disrupt our work."

613) David A. Mindell and Elisabeth B. Reynolds, The Work of the Future, MIT, MIT Press (engadget.com), 2022 : Technology alone cannot remedy the mobility constraints" that workers face, the study concludes, "and will perpetuate existing inequities absent institutional change." As with other technologies, deploying new technologies in old systems of transportation will exacerbate their inequalities by "shifting attention toward what is new and away from what is useful, practical, and needed." Innovating in institutions is as important as innovating in machines; recent decades have seen encouraging pilot programs, but more must be done to scale those pilots to broader use and ensure accountability to the communities they intend to serve. "Transportation offers a unique site of political possibility.

614) 庄子, 人間世:"汝不知夫螳螂乎,　怒其臂以▓車轍,　不知其不胜任也."

615) Ned Ludd (/nɛd lʌd/) is the legendary person to whom the Luddites attributed the name of their movement. In 1779, Ludd is supposed to have broken two stocking frames in a fit of rage. When the "Luddites" emerged in the 1810s, his identity was appropriated to become the folkloric character of Captain Ludd, also known as King Lud or General Ludd, the Luddites' alleged leader and founder.

616) The Luddites were members of a 19th-century movement of English textile workers who opposed the use of certain types of cost-saving / wage stealing machinery, and often destroyed the machines in clandestine raids. They protested against manufacturers who used machines in "a fraudulent and deceitful manner" to replace the skilled labour of workers and drive down wages by producing inferior goods. Members of the group referred to themselves as Luddites, self-described followers of "Ned Ludd", a legendary weaver whose name was used as a pseudonym in threatening letters to mill owners and government officials. The Luddite movement began in Nottingham, England, and spread

to the North West and Yorkshire between 1811 and 1816. Mill and factory owners took to shooting protesters and eventually the movement was suppressed by legal and military force, which included execution and penal transportation of accused and convicted Luddites. Over time, the term has been used to refer to those opposed to industrialisation, automation, computerisation, or new technologies or even progress in general.

617) The Locomotive Acts, Wikipedia : The Locomotive Acts (or Red Flag Acts) were a series of Acts of Parliament in the United Kingdom regulating the use of mechanically propelled vehicles on British public highways during the latter part of the 19th century. The first three, the Locomotive Act 1861 (24 & 25 Vict. c. 70), the Locomotives Act 1865 (28 & 29 Vict. c. 83) and Highways and Locomotives (Amendment) Act 1878 (41 & 42 Vict. c. 77), contained restrictive measures on the manning and speed of operation of road vehicles; they also formalised many important road concepts such as vehicle registration, registration plates, speed limits, maximum vehicle weight over structures such as bridges, and the organisation of highway authorities. The most strict restrictions and speed limits were imposed by the 1865 act (the "Red Flag Act"), which required all road locomotives, which included automobiles, to travel at a maximum of 4 mph (6.4 km/h) in the country and 2 mph (3.2 km/h) in the city, as well as requiring a man carrying a red flag to walk in front of road vehicles hauling multiple wagons. The 1896 act removed some restrictions of the 1865 act and raised the speed to 14 mph (23 km/h). The Locomotives on Highways Act 1896 provided legislation that allowed the automotive industry in the United Kingdom to develop soon after the development of the first practical automobile (see History of the automobile). The last "locomotive act" was the Locomotives Act 1898.

618) 조성배, 인공지능이 바꿀 일자리 판도, 어떻게 대처해야 할까? 삼성 뉴스룸(news.samsung.com), 2018.9.27. / 김진영, 인공지능 시대, 우리 젊은이들의 일자리를 어떻게 준비해야 하는가? 국가미래연구원(ifs.or.kr). 2024.3.26.

619) Why is January the start of the new year? Britannica(britannica.com) : "The date was chosen partly in honor of Janus, the Roman god of beginnings and the month's namesake. Though medieval Christians attempted to replace January 1 with more religiously significant dates, Pope Gregory XIII created a revised calendar that officially established January 1 as New Year's Day in 1582."

620) Job 8:7 : "Your beginnings will seem humble, so prosperous will your future be."

621) [책과 삶] 지구 46억 년의 역사, 경향신문(khan.co.kr), 2008.12.5., "지구는 46억 년 전 고대의 별이 폭발해 생긴 잔해물이 태양 성운과 행성으로 응축되는 과정에서 탄생했다. 단번에 만들어진 건 아니다. 성진과 태양의 복사에너지, 소행성과 혜성의 충돌, 태양과 달과 이웃 행성의 중력 등의 영향을 받아 그 모습을 갖추어갔다."

622) 인류의 기원, 우리역사넷(contents.history.go.kr), 2024.6.25., "우리가 사는 지구상에 인류가 처음으로 출현한 것은 지금부터 약 300만~350만 년 전으로 알려져 있다. 최초의 인류는 아프리카에서 화석이 발견된 오스트랄로피테쿠스."

623) Genesis 1:28, "God blessed them and said to them, 'Be fruitful and increase in number; fill the earth and subdue it. Rule over the fish in the sea and the birds in the sky and over every living creature that moves on the ground.'"

624) An Essay on the Principle of Population, Wikipedia. : "The book An Essay on the Principle of Population was first published anonymously in 1798, but the author was soon identified as Thomas Robert Malthus. The book warned of future difficulties, on an interpretation of the population increasing in geometric progression (so as to double every 25 years) while food production increased in an arithmetic progression, which would leave a difference resulting in the want of food and famine, unless birth rates decreased."

625) Malthusianism, Wikipedia : "Malthusianism is the theory that population growth is potentially exponential, according to the Malthusian growth model, while the growth of the food supply or other resources is linear, which eventually reduces living standards to the point of triggering a population decline. This event, called a Malthusian catastrophe (also known as a Malthusian trap, population trap, Malthusian check, Malthusian crisis, Point of Crisis, or Malthusian crunch) occurs when population growth outpaces agricultural production, causing famine or war. Initially, right before the crisis, poverty and inequality will increase as the price of assets and scarce commodities goes up due to fierce competition for these dwindling resources. This increased level of poverty eventually causes depopulation by decreasing birth rates. As time goes on, and asset prices keep increasing, social unrest occurs, which ultimately causes a major war, revolution, or a famine. Societal collapse is an extreme but possible outcome from this process. Such a catastrophe inevitably has the effect of forcing the population to "correct" back to a lower, more easily sustainable level (quite rapidly, due to the potential severity and unpredictable results of the mitigating factors involved, as compared to the relatively slow time scales and well-understood processes governing unchecked growth or growth affected by preventive checks). Malthusianism has been linked to a variety of political and social movements, but almost always refers to advocates of population control."

626) 홍석철, (칼럼) 초저출산 위기를 사회개혁의 기회로 만들어야 한다, KDI경제정보센터, (eiec.kdi.re.kr), 2023년 10월호, "'식량은 산술급수적으로 증가하는데 인구는 기하급수적으로 증가한다.'라는 주장은 익숙할 것이다. 인구 급증으로 심각한 식량난에 직면할 수 있다는 의미인데 1990년대까지 펼쳐진 적극적인 인구 억제 정책의 주요 근거로 활용됐다. … 1789년에 출간된 맬서스의 『인구론』은 인구변화를 기반으로 생활수준의 결정을 다룬 경제 이론을 담고 있다. 직관적으로 설명하자

면, 인구가 늘면 노동 공급이 증가해서 임금이 낮아지고 위생환경이 열악해지는데 그로 인해 평균적인 생활수준이 낮아지면서 인구가 줄어든다는 이론이다. 반대로 인구가 줄면 생활수준이 개선되면서 인구가 늘어난다고 봤다. 인구변화와 생활수준의 변화가 이런 사이클 내에서 반복되는 것은 소위 '맬서스 함정'이라 불린다."

627) 이삼식, 저출산·고령화 대책의 현황과 정책과제(Current State and Challenges of Policy Response to Low Fertility and Population Aging), 한국보건사회연구원(repository.kihasa.re.kr), 보건복지포럼 2016년 1월 통권 제231호, pp.51~65, "저출산-고령화는 합계출산율이 2.1 미만으로 낮아진 1983년부터 우리 사회에 잠재되어 온 문제이다. 출산율이 인구대치수준 미만으로 낮아졌음에도 불구하고 정부주도의 강력한 출산억제정책은 1980년대 후반에 이르기까지 계속되었다. 그 결과 출산율은 지속적으로 낮아졌다. 1996년에 들어 정부는 출산을 억제하는 양적정책에서 인구의 자질을 향상시키는 질적 정책으로 인구정책을 전환하였다. … 1997년 말부터 발생한 경제위기 극복에 국가적 관심이 집중되어, 저출산에 대한 정책적 배려가 부족하였던 것으로도 볼 수 있다. 합계출산율이 2002년 1.17명, 그리고 2003년 1.19명으로 낮아지는 이른바 극저출산율 현상이 나타났다. … 전자의 예로, 정부는 저출산·고령화 대비 국정 로드맵인 '저출산·고령사회 대응을 위한 국가실천전략(2004.1.)'과 '육아지원정책방안(2004.6.)', '빈곤아동청소년종합대책(2004.7.)' 등을 제시하고 있다. 이미 실시되고 있는 정책들은 크게 저출산대책과 고령화대책으로 구분될 수 있다."

628) Hannah Ritchie, Lucas Rodés-Guirao, Edouard Mathieu, Marcel Gerber, Esteban Ortiz-Ospina, Joe Hasell and Max Roser, Explore global and country data on population growth, demography, and how this is changing. Population Growth, Our World in Data(ourworldindata.org), 2024.6.25. : "The UN's historical estimates and latest projections for the global population are shown in the chart. The UN projects that the global population will peak before the end of the century - in 2086, at just over 10.4 billion people."

629) 곽노필, '인구폭탄(人口爆發)'은 터지지 않는다… 30년 안에 세계인구 정점, 2050년 86억 정점… 경제발전 연계 예측 결과, 2023.4.17., "유엔이 정한 세계인구의 날은 7월 11일이다. 50억 명을 돌파한 날을 기념해 제정했다. 그 해가 1987년이었다. 그로부터 35년이 지난 2022년 11월 세계 인구는 80억 명을 돌파했다. 언제까지 이런 흐름이 계속될까? 유엔 인구 보고서에 따르면 세계 인구는 2037년 90억 명을 넘어서고 이후에도 계속 증가세를 이어간다. 2086년이나 돼야 104억 명으로 정점을 찍고 2100년까지 이 수준을 유지할 것이란 예측이다. 그러나 사회 경제적 요인이 복합적으로 얽히면서 예측을 거스르는 인구 변동이 잇따르고 있다. 세계인구 1위 중국이 예상보다 10년 빠른 2022년에 인구 감소 사태를 맞은 것이 대표적 사례다. 한국의 인구 감소도 예상보다 8년 앞선 2021년에 시작됐다."

630) Peace, dignity and equality, on a healthy planet, Search the United Nations(un.org/e), 2023.4.17. : "Our growing population : The world's population is more than three times larger than it was in the mid-twentieth century. The global human population reached 8.0 billion in mid-November 2022 from an estimated 2.5 billion people in 1950, adding 1

billion people since 2010 and 2 billion since 1998. The world's population is expected to increase by nearly 2 billion persons in the next 30 years, from the current 8 billion to 9.7 billion in 2050 and could peak at nearly 10.4 billion in the mid-2080s."

631) UN / STATE OF WORLD POPULATION REPORT, UN Media(media.un.org), 2024.4.17. : "This report highlights an unfortunate truth. The progress we have made in sexual and reproductive health and rights over the past 30 years has not been enjoyed equally, and we need to shift our strategies if we are to achieve the Sustainable Development Goals by 2030."

632) What is the phrase The quick brown fox jumps over the lazy dog? Quick Brown Fox Triangle Highlights - NYC Parks(nycgovparks.org), 2023.3.27. : "'The quick brown fox jumps over the lazy dog.' This famous sentence contains every letter of the alphabet, and is used by companies worldwide to demonstrate font types. It is an example of a pangram, a sentence that uses the whole alphabet. Quick Brown Fox Triangle is home, appropriately, to a statue of a brown fox."

633) 朝鮮時代吏讀標記 : "天地之間萬物之中厓 唯人是 最貴爲尼所貴乎人者隱 以其有五倫也是羅."

634) 平華泛敎育, 民爲貴, 社稷次之, 君爲輕的孟子思想對歷史的意義, 2023.4.18. : "孟子的學說對后世影響很大, 甚至被后世的人尊爲'亞圣', 称他爲'亞圣'就是對其思想的极大肯定.在《孟子》這本書中, 包含着丰富的政治和哲學思想."

635) 經世濟民, 維基百科 : "中文的經濟出自東晉時代葛洪《抱朴子·內篇》中的「經世濟俗」, 意爲治理天下, 救濟百姓. 隋朝王通在《文中子·禮樂篇》則將提出了「經濟」一詞 : 「皆有經濟之道, 謂經國濟民」. 後人逐將「經濟」一詞作爲「經國濟民」的省略語, 作爲「政治統治」和「社會管理」的同義詞. 清末戊戌政變後, 改革科擧制度, 開「經濟特科」, 就是沿用了「經濟」的本義. 明淸之際, 政治秩序的巨大變動使得以王夫之, 顧炎武等爲代表的一部分儒家學者開始理論反思, 批判程朱理學和心學末流, 提出學術要「經世致用」的口號. 這種學術思想傳播到了日本, 影響了日本江戶時代的學術, 「經世論」開始在一部分學者中流行. 但江戶後期至明治時期, 歐美思潮湧入日本. 神田孝平首先在《經濟小學》一書中用經濟一詞翻譯英文的「political economy」, 然而也有人認爲是福澤諭吉首先使用這樣的譯法. 這段時期, 日本學者開始用經濟一詞指代貨幣經濟發展帶來的種種活動, 並有了「經濟指維繫社會生活所必須的生産, 消費, 交易等的活動」的提法. 這種與金錢, 財物等實際問題相關的定義逐漸在日本流行, 這種用法與明淸時期中文語境中的「經濟」的原始用法不同. 當時日本亦有另一種譯法「資生」, 但是並未被普遍接受.而後用「經濟」一詞翻譯英文的「political economy」的這種譯法又被梁啓超引入漢語, 也取代了嚴復在《原富》中的譯法「計學」或是傳統的「生計學」, 「平準學」,並進而在整個漢字文化圈內逐漸取代了經濟一詞的原本含義."

636) Charles Goodhart, Manoj Pradhan, The Great Demographic Reversal: Ageing Societ-ies, Waning Inequality, and an Inflation Revival. Palgrave Macmillan; August 9, 2020, 280 pages.

637) Charles Goodhart and Manoj Pradhan, The Great Demographic Reversal: Ageing Soci-eties, Waning Inequality, and an Inflation Revival, Palgrave Macmillan, London, UK, 2020, 280pages : "The eminent Swedish economist Knut Wicksell (185-1926) once argued that textbooks on economics should start with a chapter on population. A new book by Charles Goodhart and Manoj Pradhan echoes this approach, placing demographics and the influence of slow-moving and persistent trends on macroeconomic developments front and center in economic discussions."

638) Charles Goodhart, Manoj Pradhan, The Great Demographic Reversal: Ageing Societies, Waning Inequality, and an Inflation Revival. Palgrave Macmillan; August 9, 2020, 280 pag-es :"It will raise inflation and interest rates, but lead to a pullback in inequality. "Whatever the future holds", the authors argue, "it will be nothing like the past". This book demon-strates how these demographic trends are on the point of reversing sharply, coinciding with a retreat from globalisation. The result? Ageing can be expected to raise inflation and interest rates, bringing a slew of problems for an over-indebted world economy, but is also anticipated to increase the share of labour, so that inequality falls. Covering many social and politicalfactors, as well as those that are more purely macroeconomic, the authors address topics including ageing, dementia, inequality, populism, retirement and debt finance, among others."

639) 신약성서의 세상 종말에 관한 10군데 구절: i) 마태복음 24장 36절~37절, 그러나 그날과 그때는 아무도 모르나니 하늘의 천사들도, 아들도 모르고 오직 아버지만 아시느니라 노아의 때와 같이 인자의 임함도 그러하리라, ii) 누가복음 21장 25절~26절, 일월성신에는 징조가 있겠고 땅에서는 민족들이 바다와 파도의 성난 소리로 인하여 혼란한 중에 곤고하리라 사람들이 세상에 임할 일을 생각하고 무서워하므로 기절하리니 이는 하늘의 권능들이 흔들리겠음이라, iii) 베드로 후서 3장 10절~13절, 그러나 주의 날이 도둑 같이 오리니 그날에는 하늘이 큰 소리로 떠나가고 물질이 뜨거운 불에 풀어지고 땅과 그중에 있는 모든 일이 드러나리로다 이 모든 것이 이렇게 풀어지리니 너희가 어떠한 사람이 되어야 마땅하냐 거룩한 행실과 경건함으로 하나님의 날이 임하기를 바라보고 간절히 사모하라 그 날에 하늘이 불에 타서 풀어지고 물질이 뜨거운 불에 녹아지려니와 우리는 그의 약속대로 의가 있는 곳인 새 하늘과 새 땅을 바라보도다. iv) 누가복음 21장 36절, 이러므로 너희는 장차 올 이 모든 일을 능히 피하고 인자 앞에 서도록 항상 기도하며 깨어 있으라 하시니라. x) 디모데 후서 3장 1절~5절, 너는 이것을 알라 말세에 고통하는 때가 이르러 사람들이 자기를 사랑하며 돈을 사랑하며 자랑하며 교만하며 비방하며 부모를 거역하며 감사하지 아니하며 거룩하지 아니하며 무정하며 원통함을 풀지 아니하며 모함하며 절제하지 못하며 사나우며 선한 것을 좋아하지 아니하며 배신하며 조급

하며 자만하며 쾌락을 사랑하기를 하나님 사랑하는 것보다 더하며 경건의 모양은 있으나 경건의 능력은 부인하니 이같은 자들에게서 네가 돌아서라. vi) 마태복음 24장 3절~4절 예수께서 감람산 위에 앉으셨을 때에 제자들이 조용히 와서 이르되 우리에게 이르소서 어느 때에 이런 일이 있겠사오며, 또 주의 임하심과 세상 끝에는 무슨 징조가 있사오리이까 예수께서 대답하여 이르시되 너희가 사람의 미혹을 받지 않도록 주의하라. vii) 요한계시록 1장 3절, 이 예언의 말씀을 읽는 자와 듣는 자와 그 가운데 기록한 것을 지키는 자는 복이 있나니 때가 가까움이라. viii) 마가복음 13장 32절-33절, 그러나 그 날과 그때는 아무도 모르나니 하늘에 있는 천사들도, 아들도 모르고 아버지만 아시느니라 주의하라 깨어 있으라 그때가 언제인지 알지 못함이라. ix) 고린도 후서 4장 4절, 그 중에 이 세상의 신이 믿지 아니하는 자들의 마음을 혼미하게 하여 그리스도의 영광의 복음의 광채가 비치지 못하게 함이니 그리스도는 하나님의 형상이니라. x) 마태복음 24장 29절~30절, 그날 환난 후에 즉시 해가 어두워지며 달이 빛을 내지 아니하며 별들이 하늘에서 떨어지며 하늘의 권능들이 흔들리리라 그때 인자의 징조가 하늘에서 보이겠고 그때 땅의 모든 족속들이 통곡하며 그들이 인자가 구름을 타고 능력과 큰 영광으로 오는 것을 보리라.

640) Matthew 24:3~4, "And as he sat upon the mount of Olives, the disciples came unto him privately, saying, Tell us, when shall these things be? and what shall be the sign of thy coming, and of the end of the world? 4 And Jesus answered and said unto them, Take heed that no man deceive you."

641) 群盲摸象, 百度百科 : 《大般涅槃經》: "其触牙者,即言象形如芦菔根；其触耳者，言象如箕；其触頭者，言象如石；其触鼻者，言象如杆；其触脚者，言象如木臼；其触背者，言象如床；其触腹者，言象如瓮；其触尾者，言象如繩."/ 宋·釋道原《景德傳灯录·洪進禪師》: "有僧問 : '衆盲摸象，各說异端，忽遇明眼人又作么生？'"/ 有一次，几个盲人相携來到王宮求見國王，國王問他們說 : "有什么事我可以帮你們嗎？"盲人們答道 : "感謝國王陛下的仁慈，我們天生就什么也看不見，听人說，大象是一种个頭巨大的動物，可是我們從來沒有看見過，很是好奇，求陛下讓我們親手摸一摸大象，也好知道大象究竟是什么樣子的." 國王是个心地善良的人，便欣然應允了，于是命令手下的大臣說 : "你去牽一頭大象來讓這几个盲人摸一摸，也好了結了他們的心愿." 大臣們遵命去了，不一會儿，大臣便牽着大象回來了，對几个盲人說 : "象來了，象來了，你們快過來摸吧！" 于是，几个盲人高高興興地各自向大象走了過去.大象實在太大了，他們几个人有的摸了大象的鼻子，有的摸到了大象的耳朵，有的摸到了大象的牙齒，有的摸到了大象的身子，有的摸到了大象腿，有的抓住了大象的尾巴.他們都以爲自己摸到的就是大象，仔細地摸着并思量起來. 過了一會儿，國王見他們摸得差不多了，就問道 : "現在你們明白大象是什么樣了嗎？" 盲人們齊聲回答 : "明白了！" 國王說 : "那你們都說說看吧." 摸到大象腿的盲人說 : "大象就像一根大柱子！" 摸到大象鼻子的忙說 : "不對，不對，大象又粗又長，就像一條巨大的蟒蛇." 摸到大象耳朵的人急急地打斷，忙着說 : "你們說的都不對，大象又光又滑，就像一把扇子." 摸到大象身体的人也說 : "大象明明又厚又大，就像一堵墙嘛" 最后，抓到象尾

巴的人慢條斯理地說："你們都錯了！依我看，大象又細又長，活像一根繩子." 盲人們誰也不服誰，都認爲自己一定沒錯，就這樣吵个沒完. 于是，國王笑着對大家說："盲人呀盲人，你們又何必爭論是非呢？你們沒有看見過象的全身，自以爲是得到了全貌，就好比沒有听見過佛法的人，自以爲獲得了眞理一樣." 接着國王又對臣民們說："你們相信那些淺薄的邪論，而不去研究切實的, 整体的佛法眞理，和那些盲人摸象，有什么两樣呢？"

642) 장재영, [DBR 경영 지혜] 120만 달러 들여 '우주 볼펜' 개발? 연필 쓰면 되지! 동아일보(donga.com), 데이트 2013.3.20.

643) Space Pens, Pencils, and How NASA Takes Notes in Space, NASA Spinoff(spinoff.nasa.gov), 2021.8.27., "The Space Pen, capable of writing in zero gravity, extreme temperatures, and underwater, has flown on every crewed mission since Apollo 7 and⋯"/ How does the NASA Space Pen work? Fisher space pen - The University of Sydney, The University of Sydney(sydney.edu.au),2021.1.22., "But the first difference was that the ink was a thixotropic gel - pressure would turn it from a semi-solid gel to a liquid. Second, the ink was pressurised at two atmospheres (similar to the pressure in your car tyres) by compressed nitrogen gas, to continuously force it up against the ball in the tip of the pen."

644) CIARA CURTIN, Fact or Fiction?: NASA Spent Millions to Develop a Pen that Would Write in Space, whereas the Soviet Cosmonauts Used a Pencil, Scientific American(scientificamerican.com), DECEMBER 20, 2006 : "During the height of the space race in the 1960s, legend has it, NASA scientists realized that pens could not function in space. They needed to figure out another way for the astronauts to write things down. So they spent years and millions of taxpayer dollars to develop a pen that could put ink to paper without gravity. But their crafty Soviet counterparts, so the story goes, simply handed their cosmonauts pencils. This tale with its message of simplicity and thrift--not to mention a failure of common sense in a bureaucracy--floats around the Internet, hopping from in-box to in-box, and even surfaced during a 2002 episode of the West Wing. But, alas, it is just a myth. Originally, NASA astronauts, like the Soviet cosmonauts, used pencils, according to NASA historians. In fact, NASA ordered 34 mechanical pencils from Houston's Tycam Engineering Manufacturing, Inc., in 1965. They paid $4,382.50 or $128.89 per pencil. When these prices became public, there was an outcry and NASA scrambled to find something cheaper for the astronauts to use.Pencils may not have been the best choice anyway. The tips flaked and broke off, drifting in microgravity where they could potentially harm an astronaut or equipment. And pencils are flammable--a quality NASA wanted to avoid in onboard objects after the Apollo 1 fire."

645) The Russians used a pencil, Half Blog Net(halfblog.net), May 7, 2012 : "This story keeps cropping up as an example of bureaucratic waste, or specifically as an example of what

a colossal waste of money the space programme has been. It has been circulating the internet as fact since the mid '90s, and even fictional White House Chief of Staff Leo McGarry made the claim in a 2002 episode of the West Wing. This Million Dollar Space Pen story is a pure fabrication however. The space pen was developed not by NASA, but by businessman Paul C. Fisher. It was only adopted by NASA after years of testing and the costs of developing the pen were never passed on to the US government. Furthermore, detritus from wooden pencils presented a potential hazard in microgravity, and Soviet Union would later adopt the Fisher space pen also. The Soviets and Americans did originally use wooden pencils. The Soviets and Americans did originally use wooden pencils, but there were always concerns that particles of wood and graphite floating in the atmosphere of the spacecraft would cause problems — especially as graphite conducts electricity and could find its way into the circuitry. Wood is also flammable, a detail NASA was very concerned with after the Apollo 1 tragedy."

646) 睡隱 姜沆(1567~1618)이 1597년 9월 왜군에게 끌려가 1600년 5월까지 현지에서 경험한 포로 생활과 일본의 정세를 기록한 책이다.

647) Slavery in Korea, Wikipedia, Japanese and Portuguese slave trade : "During the 1592-1598 Japanese invasions of Korea, Korean slaves were taken from Korea to Japan, with the first shipment being taken in October 1592. The topic of Japan's role in Korean slavery is controversial, with scholars of both Japan and Korea accused of intentionally over or underestimating the number of slaves. The number itself is thus uncertain, with figures ranging from tens of thousands to over 100,000. 100,000 people was around 1% of the total population of Korea at the time. However, the taking of slaves was not done exclusively by Japan; Portuguese slave ships took slaves from Korea, and Korean defectors and commoners also participated in the trade. The Japanese city of Nagasaki became a hub for Korean slavery. There became such an abundance of Korean slaves there that the prices of slaves dropped sharply. The legal status of these slaves was different from those before the Imijin War; they were often deprived of any legal rights by their Japenese captors. Around one to two thousand Korean slaves were sold to the Portuguese per year between 1592 and 1597."

648) 전희식, [칼럼] 대한민국 땅에 적정 인구 수는? 천도교신문(chondogyo.com), 2023.12.5., "'아들딸 구별 말고 둘 만 낳아 잘 기르자.'라고 했다가 '하나씩 낳더라도 한반도는 초만원'이라더니 '덮어놓고 낳다가는 거지꼴 못 면한다.'라고 했었다."/ 대한민국의 저출산, 나무위키(namu.wiki), 2024.6.18., "1980년대 초반 정부에서 '하나씩만 낳아도 삼천리는 초만원', '둘도 많다! 같은 가족계획 캠페인' 표어를 내세우며 아이를 하나만 낳자고 매우 강력…"

649) 홍승아, 시대별 표어로 살펴본 우리나라 출산정책, KDI 정보센터, 2014.12.1., "1960~1970년대:

3·3·35운동 등 산아제한에 사활… 정부는 1996년 인구정책의 목표를 '산아제한'에서 '자질향상'으로 변경했다. 인구의 질적 향상을 위해 노력하겠다는 뜻이었다."

650) 입틀막, 나무위키, 2024.6.17., "2024년 들어서는 윤석열 정부의 입틀막 경호 논란으로 인해 '(타인의) 입을 틀어 막는다'는 뜻으로도 사용되고 있다."/ [기자수첩] 윤석열 대통령의 입틀막, 한국농정신문(ikpnews.net), 2024.2.26./ '입틀막' 대통령경호처 차장 병무청장으로 승진… "귀틀막 처사", 미디어오늘(mediatoday.co.kr), 2024.5.12. / '3연속 입틀막 경호' 차장, 병무청장 '승진'… 민주 윤 대통령, 한겨레(hani.co.kr), 2024.5.13. / "입틀막 정권이 노동자 입틀막 연행", 매일노동뉴스(labortoday.co.kr), 2024.4.18.

651) 與 주진우, 채 상병 사망을 군 장비 파손에 비유… 野 해병… 한국일보(hankookilbo.com), 2024.7.4. / [사설] 채 상병 순직을 '장비 파손'에 빗댄 주진우 의원, 사과해야. 한겨레(hani.co.kr), 2024.7.5. / 與 주진우 채상병 순직 '장비 손괴' 비유 논란 일파만파. 시사저널(sisajournal.com), 2024.7.6. / 민주당, 국민의힘 '채 상병 사망=장비 파손' 비하에 "인면수심", 경향신문(m.khan.co.kr), 2024.7.4.

652) 'Everybody has not won': trickle-down economics was an idiotic idea. How do we fix the inequality it causes?, The Conversation(theconversation.com), May 26, 2024 : "It was dubbed "trickle-down economics". The story was that through a natural process, some of the wealth created by and for those at the top would trickle down through the rest of the economy, so everyone would benefit from liberating the economic might of the wealthy."

653) Tony Michelle, Job creation in Korea adapted to labour fluidity, KDI School(kdischool.ac.kr), 2016.5.1.: "Dr Kim Byeong-ju and I (Tony Michelle) have begun to work on a research supporting the creation of a new One Million Jobs campaign in Korea, recognising the need to offset the effects of ageing of the conventional workforce, and the slowdown in economic growth. The first OMJ campaign begain in 1998 by myself and James Rooney, then of Franklin Templeton, and produced first an English report, One Million Jobs Project, EABC Ltd December 1998, and a greatly extended OMJ report published in Korean by Hankuk Kyongje Sinmunsa in 1999. The campaign aimed to encourage individuals to start their own business, and to generally re-evaluate the value of Small and Medium Enterprises (SMEs), while identifying jobs which did not exist in Korea to an expected extent because of obstructive regulations. This was taken up by the media through the intermediation of Lee Han-woo (and later Lee Charm, Head of the Korea National Tourist Office) which resulted in five TV programmes per week on different channels on SME retail and restaurant makeovers to increase income, a continuing series of articles in the Hankuk Kyongje, the launch of an OMJ Fund by Templeton and Hyundai Securities, and the much more successful'Buy Korea' fund by Hyundai Securities alone,

plus a series of interventions by the Seoul Bank, under the leadership of Chungwoon Kang which produced 80,000 taxi stickers "let's create 1 million jobs", OMJ credit cards, OMJ savings accounts and many other initiatives⋯"

654) Georg Friedrich Hegel, Grundlinien der Philosophie des Rechts. Suhrkamp, Frankfurt am Main 1972, S. 14. :"Wenn die Philosophie ihr Grau in Grau malt, dann ist eine Gestalt des Lebens alt geworden, und mit Grau in Grau lässt sie sich nicht verjüngen, sondern nur erkennen; die Eule der Minerva beginnt erst mit der einbrechenden Dämmerung ihren Flug."

655) How did Karl Marx view 'work'? Quora(quora.com), 2017.5.12. :"Marx wrote that the power relationships between capitalists and workers were inherently exploitative and would inevitably create class conflict."

656) What is the Marxist theory of employment? Marxist Theory of Labour: Exploitation & Value, StudySmarter(studysmarter.co.uk) Marxist labour process theory. : "Through the unequal distribution of resources and ownership, the ruling class exploits the working class. The working class use their labour power to produce what is called a commodity, which is a good or service produced by human labour that is bought and sold on the market."/ What did Karl Marx say about unemployment? Marx and Keynes on Unemployment, Marxists Internet Archive(marxists.org) : "Marx showed that, under the inducement of competition for the market, capitalist industry is always seeking to reduce costs of production by utilising labour-displacing machinery or other means of securing the same output with less labour, thus creating unemployment; and that capitalism needs 'an industrial reserve⋯"

657) 쿠즈네츠 곡선, 연합인포맥스(news.einfomax.co.kr), 2017.9.6., "쿠즈네츠 곡선은 소득의 불평등 정도를 나타내는 역(逆) 유(U) 자형 곡선이다. 경제학자 사이먼 쿠즈네츠가 20세기 50년대에 내놓은 가설이다. 쿠즈네츠는 산업화 과정에 있는 국가의 불평등 정도는 처음에 증가하다가 산업화가 일정 수준을 지나면 다시 감소한다고 주장했다."

658) Bill Phillips, Wokipedia, Alban William Housego "A. W." "Bill" Phillips, MBE (18 November 1914 - 4 March 1975)[1] was a New Zealand economist who spent most of his academic career as a professor of economics at the London School of Economics (LSE). He invented the Phillips curve of economics in 1958. He also designed and built the MONIAC hydraulic economics computer in 1949.

659) A. W. Phillips, The Relation Between Unemployment and the Rate of Change of Money Wage Rates in the United Kingdom, 18611957, Wile Library(onlinelibrary.wiley.com), 1958.

660) 위키백과(ko.wikipedia.org), 필립스 곡선(영어: Phillips curve)은 단기적으로 인플레이션율과 실업률 간에 상반관계(역의 상관관계)가 있음을 나타내는 곡선이다.

661) 필립스 곡선을 아시나요? 스티비(stibee.com), 2021.11.9., "[해설] 필립스 곡선이란 영국의 경제학자 필립스가 찾아낸 실증 법칙으로, 실업률이 낮으면 임금상승률이 높고 실업률이 높으면 임금상승률이 낮다는 반비례 관계를 나타낸 곡선이다. 현재는 인플레이션율과 실업률 사이에 존재하는 역의 상관관계를 나타내는 곡선이다."

662) William Beveridge, Wikipedia : "William Henry Beveridge, 1st Baron Beveridge, KCB (5 March 1879 - 16 March 1963) was a British economist and Liberal politician who was a progressive, social reformer, and eugenicist who played a central role in designing the British welfare state. His 1942 report Social Insurance and Allied Services (known as the Beveridge Report) served as the basis for the welfare state put in place by the Labour government elected in 1945"

663) James Forder, Balliol College, University of Oxford(balliol.ox.ac.uk) : "As Dean, James is responsible for matters of non-academic discipline among the College's undergraduate members, according to the rules set out in 3.1 and 3."

664) JAMES FORDER, The Myth at the Heart of Modern Economics, Jacobin(jacobin.com), 2023.4.10. : "The Phillips Curve Myth is the idea that in the 1960s — before Milton Friedman brought enlightenment to the world — there was a widespread but mistaken belief among economists, especially 'Keynesian' economists, that policy makers could reduce unemployment using expansive policies that somewhat raised inflation, and that this result could be safely sustained over time. Only when Friedman advanced his 'natural rate of unemployment' hypothesis in a 1967 paper did the economics profession come to realize its prior folly."

665) Did Alexander the Great die of West Nile virus? Alexander the Great and West Nile Virus Encephalitis, NCBI(ncbi.nlm.nih.gov): "To the Editor: Marr and Calisher suggest the cause of Alexander the Great's death in Babylon in 323 B.C. was West Nile encephalitis (1). They were intrigued by the fact that as Alexander entered Babylon, ravens fell dead from the sky."

666) How many U.S. soldiers died from malaria in WWII?, History of malaria in the United States Naval Forces at war- PubMed(pubmed.ncbi.nlm.nih.gov) : "During World War I, there were 4,746 new cases of malaria, 68,373 sick-days because of malaria, and 7 deaths due to malaria; during World War II, there were 113,256 new cases, 3,310,800 sick-days, and 90 deaths; and during the Korean War, there were 4,542 new cases, 50,924 sick-days, and no deaths—since most···"

667) Was malaria common in WWII? The Other Foe: The U.S. Army's Fight against Malaria in the WWII, The Army Historical Foundation(armyhistory.org) : "According to the U.S. Army Heritage and Education Center, the Allied defenders of the Philippines were devastated

by an epidemic of malaria. About 24,000 of the 75,000 American and Filipino soldiers involved in the desperate campaign to stop the Japanese advance in 1942 were suffering from malaria."

668) Did soldiers in Vietnam get malaria? Neuropsychiatric sequelae of cerebral malaria in Vietnam veterans, PubMed(pubmed.ncbi.nlm.nih.gov) : "Approximately 250,000 Vietnam veterans suffered cerebral malaria, an illness that often results in damage to subcortical white matter and fronto-temporal areas of neocortex."

669) conclave, Oxford Dictionary : conclave noun UK /ˈkɒŋ.kleɪv/ US /ˈkɑːn.kleɪv/ a private meeting at which the discussions are kept secret.

670) 523項目,百度百科 L :523項目是指代号爲"523"的瘧疾防治藥物研究項目，緣于越戰的需要，發起的一場大規模合作項目. 最突出的成果代表是，研究成功了抗瘧新藥靑蒿素. 20世紀60年代初，全球瘧疾疫情難以控制. 此時，正値美越交戰，兩軍深受其害.美國政府曾公開，1967至1970年，在越美軍因瘧疾減員數十万人. 瘧疾同樣困扰越軍. 擁有抗瘧特效藥，成爲決定美越兩軍胜負的重要因素. 美國不惜投入大量財力人力，篩選出20多万种化合物，最終也未找到理想的抗瘧新藥. 越南則求助于中國. 1967年的中國，正値"文化大革命"期間，全國几乎所有的科研工作都受到沖擊. 但毛主席和周總理下令，一个旨在援外備戰的緊急軍事項目啓動，目的要集中全國科技力量，聯合研發抗瘧新藥. 由國家科委与總后勤部牽頭，組成"瘧疾防治研究領導小組"，1967年5月23日在北京召開"全國瘧疾防治研究協作會議". 作爲一个秘密的軍事科研任務，"523", 成了当時研究防治瘧疾新藥項目的代号.

671) 葛洪, 肘後備急方, 治寒熱諸瘧方 : "取一把菁蒿，浸泡在二升水中，然後榨汁."

672) 최용순, 빌게이츠, 유전자치료 사업 투자에 손댄다, 서울경제신문(sedaily.com), 2015.8.11., "빌게이츠 마이크로소프트(MS) 창업자가 유전자를 조작해 질병을 치료하는 기술을 개발 중인 회사에 투자하기로 했다. 10일(현지시간) 월스트리트저널(WSJ)에 따르면 게이츠는 구글 벤처캐피털과 공동으로 미국계 바이오기업인 에디타스 메디슨에 1억2,000만 달러(1,410억 원)를 투자한다고 밝혔다. 게이츠가 거액을 투자한 비엔지오사가 이번 투자를 주도했으며, 구글 벤처캐피털을 비롯해 피델리티와 디어필드 매니지먼트 등이 동참했다."

673) What do you mean by job creation? Job creation, European Foundation for the Improvement, Eurofound - European Union(eurofound.europa.eu) : "Job creation refers to the process of providing new jobs, especially for people who were previously unemployed or inactive. Job creation is a key priority for EU social and employment policy."

674) Job creation - Eurofound - European Union, Eurofound(eurofound.europa.eu) : "The European Commission's Investment Plan for Europe adopted in November 2014 focuses on creating jobs and boosting growth by making smarter use of financial resources, removing obstacles to investment and providing visibility and technical assistance to

investment projects."

675) More and better jobs - Employment, Social Affairs & Inclusion, European Commission(ec.europa.eu) : "More and better jobs. Creating jobs, including in the emerging green and digital sectors, is one of our main priorities."

676) EU exports support 38 million jobs in the EU, European Commission(ec.europa.eu), 2021.11.12., " EU exports support 38 million jobs in the EU according to a report on jobs and trade ⋯ One of the many figures in a new report released today by⋯"

677) EU exports support 38 million jobs in the EU according to a report on jobs and trade, Commission(ec.europa.eu/commission), 12 November 2021 : "For example, it shows that over 38 million jobs in the EU are supported by EU exports, 11 million more than a decade ago. These jobs are on average 12% better paid than those of the economy as a whole. The increase in export-supported jobs follows an even stronger increase in EU exports: alongside a 75% increase in export-related jobs between 2000 and 2019, total exports increased by 130%. The data indicate clearly that more trade means more jobs, and the best way to increase this is through securing new opportunities through trade agreements and diligently enforcing them. Given that 93% of all EU exporters are small and medium-sized companies (SMEs), it is also vital to help them understand opportunities and terms offered by a comprehensive network of 45 trade agreements concluded by the EU."

678) EU exports support 38 million jobs in the EU according to a report on jobs and trade, Commission(ec.europa.eu/commission), 12 November 2021 : "This will support our companies - especially SMEs, which represent 93% of all EU exporters - to create jobs for people across the EU. The continued roll-out of our new EU trade strategy, with its strong emphasis on opening new opportunities and being assertive in implementing our trade agreements, will play a crucial role in reinforcing this trend. Trade creates and supports jobs all across the EU, and the numbers are increasing. The highest increases seen since 2000 have been in Bulgaria (+368%), Slovakia (+287%), Ireland (+202%), Slovenia (+184%) and Estonia (+173%). The report includes detailed factsheets about the results for every EU Member State."

679) EU exports support 38 million jobs in the EU according to a report on jobs and trade, Commission(ec.europa.eu/commission), 12 November 2021 : "The figures released today also highlight an important positive spillover effect within the EU from exports to the world. When EU exporters in one Member State do well, workers in other Member States also benefit. This is because firms providing goods and services along the supply chain also gain when their end-customer sells the final product abroad. To give an example,

French exports to non-EU countries support around 658,000 jobs in other EU Member States, while Polish exports support 200,000 such jobs."

680) EU exports support 38 million jobs in the EU according to a report on jobs and trade, Commission(ec.europa.eu/commission), 12 November 2021 : "Moreover, EU exports to countries around the world support almost 24 million jobs outside the EU. These jobs have more than doubled since 2000. For instance, 1.5 million jobs in the United States, 2.2 million in India and 530,000 in Turkey are supported by the production of goods and services in those counties that are incorporated into EU exports through global supply chains."

681) Unleashing the EU's creativity to generate jobs - POLITICO(politico.eu) : "We have the capability to create job opportunities for everyone if only we would unleash the creativity which lies dormant in all walks of life."

682) Paul Beaudry, David A. Green, Ben Sand, How Elastic is the Job Creation Curve? Vancouver School of Economics(economics.ubc.ca), Februaryl, 2013 : "This curve represents the outcome of bargaining over the match specific surplus between pairs of workers and employers. It is also a relationship between the wage and the employment rate since changes in labor market tightness alter the bargaining power of workers relative to employers."

683) What is Keynesian theory of employment curve? Effective Demand Theory of Employment - Vedantu(vedantu.com), Effective Demand Theory of Employment - Meaning, Types, and FAQs : "Keynes developed this first systematic theory of employment. The Keynesian theory of employment states that the cause of unemployment is the deficiency of effective demand, and unemployment can be removed by raising effective demand. With the increase in effective demand, the production in the economy goes up."

684) 허영섭, 경향의 눈, '일자리 창출'의 방정식, 경향신문, 2004.1.26., "'일자리 창출'이라는 복잡한 방정식을 놓고 노·사·정이 제시한 답안이 서로 조화와 균형을 이룰 때에만 모든 문제가 순조롭게 풀려나갈 수 있을 것이다."

685) 吳起兵法, 應變第五篇(aicommentary.com): "運籌帷幄,決勝於未戰…起對曰:「暴寇之來, 必慮其强, 善守勿應. 彼將暮去, 其裝必重, 其心必恐, 還退務速, 必有不屬. 追而擊之, 其兵可. 無能我而, 更恐有剛敵"

686) 박종환, "무능한 지휘관이 적군보다 무섭다" [신간] '별들의 흑역사', 뉴스1, 2023.5.28., "신간 '별들의 흑역사'는 역량이 부족한 지휘관의 돌이킬 수 없는 실수가 어떤 결과를 초래하는지를 적나라하게 보여준다. 저자는 무능한 장군의 대명사로 한국에 원균을, 일본에서 무다구치 렌야를 꼽았다. 중일전쟁의 도화선이 된 루거우차오사건이 대표적이다. 1937년 7월 7일 베이징 교외 루거우차오(盧溝橋)에서 야간 훈련 중이던 일본 군부대가 중국군의 도발로 병사 한 명이 실종되었다는 허위 보고

를 했다. 무다구치 렌야는 처음에는 사실을 확인하기 위해 현장에 참모를 파견했다. 하지만 그는 공명심에 눈이 멀어서 마음을 바꿔 본국의 허락도 없이 반격을 지시했다."

687) What does "What one should really fear is not a competent enemy, but an incompetent ally." mean?Quoroa(quora.com), Jul 12, 2024 : "The quote "What one should really fear is not a competent enemy, but an incompetent ally" suggests that an unreliable or ineffective ally can be more dangerous than a capable adversary. The key idea is that a strong opponent who is predictable and whose capabilities are understood may be easier to counter or defend against, compared to an ostensible ally whose actions are unpredictable, misguided or counterproductive."

688) 통계청 동북통계청, 2024년 5월 대구광역시 고용동향(보도자료), 2024.6.12.

689) 이무열, 고용률 역대 최대라지만⋯대구는 여전히 어둡다, 뉴시스, 2024.6.12., "대구 고용률, 작년 11월 59% 이후 7개월 연속 50%대, 15~64세 고용률⋯ 2월과 3월 65.8%·4월 66.2%, 12일 동북지방통계청이 발표한 '2024년 5월 대구광역시·경상북도 고용동향'에 따르면 대구의 고용률은 58.7%로 전년 동월에 비해 3.2% 포인트(p) 하락했다. 경북은 65.3%로 전년 동월 대비 0.3%p 상승했다. 동북지방통계청 관계자는 '군위군이 경북에서 대구로 편입됐지만 고용률과 실업률은 인구 문제와 서로 떼려야 뗄 수 없다'며 '특히 경북의 고용률과 실업률이 동반 상승한 것은 분모인 15세 인구의 감소 폭이 분자인 취업자 감소 폭보다 더 컸기 때문이다.'라고 설명했다."

690) 이광호, 가수 수지, 농심 수미칩 광고모델 재발탁, 2014.1.29., "⋯'수미는 여자가 아니야~ 감자야!'라는 카피는 일관성 있게 가져갔다. 농심은 인기스타 수지의 영향이 수미칩 매출에 그대로 반영됐다고 밝혔다. 실제로 수미칩 매출은 수지 모델 발탁 전인 2012년 147억 원에서 지난해 212억으로 44% 뛰어올랐다."

691) 최기성, "우리에겐 많은 선택권 있어요"⋯수지, 매일경제(mk.co.kr), 2024.6.15., "중고차 플랫폼 헤이딜러가 배우 한소희와 재계약하지 않고 가수 겸 배우이자 'CF퀸' 수지를 새 모델로 발탁했다. 헤이딜러는 최근 수지와 함께 찍은 광고를 선보였다. 영화 '기생충'의 이정은까지 가세해 보는 재미를 더했다. 수지와 함께한 새 광고는 기존처럼 '영화 같은' 기조를 유지하면서, 수지의 다양한 매력을 보여주는 데 초점을 맞췄다. ⋯ 영상 마지막에 수지는 '우리에겐 생각보다 많은 선택권이 있어요.'라고 의미심장한 한마디를 남긴다."

692) 틀(frame)은 i) 같은 모양을 내기 위한 빵틀, 국수틀, 냉면틀, ii) 제품을 만들기 위한 기계로 틀은 재봉틀, 베틀, iii) 행동 등을 제한하거나 가두기 위한 형 틀, iii) 분석이나 해명을 위한 논리적 구조인 분석 틀, 기본 틀 등이 있으나, 최근에는 iv) 대국민 홍보를 위해서 사고의 범위를 정해서 벗어나지 않게 하는 프레임(틀)으로는 보수정권에서는 종북 프레임(틀), 피해자 프레임 및 전과자 프레임 등을 사용하고, 진보정권에서는 친일 프레임, 가해자 프레임과 통치자 프레임을 활용한다. v) 지역정치인들은 지역감정이란 프레임을 만들기도 한다. 조지 레이코프(George Lakoff, 1941년생)의 '코끼리를 생각하지 마세요(Don't Think of an Elephant!).'라는 프레임 이론서가 유명했다.

693) George Lakoff, Howard Dean, Don Hazen, Don't Think of an Elephant!: Know Your Val-

ues and Frame the Debate-The Essential Guide for Progressives , Chelsea Green Publishing, September 1, 2004, 144 pages.

694) 유영안, 적반하장의 끝판왕- 그놈의 '악의적 프레임' 충청 메시지, 2022.8.11., "정치권에서 쓰는 말 중 프레임(frame)이란 말이 있다. 이 말은 구조, 틀, 액자, 테두리 등으로 번역되는데, 상대를 어떤 틀에 넣고 공격할 때 흔히 '~프레임을 씌운다.'라고 한다. 그동안 정치권에서 회자된 프레임은 다음과 같다."

695) Can You Live a Happy Life Just by Choosing Happiness? Break The Frame(breaktheframe. com), 2017.5.30. : "Your happiness is a matter of choice. Great post Alli…The Break the Frame manifesto is a running start for the leader in YOU."/ The ONE Reason to Make Meaningful Choices Now, Break The Frame(breaktheframe.com), 2015.4.7. : "To have adventures with people I love. [Tweet "Take a beat to realize how lucky you are for this life you live." BREAK THE FRAME ACTION."

696) 원영미, [아침세상] 경제의 판을 흔들어라 !(Break the Frame of Economy), 중도신문, 2018..11.5, "2018년 올 시즌 대전 한화 이글스의 슬로건은 '판을 흔들어라(Break the Frame)'이다. 결과적으로 한화 이글스는 올해 프로야구의 판을 흔들었다. … 요즈음 우리 사회에서 가장 뜨거운 감자는 '소득주도성장(Income-led growth)'이다. 한국경제가 직면하고 있는 양극화, 불평등, 청년실업 등의 문제를 해결하기 위해 현 정부가 추진하고 있는 가장 중요한 정책 중의 하나다. … 소득주도성장은 가계의 소비가 늘면 소비가 살아나고 투자와 생산이 증가되어 경제성장이 가능하다는 것으로 국제적으로 사용되는 '임금주도성장(Wage-led growth)'의 국내 버전이라고 할 수 있다. …"

697) Jonas Hahn, Break the Frame, Lyrics : "They go critize how I talk, Speak my mind but it is too loud, I really ain't got any apologies. I gotta tell'em that I like it that way. Truth is that I'm never gonna change, I never change. You already know, I make the rules in this game. You know. Everywhere I go, I break the frame, Everywhere I go, I break the frame. Everywhere I go, I break the frame. I start my meal with ice cream (ice cream). No time for worries 'cause I daydream (daydream). You said I don't need any apologies. You tellin' me that you like me that way. Truth is that I'm never gonna change…"

698) 김국한, 우리도 접시를 깨뜨리자, 1993.3.24., "자 그녀에게, 그녀에게, 시간을 주자. 시간을 주자. 저야 놀든 쉬든 놀든 쉬든 잠자든 상관 말고, 거울 볼 시간 볼 시간 시간을 주자. 시간을 주자. 그녀에게도 그녀에게도 시간은 필요하지. 앞치마를 질끈 동여매고, 부엌으로 가서 놀자 아항. 그건 바로 내 사랑의 장점. 그녀의 일을 나도 하는 것. 필수감각 아니겠어 그거야. 자 이제부터 이제부터. 접시를 깨자 접시를 깨자. 접시 깬다고 접시 깬다고, 세상이 깨어지나? 자 그녀에게 그녀에게, 시간을 주자 시간을 주자. …"

699) 이연섭, [지지대] '접시깨기' 행정, 경기일보, 2022.10.24., "김국환의 노래 중 '우리도 접시를 깨뜨리자'라는 게 있다. 30년 전쯤 노래다. '앞치마를 질끈 동여매고 부엌으로 가서 놀자'. 이명박 전 대통령은 2008년 신년 업무보고에서 '설거지를 하다 보면 손도 베이고 그릇도 깨고 하는데 그릇 깨고 손

베일 것이 두려워 아예 설거지를 안 하는 것은 안 된다'고 말했다. 정세균 전 국무총리도 2020년 1월 취임사에서 '일하다 접시를 깨는 일은 인정할 수 있어도, 일하지 않아 접시에 먼지가 끼는 것은 용인할 수 없다'고 했다. 김동연 경기도지사도 지난 7월 취임하면서 '일하다가 접시 깨는 행정은 용인하겠지만, 일하지 않고 접시에 먼지 끼게 하는 것은 참기 어렵다'고 했다. 그는 '일하다 접시를 깨더라도 도지사가 책임지겠다'며 적극 행정을 주문했다."

700) 박영환, '접시깨기' 행정, 경향신문, 2020.7.6., "'앞치마를 질끈 동여매고 부엌으로 가서 놀자. (중략) 자 이제부터 접시를 깨자. 접시 깬다고 세상이 깨어지나. 자 그녀에게 시간을 주자.' '타타타'를 부른 김국환의 노래 '우리도 접시를 깨뜨리자' 중 일부다. 1992년 12월 가요 톱10에도 들었던 노래다. 이 노래는 남편들도 부엌일을 함께하자는 말을 '접시를 깨자'로 표현했다. 서툴러서 접시를 좀 깨도 괜찮으니 설거지를 하자는 것이다. 점차 집안일에서 남녀 구분이 없어지고 있지만 이때만 해도 설거지하는 남편은 드물었다. 정세균 국무총리는 6일 총리실 적극행정 우수직원들에게 '적극행정 접시'를 수여했다. 정 총리는 지난 1월 취임사에서 '일하다 접시를 깨는 일은 인정할 수 있어도, 일하지 않아 접시에 먼지가 끼는 것은 용인할 수 없다'고 했다. 적극적인 '접시깨기' 행정을 주문한 것이다. 정 총리는 적극행정으로 공을 세우면 확실히 포상하겠다고 약속했고, 총리실은 특별승진 등 파격적 인센티브를 마련할 예정이다."

701) 김범수, 대구시, 11년 만에 종합청렴도 최상급 기관 달성, 경북신문, 2023.12.28., "홍준표 대구시장의 청렴 리더십과 파워풀한 혁신의 성과. 대구시가 올해 국민권익위원회 주관 공공기관 종합청렴도 평가에서 광역자치단체 중 최상위 등급을 달성했다. 시는 민선 8기 시정을 온전히 반영한 첫 평가에서 종합청렴도 2등급으로 도약함으로써 지난 2021년과 2022년 연속 4등급의 부진을 깨끗이 털어냈다. 이번 평가에서 전국 17개 광역자치단체 중 1등급 기관은 없었고 대구, 세종, 경북, 제주가 2등급을 받았다. 최상급 기관 중 2단계 이상 등급이 향상된 기관은 대구시가 유일하다."

702) 대구 1인당 GRDP 31년째 꼴찌… '소비도시' 멍에 언제 벗을까, 영남일보(yeongnam.com), 2023.12.25.,"대구의 1인당 지역 내 총생산(GRDP)이 지난해 전국에서 가장 낮았다. 1992년 이후 31년째 꼴찌. 아직도 생산이 상대적으로 빈약한 '소비도시'라는 멍에를 벗어나지 못하고 있다. 1인당 개인소득은 전국에서 12위를 차지했다."

703) 지역사총생산(GRDP), e-나라지표(https://www.index.go), 2022년 지역소득(잠정) 보도자료, 2023.12.22. 통계청, 경제통계국 소득통계과, 042-481-2206

704) 바닥 효과(floor effect), 특수교육학 용어사전(terms.naver.com), "측정 도구가 측정하려는 특성의 하위 수준에 속한 사람들을 변별하지 못하는 현상이다. 즉, 바닥효과란 문제가 너무 어려워서 대부분의 학생이 문제를 풀지 못하는 경우를 말한다. 이러한 바닥효과는 도구 자체의 점수 범위가 제한적일 경우에 발생할 수도 있고, 검사가 너무 어려운 경우에서 발생할 수 있다."

705) 다벌국(多伐國), 디지털달성문화대전(dalseong.grandculture.net), "『삼국사기(三國史記)』권1, 신라 본기 파사 이사금 29년[108] 5월 조에 군대를 보내 다벌국을 정복하였다는 기록이 있다. 또한 『삼국사기』권37 지리 조에 '삼국의 이름만 있고 그 위치가 상세하지 않은 곳' 항목에 다벌국이 포함되어 있다. 다벌국은 청동기 시대에 읍락으로 존재하다가 초기 철기 시대에 소국을 형성한 것

으로 보인다. 다벌국은 지금의 대구광역시 일대에 있던 것으로 추정되는데, 달성 지역은 다벌국의 읍락을 형성하였을 것이다. 다벌국의 정치 체제를 보여주는 문헌 기록은 전혀 남아있지 않지만, 경상도 일대의 다른 국가와 마찬가지로 국읍과 다수의 촌락으로 구성된 몇 개의 읍락으로 구성되었을 것이다. 다벌국은 108년(파사 이사금 29) 5월에 신라에 병합되었다. 신라 파사 이사금은 음즐벌국(音汁伐國)·실직국(悉直國)·압독국(押督國)·비지국(比只國)·초팔국(草八國) 등 주변의 소국을 복속함으로써 신라가 고대 국가로 성장해 가는 계기를 마련하였다.”

706) 達句火縣[達城郡], 한국학중앙연구원, 향토문화전자대전, “달구화현(達句火縣)은 달불성이라고도 불렸다. 경덕왕이 한화 정책을 펼칠 때 달구화현을 대구현으로 개칭하여 수창군의 영현이 되었다. [변천] 1018년(현종 9) 대구현은 경산부(京山府, 지금의 경상북도 성주군)의 속읍이 되었고, 1143년(인종 21) 현령(縣令)을 두어 주읍으로 승격되었다. 1419년(세종 1) 대구현은 대구군(大丘郡)이 되었고, 1466년(세조 12) 대구 도호부(大丘都護府)로 승격되었다.”

707) 관찰사(觀察使), 한국학중앙연구원, “관찰사는 조선 시대에 각 도의 지방 통치를 관할하던 종2품의 지방 장관이다. 관찰사의 임무는 지방관 감찰과 지방 장관의 두 가지 기능으로 나뉜다. 전기에는 도내를 순력하며 지방관을 감찰하는 기능이 중요시되다가, 후기에는 유영(留營) 체제가 갖춰지면서 순력은 봄가을 두 차례로 축소되고 지방 장관의 기능이 강화되었다. 지방 장관으로서 관찰사는 도내의 행정, 사법, 군사를 총괄하였다.”

708) 日淸戰爭, ウィキペディア (Wikipedia) : “日淸戰爭 (にっしんせんそう, 旧字体 : 日淸戰爭) は, 1894年(明治27年)7月25日から1895年(明治28年)4月17日にかけて日本と淸國の間で行われた戰爭である. なお, 正式に宣戰布告されたのは1894年8月1日で, 完全な終戰は台湾の平定を終えた1895年11月30日とする見方もある. 李氏朝鮮の地位確認と朝鮮半島の權益を巡る爭いが原因となって引き起こされ, 主に朝鮮半島と遼東半島および黄海で交戰し, 日本側の勝利と見なす日淸講和條約 (下關條約) の調印によって終結した. 壬午軍亂以後, 閔妃によって淸國が李氏朝鮮に對する宗主權を一方的に主張していたため, 講和條約の中で日本帝國は李氏朝鮮に對する淸國の一方的な宗主權の放棄を承認させた他, 淸國から台湾, 澎湖諸島, 遼東半島を割讓され, 巨額の賠償金も獲得した. しかし, 講和直後の三國干涉により遼東半島は手放すことになった. 戰爭に勝利した日本は, アジアの近代國家と認められ, 國際的地位が向上し, 支拂われた賠償金の大部分は軍備擴張費用, 軍事費に充てられた.

709) 대구진위대, 한국학중앙연구원(향토문화전자대전), “…일제는 1905년 을사늑약 이후 대구진위대를 의병 운동을 탄압하고 의병을 색출하는 데 동원하였다. 1906년 5월경부터 경상북도 봉화군 서벽사(棲碧寺)·각황사(覺皇寺) 및 안동군 춘양면(春陽面) 등지에서 신돌석·유시연 부대 소속 의병들은 관군을 격퇴하거나 광산(鑛山)에 주재하는 일본인들을 총살하였다. 1906년 6월 대구진위대 80명, 안동진위대 20명, 경주진위대 30명은 각황사에 머물고 있던 의병 120명, 안동 춘양면에 머물고 있던 의병 700여 명과 전투를 벌였다. 이때 사로잡힌 의병은 대구진위대 연병장에서 총살을 당하기도 하였다. 1907년 경상북도 일대에서 활동하던 의병 하덕근(河德根)도 영해에서 체포되어 대구진위대의 주둔지(대구진위대 연병장으로 추정)에서 총살당하여 순국하였다.”

710) 柳得恭, 渤海考 : "…正月辛未, 王素服藁索牽羊, 率臣遼主三百餘人出降. 遼主禮而遣之."

711) 論語, 顏淵篇 : "自古皆有死, 民無信不立. 此卽孔子對子貢問政之答. 民信之與足食足兵爲, 孔子治邦强國之政. 然可去兵去食, 不可使民無信 ; 民信則爲本. 此也卽與."

712) Mehmed II, Wikipedia : "In 1453, Mehmed commenced the siege of Constantinople with an army between 80,000 and 200,000 troops, an artillery train of over seventy large field pieces,[16] and a navy of 320 vessels, the bulk of them transports and storeships. The city was surrounded by sea and land; the fleet at the entrance of the Bosphorus stretched from shore to shore in the form of a crescent, to intercept or repel any assistance for Constantinople from the sea. In early April, the Siege of Constantinople began. At first, the city's walls held off the Turks, even though Mehmed's army used the new bombard designed by Orban, a giant cannon similar to the Dardanelles Gun. The harbor of the Golden Horn was blocked by a boom chain and defended by twenty-eight warships. On 22 April, Mehmed transported his lighter warships overland, around the Genoese colony of Galata, and into the Golden Horn's northern shore; eighty galleys were transported from the Bosphorus after paving a route, little over one mile, with wood. Thus, the Byzantines stretched their troops over a longer portion of the walls. About a month later, Constantinople fell, on 29 May, following a fifty-seven-day siege. After this conquest, Mehmed moved the Ottoman capital from Adrianople to Constantinople.

713) Heraclitus (/ˌhɛrəˈklaɪtəs/; Greek: Ἡράκλειτος Herákleitos; fl. c. 500 BC) was an ancient Greek pre-Socratic philosopher from the city of Ephesus, which was then part of the Persian Empire. He exerts a wide influence on ancient and modern Western philosophy, including through the works of Plato, Aristotle, Hegel, and Heidegger.

714) Luke Kemp, Centre for Research in the Arts, Social Sciences and Humanities, University of Cambridge : "Luke Kemp is a Research Associate at the Centre for the Study of Existential Risk. He is working on how catastrophic risks are interconnected, how we can better predict them, and how we can translate foresight into action in the present. He is a an honourary lecturer in environmental policy at the Australian National University (ANU), holds a PhD in international relations from the ANU and was a senior economist (at Vivid Economics) for several years."

715) Keynesian Theory, Mahatma Gandhi Central University(mgcub.ac.in) :"In traditional Keynesian economics the primary cause of the business cycle is a change in expectations concerning future sales and profits of firms. This change in expectations leads to a change in demand for new capital equipment and therefore investment."

716) 大師全集, 第五類【文叢】, p.211 : "三世因果觀 : 面對謎樣的人生, 有的人回想過去生中, 自己做了什麼？ 也有人妄想來生不知道會如何？ 更有人怨嘆此生種種的不如意. 其

實迷時不解，悟時始明，正如《三世因果經》云：「欲知前世因，今生受者是；欲知來世果，今生作者是.」鑑古知今，從現知未，這不是「三世生命，一偈可明」了嗎？「種瓜得瓜，種豆得豆」，因果循環，明明白白，偏偏有人對因果生出許多誤解，理由是：有的人作惡多端，但他一生榮華富貴；有的人善良有德，偏偏窮途潦倒.「善無善報，惡無惡報」，如此何來「因果」之有？…"

717) Stephen Martin Walt (born July 2, 1955) is an American political scientist currently serving as the Robert and Renee Belfer Professor of international relations at the Harvard Kennedy School. A member of the realist school of international relations, Walt has made important contributions to the theory of neorealism and has authored the balance of threat theory. Books that he has authored or coauthored include Origins of Alliances, Revolution and War, and The Israel Lobby and U.S. Foreign Policy.

718) Stephen Walt what does Ukraine's incursion into Russia really means? What does Ukraine's incursion into Russia really mean?, Responsible Statecraft(responsiblestatecraft.org), 2024.8.15. : "The Ukrainian incursion into Russia is a sideshow intended to bolster Ukrainian morale and give the West confidence to keep backing Kyiv… but Ukraine's fate will be determined by what happen in Ukraine, and not by this operation…"

719) 物作(讀み)ものつくり, 精選版 日本國語大辭典 : "もの‐つくり【物作】〘名詞〙 ① 耕作すること. 田や畑を作ること. 農耕.また, それに從事する者. 農夫. 百姓. 〔新撰字鏡（898-901頃）〕 [初出の實例]「なにさま造化とてものつくりがあったしものぞ. 種々花をさかせ實をならせするわぞ」(出典：百丈淸規抄（1462）一) ② 小正月の祝いの行事.餅で農具·農作物·繭玉などの形を作って飾るもの. 御作立(おさくだて). ③ 物をつくること."

720) 용두사미 전락한 '밀라노프로젝트', 매일노동뉴스, 2008.10.26., "밀라노프로젝트는 1단계 사업(99~2003년)에 6천800억 원, 2단계 사업(2004~2008년)에 1천978억 원이 각각 투입됐다. 하지만 이 같은 예산 투입의 결과는…" / '포스트 밀라노프로젝트' 좌담회-'인프라 마무리…국제경쟁력 높일…' 매일신문, 2000.8.10. "△이진훈=대구 섬유산업은 부산 신발, 광주 광산, 경남 기계 등에 투입된 국비 6천억 원 가운데 2천300억 원을 지원받았다. 막대한 자금이 투입된 사업에 대해 단기적인…" "…국비, 시비 등을 포함해 6천억 원이 들어가는 밀라노프로젝트라는 국가적 사업이 진행되는 데다 의류 유통의 뼈대라고 할 수 있는 패션몰이 6천여 개의…" / 밀라노프로젝트 전모를 기록하겠다. 평화뉴스, 2009.11.30., "섬유패션도시를 만들겠다며 밀라노프로젝트에 8천억 원이 넘는 돈을 들이고도 지금은 그 구호조차 듣기 힘들다"며 "왜 이렇게 됐는지를 평가." / 경실련 밀라노프로젝트 백서 출간, 대구신문, 2009.12.1., "한편 밀라노프로젝트는 대구를 세계적 섬유·패션도시로 도약시키기 위해 1999년부터 정부와 시가 국비를 포함해 총 8천778억 원의 예산을 투입한 대형 국책…"

721) Urban renewal, Wikipedia, Melbourne Docklands urban renewal project, a transformation of a large disused docks area into a new residential and commercial precinct for 25,000 people. 1999 photograph looking northeast on Chicago's CabriniGreen housing

project, one of many urban renewal efforts Urban renewal (also called urban regeneration in the United Kingdom and urban redevelopment in the United States is a program of land redevelopment often used to address urban decay in cities···However, urban reform imposed by the state for reasons of aesthetics and efficiency had already begun in 1853, with Haussmann's renovation of Paris ordered by Napoleon III."

722) When did urban renewal begin? What Is Urban Renewal? | Planetizen Planopedia(planetizen. com) : "The federal policy known as urban renewal was formally established by the Housing Act of 1949 and reinforced by the Housing Act of 1954, which created new requirements for cities to develop actionable revitalization plans."

723) What are representative examples of urban regeneration projects? : "Urban regeneration, sometimes referred to as urban renewal, involves the investment of public money or private finance into areas in need of lasting improvement. Examples of well-known urban regeneration projects include the construction of the Millenium Dome and the creation of the 2012 Queen Elizabeth Olympic Park London."

724) Urban regeneration in South Korea, Wikipedia : "The Urban Regeneration Act, enacted on April 13, 2013, followed the establishment of the LTM in 2008. It was decided to promote economic, social, and cultural activities by enhancing the overall capacity of the area and utilizing local resources and utilizing local resources."

725) 젠트리피케이션, 나무위키, "젠트리피케이션(gentrification)은 본래 낙후되거나 저소득층, 영세 기업이 주를 이루던 지역이 개발되는 과정에서 고급 주택과 대형 문화·상업 시설이 들어서는 것을 말한다. 이로 인해 경관이나 사회기반시설의 질은 크게 개선되지만 지대가 상승하여 원주민이 쫓겨나는 문제가 발생하기 쉽다."

726) What are the urban challenges in Japan? Japan | Department of Economic and Social Affairs(sdgs.un.org) : "Cities are driving forces for growth and center of creativity and innovation but urbanization has the complexity of the problems. The problems will be poverty, inequality between the rich and the poor, gender, slum dwelling, basic services, transport, crime and safety, waste management and greenhouse gas emission."

727) 富山市, 『ウィキペディア (Wikipedia) 』: "富山市(とやまし)は, 富山縣の中央部から南東部にかけて位置する市. 富山縣の縣廳所在地及び人口が最多の市であり, 中核市, 保健所政令市, 中樞中核都市に指定されている. また, 中核市で最も面積の大きい市である.

728) 썰렁해진 지방 도시, 모여 살기로 극복될까?··· 日 도야마(富山)市의 실험, 연합뉴스, 2018.1.24., "도심에 도시기능 '집중' 콤팩트시티··· 교통망 확충하고 중심지 이주하면 보조금. 육아 정책서도 새로운 시도··· 젊은이 늘었지만 재정악화 등 비판적 시각도···"

729) 富山市のコンパクトシティと戦略とは？ ~人口減少時代, NEC wisdom(wisdom.nec.com), 2019.9.27. : "富山市が描いたコンパクトシティ戦略は,路面電車やバスなどの公共交通機関

を活性化させ,その沿線に居住,商業,ビジネス,文化などの都市機能を集積させることにより,中心市街地の活性化を目指すものだ."

730) 富山市はなぜコンパクトシティを目指したのか？コンパクトシティはなぜ失敗するのか 富山, 青森から見る(news.yahoo.co.jp),2016.11.8.:"コンパクトシティはなぜ失敗するのか 富山,青森から見る居住の … 市の試算（2004年）では,郊外化で人口密度が今の半分にまで低下すると,住民1人█たりの道路や下水道の維持更新費は2倍になるという. 富山市都市整備部都市政策課の担█職員が語る. こうして富山市はコンパクトシティ化へと舵を切った."

731) コンパクトシティ富山の問題点は？コンパクトシティ戦略による富山型都市経営の構築 (jstage.jst.go.jp), 2018.7.12. : "本市を取り巻く課題である, 「人口減少と超高齢化」, 「過度な自動車依存による公共交通の衰退」, 「中心市街地の魅力喪失」, 「割高な都市管理の行政コスト」, 「CO2排出量の増大」, 「市町村合併による類似公共施設の併存」, 「社會資本の適切な維持管理」などの多くは, 全國の地方都市に共通の課題でもある."

732) 孟子, 公孫丑上 : "《太甲》曰: 天作孽, 猶可違, 自作孽, 不可活…"

733) 書經, 太甲中(第三章) : "王拜手稽首. 曰予小子, 不明于德, 自底不類, 欲敗度, 縱敗禮, 以速戾于厥躬. 天作孽, 猶可違. 自作孽, 不可逭. 既往背師保之訓. 弗克于厥初, 尚賴匡救之德, 圖惟厥終."

734) Deuteronomy 28:15, "However, if you do not obey the Lord your God and do not carefully follow all his commands and decrees I am giving you today, all these curses will come on you and overtake you."

735) Deuteronomy 28:67, "In the morning you will say, If only it were evening! and in the evening, If only it were morning! because of the terror that will fill your hearts and the sights that your eyes will see."

736) Deuteronomy 28:15-68, "If you disobey the Lord your God and do not faithfully keep all his commands and laws that I am giving you today, all these evil things will happen to you…"

737) Leviticus 26:14-46, "If you refuse to obey my laws and commands and break the covenant I have made with you, I will punish you. I will bring disaster on you—incurable diseases…"

738) 김어준이 해냈다! 비명계 집단탈당(?) 작심한 홍준표 국힘 직격!, 닥쳐라 정치(Youtube). 2023.10.31., "듣보잡들이… 이준석은 왜 12월을 기다릴까? 윤석열, 문재인 성과 훔치기 딱 걸렸다." / 홍준표 시장이 이야기하는 듣보잡들이 과연 누구?, 11월 9일 클립, 차명진TV(Youtube), 2023.11.9., "인요한 만난 홍준표… 대통령 믿고 듣보잡 설쳐"

739) 듣보잡, 나무위키, "인터넷 은어의 하나로, '듣도 보도 못한 잡놈(또는 잡년, 잡스러운 것 등등)'의 줄임말. 다음 카페 홀리건천국에서 '듣도 보도 못한 잡대학'을 이르는 말인 '듣보잡대'에서 '듣보잡'만이 따로 쓰여 그 의미가 확장된 것이다. 줄여서 듣보라고 하기도 한다. 일반적으로는 이름이 잘 알

려지지 않았거나 인기를 끌지 못한 사람, 물건, 작품, 기타 등등을 일컫는 말이며, 듣보잡인 작품은 듣보작(듣도 보도 못한 작품)이라고 부른다. 갑자기 모르는 것이 나올 때도 쓰이나, 이때는 갑툭튀(갑자기 툭 튀어나오다)란 말을 주로 쓴다."

740) Ashutossh Pandey, 10 Theories of World Change: Exploring the Possibilities Shaping Our Future, ARMS Financial Advisory, 2023.5.29., "1. Technological Singularity: The Rise of Super-intelligence: At the forefront of scientific discourse, the concept of technological singularity envisions a future where machines surpass human intelligence. As artificial intelligence progresses at an exponential rate, proponents of this theory argue that we may witness a pivotal moment when AI systems become self-improving, leading to an unprecedented transformation of society and human existence."

741) Ibidem : "2. Climate Change and Environmental Collapse: A Race Against Time: The pressing issue of climate change poses a profound threat to our planet's ecosystems and human civilization itself. With rising global temperatures, extreme weather events, and environmental degradation, this theory warns of potential catastrophic consequences,unless we take decisive action to mitigate greenhouse gas emissions, adapt to changing conditions, and protect our natural resources."

742) Ibidem : "3. Extraterrestrial Contact: The Search for Cosmic Companions: Humanity has long gazed at the night sky, pondering the possibility of life beyond Earth. The theory of extraterrestrial contact suggests that one day, we may finally make contact with intelligent beings from other worlds. Such an encounter could challenge our worldview, revolutionize science, and offer new insights into the vast mysteries of the universe."

743) Ibidem:"4. Global Economic Shift: The Rise of New Powers: As the balance of economic power undergoes transformation, emerging economies like China and India are poised to challenge the long-standing dominance of Western powers. This theory proposes a shifting global economic landscape, influencing trade, investments, and geopolitical dynamics, with potential implications for societies worldwide."

744) Ibidem :"5. Transhumanism: Humanity Enhanced by Technology: Transhumanism explores the idea of merging humans with advanced technologies, opening the door to enhanced cognitive abilities, extended lifespans, and even the possibility of a posthuman existence. This theory raises ethical, philosophical, and societal questions as we contemplate the potential blending of organic and synthetic life."

745) Ibidem :"6. Resource Scarcity and Conflict: The Fight for Survival: As finite resources dwindle, the theory of resource scarcity suggests that the competition for essentials such as water, energy, and arable land could escalate into regional or global conflicts. The quest for resource security may redefine international relations, necessitating inno-

vative approaches to sustainable development, cooperation, and responsible resource management."

746) Ibidem :"7. Political and Social Revolutions: Winds of Change: Throughout history, societies have witnessed periods of upheaval, often driven by deep-seated grievances such as inequality, political corruption, or social injustice. This theory contends that widespread societal unrest could erupt, leading to revolutionary movements that challenge existing power structures and redefine the nature of governance and human rights."

747) Ibidem : "8. Global Pandemics: The Peril of Infectious Diseases: In light of recent experiences, the theory of global pandemics highlights the potential for more frequent and severe outbreaks. The ongoing battle against infectious diseases may require substantial investments in healthcare infrastructure, international collaboration, and the adoption of robust preventive measures to safeguard public health and ensure global well-being."

748) Ibidem :"9. Automation and Job Displacement: Adapting to a Workforce Revolution: As automation and robotics continue to advance, concerns over job displacement loom large. The theory suggests that significant technological disruptions could reshape industries, leading to widespread unemployment and the need for innovative solutions such as redefining work, upskilling the workforce, or implementing universal basic income to address socioeconomic inequalities."

749) Ibidem : "10. Energy Revolution: Powering the Future Sustain : Amidst the growing urgency to combat climate change, the theory of an energy revolution presents a hopeful vision. Breakthroughs in renewable energy technologies, from fusion power to highly efficient solar panels, could revolutionize our energy sector, reducing dependence on fossil fuels and providing a sustainable pathway toward a greener and more prosperous future."

750) 華嚴一乘十玄門, 大唐終南太一山至相寺釋智儼撰承杜順和尚說 : 明一乘緣起自體法界義者. 不同大乘二乘緣起. 但能離執常斷諸過等. 此宗不爾. 一即一切無過不離. 無法不同也. 今且就此華嚴一部經宗. 通明法界緣起. 不過自體因之與果. 所言因者. 謂方便緣修體窮位滿. 即普賢是也…此下明約法以會理者凡十門.一者同時具足相應門(此約相應無先後說), 二者因陀羅網境界門(此約譬說), 三者祕密隱顯俱成門(此約緣說), 四者微細相容安立門(此約相說), 五者十世隔法異成門(此約世說), 六者諸藏純雜具德門(此約行行), 七者一多相容不同門(此約理說), 八者諸法相即自在門(此約用說), 九者唯心迴轉善成門(此約心說), 十者託事顯法生解門(此約智說)

751) 화엄 십현문(華嚴十玄文), 불교신문(불교TV), 2009.6.17., "화엄 십현문 [華嚴 十玄文]로는 i) 동시구족상응문(同時具足相應門), ii) 광협자재무애문(廣狹自在無碍門), iii) 일다상용부동문(一多相容不同門), iv) 제법상즉자재문(諸法相即自在門), v) 은밀현료구성문(隱密顯了俱成門), iv) 미

세상용상립문(微世相用安立門), vii) 인다라망경계문(因陀羅網境界門), viii) 십세융법이성문(十世隔法異成門), ix) 탁사현법생해문(託事顯法生解門), x) 주반원덕구성문(主伴圓明具德門).”

752) Matthew13:47-48, “Once again, the kingdom of heaven is like a net that was let down into the lake and caught all kinds of fish. 48 When it was full, the fishermen pulled it up on the shore. Then they sat down and collected the good fish in baskets, but threw the bad away.”

753) Luke 5: 4-6, “ When He had stopped speaking, He said to Simon, “Launch out into the deep and let down your nets for a catch.”But Simon answered and said to Him, “Master, we have toiled all night and caught nothing; nevertheless at Your word I will let down the net.”And when they had done this, they caught a great number of fish, and their net was breaking.”

754) David Edward Card and Alan B. Krueger, Minimum Wage and Employment: A Case Study of the Fast Food Industry in New Jersey and Pennsylvania (jstor.org), Sep. 1994. VOL. 84 NO. 4, p.772 : “On April 1, 1992, New Jersey's minimum wage rose from $4.25 to $5.05 per hour. To evaluate the impact of the law we surveyed 410 fast-food restaurants in New Jersey and eastern Pennsylvania before and after the rise. Comparisons of employment growth at stores in New Jersey and Pennsylvania (where the minimum wage was constant) provide simple estimates of the effect of the higher minimum wage. We also compare employment changes at stores in New Jersey that were initially paying high wages (above $5) to the changes at lower-wage stores. We find no indication that the rise in the minimum wage reduced employment.”

755) 노벨상 수상자 “최저임금과 일자리는 상관없다” SLR클럽(slrclub.com), 2022.6.1., 국제적인 연구 사례로 바라본 윤석열의 최저임금이 일자리를 감소시킨다는… 2021년 노벨 경제학상을 받은 데이비드 카드의 논문 “최저임금 인상과 일자리 감소는 상관이 없다” 최저임금 차등적용은 이미 일본에서도 실패한 정책입니다. 최저임금을 지역별로 차등 적용한 일본의 사례도 눈여겨볼 만하다.

756) Sir Angus Stewart Deaton FBA[1] (born 19 October 1945) is a British-American economist and academic. Deaton is currently a Senior Scholar and the Dwight D. Eisenhower Professor of Economics and International Affairs Emeritus at the Princeton School of Public and International Affairs and the Economics Department at Princeton University. His research focuses primarily on poverty, inequality, health, wellbeing, and economic development. In 2015, he was awarded the Nobel Memorial Prize in Economic Sciences for his analysis of consumption, poverty, and welfare.

757) [경향포럼] 노벨 경제학상 앵거스 디턴 “대기업 독점 깨고, 후발주자에 기회 줘야 일자리도 늘어나”, 경향신문(khan.co.kr), 2018.6.19., “2015년 노벨 경제학상 수상자인 앵거스 디턴 미국 프린스턴대 교수(71)는 ‘3만 달러 시대’에 한국 사회가 추구해야 할 가치에 대해 “정치·경제 엘리트의 ‘지대

추구(rent-seeking)' 행위를 제어할 수 있는 공공정책을 실행해야 한다. 강력한··· 혁신과 일자리 확보라는 경제목표를 달성할 수 있다는 것이다."

758) What are search frictions in economics? Bureau of Labor Statistics(bls.gov) : "Search frictions are impediments to a match, or agreement, between two parties for a partnership or transaction. In credit markets, the parties include a firm evaluating an investment project and a creditor that could finance it. In labor markets, the parties are the employer and the person seeking employment."

759) What can search frictions tell us about the labor market? Full article: The role of labor market frictions in structural transformation, Taylor & Francis Online(tandfonline.com) : "Labor market frictions are factors that reduce the ability or willingness of workers to move jobs and sectors to achieve this allocation."

760) Alvin Eliot Roth (born December 18, 1951) is an American academic. He is the Craig and Susan McCaw professor of economics at Stanford University and the Gund professor of economics and business administration emeritus at Harvard University. He was President of the American Economic Association in 2017. Roth has made significant contributions to the fields of game theory, market design and experimental economics, and is known for his emphasis on applying economic theory to solutions for "real-world" problems. In 2012, he won the Nobel Memorial Prize in Economic Sciences jointly with Lloyd Shapley "for the theory of stable allocations and the practice of market design."

761) 현오석 부총리, '노벨상' 수상자와 일자리 정책 논의, 조세일보(joseilbo.com), 2013.4.4., "현오석 경제부총리 겸 기획재정부 장관이 지난해 노벨 경제학상을 수상한 앨빈 앨리엇 로스(Alvin Elliott Roth) 교수와 일자리 창출정책에 대해 논의··· 성장률 둔화에 대응한 성장과 고용의 선순환 구조 정착이 중요하다. 정부 차원에서 일자리 창출을 위한 각종 정책적 노력을 기울이고 있다고 설명했다. 앨빈 로스 교수는 고용률 제고를 위해서는 구인·구직시장 효율화와 여성의 경제활동 여건 개선이 중요하다고 강조하며, 노동시장 효율화 관련 연구가 한국 정부의 일자리 정책에 적용될 수 있을 것이라는 의견을 전했다."

762) Claudia Goldin, Harvard University, Cambridge, MA, USA, The Noble Prize(nobelprize. org), 2023 : "She uncovered key drivers of gender differences in the labour market. This year's Laureate in the Economic Sciences, Claudia Goldin, provided the first comprehensive account of women's earnings and labour market participation through the centuries. Her research reveals the causes of change, as well as the main sources of the remaining gender gap...However, Goldin has shown that the bulk of this earnings difference is now between men and women in the same occupation, and that it largely arises with the birth of the first child. 'Understanding women's role in the labour is important for society. Thanks to Claudia Goldin's groundbreaking research we now know much

more about the underlying factors and which barriers may need to be addressed in the future,' says Jakob Svensson, Chair of the Committee for the Prize in Economic Sciences."

763) 여성친화적 기업문화 주창한 노벨상 수상자의 저출산 해법, 한국경제(hankyung.com), 2023.10.10., "여성의 경제활동 참여와 성별 임금 격차 등을 연구해 온 클로디아 골딘 미국 하버드대 경제학과 교수가 올해 노벨경제학상 수상자로 선정됐다."

764) 大學, 正心章 : "心不在焉, 視而不見, 聽而不聞, 食而不知其味."

765) Hegel, Wikipedia : "Der deutsche Philosoph Georg Friedrich Hegel verglich 1820 in seinen Grundlinien der Philosophie des Rechts die Philosophie mit der dämmerungsaktiven Eule der Minerva : "Wenn die Philosophie ihr Grau in Grau malt, dann ist eine Gestalt des Lebens alt geworden, und mit Grau in Grau lässt sie sich nicht verjüngen, sondern nur erkennen; die Eule der Minerva beginnt erst mit der einbrechenden Dämmerung ihren Flug."

766) 노벨경제학상도 '일자리' 주목, 노동경제 3인 수상, 머니투데이(news.mt.co.kr), 2010.10.11., "올해 노벨경제학상은 정책과 실업의 관계를 연구한 3명의 노동시장 전공 학자들이 공동 수상했다. 스웨덴왕립과학원은 11일 피터 다이아몬드 MIT 교수와 데일 모텐슨 노스웨스턴대 교수, 크리스토퍼 피서라이즈 런던정경대 교수를 2010년 노벨경제학상 수상자로 선정했다고 밝혔다."

767) Peter A. Diamond, Nobel Foundation(nobleprize.org) : "Peter Diamond was awarded the Prize in Economic Sciences for his work on a theoretical framework for search markets. The models developed by Diamond and his co-recipients Mortensen and Pissarides help us understand the way in which unemployment, job vacancies and wages are affected by regulation and economic policy."

768) Peter A. Diamond, Nobel Foundation(nobleprize.org) : "When employers look for workers and job seekers look for work, they do not immediately find each other. The search process requires time and resources, and friction in the market result in less efficient outcomes. Dale Mortensen and Christopher Pissarides have developed theories for these types of markets and have applied them to the labor market. Their models help us understand how regulation and economic policies affect unemployment, job vacancies, and wages. These theories have also been applied in other areas, such as housing markets."

769) Yoonyoung Cho is a Senior Economist at the Social Protection and Jobs Global Practice at the World Bank. She works on issues related to labor markets and social protection in developing countries including skills, entrepreneurship, migration, and jobs as well as safety nets focusing on the poor and vulnerable. She has extensive experience in development work covering the Middle East and North Africa, South Asia, and East Asia. In 2020, she relocated to the World Bank Manila office where she leads the Bank's

engagement associated with social protection and jobs programs in the Philippines. She guides a team that supports the country's safety nets including the flagship program, Pantawid Pamilyang Pilipino Program (4Ps). She also leads the analytical activities and policy engagement on the jobs agenda that promotes more, better, and inclusive jobs. Her research has appeared in peer-reviewed journals including World Development and Labor Economics as well as numerous World Bank publications and knowledge products. Prior to joining the World Bank as a Young Professional in 2008, she worked for three years at the Korea Development Institute. She received a Ph.D. in Economics from the University of Wisconsin-Madison in 2005.

770) Yoonyoung Cho, How is Korea preparing for the jobs of the future and what can we learn from them? World Bank, February 07, 2020 : "··· Labor market information systems and job matching/intermediation policies can also utilize the big data and analytics made available by the advances in technology. The Korean Labor Market Information System, building on the country's robust information technology, supports its Public Employment Service. It brings technological advancements like big data analysis and AI into the system to enable improved efficiency and accuracy of the service platforms. This helps job seekers receive well-customized information for their own needs, vocational training, and on-the-job support."

771) Ibidem : "It is also notable that different public employment information platforms in Korea are connected and interoperable for efficient employment services as well as for big data analytics to inform labor and skills policies. For instance, job-training portal, the HRD-net, providing information on vocational training courses, qualification tests, and key statistics related to vocational training, is connected with a job matching platform, the Work-net. This way, job seekers can access to both training and job market information at the same time that are appropriate for the individual profile and preference.Such interoperability extends to Employment Insurance (EI) system where firms and individual workers detailed information on the history of work and training as well as insurance contributions is stored."

772) Open Recurment Ratio, Economic Policy Institute(epi.org), November 22, 2013 : "The Job Openings and Labor Turnover Survey (JOLTS) data released this morning by the Bureau of Labor Statistics showed that there were 3.9 million job openings for 11.3 million job seekers in September—meaning that for every job opening there were 2.9 people looking for work. While the job seekers ratio has been decreasing from a high of 6.7-to-1 during the Great Recession, today's ratio of 2.9-to-1 matches the highest the ratio ever got in the early 2000s downturn In a labor market with strong job opportunities, the ratio

would be close to 1-to-1, as it was in December 2000."

773) 易牙, 維基百科 : 春秋時期(公元前7世紀) 齊國大夫, 廚師 易牙(?~?), 雍人, 名巫, 所以也叫雍巫或狄牙, 春秋時期齊國著名廚師. 原本爲寺人, 精于烹調, 長于辨味, 史稱其："至于味, 天下期于易牙.", "酸則沃之以水,淡則加之以咸", "淄渑之合, 易牙嘗知之", 有寵于齊桓公夫人衛共姬(長衛姬), 得到齊桓公的称美. 齊桓公曾說未曾食過人的肉, 易牙就殺了自己的儿子, 煮熟給齊桓公吃幷得到其信任. 齊桓公想任用他代替將死的管仲, 不過管仲認爲："人之情非不愛其子也, 其子之忍, 又將何愛于君！" 所以反對由他接任, 齊桓公也就將他和開方, 竪刁撤職, 永遠不准入朝.

774) "능력 없으면 니네 부모를 원망해. 있는 우리 부모 가지고 감 놔라 배 놔라 하지 말고. 돈도 실력이야.", 2014.12.3., 정유라 페이스북 / 검사라는 직업은 다 뇌물을 받고 하는 직업이다. 내 아빠는 아는 사람이 많은데, 아는 사람이 많으면 다 좋은 일이 일어난다. 판사랑 친하면 재판에서 무조건 승소한다. - 정윤성, 정순신 아들 학교폭력 가해 사건 관련 춘천지방법원 2018구합51391 판결문에 실린 발언 내용 / "원래 합격자는 다 정해져 있는데, 애송아~ 몰랐어? 성악과 정원 23명 중에 뻑소리 나는 집부터 챙겨주고 구색 맞추기로 천재 몇 명 챙겨주면 너 같은 애 죽었다 깨어나도 안 뽑는다는 거지.", 드라마 펜트하우스 시리즈 유제니 카카오TV…

775) 일자리 정책, 대한민국대통령실(president.go.kr), 2024.9.19. : "1) 중동 Big3 정상외교로 약 107조 원 규모의 거대한 운동장이 만들어져, 2) 골목상권이 붐빌 수 있도록 소상공인 지원 면밀히 챙길 것, 3) 국민을 위한 상생 금융 가속화 → 정부와 은행 협력, 민생금융 2조 3,000억 원 지원, 4) 尹 대통령, 강원지역 대학생들과 만나 직접 소통, 청년들의 도전 지원 약속, 5) 산업·기업 정책 방향 논의 관련 브리핑, 6) 尹 대통령, 공교육 혁신으로 지역 살리는 계기 되길, 7) 정부위원회 정비계획 발표, 8) 세계시장이 내 시장이라는 자신감으로, 더 과감하게 뛰어들 것! 9) 어르신 종합선물세트, 10) 부산을 대한민국 제2 도시로 육성할 것, 11) 대한민국 어디서나 살기 좋은 지방시대, 12) 민간이 끌고 정부가 미는 역동적 경제, 13) 정부는 우리 기업·국민이 국제무대서 활발하게 기업활동 교류하는 환경 만들어 줘야, 14) 국제무대서 더욱 활발하게 교류할 수 있도록, 글로벌 중추 국가 실현할 것! 15) 기적을 일군 어르신들을 잘 모시는 것, 정부의 책임, 16) 하반기 경제정책, 최우선 과제는 수출 확대 / 이권 카르텔은 철저히 타파해야. 17) 대한민국 국민과 기업이 진출해 있는 모든 나라의 정상과 만날, 18) 尹 대통령 약자 복지 지향 / 노동 약자 보호할 것 19) 尹 대통령, 교육 혁신은 지역이 주도, 중앙정부는 쥐고 있는 권한을 지역으로 이전시킬 것 등으로 나오고 있다.

776) The White House(whitehous.gov) Policy of Job creation, 2024.9.19. : "Executive Order on Investing in America and Investing in American Workers, September 06, 2024 / New Business Surge: Unveiling the Business Application Boom through an Analysis of Administrative Data, January 11, 2024 / WHAT THEY ARE SAYING: White House Hosts Convening on Preserving Pathways to Opportunity for All Americans, June 18, 2024 / The Employment Situation in August, September 01, 2023 . Biden-Harris Administration Announces New Actions to Support Recovery-Ready Workplaces and Strengthen

Our Economy, November 09, 2023 / White House Releases New Strategies to Advance Sustainable Ocean Management, June 03, 2024 / Statement from President Joe Biden on Record Procurement from Small Business, July 18, 2023 / WHAT THEY ARE SAYING: Biden-Harris Administration Launches American Climate Corps / September 21, 2023 / Remarks as Prepared for Delivery by NEC Director Lael Brainard at the MSCI Sustainability Institute Launch During Climate Week NYC, September 19, 2023 / The Unemployment Rate in Context, September 06, 2024 / White House Launches Fifth Investing in America Tour to Highlight How President Biden's Agenda is Lowering Costs, Creating Good Jobs, and Revitalizing Communities Across the Country July 17, 2024 / Promoting Competitive Markets Through Regulatory Design, October 11, 2023 / Executive Order on Federal Research and Development in Support of Domestic Manufacturing and United States Jobs, July 28, 20 / Biden-⟨WT⟩Harris Administration Finalizes Rule to Maximize Federal Purchases of American-Made Sustainable Products and Services, Using EPA Purchasing Recommendations, April 19, 2024 / How Investing in Equity Fosters the Goals of Investing in America, July 29, 2024 / The Labor Supply Rebound from the Pandemic, April 17, 2023 / Remarks by CEA Chair Jared Bernstein at the Council on Foreign Relations, April 02, 2024 / FACT SHEET: Days After Labor Day, Biden-Harris Administration Issues Executive Order to Promote Good Jobs Through Investing in America Agenda, September 06, 2024 / Vice President Kamala Harris Launches Nationwide Economic Opportunity Tour, April 25, 2024 / Remarks by NEC Director Lael Brainard on Opportunity, Inclusion, and Growth at the Joint Center for Political and Economic Studies, October 19, 2023 / Remarks by National Economic Advisor Lael Brainard on Bolstering Placed-Based Economic Development, July 24, 2024 / FACT SHEET: Biden-Harris Administration to Kick Off Third Investing in America Tour, Tout Historic Investments Benefitting Communities Across the Country, October 05, 2023 / FACT SHEET: White House Announces New Private Sector Investments in American Maritime Industries Due to Biden-Harris Administration Efforts, July 29, 2024 / Remarks by National Economic Advisor Lael Brainard Assessing Progress on the US Economy, September 16, 2024 / Executive Order on Scaling and Expanding the Use of Registered Apprenticeships in Industries and the Federal Government and Promoting Labor-Management Forums, March 06, 2024 / FACT SHEET: Amidst Manufacturing Boom, President Biden Will Sign an Executive Order on Federal Research and Development in Support of Domestic Manufacturing and United States Jobs to Encourage Invent it Here, Make it Here in Industries of the Future, July 28, 2023."

777) How many gears are in a Rolex? Watchmaking - Movements | Rolex®(www.rolex.com) : "Here, it took us many years of development to finally make our annual calendar, using

only four gear wheels and two gear ratios. Nothing more. Its conception is so efficient, the movement's performance and durability are in no way affected."

778) How much gears does a watch have? Quora(quora.com), 2018.1.23. : "Modern watches with winding and setting parts will have a variety of gears ranging from two or three to half a dozen, depending on the design."

779) Reinhart, Carmen M., and Kenneth S. Rogoff. 2009. This Time Is Different: Eight Centuries of Financial Folly. Princeton, New Jersey: Princeton University Press. Reviews and sample content.

780) [사설] 윤석열 대통령 당선인, 공정과 상식의 대한민국 만들어야, 법률저널, 2022.3.10., "윤 당선인은 정치권에서 회자하는 '서울대 법대 필패론'의 징크스를 깨고 서울대 법대 출신 첫 대통령이 된다. 서울대 법대 출신은 유독 대통령직과 인연이 없었다. 국내 최고 수재로 꼽히는 이들 중 다수는 이미 사회 여러 분야의 최고 책임자 자리에 올랐지만, 지금껏 대통령 당선 문턱을 넘지 못했다. 서울대 법대를 나온 판사 출신 이회창 전 총리는 1997년 대선에 출마했지만, 김대중 전 대통령에게 근소한 차이로 패했다. 이후 '이회창 대세론'을 형성하며 차기 유력 대통령 후보로 거론됐으나 2002년 대선에서도 노무현 전 대통령에게 졌다. 서울대 법대 출신 이인제 전 경기지사 역시 대통령의 꿈을 이루지는 못했다. 이번 대선에도 서울대 법대 출신인 이낙연 전 국무총리, 최재형 전 감사원장, 원희룡 전 제주지사 등이 출마를 선언했으나 당내 경선에서 탈락했다."/ 선택당하는 공정과 상식, 청소년자치이야기, 2022.8.14., "대학의 청소 노동자들의 시위가 나의 학습에 조금이라도 침해된다면 그 일은 공정하지도 상식적이지도 않은 일이다. 나 중심의 공정이고 나의 이기성에 반하는 그 어떤 일도 정의도 공정도 아니다. 우리가 이야기하는 시대정신으로 포장된 공정과 상식은 사전적 의미가 아니다. …"/ 조국에 분노하던 '공정한' 대학생들, 다 어디로 갔을까? 뽐뿌:정치자유게시판(ppomppu.co.kr), "명문대생들 '공정' 시위 언제 하나요?" [이데일리 장영락 기자] '공정과 상식'을 국정운영 기치로 내걸었던 윤석열 정부가 연이은 대통령실 '연줄' 채용 논란으로… 2019년 9월 28일 서울 관악구 서울대학교에서 총학생회 주최로 열린 기득권에 절대 분노하지 않…"

781) 【每日一字】責:天下興亡，匹夫有責 - 來自中央紀委网站, 中央紀委國家監委网站(ccdi.gov.cn) : "天下興亡，匹夫有責. 面對家國天下的大事，每个人都有責任和義務，都有爲國爲民的强烈責任意識. 這是中華民族的文化信仰，也是中華民族的价值追求，有着极其鮮明的民族特色，和永不褪色的時代价值."

782) 天下興亡，匹夫有責, 百度百科 : "天下興亡，匹夫有責" 這句話最早是出現在顧炎武的《日知录·正始》中的概念，背景是清軍入關. 他的原句是："保國者，其君其臣肉食者謀之；保天下者，匹夫之賤与有責焉耳矣." "有亡國，有亡天下. 亡國与亡天下奚辨？ 曰："易姓改号，謂之亡國；仁義充塞，而至于率獸食人，人將相食，謂之亡天下. 是故知保天下，然后知保其國. 保國者，其君其臣肉食者謀之；保天下者，匹夫之賤与有責焉耳矣." ──語出顧炎武：《日知录》卷十三《正始》. "天下興亡，匹夫有責" 這句話最早是出現在顧炎武的《日知录·正始》中的概念，背景是清軍入關. 他的原句是："保國者，其君其臣肉

食者謀之；保天下者， 匹夫之賤与有責焉耳矣."以八字成文的語型， 是出自于梁啓超. "亡國"与"亡天下"是兩个不同的概念. "亡國"是指改朝換代， 換个王帝， 國号. 而仁義道德得不到發揚光大， 統治者虐害人民， 人民之間也紛爭不斷， 是天下將滅亡.保國這類事只需由王帝及大臣和掌握權力的人去謀划.但是"天下"的興亡， 則是低微的百姓也有責任. "率獸食人"出自《孟子·梁惠王上》. 率：帶領. 帶着野獸來吃人. 比喩統治者虐害人民；"匹夫"， 古代指平民中的男子， 泛指平民百姓.

783) They trained artificial neural networks using physics, Press release, The Nobel Prize(nobelprize.org),8 October 2024 : "The Royal Swedish Academy of Sciences has decided to award the Nobel Prize in Physics 2024 to John J. Hopfield, Princeton University, NJ, USA ; Geoffrey E. Hinton, University of Toronto, Canada 'for foundational discoveries and inventions that enable machine learning with artificial neural networks' They trained artificial neural networks using physics⋯"

784) 1984's Big Brother, Concept & Significance, Study.com : "Big Brother is a symbol of the government's power in Nineteen Eighty-Four by George Orwell. Nineteen Eighty-Four describes the fictional country of Oceania, which is a totalitarian dystopia."

785) 2018년 10월 18일부터 시행된 개정 산업안전보건법은 감정노동근로자의 건강권을 보장하기 위한 규정을 신설하였는데, 그 내용은 다음과 같다. 그런데 은행원의 경우에는 산업안전보건법보다 먼저 관련 규정이 제정된 바 있다.

미래 일자리와 먹거리

펴 낸 날   2025년 2월 28일

지 은 이   채영택, 김도상, 이대영
펴 낸 이   이기성
기획편집   이지희, 서해주, 김정훈
표지디자인   이지희
책임마케팅   강보현, 김성욱
펴 낸 곳   도서출판 생각나눔
출판등록   제 2018-000288호
주   소   경기 고양시 덕양구 청초로 66, 덕은리버워크 B동 1708호, 1709호
전   화   02-325-5100
팩   스   02-325-5101
홈페이지   www.생각나눔.kr
이 메 일   bookmain@think-book.com

• 책값은 표지 뒷면에 표기되어 있습니다.
  ISBN 979-11-7048-838-5(03300)